饭店经理人丛书

收益管理
有效实现饭店收入的最大化

胡质健／著

中国第一本系统、全面介绍收益管理理论与实践的专著

理念新颖，方法先进，通俗易懂，行之有效

北京·旅游教育出版社

策划编辑：赖春梅
责任编辑：赖春梅

图书在版编目（CIP）数据

收益管理：有效实现饭店收入的最大化／胡质健著.—北京：旅游教育出版社，2009.7（2024.3）
（饭店经理人丛书）
ISBN 978-7-5637-1835-1

Ⅰ.收… Ⅱ.胡… Ⅲ.饭店—企业管理：财务管理 Ⅳ.F719.2

中国版本图书馆CIP数据核字（2009）第068041号

饭店经理人丛书

收益管理——有效实现饭店收入的最大化

胡质健 著

出版单位	旅游教育出版社
地　　址	北京市朝阳区定福庄南里1号
邮　　编	100024
发行电话	（010）65778403　65728372　65767462（传真）
本社网址	www.tepcb.com
E - mail	tepfx@163.com
印刷单位	北京市泰锐印刷有限责任公司
经销单位	新华书店
开　　本	787毫米×960毫米　1/16
印　　张	22.5
字　　数	353千字
版　　次	2009年7月第1版
印　　次	2024年3月第20次印刷
定　　价	45.00元

（图书如有装订差错请与发行部联系）

出版说明

饭店业是中国经济社会改革开放的前沿窗口。从20世纪80年代建国饭店聘请半岛集团管理饭店以来，我国的饭店经营人员、管理人员就开始参照国际饭店经营管理的经验，来运营我国的饭店业务。

经过20余年的成长，我国的饭店业从组织形态到管理理念都发生了深刻的变化，突出表现为：企业形态由单体饭店向集团化方向发展，管理理念由模仿西方饭店管理思想向管理模式创新发展。此外，我国的一些饭店企业已经开始将触角伸展到国外，迈出了拓展国际业务的步伐，开始在国际市场上与国际知名饭店集团角力。我国的饭店经营管理者在放眼世界的同时，更为关注经营管理理念如何与我国、与本组织的文化相融合。在这一发展变革中，我国的饭店经营管理者总结出了诸多发展民族饭店业及国内饭店国际化拓展的经验。及时地展示饭店经营者、管理者的探索与尝试，总结他们的经验，对于中国饭店业的发展助莫大焉！

在我国由计划经济向市场经济过渡的转型时期，我国的饭店业正处于国际饭店管理经验本土化、国内企业发展国际化的紧要关头，在这样的历史时期，我们有必要在经济全球化、国内竞争国际化的大背景下，审视我国饭店业的发展，思考如何提高中国饭店组织的国际竞争能力。作为全国的旅游教育类专业出版社，我们有责任、有义务倾注我们的理性、热情去关注我国饭店业在经济转型期的每一步发展。在与众多饭店经理人深度访谈和大量调研的基础上，我们推出了"饭店经理人丛书"。

"饭店经理人丛书"涉及战略、品牌、企业文化、质量管理、人力资源、市场营销、财务、法律知识、收益管理、安全管理及创新力等饭店运营中的重大专题，由管理经验丰富的饭店人或研究饭店企业的专家学者执笔，力求用通俗的语言讲述中国饭店经理人自己的探索与实践经验。此丛书以服务现实为出发点，以解决饭店管理中的症结为主线，以国际上饭店管理的新趋势、新理念为参照，以提升饭店经理人的管理水平为最终目的，以向饭店经理人传输新思想为最高追求。通过对写作专题的严格选择与对写作质量的"苛求",使得丛书具有"内容领先,实践有效"的特质。

  在"饭店经理人丛书"的筹划和组织编写的过程中,我们得到了以下单位的大力支持:中国旅游饭店业协会、首旅集团、锦江集团、钟山宾馆集团、金陵饭店、开元旅业集团、北京第二外国语学院等;同时,有诸多饭店业管理者、学术研究机构的专家学者及饭店经理人给我们提出了宝贵的意见和建议,他们是中国旅游协会蒋其康副秘书长、中国旅游饭店业协会马伟萍副处长、上海市旅游协会饭店业分会赵仁荣副秘书长、北京派雷斯酒店管理公司张志军总经理、浦江饭店毕纪根总经理、上海富豪环球东亚酒店郑超然副总经理、扬子饭店嵇东明总经理、香港京华酒店许慕寒总经理、浙江钱塘旅业资产经营管理公司胡晓洁总经理、杭州西软科技公司王敏敏常务副总经理等。在此,向以上给予我们帮助的单位和个人表示衷心的感谢!同时,也向未能一一列举的每一位关注我社丛书出版的朋友表示诚挚的谢意!此外,我们的作者在工作之余花费了大量的时间和精力尽心尽力地写作,将他们对饭店业的管理经验与读者诸君共享,于此,也向我们的作者致以谢忱。

  "饭店经理人丛书"是一个开放的体系,我们希望有更多的饭店业经营者、管理者与专家学者加入到丛书的写作队伍,在读者、作者与我出版社的共同努力培育下,让这套饭店经理人的图书永远反映时代的脉动。

旅游教育出版社

序一

  白天鹅宾馆在市场大经济的起伏浪潮中不断追求卓越，以科学的管理和优质高雅的服务，赢得了良好的经济效益和社会效益。在经营管理中，白天鹅宾馆坚持把国际先进的饭店管理经验与中国国情相结合，于2002年正式启用了美国饭店收益管理系统，成为国内首批引进收益管理系统的饭店。多年的管理实践使我们体会到，实施收益管理系统，能帮助饭店准确把握市场供求关系变化的脉搏，使饭店的市场营销的目标更为具体明确，有助于制定科学合理的应对策略，提高饭店的整体收益。同时，也有助于饭店提高经营管理水平，帮助饭店走上一条与国际接轨之路，增强饭店在充满变数与无情的市场中的竞争力。

  胡质健先生写作的《收益管理——有效实现饭店收入的最大化》一书，深入浅出地点明了我国饭店业经营管理方面亟待解决的关键问题，系统介绍了收益管理的理论和有关实施步骤，对提升饭店从业人员的经营管理水平起到了一定的帮助和促进作用。我愿意推荐此书给饭店同行，把收获与各位分享。同时我也对曾是白天鹅宾馆年轻的管理人员的作者胡质健先生表示感谢和敬佩，他亦是将中国酒店业的实践升华为与国外酒店现代化的理论相结合的先行者之一。希望胡质健先生今后更多地把国外饭店先进的管理经验带回祖国，加速中国饭店业的飞跃发展。

  谨此言表。

前白天鹅宾馆董事总经理　中国旅游饭店协会副会长
广州地区酒店协会会长

2009年2月16日

序二

随着我国饭店业新一轮兴建热的到来，外国大型饭店集团纷纷进入，攻城略地；国有饭店和饭店公司也积极调整策略，或集团化，或创建新品牌，或积极开拓市场和业务，扩大市场份额。在这种情况下，我国旅游饭店市场的竞争空前激烈，仅仅依靠传统的市场营销策略难以与掌握先进管理理念和经营决策方法的世界饭店业大鳄们抗衡。中国饭店业呼唤学习新知识、新方法，尽快武装自己，以提高竞争力，加快与国际接轨的步伐。

收益管理（英语称 Revenue Management 或者 Yield Management）就是在对市场的供求关系和消费者的行为模式进行分析和预测的基础上，以最优化的产品、价格和销售渠道组合，实现最大限度提高产品的销售总量和单位产品的平均售价，从而获取最大的收益的动态管理策略。通俗地说就是：将合适的产品、以合适的价格、在合适的时间销售给合适的顾客，从而谋取收益最大化。收益管理理论和方法最先产生和应用在美国的航空运输业，后来推广到饭店业，极大地提高了美国饭店行业的竞争力，使美国饭店业能在世界保持领先地位。

美国康奈尔大学饭店管理学院教授卡尔莫斯（Sheryl E. Kimes）认为，具有以下特征的资本密集型企业都可以运用收益管理的理论和方法：

(1) 不同的细分市场具有不同的需求特点；
(2) 服务设施无法储存；
(3) 可以通过预订工作提前销售产品或服务；
(4) 接待能力比较固定；
(5) 市场需求量波动很大；
(6) 增量销售成本很低，而增量扩容成本很高。

旅游业所包含的住宿业、餐饮业、旅行社、交通运输业等都具有以上共同特点，应该都可以运用收益管理。其他具有类似属性的行业，如戏院或电影院的座位销售、汽车租赁服务、码头货位的出租、高尔夫球时段的售卖，甚至体育比赛或演唱会票的销售，以及电视广告时段的管理都可以运用收益管理来提高销售效果和收益。

进入21世纪后，中国的南方航空公司和东方航空公司开始引进收益管理系统来管理飞机票的销售，以白天鹅宾馆和香格里拉饭店集团为代表的少数饭店和饭店管理公司也开始引进收益管理技术管理客房的销售，并且取得了相当的成效。我相信，随着中国经济和旅游饭店业的蓬勃发展和市场竞争的国际化，引进收益管理这类世界先进的管理理念和方法会更加迫切。

胡质健先生的《收益管理——有效实现饭店收入的最大化》一书来得非常及时。该书是我国第一本系统介绍收益管理的概念、理论和应用的著作。该书的出版和发行，将有助于我国饭店管理人员学习、了解和掌握收益管理这一先进的经营管理策略，从而提高行业的经营管理水平和竞争力。当然，正如书中所述，"洋为中用"能否实现，取决于是否能把先进的国外理论和方法与中国旅游饭店业的实际情况有机结合。

虽然该书重点介绍的是收益管理在饭店业的运用，但是，作者也用了一定篇幅介绍了它在其他行业和领域的应用，如餐饮企业、高尔夫球、汽车租赁等行业，相信此书也有助于这些行业的从业人员学习和了解收益管理的理念和方法，便于进一步学习和研究。

作者胡质健先生毕业于中山大学管理学院旅游饭店管理系，并于2003年获得美国康奈尔大学饭店管理学院硕士学位。出国前在中外驰名的广州白天鹅宾馆和霍英东基金会从事饭店管理工作。现在他在美国为世界级饭店管理公司属下的饭店从事收益管理工作。胡质健先生理论联系实际，工作成效显著。他在繁忙的工作之余写作此书，目的是希望将国外先进的饭店管理理论与经验介绍给国内的同行，以帮助我国饭店企业尽快进入世界先进行列。我曾经是他的老师，一直关注他的成长，非常欣赏这样勤勉的后辈。我对此书的出版感到很高兴，倾心把它推荐给从事旅游饭店经营管理的从业人员和从事旅游饭店教学或研究的学者和学子们。

谨识。

徐栖玲

中山大学管理学院旅游饭店管理系教授
2009年2月于广州 康乐园

目 录
CONTENTS

序一 / 1
序二 / 3

■ **第一章 收益管理基础知识**
　　一、什么是收益管理 / 2
　　二、实施收益管理的现实意义 / 4
　　三、收益管理的历史、现状和未来 / 9
　　四、收益管理适用的行业 / 11
　　五、收益管理的四大要素 / 13
　　六、衡量收益管理绩效的方法和指标 / 18
　　要点回顾 / 26

■ **第二章 饭店的产品、销售渠道与价格**
　　一、饭店产品及其组合 / 28
　　二、饭店的销售渠道 / 32
　　三、饭店的价格细分、价格种类和结构 / 44
　　四、饭店常用定价方法及其比较 / 52
　　五、以市场为中心的定价法
　　　　——动态定价法 / 55
　　六、如何实施动态定价法 / 58
　　七、实施动态价格管理面临的挑战 / 66
　　要点回顾 / 67

■ **第三章 收益管理的市场环境分析**
　　一、实施收益管理必须理解和掌握的市场营销的概念 / 70

二、饭店的细分市场 / 76
三、竞争环境分析——如何评估饭店的比较竞争优势和弱势 / 85
四、如何确定自己的竞争对手 / 86
五、如何获得竞争对手经营管理情况的信息 / 89
六、如何与竞争对手比较经营绩效优劣 / 93
要点回顾 / 96

第四章　收益管理的分析和预测方法

一、分析预测工作的重要性 / 98
二、收益管理工作循环 / 100
三、市场分析预测的步骤 / 101
四、市场分析预测的主要对象和内容 / 104
五、常用的预测方法 / 117
六、如何选择预测方法 / 137
七、如何理解和衡量预测的准确性 / 138
要点回顾 / 140

第五章　收益管理系统及其应用

一、什么是饭店收益管理系统 / 143
二、收益管理系统的主要功能 / 155
三、收益管理系统发展的方向 / 163
四、如何有效使用收益管理系统 / 165
五、收益管理的选购和投资回报 / 169
六、收益管理系统的应用实例 / 174
要点回顾 / 184

第六章　收益管理策略与市场营销策略的关系及饭店营业收入预算的制定

一、收益管理策略与市场营销策略既有区别，又有紧密联系 / 186
二、收益管理策略和市场营销策略的稳定性与灵活性 / 189
三、收益管理策略和市场营销策略的实施需要生产

和服务部门的支持 / 190

四、收益管理策略由长期、中期和短期等不同层次的策略构成 / 191

五、饭店年度营业收入预算的制定 / 192

六、案例分析：成功饭店营业收入预算、收益管理策略
和市场营销策略的制定 / 194

要点回顾 / 232

第七章 收益管理实战技巧

一、容量控制法 / 234

二、超额预订法 / 236

三、住宿天数控制法 / 242

四、房间类型差异法 / 244

五、升档销售法和降档销售法 / 246

六、触发点价格控制法 / 248

七、附加价值法 / 249

八、住宿天数折扣法 / 250

九、包价促销法 / 250

十、创利规定明细法 / 252

十一、团队市场替换分析法 / 252

要点回顾 / 259

第八章 收益管理策略的实施

一、收益管理实施的全过程 / 263

二、收益管理组织机构和管理团队的建立 / 272

三、如何召开有成效的饭店收益管理会议 / 283

四、收益管理部门如何与其他部门顺畅沟通 / 284

附：收益管理自我评估关键点 / 289

要点回顾 / 291

第九章　饭店全面收益管理

一、饭店的大部分营业部门都可以使用收益管理策略
　　来提高收益 / 293

二、实施全面收益管理必须树立正确的指导思想 / 294

三、实施全面收益管理必须纠正的一些常见错误思想 / 302

四、如何利用收益管理提高餐厅的营业收入 / 316

五、如何利用收益管理提高高尔夫球会所的收益 / 330

六、如何利用收益管理提高汽车租赁业务的收益 / 338

　　要点回顾 / 343

后记 / 345

第一章
收益管理基础知识

导读

　　收益管理是对客源市场进行细分，对消费者的行为模式进行分析，对市场供求关系的变化进行预测，在此基础上优化企业的产品和服务、销售价格以及销售渠道的组合，最大限度满足各细分市场的需要，从而最大限度提高产品和服务的销售总量和单位销售价格，获得最大收益的动态管理过程。收益管理是一项重要的现代企业管理策略和管理技术。实施收益管理可以帮助企业在维持生产经营成本不变、不增加投入的前提下，将企业的销售收入提高5%～7%，并有效地提高企业利润率和市场占有率。本章将介绍收益管理的概念，实施收益管理的现实意义，收益管理理论和实践的历史、现状和发展，以及收益管理适用的行业，收益管理的要素、衡量收益管理实效的方法和指标等基础知识，以使读者对收益管理有一个初步的总体性认识。

一、什么是收益管理

根据互联网维基百科全书的定义，收益管理，又称产出管理、价格弹性管理，英语称 Revenue Management[①]，是指在不同消费时段，对同样的产品或服务收取不同的价格，给予不同折扣，从而实现总体收益最大化的管理模式。其另外一个定义是指通过理解市场消费行为的特点，预测销售行为的变化，并与之同步互动，实现收益最大化。不同的学者，从不同的角度出发，对收益管理的概念还有其他种种界定。在笔者看来，收益管理的概念可以概括为：

> 收益管理是对客源市场进行细分，对消费者的行为模式进行分析，对市场供求关系的变化进行预测，在此基础上优化产品和服务、销售价格和销售渠道的组合，以最大限度满足各细分市场的需要，同时最大限度提高企业产品和服务的销售总量和单位销售价格，从而获得最大收益的动态管理过程。

> 收益管理是一门综合学科，它综合运用了宏观经济学、微观经济学、市场营销学、数理统计学、消费心理学，以及财务管理等等学科的理论和方法，此外还运用了计算机管理信息系统以及网络营销等领域的知识和技术。

就旅游饭店这一行业而言，**收益管理可以理解为通过对饭店所处国家、社会和行业的宏观经济环境，以及饭店所处的市场的微观的供求关系变化以及饭店竞争状况等等的分析，预测各细分市场对本饭店产品和服务的需求情况，确定饭店可争取得到的各细分市场的销售量和平均价格，结合饭店的经营目标进行价格产品组合取舍，以此实现饭店总体收入最大化。**由于饭店的主要产品和服务是客房出租、餐饮服务和会议及展览设施设备的出租，所以，实施收益管理要对市场进行分析，预测市场对这些产品和服务的需求，确定它们的最佳销售量和销售价格的组合。从这个角度来看，一些学者认为收益管理可以简单地概括为"**制定合理的策略，把适当的产品和服务，在适当的时间，以适当的价格，出售给适当的客人。**"他们相信，只有同时做到了上述三点，饭店才能最大限度

[①] 在外国文献中，收益管理（Revenue Management）有时也称为Yield Management。通常认为Revenue Management的内涵比Yield Management大，后者强调产出的管理，即如何提高生产能力并把产品卖出去，前者不仅包括后者的全部内容，更强调生产和销售时，如何全面提高企业的收入。

地提高产品和服务的使用率和平均售价（出租价），实现收益最大化。

收益管理理念与饭店传统的价格和销售管理理念相比，二者存在某些共同点，例如，两者都认为价格必须以价值为支撑点，饭店的价格建立在产品和服务的质量的基础上。但是，收益管理是一种全新的理念，在很多方面与传统的价格和销售理念不同。为便于读者理解，笔者将收益管理的核心理念，即收益管理显著区别于传统的价格和销售理念的地方概括为以下九点：

（1）收益管理关注的重点是价格而非成本。

（2）实施收益管理，采用市场为导向的定价方法，而非成本或利润为导向的定价方法。

（3）实施收益管理，必须将客源市场细分，在细分市场中寻找提高收益的机会，根据预测决定提供给各细分市场的价格和产品数量及品种，使市场组合最佳化。

（4）实施收益管理，有时需要将部分甚至全部产品和服务保留下来，等到适当的时机，通过特定的渠道，销售给最有价值的顾客，从而颠覆了"先来购买先得"的观念。

（5）收益管理的决策建立在对市场供求关系的预测以及消费者购买行为的分析之上，而非主观臆断。

（6）必须让消费者和收益管理人员充分理解同样的产品和服务在不同市场环境下有不同的价值和价格。

（7）必须实施超额预订，以最大限度降低因临时取消订房或订房后没有来入住而给饭店造成的损失。

（8）收益管理是一个动态管理过程，收益管理人员要不断重新评估收益管理的机会，不断调整策略。有时一天内要多次更新数据，多次进行优化运算，多次改变策略。

（9）收益管理策略建立在预测基础上。预测有误差，故实施收益管理有风险，收益管理人员、饭店各级管理人员以及业主都要明白这点。

本书各章节基本上是围绕上述理念，从不同角度来阐述收益管理的理论和实践。由于章节是按照由浅入深的顺序来编排的，所以，没有收益管理基础知识的读者最好按照章节的顺序阅读。随着章节介绍的深入，读者对收益管理的理解也会加深。如果读者已经具备收益管理的基础知识，可以不按章节顺序而直接跳到自己感兴趣的章节去阅读。

二、实施收益管理的现实意义

实践表明，收益管理策略的运用，能使饭店在不用增加任何投资的情况下，有效地提高营业收入和利润。为什么这样说呢？通过下面的例子，读者可以看到采用收益管理策略与不采用收益管理策略的巨大差别。

假设一家饭店共有400间客房，为计算简便起见，假设这些客房是单一的标准双人房，牌价为$220。现在该饭店正处于营业旺季，预订部接到客房预订信息的情况如下：

* 在离客人入住日还有56天的时候饭店没有接到任何预订。
* 在离入住日还有56到49天的时候，一家旅行社要预订150间客房，每间房愿意支付$75。
* 在离入住日还有48到28天的时候，一商务团队要预订75间客房，每间房愿意支付$125。
* 在离入住日还有27到21天的时候，旅游度假散客要预订60间客房，每间房愿意支付$115。
* 在离入住日还有20到14天的时候，政府散客要求预订15间客房，按协议价每间房$85。
* 在离入住日还有13到5天的时候，商务散客要求预订90间客房，按协议每间价格为$145。
* 在离入住日还有4到3天的时候，过境散客要求预订40间客房。
* 在入住日当天和前2天，过境散客要预订30间房。

假设现有A和B两位经理，A经理没有听说过收益管理，B经理则受过收益管理的训练。现在请他们两人分别来处理这些订房信息，决定客房的销售，看两人最后为饭店创造的财富如何。分析结果表明，两人使用的思路和方法不同，结果也截然不同，详情如下。

（一）运用传统销售策略产生的结果

由于经理A不懂收益管理，他按照饭店业的传统做法，凭自己的经验和感觉去处理这些预订信息，做出销售决定。他认为该饭店在客人入住那天，客房出租率将达到90%以上，但是，他不确定是否达到100%。所以，他给自己确定的目标是尽快把客房都租出去，使客房出租率达到百分之百。所以，到手的预订越多和越早就越好。为此，他采用了以下常见的三种办法来处理上述预订信息。

(1) 先来先得。只要饭店还有空房，谁先来预订，就优先预订到客房。

(2) "漫天要价，就地还钱"。即从高到低报价，与客人讨价还价，最后根据饭店授权的程度以及自己的感受，以及客人的接受程度成交。这种做法的明显弊病是相当主观，成交价格受客人的谈判技巧和预订人员的主观意志影响很大。此外，很明显，按照这种办法成交，销售价格通常是低于牌价的折扣价。

(3) 根据与客户的关系来定价。如果客人与饭店的关系好或者与销售人员的交情好，就容易得到客房，而且获得较大的折扣价。例如，假设某天的市场需求很大，饭店能以 $330 平均房价把所有客房全部出租，现在仅剩下 3 间对外价格高达 $500 的客房。此时，如果经理 A 的朋友想拿下这 3 间房，并希望得到五折优惠，经理 A 很可能碍于情面答应。如果答应，很显然饭店就少挣钱。

根据这些原则，他接受了上述所有旅行社、商务团队、旅游度假散客、政府散客及商务散客的预订。因此，在离入住当日还有 4 到 1 天时，饭店仅剩下 10 间房，通过讨价还价，他成功地把这些房间以 $175 的平均价格出售给过境散客。此时饭店客房已经全部售出，不能再接受新预订。

假设在入住当日，旅游度假团、商务团队、旅游度假散客、政府散客及商务散客各有 1 间订房没有客人入住 (No show)，那么，这一天该饭店实际被占用的客房总数为 395 间，客房实际出租率为 99%，客房总收入为 $43,255，平均每间房价为 $110，平均每间可出租的客房的收入是 $108。见表 1-1。

表 1-1 A 经理按照传统的销售策略处理产生的结果

	离入住日天数					
	56-49 日	48-28 日	27-21 日	20-14 日	13-5 日	4-2 日	1-0 日
	旅游度假团	商务团队	旅游度假散客	政府散客	商务散客	过境散客1	过境散客2
市场需求房数	150	75	60	15	90	40	30
接受订房数	150	75	60	15	90	10	0
已订房但没有入住的房数	1	1	1	1	1	0	0
客房实际入住数	149	74	59	14	89	10	0
客房价格	$75	$125	$115	$85	$145	$175	$220
客房销售收入	$11,175	$9,250	$6,785	$1,190	$12,905	$1,750	$0

续表

市场总需求量	$460
客房实际销售总数	395
客房销售总收入	$43,055
客房出租率（Occupancy Rate）	98.8%
平均已出租房价（ADR）	$109
平均可出租客房收入（RevPAR）	$108

这个结果看上去不赖吧。但是，是否可以通过别的办法取得更好的结果呢？我们来看经理B运用收益管理策略后所产生的结果。

（二）运用收益管理策略产生的结果

经理B受过收益管理的培训，懂得按照收益管理的原则和方法去做，把是否接受那些预订的决定建立在市场分析和预测的基础上。通过研究饭店历年统计资料，经理B发现，入住那天市场的需求历来都很旺盛，主要原因是当地有一个年度专业产品展销会。他还注意到，除这个展销会外，今年这天还有个民族风情节。他还研究了竞争对手的情况，发现一家竞争对手饭店部分楼层的装修不能按时完成，导致部分楼层在这天不能投入使用。因此，他确信入住当天市场需求一定会比往年大，客房一定会供不应求，本饭店一定能获得100%的客房出租率。他还预测了各细分市场的需求情况，认为散客对客房的需求将超过70间，市场状况表明他们很可能接受$200以上的价格，他还进一步算出旅游度假散客、政府散客和商务散客大概会需要的房间数，确定分别该预留多少房间给他们。此外，他还根据去年同日团体客的销售情况算出这次旅游团队最多只能接受110间订房，商务团队最多只能接受60间订房，确保能留下70间客房销售给高价的散客。

所以，旅行社要求订150间房，他只给110间。商务团队要求75间房，他只卖60间。对旅游度假散客、政府散客、商务散客的订房，他则全部接受，因为价格相对较高。如此一来，离入住当日还有4到3天过境散客要求订房时，他敏锐地发现竞争对手的房间已经全部租出，所以，他决定不打折，以牌价卖掉了40间房。

在入住当日和前1天，他仅剩下25间客房，此时该饭店是当地唯一一家尚有空房的四星级饭店。另外，他查看去年同日的统计资料，发现有7间客房客人订了房却不来住，所以他决定超额预订5间客房（Overbooking）。所以，他以牌价$220租出30间房。此时，在入住当天他总共销售了405间客房。结果表明，在入住当日，旅游度假团、商务团队、旅游度假散客、政府散客、商务散客各有1间订房没有客人入住（No show），正好抵消了他超额预订的5间客房。所以，该饭店实际被占用的客房总数为400间，客房出租率为100%，客房总收入为$51,830，平均已出租房价为$130，平均可出租客房收入也为$130，两者正好相等。请见表1-2。

表1-2 B经理按照收益管理策略处理产生的结果

	离入住日天数						
	56-49日	48-28日	27-21日	20-14日	13-5日	4-1日	0日
	旅游度假团	商务团队	旅游度假散客	政府散客	商务散客	过境散客1	过境散客2
市场需求房数	150	75	60	15	90	40	30
接受订房数	110	60	60	15	90	40	30
已订房但没有入住的房数	1	1	1	1	1	0	0
客房实际入住数	109	59	59	14	89	40	30
客房价格	$75	$125	$115	$85	$145	$220	$220
客房销售收入	$8,175	$7,375	$6,785	$1,190	$12,905	$8,800	$6,600
市场总需求量	$460						
客房实际销售总数	400						
客房销售总收入	$51,830						
客房出租率(Occupancy Rate)	100.0%						
平均已出租房价(ADR)	$130						
平均可出租客房收入(RevPAR)	$130						

对比A与B两人的经营业绩，**不需要追加任何投入**，仅此一天，懂收益管理的经理B比不懂收益管理的经理A多挣了$8,775，即20.4%。

进一步推算，假设该饭店在一年中有100天客房出租率能达到100%，类似情况将出现100次，那么一年中经理B比经理A能为饭店多赚$877,500。如果该饭店所属的饭店集团公司拥有10家类似的饭店，那么一年之中，懂收益管理的经理比不懂收益管理的经理能为公司多挣$8,775,000！可见，懂得使用收益管理策略和不懂得使用收益管理策略产生的结果差别很大。收益管理策略的实施不论是对独立经营而不属任何饭店集团公司的饭店，还是对拥有数十甚至数百家饭店的集团公司来说都影响重大。

根据美国饭店行业的统计，在其他条件不变的情况下（如不增加客房，不追加促销和广告费用），如果系统地运用收益管理的策略，饭店的收入能增加5%至7%。例如，一家年收入为5,000万人民币的饭店，通过系统运用收益管理策略，年收入将增加250万~350万元。其主要原因是运用收益管理策略能有效提高客房出租率和平均房价，从而提高饭店的客房总收入。其实，收益管理策略的贡献还不仅仅局限于增加客房收入。随着客房出租率的

收益管理——有效实现饭店收入的最大化

提高，客人在饭店其他部门，如会议、餐饮、娱乐等等的消费也将增加。可见，收益管理确实能给饭店带来很多实际的与潜在的好处。

收益管理的重要性不仅表现在能有效增加客房收入，还体现在它能迅速提高客房利润。由于饭店客房的固定成本比例很大，变动成本占的比例很小，通常不超过总成本的20%，即使收入只增加一点点（如5%），也能使饭店客房的利润大幅度增加。下面以例子来说明。

假设甲饭店使用收益管理前收入为$10,000,000，利润率[①]是10%，边际变动成本率[②]是20%，收益管理使其收入提高了5%，它的利润将增加40%。见表1–3。

表1–3 采用收益管理前后甲饭店的收入计算表

使用收益管理策略前饭店收入 = $10,000,000

使用收益管理策略后饭店收入 = $10,000,000 × (1+5%) = $10,500,000

使用收益管理策略后饭店增加的收入 = $500,000

使用收益管理策略前饭店利润 = $10,000,000 × 10% = $1,000,000

使用收益管理策略后饭店增加的利润 = $500,000 × (1−20%) = $400,000

使用收益管理策略后饭店利润增加的比率 = $\frac{\$400,000}{\$1,000,000}$ = 40%

假设乙饭店使用收益管理前收入为$10,000,000，利润率5%，边际变动成本率是10%，收益管理使其收入提高了5%，它的利润将增加90%。见表1–4。

表1–4 采用收益管理前后乙饭店的收入计算表

使用收益管理策略前饭店收入 = $10,000,000

使用收益管理策略后饭店收入 = $10,000,000 × (1+5%) = $10,500,000

使用收益管理策略后饭店增加的收入 = $500,000

[①] 利润率是指利润占销售收入的比率。例如，如果饭店客房的利润率为10%时，当客房总收入是$10,000，利润就是$1,000。

[②] 边际变动成本是指每多出售一单位产品时，需要追加的成本。边际变动成本率是指多出售一单位产品时，需要追加的成本占增加的销售收入的比率。例如，当饭店客房的边际变动成本率为20%时，意味如果多售出一间客房，饭店要追加$20成本。所以，当这间客房的售价是$100时，减去饭店要追加$20的成本，剩下的$80就是多卖这间客房获得的利润。

> 使用收益管理策略前饭店利润 = $10,000,000 × 5% = $500,000
> 使用收益管理策略后饭店增加的利润 = $500,000 × (1-10%) = $450,000
> 使用收益管理策略后饭店利润增加的比率 = $\dfrac{\$450,000}{\$500,000}$ = 90%

由此可见，当饭店原来的利润率较低而边际变动成本率也较低时，收益管理对利润的影响更大。

可惜的是，由于国内很多饭店管理人员不懂收益管理，甚至没有听说过收益管理这一名词，因而不会运用收益管理的理论和方法来管理饭店客房的预订和销售，丧失了许多增加饭店财富的机会。从 A、B 经理及甲、乙饭店的事例中我们已经看到了收益管理可以有效地增加饭店的收入，我们有必要在国内旅游饭店行业大力进行收益管理的宣传、研究、推广、培训工作，推动收益管理的广泛应用，以提高国内饭店的经营管理水平，增强参与国际竞争的能力。

三、收益管理的历史、现状和未来

收益管理的理论和实践是何时产生的？现在应用的情况如何？将来发展方向怎样呢？

收益管理最早起源于 20 世纪 80 年代初美国的航空业。在此之前，美国的航空业实施统一管理，航班和票价都有统一的规定，航空公司之间基本上不存在竞争。进入 80 年代后，美国废除了航空管制，开放航空市场，允许航空公司根据市场的情况安排航班，自行定价，从此拉开了航空公司之间自由竞争的序幕。

由于飞机座位有限，而且座位的使用有很强的时间性和不可储存性，航空公司要盈利，得想办法在飞机起飞前尽量卖掉所有的机票，将所有座位填满。于是，很多专家学者开始研究市场的供求关系和价格对需求与消费者行为的影响，以寻找帮助航空公司适时将机票卖出的方法，由此产生了收益管理的概念和理论。随着科技的进步，一些公司开发出能帮助人们进行分析预测和优化决策的电脑系统，从而使收益管理在航空业得到广泛应用，并产生了很大的经济收益。近年来，国内的南方航空公司已经引进了国外先进的航空收益管理系统，并派员到国外学习，开始了收益管理的应用。

20 世纪 90 年代初，美国饭店业开始借鉴航空业的经验，研究收益管理在饭店管理中的应用，逐步发展出相关的理论，也研制出适合饭店行业的收益管理系统。现在，世界上越来越多的饭店管理公司和饭店管理院校认识到收益管理的重要性，越来越重视这一领域的研究与实践。康奈尔大学饭店管理学院是从事收益管理研究和教学的先驱，为饭店业培养了很多收益管理的人才，并为收益管理在饭店业的应用和发展提供了很多理论和方法。

现在，越来越多的饭店设立了收益管理总监这个职位，请专人负责收益管理的工作，让他们决定饭店的定价和销售策略。收益管理总监通常直属总经理管理，与市场营销总监平级，他们紧密合作，共同研究饭店的供求关系的变化，制定出合理的销售策略，提高饭店收益。据了解，在中国除国际饭店集团属下的饭店外，绝大多数国内独立经营管理的饭店还没有认识到收益管理的重要性。只有少数比较有远见的饭店，如白天鹅宾馆，较早着手这方面的研究，并于2002年购买了收益管理的电脑系统，开始收益管理工作。

随着实践的深入和理论的发展，收益管理的应用范围进一步扩展。它不仅应用于饭店客房的价格和销售管理，还广泛应用于会议展览、汽车租赁、码头货位、豪华邮轮舱位、火车座位和卧铺、餐厅餐位、高尔夫球和保龄球时段、电影院和戏院的座位以及电视广告时段的定价、出租和销售管理。因为这些产品和服务与饭店客房的产品和服务类似——具有时间性和不可储存性，而且可提前预订，需求的变化通常有一定规律，并且可以预测；经营者都要回答四个基本问题：卖什么？卖给谁？什么时候卖？卖什么价格？收益管理的理论和方法能帮助经营管理者找到最满意的答案。

收益管理是现代饭店管理实践和研究最先进的领域。只有加快对收益管理的研究和应用，中国饭店业才能提高经营管理水平，赶上国际先进水平，在激烈的市场竞争中得以生存和发展。

需要特别指出的是，饭店收益管理的重点是客房收益管理，客房收益管理也是本书讨论的重点。原因如下：

第一，对大多数饭店而言，**客房收入占饭店总收入的大部分，饭店利润也主要来自于客房出租**。其他设施，如餐饮、宴会和娱乐，是饭店住客服务的附属设施，其收入和利润只占小部分。所以，客房的收益管理是饭店收益管理研究的重点。在实践中，决定是否接受一个团队订房，收益管理经理在分析时，往往先分析该团队能带来的客房收益，然后考虑附件的收益，如餐饮、会议、娱乐和交通等。有时为了确保客房收入，他们会在餐饮、会议、娱乐和交通等方面给予客人比较大的折扣，甚至免费提供。

第二，从整个饭店行业收益管理的研究和实践来看，**客房收益管理的研究和实践比较广泛、深入和成熟**，而在餐厅、高尔夫和汽车租赁等方面则不太成熟和普及。所以，本书在第九章介绍饭店全面收益管理时，将简单介绍收益管理在这些部门和行业的应用，使读者思考撇开客房不算，如果只考虑这些部门本身的收入时，有哪些技巧和方法能提高它们的收益，希望为进一步的研究和应用起到抛砖引玉的作用。

四、收益管理适用的行业

从前面的论述中可以看到，收益管理是通过对市场供求关系的分析和预测，结合产品和服务的特点，把适当的产品（Product），以适当的价格（Price），在适当的时间（Time），卖给适当的客源市场（Market）的一种经营管理方法，其目的是提高单位产品的售价和产品的总销售量，避免空置和浪费，以获得最大收入。收益管理并不是适合所有行业，一般来说，收益管理适用于具有如下特征的行业：

（一）提供的服务和产品无法储存

饭店、餐厅等服务业区别于制造业的最大特点是前者的服务和产品不可储存，未被充分利用的服务能力和生产能力对于企业来说是机会成本和收益的损失，若能把闲置降低到最小限度，便能更多地增加收入。例如，饭店最主要的产品是客房，如果某间客房在某一天空置，没有被出租出去，那么这间客房在这一日为饭店创造收益的机会就永远地消失了，饭店就损失了一天的收入。饭店本来有提供这间客房的服务能力，由于客房空置，这种能力也浪费了。与此相反，假设有一家家具店进了一张沙发，今天卖不出去可以储存起来明天再卖，家具不会消失。

（二）企业的生产和服务能力相对固定，这种能力不能在短期内有很大的提高

饭店所拥有的客房数量、餐厅座位数、会议室的面积是相对固定的，也就是说饭店的客房、餐厅和会议室的接待能力是有限的，如果所有的客房已经住满客人，餐厅和会议室也坐满客人，饭店的生产和服务能力就到了极限，那么，如果再有宾客前来，就只得介绍到其他饭店了，因为本饭店没有生产和服务能力了。由于饭店固定资产比重较大，在短期内提高客房、餐位和会议室的数量和面积是不可能的。

（三）企业所提供的产品和服务具有较高的固定成本，而其可变成本相对较低

在固定成本已经支出的情况下，服务型企业销售单位产品的可变成本是相对较低的。对于饭店来说，饭店的固定资产投资巨大，日常维护费用较高，可变成本可能只是一晚上的水电费、一次性用品的消耗品、清洁工的工资以及床单被套等的洗涤费，一般不会超过数十元人民币。所以，饭店通常要保持50%左右的客房出租率才能补偿固定成本，高于50%的那部分业务量和收入，主要用来补偿变动成本和实现利润目标。换而言之，饭店需要有一定的基本业务量（Base Business）以维持运作，一旦超过了基本业务量，增加的收入可大幅度地提高饭店利润。

（四）企业可以对其提供产品和服务的市场进行细分

细分的市场是企业实行差别化定价，开展收益管理的基础。不同的细分市场，即使对相同水平的服务，宾客愿意承担的价格也是不同的。一般来说，饭店的宾客可以分为两大类：以商务活动为目的的商务客与以休闲度假为目的的旅游客。商务客又可细分为公司客和政府客；旅游客还可细分为公款的旅游和私人出钱的旅游等等。此外，饭店还可以根据订房数量将市场划分为散客和团体客两大类：散客同样可以划分为公务散客和度假散客；团体客可以划分为商务团体和度假团体。当市场能细分时，饭店就可以针对他们的不同消费能力、行为模式和需求，实施收益管理，制定产品和价格组合策略，以使饭店的总体收益最大化。

（五）企业提供的产品和服务可通过预订系统提前预订

管理人员可通过这个预订系统在一定程度上获知未来服务产品的需求量和预订的进度以及预订的来源，从而控制预订的进度，使价格、预订总量、销售渠道和细分市场组合达到最佳。

（六）顾客对企业提供的服务产品需求随着时间的变化而变动

许多服务型企业的市场都有淡旺季之分，即有需求的高峰期和低谷期。同样的产品和服务，旺季时客源市场愿意多付一点钱，淡季时则不然。此外，客源市场提早预订，通常希望获得较好的价格；如果紧急预订，则愿意接受较高的价格。企业可以预测市场的季节变化和研究客源市场的预订习惯和模式，在需求高峰时通过提高价格增加收益，需求低谷时降价提高销售量，从而达到提高企业整体收益的目的。

五、收益管理的四大要素

前面提到，收益管理就是要通过对市场的分析预测，把适当的产品 (Product)，以适当的价格 (Price)，在适当的时间 (Time)，卖给适当的客源市场 (Market)。产品、价格、时间和客源市场是收益管理的四大要素。收益管理是否有效，取决于对这四大要素的管理是否适当。下面，笔者将从收益管理的角度对这四大要素逐一详细介绍。理解这些要素的特性对理解本书后面的章节，尤其是收益管理的策略很有帮助。

（一）产品

饭店的产品总的来说是指饭店的可供出租的客房、餐饮、会议展览、康乐、商务及交通等设施及相关服务。饭店的产品通常是在某个时段提供或出租给宾客使用，宾客付钱后得到的往往是使用权而非所有权。所以，饭店产品有很强的时间性和不可储存性，少数商品除外，如礼物店卖出的货物，客人购买的食品和饮料等。

一般来说，客房收入占饭店收入的 70% 以上，是收入和利润的主要来源，因此客房产品是收益管理主要的研究对象。一家饭店通常有不同类型的房间，如标准房、豪华房、商务房、普通套房、豪华套房、总统套房等。在同类房间中，还有提供一张大床或两张双人床、面积大小、楼层高低和门窗朝向之分。这些差异既满足了不同消费层次、不同需求和不同喜好的市场的需要，也为饭店经营者利用房间的这些差异来拉开价格的距离，利用价格来促销和增加饭店收入提供了客观的条件。如果在饭店设计和建造时就能科学地确定房间的不同类型以及不同类型的房间在数量上的合理搭配比例，那么无疑为收益管理创造了良好的基础。

饭店客房产品与其他消费品不同，其中最主要的一个区别就是客房的销售和消费有很强的时间性和不可存储性。

众所周知，饭店的客房是按单位时间，如入住天数来收费的。住一天就收一天的租金，住半天就收半天的租金。客房能租出去，饭店才有收入。如果租不出去，客房空置，饭店就赔钱。例如，假设一家饭店仅有 10 间客房，客房日租价格是 $100，如果当天能全部住满，饭店就获得 $1,000 的收入。如果客房全部空置，那么这本来可获得的 $1,000 就没有了。就这天而言，这些客房产品空置就意味着浪费或损失。原因是这天的这些房间不能存储起来，明天重新想办法租出去——因为时间不能存储，流逝就没有了，明天该饭店最多可出租的房间也只是10间，而不是20间。可见时间的不可逆转性使客房空置的损失永远没法弥补。所以饭店经营管理者要提高饭店收入，就要尽量提高客房出租率，或称客房占用率（Occupancy Rate），避免客房空置。

此外，从财务的角度也可以看出，客房空置就意味着损失。我们都知道，通常建造饭店需要很大的投资，用于购买土地，建筑装修，以及购买家具、办公设备、电力设备、空调设备、洗衣设备及电脑系统等等，这些都需要大笔资金。业主通常需要向银行贷款。所以，多数饭店有还本付息的压力。此外，不论饭店入住率高低，饭店总要拥有一批相对固定的员工，包括行政管理人员、财务人员、一线部门的经理和主管人员、维修保养和保安人员，以保证饭店的正常运作。不论生意好坏，他们的工资和福利支出是免不了的。饭店还要负担日常的清洁保养和维修费、保险费、基本的水电费、空调或暖气费等等。这些费用哪怕饭店一间客房也租不出去，没有一分钱收入，只要不关门，就要负担。这些支出相对固定，不因客房出租率或业务量变化而变化，所以叫做固定成本。饭店要想能维持营业，每天至少要有能抵偿固定成本的收入，否则长期贴钱，将难以为继。

饭店还有一部分成本叫做变动成本——随业务量的变化而变化的成本。当饭店业务量增加时它们就增加；当业务量减少时它们就减少。例如，客房出租率增加，饭店就要多支付清洁工薪金和加班费。此外，水电费、毛巾和床单的洗涤费、纸巾、肥皂、洗头液等易耗品的开支等也会增加。可见，饭店的收入不仅要能抵偿固定成本，而且还要能抵偿变动成本，剩下的才是利润。

总之，能否获得足够的营业收入对饭店的生存和发展至关重要。只有理解了饭店产品的特性，才能确定合理的产品结构，进而根据市场需求变动制定价格并采取适当的策略营销，以提高饭店收益。

（二）价格

饭店的收入是由平均客房出租价格和出租的客房的数量来决定的。客房的出租数量通常与平均出租房价（以下简称房价）成反比。当价格升高时，需求就会减少，出租率就会降低；反之，当价格下降，需求就会增加，出租率就会提高。所以，价格是否合适，直接关系到饭店客房产品的销售量和总体营业收入。

饭店客房的价格取决于饭店客房产品本身的价值和饭店市场的供求关系。饭店的知名度越高，客房的价值越高，市场需求量越大，饭店的客房价格就越高；饭店的知名度越低，客房本身的价值越低，市场的需求量越小，饭店的客房价格就越低。一间客房的价值可以通过一个比喻来理解。一杯矿泉水，在一般情况下只值一两元人民币，但是到了五星级饭店的酒吧里，它的价格很可能增加十倍。在沙漠里，对一个饥渴的人来说，它的价值就更高，也许值千金，甚至可以用生命来换取。所以，做一个成功的收益管理人员，需要懂得市场的需求变动情况，懂得从市场的角度来考虑饭店产品和服务的价值，并据此制定价格策略。

饭店的价格多种多样，以满足不同的市场需求和不同的顾客情况。传统的价格包括牌价、合同价、淡季价、旺季价、周日价、周末价、节假日价、散客价、团体价、含早餐的房价、不含早餐的房价、组合报价（含客房、餐饮以及其他服务项目）、折扣价和促销价等等。

随着收益管理的运用，越来越多的饭店制定并采用了含附加条件的新价格，以满足促销、加强存货的管理和控制订房进度的需要。例如，按照惯例，客人订房后最迟可在入住当天下午6点前取消订房，不需支付取消订房的费用。这种做法很方便客人，但是会使饭店面临一旦订房在入住当日被取消，因时间太短饭店不能把空房再出租出去的风险。为了避免这种风险，很多饭店制定了一种叫做"24小时取消订房"的价格。这种价格通常比准许在入住当日取消订房的价格便宜15%～20%，但要求客人至少提早24小时通知饭店取消订房，使饭店至少有一天时间将腾出来的空房卖掉。此外，越来越多的饭店还制定一种提前付费、不能取消、不能更改、不能退款的价格。这种价格通常比准许在入住当日取消订房的价格便宜20%～35%，但要求客人订房时马上支付费用，一旦支付了费用，就不能取消或更改，也不能获得退款。这种价格能鼓励真正有需要入住的客人提早订房，使饭店获得一定比例的基本业务量，还便于饭店掌握到底租出多少房，还有多少空房要卖，以制定相应的销售策略，避免出现大量预订被取消、客房空置的风险。

另外，随着收益管理的深入，越来越多的饭店采取浮动价格，使其价格完全建立在对供求关系的预测上，其价格根据市场供求曲线的变化而上浮或下调。在这种情况下，牌价存在的意义侧重于为浮动价格提供参照，为客人评价饭店档次和产品价值提供参考。采用浮动价格能有效帮助饭店避免出现房价过低，本来可以多收钱却少收了；或房价过高，本来可以接到很多订单却没有接到的情况。

价格的控制和管理是收益管理的核心问题。如何制定价格，如何管理价格，价格对客房入住率和整体收入的影响如何等等，本书在后面的章节会有详细阐述。

（三）时间

从前面对饭店产品的时间性和不可存储性的讨论中，可看出时间对饭店客房产品具有特别重要的意义。收益经理在制定价格与确定销售渠道时,必须考虑时间的因素。另外,时间的重要性还体现在客房价格的时间差异上。大多数饭店的市场都有一定的季节性,例如对广州市大多数饭店来说,每年4月份和10月份春秋两次进出口商品交易会前后是一年中的旺季,11月份到次年3月份的冬春期间是淡季。对于休斯敦市的饭店来说,一周中也有淡旺之分。休斯敦是个以商务为主的城市。到这里旅行的客人大部分是从事商务活动的。所以,饭店的出租率在星期一到星期四通常都很高,到了星期五、星期六和星期日,出租率通常减少30%。这使得饭店在淡旺季提供不同的价格成为可能,这样的做法也容易被市场理解和接受。

此外,客人离入住前多少天订房,也影响到他们对饭店价格的接受程度。例如,提前很长时间订房的客人通常希望能得到较优惠的价格,饭店也愿意满足他们的需要。相反,对于一个当天订房、当天入住的客人来说,饭店很可能收取较高的价格,因为其房间也许是最后一个空房,此时需求大于供给,饭店可以将客房出售给愿意支付较高价格的客人。在这种情况下,客人也比较容易接受较高的价格。所以,饭店可以利用预订时间与顾客对不同价格的理解和接受的差异来定价以获得更高收入。例如,如某饭店能准确预测将来某一天市场将求大于供,它就可以不急于以低价把客房过早租出去,而是预留部分客房,等到离入住日只剩下一两个星期时高价卖出。相反,如果饭店预测将来某天市场需求不大,它就会用低价鼓励客人提早订房,提高其出租率和市场占有率。

(四)客源市场

饭店的客源市场通常都不是单一的,从大的层面划分来说有团体客和散客之分。在散客里,既有以参加商务活动为目的的公司散客,也有以旅游度假为目的的个人散客。在团体客里,既有以商务活动为目的的公司团体客,也有航空公司的空勤人员,因天气和机械原因滞留的旅客,以及从事政府活动、体育活动、教育活动、宗教活动、婚宴,以及其他社会活动的团体。不同客人有不同的消费能力和行为模式,对饭店产品的类型、价值和价格也有不同的理解和需要。例如,商务散客住哪家饭店通常由商务活动的需要和公司的规定决定,费用也由公司支付,所以,他们对饭店客房价格是 $280 还是 $300 一般不太在意,对价格的变化不太敏感。但是,对度假散客来说,他们的费用由自己负担,对价格的变化较敏感。收益管理的主要任务之一就是要研究饭店客源市场的细分情况,研究不同市场的价格敏感度和需求弹性,确立饭店合理的价格体系和最佳的市场组合,以获得最大收益。

不同客源市场还有不同的订房模式(Booking Pattern),饭店可以研究和利用订房模式的规律,通过合理管理价格的供给来获利。例如,商务散客通常在离入住日前两周内订房（参见图1-1），度假散客通常在入住前四周内订房。针对这种情况，饭店可以在离入住日前还有28天到14天期间推出较低的价格去吸引度假散客，以提高客房出租率。在离入住日前还有14天时升价，等待商务散客订房。这样，饭店就可争取得到部分度假散客的生意，提高饭店的客房入住率和市场占有率，同时又能从商务散客那里得到较高的平均房价，从而提高饭店收入。

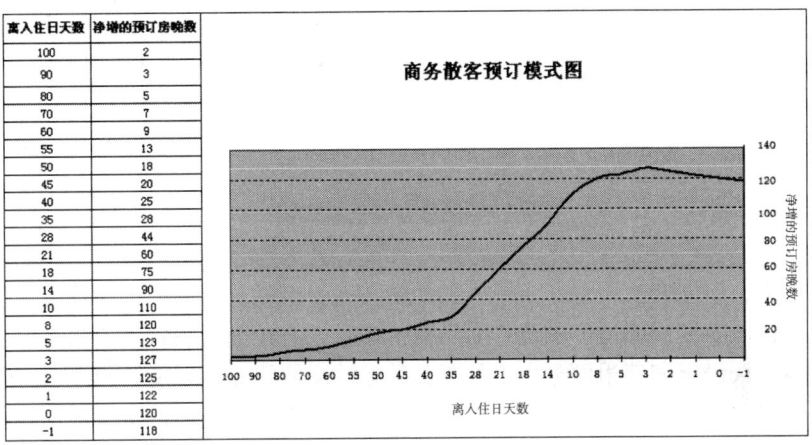

图1-1 商务散客订房模式图

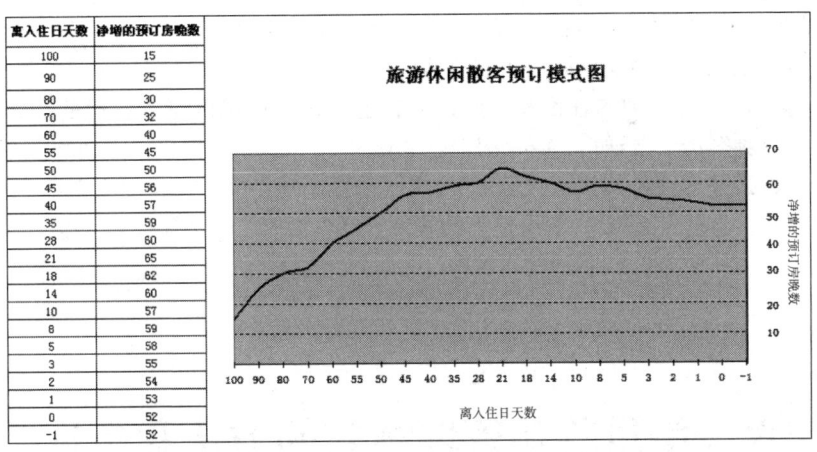

图1-2 旅游休闲散客订房模式图

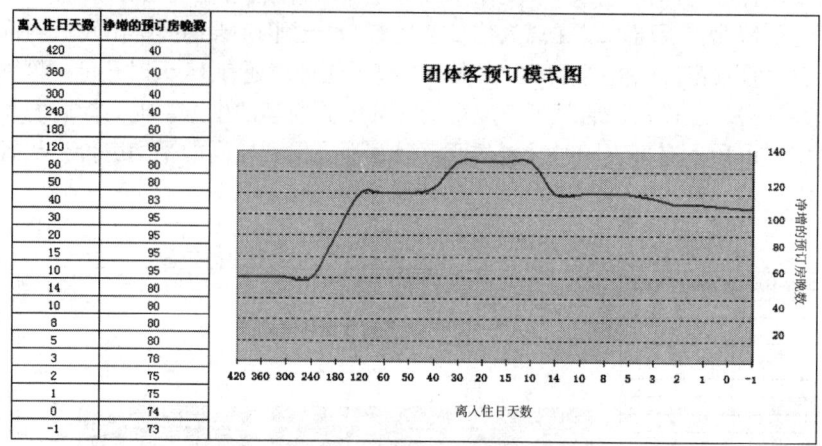

图1-3 团体客订房模式图

此外，不同客源市场还有不同的消费模式。例如，商务团体客可接受的房价通常比旅游度假团体客的贵，而且他们通常会有较高的餐饮消费预算，可能会租用会议设施和使用商务中心的服务。旅游度假团体客可能会购买旅游纪念品，使用康乐设施，但在饮食方面比较节省，不太会使用会议室设施。有鉴于此，当一家以商务团体客为主的饭店将来某日仅剩下30间客房，现在有旅游度假团体客要求预订，是否卖给他们呢？如果不卖给他们，将来能卖出去吗？如果饭店能预测到将来会有商务团体客需要这些客房，就不会急于卖给旅游团体客，因为，显然卖给商务团体客更有利，饭店会得到更高房价，会有会议和餐饮方面的收入，从而能提高饭店的总体收入。

总之，收益管理的理论和实践建立在上述饭店产品的基本特性的基础上，研究将哪种客房（普通房、豪华房，还是套房等），以哪种价格（浮动价、牌价、折扣价，还是合同价等），在适当的时候（现在还是将来，入住前二个月、一个月、两周，还是当天等），卖给适当的客人（商务散客、商务团体客、度假散客、度假团体客、政府客，还是普通散客等），以使饭店收入最优化。

六、衡量收益管理绩效的方法和指标

本章前面部分介绍，收益管理能有效提高饭店的收益。读者也许会问，假设饭店聘请了收益管理人员,购买和安装了收益管理系统,也实施了收益管理策略,那么如何知道实施收益管理策略前后饭店的收益情况有什么不同?如何评价收益管理人员的工作绩效以及收益管理的投资回报?

(一)衡量收益管理绩效的方法

常言道,"不怕不识货,就怕货比货"。把实施收益管理前后饭店的主要经济指标进行比较,是评价饭店收益管理水平和收益管理人员工作绩效的简单而有效的办法。根据比较对象和时间的不同,比较方法可分为纵向比较和横向比较两种。

1. 纵向比较

纵向比较是指把饭店某时期的经营情况同以前某个时期的经营情况进行比较。例如,将今年5月份本饭店客房出租率与去年5月份本饭店的客房出租率进行比较,或者是将本周的平均房价同过去同月同周的平均房价进行比较,将今天的平均可出租客房的收入与去年同日的平均可出租客房的收入进行比较等等。

纵向比较以过去某个时期的情况作为基点,能描绘相对于这个基点的变动情况。例如,假设某饭店过去5年平均每年客房平均价格的增长率是5%,从今年1月份开始,该饭店引进收益管理系统,招聘收益管理人员,实施了收益管理策略,该饭店的今年全年平均房价比去年增长了12%,比过去5年的平均增长率高出7个百分点。如果今年和去年的市场情况基本不变,就可以推断今年平均房价高增长率源于实施了收益管理策略。可见,纵向比较有助于饭店把握经营情况变化的趋势,有利于查找变化的原因,采取相应的对策,提高经营管理水平。

2. 横向比较

横向比较是指把饭店经营管理的情况与特定的对象同期经营管理的情况进行比较。这些特定的比较对象通常是饭店假想的竞争对手。例如,把本饭店去年平均房价以及客房出租率与本地5家竞争对手饭店同年的情况进行比较,把本月本饭店的客房出租率与某家竞争对手饭店的同月客房出租率进行比较等等。

横向比较能比较宏观和全面地反映本饭店在市场中的竞争和生存能力,有利于饭店制定中长期的发展战略。

无论是横向比较还是纵向比较,常采用绝对值比较、比率比较和指数比较三种方式。例如,假设今年5月份本饭店的平均房价是$100,竞争对手的是$95,那么该月份本饭店平均房价比竞争对手的高$5,这种比较是绝对值的比较。如果换算成比率,本饭店的平均房价比竞争对手高5.3%,这是比率比较。如果今年同月本饭店的平均房价比去年同期增长了5%,而竞争对手增长了10%,那么

收益管理——有效实现饭店收入的最大化

本饭店平均房价的增长没有竞争对手快,这也是比率比较。绝对值比较和比率比较能描绘出具体的局部差异和变动情况,但是不能描绘出整体的差异情况和本饭店在竞争圈子里的地位及变动。指数比较就能很好地满足这种需要。关于指数比较,可参见本章对市场渗透指数的讲解。

(二)衡量收益管理绩效的指标

无论是横比还是纵比,都需要选择一些可衡量的标准。从不同角度出发,可采用不同的指标。例如,从财务的角度出发,可选择成本费用指标、利润指标、资金运用指标、存货周转率等指标。从收益管理的角度出发,最重要和常用的指标是客房出租率、平均占用房价、平均可供出租客房收入等等。除了此三大指标外,饭店还可以通过市场占有率和市场占有指数的变动情况认识本饭店在竞争中所处的位置。

1. 客房出租率

客房出租率(Occupancy Rate),又称客房占用率、住房率和客房销售率等等,是指饭店租出去的房间数占它拥有的可出租的房间数的百分比。

$$客房出租率 = \frac{出租的房间总数}{可供出租房间总数} \times 100\%$$

出租的房间数就是被租出去或被占用的客房的数目。通常饭店内部用房和免费提供给客人使用的客房不算在内,因为这些房间没有产生收入。例如,如果某饭店某日有 100 间客房可供出租,当日租出 90 间,则其客房出租率为 90%。

可供出租的房间数就是饭店设备设施完好,能出租给客人的房间的总数,它通常不包括坏房。所谓坏房(Out of Order Room),是指有故障要维修而当天不能出租的房间。值得注意的是另有一种客房叫做故障房,这种房因故障暂时停止出租,等待维修,维修工作当日能完成,则该房变成当日即可以出租的客房。所以,故障房与坏房不同,故障房是算在可供出租的房间总数里的。

有时我们需要计算不同时间段的平均客房出租率,例如一年或者一个月的平均客房出租率。只需将该年或该月共出租的房间数除以该年或该月可供出租的房间总数,再乘以 100% 就得到。

客房出租率介于 0 到 100% 之间。如果饭店没有一间房间能租出去,客房出租率就是 0。如果所有房间都租出去,或者说客房都住满了,那么客房出租率就等于 100%。

显然,客房出租率反映了饭店客房产品被消费或被销售的情况。客房出租率越高意味着客房空置率越低;客房出租率越低;客房空置率越高。收益管理工作的一大任务就是提高客房出租率,减少空置率,所以,客房出租率高低是衡量饭店收益管理工作效果的重要指标。

2. 平均占用房价

平均占用房价(Average Daily Rate,简称 ADR),是指每间被租用的客房的平均出租价格,又称平均客房售价或平均房价。

$$平均占用房价 = \frac{出租的房间的总收入}{出租的房间的总数}$$

假设某饭店某日有 80 间客房被客人租用,获得 \$8,000 收入,那么其平均占用房价就等于 \$100(= \$8,000/80)。显而易见,如果客房出租率一定,提高平均房价可提高饭店客房收入。

3. 平均可供出租客房收入

平均可供出租客房收入(Revenue per Available Room,简称 RevPAR),也称平均客房收入,是指平均每间可供出租的客房每天能为饭店带来的收入。

$$平均可供出租客房收入 = \frac{出租的房间的总收入}{可供出租房间总数}$$

仍以前面的饭店为例,如果该日可供出租的房间总数为 100,那么它的平均客房收入为 \$80(= \$8,000/100)。如果该饭店能将其可供出租客房收入提高 \$10,那么它的客房总收入将提高 \$1,000(= \$10×100)。可见平均可供出租客房收入直接反映了单位产品(客房)的创收能力。由于饭店客房数量相对固定,可供出租的房间数目也固定,所以提高平均客房收入是提高客房收入的最重要的途径。

客房出租率、平均房价和平均客房收入这三个指标哪个是衡量收益管理绩效的最佳指标?哪个最重要?答案是平均客房收入指标,因为它是客房出租率和平均房价互动的结果,能全面地反映收益管理的真实情况。

从数学的角度来看,平均客房收入等于客房出租率与平均房价的乘积,而且平均客房收入与客房出租率及平均房价成正比。当客房出租率不变时,提高平均房价可以提高平均客房收入。当平均房价不变时,提高客房出租率能提高平均客房收入。当然,如果能同时提高客房出租率和平均房价,就能更大幅度地提高平均可供出租客房收入。不过,能这样做的机会并不多,除非是市场需求大大高于供给的时候。

收益管理——有效实现饭店收入的最大化

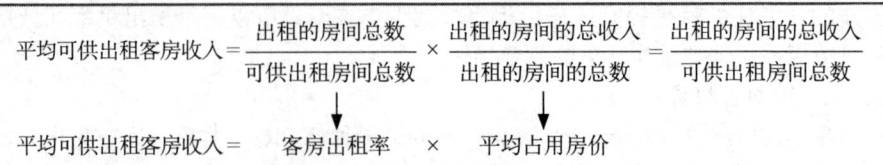

在大多数情况下,难以同时提高客房出租率和平均房价,因为价格与需求成反比。当客房价格升高时,市场需求通常会下降,租出去的客房的数量下降,导致客房出租率的下降,所以平均房价上升未必会提高平均可供出租客房收入。当客房价格降低时,市场需求会增加,出租的客房的数量上升,客房出租率相应提高,但是,降价策略也不能保证平均可供出租客房收入的提高。所以,只有把客房价格设在适当的水平,才能得到适当的客房出租率,使平均可供出租客房收入最大化。

基于以上认识,下面我们来研究评价某家饭店的收益管理情况。假设这家饭店共有100间客房,采用不同的价格策略,会产生不同的结果,具体情况见图1-4。

情形	平均客房价格	出租客房总数	客房出租率	平均可出租客房收入	客房总收入
1	$550	10	10%	$55	$5,500
2	$450	40	40%	$180	$18,000
3	$350	70	70%	$245	$24,500
4	$288	85	85%	$245	$24,480
5	$200	92	92%	$184	$18,400
6	$110	110	100%	$110	$12,100

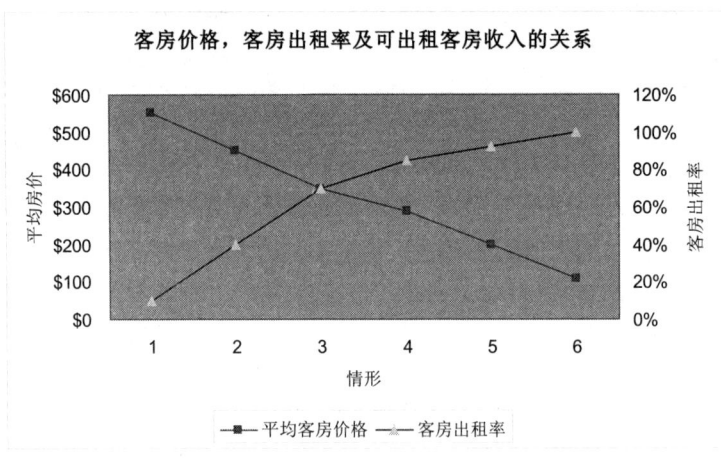

图1-4 平均房价、客房出租率与平均可出租客房收入的关系

如果只考虑平均房价的高低，第一种情况好像最好，因为它得到最高的平均房价。第六种情况最差，因为它得到最低的平均房价。但是当房价为 $550 时，饭店仅售出 10 间房，总收入比第六种情况少，所以谈不上好。如果只考虑客房出租率的高低，第六种情况得到 100% 的出租率，看上去最好，但是总收入只有 $12,100，第二到第五种情况得到的收入都比它高。看来，仅客房出租率这一单一的指标高未必总收入就高。

可见，评价收益管理绩效好坏，只考虑平均房价或客房出租率是不全面的。如果把两者结合起来考虑，就会得到比较准确的结论。由于平均可出租客房收入是两者综合作用的结果，所以它是用来评价收益管理绩效的最佳标准。

从图 1-4 中可以看出，由于平均房价与客房出租率成反比，平均房价上升时，客房出租率下降。平均房价曲线与客房出租率曲线在第三种情形相交，即平均房价为 $350，客房出租率为 70% 的时候，此时，平均房价和客房出租率同时达到最大，平均客房收入也达到最大。

需要注意的是，第三和第四种情况都得到 $245 的平均房价和几乎相等的客房收入，究竟是哪种情形最好呢？从不同角度来看，有不同结论。

从客房部的角度来看，第三种情况最好。因为它比第四种情况少卖 15 间房，少了 15 间客房被占用，少付出 15 间房的变动成本，利润会因此变多。此外，15 间客房空置，可以避免使用过程的磨损；同时少了 15 间房的客人，管理也容易些。

从整个饭店的角度来看，也许第四种情况最好。因为多了 15 间客房被占用，增加了 15 间客房的客人，他们在餐厅消费、使用电话服务、在房间看收费电影、使用电脑上网、送餐服务、会议室及其他服务和设施的可能性增加，因此客房以外的部门增加收入的机会相应多了。

评价收益管理工作的好坏，平均可出租的客房收入是最重要的指标。另外，还要结合饭店的整体需要及对成本和利润的影响来评价平均房价和客房出租率高低的优劣。

4. 市场占有率、应有市场占有率和市场渗透指数

市场占有率（Market Share），也叫实际市场占有率，是指一个公司的产品或服务实际销售量（或销售收入）占该类产品或服务实际市场销售总量（或销售总收入）的比例。市场占有率越高，表示该公司的经营管理能力和竞争能力越强。

应有市场占有率（Market Fair Share），是指一个公司的产品销售量（或销售总收入）根据其生产能力在该类产品市场销售总量（或销售总收入）中应该占有的比例，它等于该公司生产能力占市场生产能力的比例。应有市场占有率越高，表示该公司生产能力越大，在市场中的重要性越高。

市场渗透指数，是指一个公司的产品或服务的实际销售量、销售收入或销售价格与竞争对手的实际市场销售量、销售收入或销售价格的比值乘以 100%。

收益管理——有效实现饭店收入的最大化

市场渗透指数越高,表示该公司的经营管理能力和竞争能力越强,在竞争中处于领先地位。

下面举例说明。

假设某饭店是一家四星级饭店,共有334间可售客房,今年4月出售了7,515个房晚,获得$789,075。另外有四家四星级饭店与该饭店位于同一地区,互为竞争对手。这五家饭店共有3,500间客房,同月这五家饭店共售出74,500个房晚,获得$8,268,503收入。下面先分别计算该饭店和竞争对手的客房出租率、平均房价和平均可出租房收入,然后再计算该饭店应有市场占有率、实际市场占有率等。最后计算该饭店客房出租率、平均房价和平均可出租客房收入三方面的市场指数。结合计算结果,说明这些指标和指数揭示的含义。

该饭店的情况

$$客房出租率 = \frac{7,515}{334 \times 30} \times 100\% = 75\%$$

$$平均房价 = \frac{789,075}{7,515} = \$105$$

$$平均可出租客房收入 = \frac{789,075}{334 \times 30} = \$105 \times 75\% = \$78.75$$

该市场的情况(不包括该饭店)

$$竞争对手客房出租率 = \frac{出租的房间总数}{可供出租房间总数} \times 100\% = \frac{74,500 - 7,515}{(3,500 - 334) \times 30} \times 100\% = 71\%$$

$$竞争对手平均房价 = \frac{客房总收入}{出租的房间总数} \times 100\% = \frac{\$8,268,503 - \$789,075}{74,500 - 7,515} = \$112$$

$$竞争对手平均可供出租客房收入 = \frac{客房总收入}{可供出租的房间总数} = \frac{\$8,268,503 - \$789,075}{(3,500 - 334) \times 30} = \$78.75$$

■ 该饭店客房应有市场占有率

$$应有市场占有率 = \frac{本饭店可供出租客房总数}{市场可供出租房间总数} \times 100\% = \frac{334}{3,500} \times 100\% = 9.54\%$$

通过以上计算可看出，该饭店应有市场占有率为9.54%。这意味着如果整个市场在这个地区对四星级饭店的总需求为100间客房，该饭店要获得其中的9.54间才同它的生产能力相称；如果整个市场在这个地区租用四星级饭店消费了$100，该饭店要获得其中的$9.54才同它的生产能力相称。

如果该饭店卖出超过9.54间客房或获得超过$9.54收入，意味着该饭店在市场竞争中处于优势，把竞争对手该得的市场份额抢过来了。

如果该饭店卖出少于9.54间客房或获得少于$9.54收入，意味着该饭店在市场竞争中处于劣势，自己应得的市场份额被竞争对手抢过去了。

■ **该饭店客房实际市场占有率**

$$\text{客房销售量实际市场占有率} = \frac{\text{本饭店实际销售客房总数}}{\text{市场实际销售客房总数}} \times 100\% = \frac{7,515}{74,500} \times 100\% = 10.09\%$$

$$\text{客房收入实际市场占有率} = \frac{\text{本饭店实际客房收入}}{\text{市场实际客房收入}} \times 100\% = \frac{\$789,075}{\$8,268,503} \times 100\% = 9.54\%$$

可见，该饭店客房销售量方面的实际市场占有率比其应有市场占有率高，说明该饭店在竞争中把部分竞争对手应得的房晚数抢过来了。

该饭店客房总收入方面的实际市场占有率等于其应有市场占有率，说明该饭店在竞争中仅获得自己应有的份额。

■ **该饭店市场指数**

在收益管理中，通常计算客房出租率、客房平均售价和平均客房收入三方面的市场指数。

$$\text{该饭店客房出租率指数} = \frac{\text{该饭店客房出租率}}{\text{竞争对手客房出租率}} \times 100\% = \frac{75\%}{71\%} \times 100\% = 106\%$$

$$\text{该饭店客房平均价格指数} = \frac{\text{该饭店客房平均价格}}{\text{竞争对手客房平均价格}} \times 100\% = \frac{\$105}{\$112} \times 100\% = 94\%$$

$$\text{该饭店平均客房收入指数} = \frac{\text{该饭店平均客房收入}}{\text{竞争对手平均客房收入}} \times 100\% = \frac{\$78.75}{\$78.75} \times 100\% = 100\%$$

$$= \text{该饭店客房出租率指数} \times \text{该饭店平均房价指数} = 106 \times 94\% = 100\%$$

从上可见，该饭店客房出租率指数为106，表明其客房出租率高于竞争对手6个百分点。该饭店平均房价指数为94，表明其平均房价低于竞争对手6个

收益管理——有效实现饭店收入的最大化

百分点。该饭店平均客房收入指数等于100，表明其平均客房收入与竞争对手持平。那么，在这场竞争中，该饭店表现如何？显然，该饭店在价格方面处于劣势，它以低于竞争对手的价格去争取更多的客房销售量，勉强能使平均客房收入指标与竞争对手持平。只有当该饭店的客房成本比竞争对手低时，它才有可能取得与竞争对手相当的客房利润。但是，如果该饭店的平均房价比竞争对手少是由于它接待了一些团体客，而他们能带来较多餐饮和会议的收入，那么从饭店的总体来看，该饭店未必会是输家。

要点回顾

1. 收益管理是通过分析预测市场供求关系变化的情况，制定合理的价格和细分市场组合策略，将适当的产品，在适当的时候，以适当的价格销售给适当的客源市场的策略。

2. 收益管理策略的运用能在不追加额外投入的情况下，有效增加饭店的客房收入和利润，尤其是利润。

3. 收益管理的应用范围越来越广泛，它适用的行业通常具有一些共同特性，如产品和服务不可储存，企业的生产和服务能力相对固定，企业所提供的产品和服务具有较高的固定成本而其可变成本相对较低，企业的市场可以细分，企业提供的产品和服务可提前预订，以及市场需求随着时间的变化而变动等。

4. 产品、价格、时间和客源市场是收益管理的四大要素和研究核心。

5. 衡量饭店收益管理工作绩效的主要指标有客房出租率、平均房价和平均可出租客房收入。此外，还要考虑市场应有占有率和实际占有率以及市场指数的高低。

6. 平均可出租客房收入等于客房出租率乘以平均房价。它是评价收益管理工作效果的最重要指标。

第二章
饭店的产品、销售渠道与价格

导读

不同细分市场具有不同的消费能力,对产品和服务的需求也不同。例如,有的顾客只需要标准房,有的需要豪华房,有的偏好套房。因此,饭店要有数量适当的不同类型的客房,以满足细分市场的不同需要。

价格是影响消费者决策的重要因素,是饭店的产品和服务能够销售出去,收回成本,并实现收入和利润目标的关键。良好的价格体系既要能体现不同产品和服务的价值,又要能满足不同细分市场的需求以及帮助饭店最大限度提高收益。此外,因受市场供需关系的变化和市场竞争的影响,良好的价格体系应是变动的价格体系,是能够准确反映供需变化和市场竞争的价格体系。

随着科技的进步,客人预订饭店的产品和服务的渠道越来越多,除传统的面对面的预订、电话预订、电传预订外,还可通过发电子邮件预订,委托旅行社通过全球分销系统预订,到饭店的网站或饭店以外的营销公司的网站上预订。不同的预订渠道具有不同的特点,对饭店来说,使用这些渠道来销售饭店产品和服务的成本也不一样,所以,饭店收益管理要研究销售渠道的控制和优化组合的问题。

本章将从收益管理的角度来介绍如何理解饭店的产品、价格与销售渠道,以及如何优化其结合。

一、饭店产品及其组合

产品是市场组合四大要素之一，没有产品就谈不上商品交换，谈不上买卖。不同顾客需要不同的产品，或者对同类产品的不同特性有偏好，所以，产品必须要细分。客房是饭店行业的主要产品，根据其物理特性和使用价值的不同，客房可分为不同类型，如标准客房、豪华客房、套房以及总统套房等。另外，还可以把物理特征和使用价值相同的客房根据消费者心理需要的不同进行细分，例如，把同样大小的客房根据楼层的高低、风景的不同以及窗户或门的朝向进行细分。客房产品的细分有利于拉开价格的档次，实施价格差异化的收益管理策略。

（一）客房常见类型

（1）**标准客房**：通常拥有一个独立卫生间，一张大床或两张双人床，另外还有沙发、办公桌和椅子、咖啡桌、电视机、组合柜等等。通常大小为40～50平方米。

（2）**豪华客房**：设施与标准客房相似，不同的是面积较大，通常在50～60平方米，装修更高档，设备和设施更先进，楼层比较高，相对更安静，风景和朝向更好。另外，饭店还通常免费提供更多、更高级的易耗品，如茶叶、咖啡、巧克力、洗浴液等等。

（3）**标准套房**：通常是一个标准客房外加一个起居室，面积相当于一个半至两个标准客房的面积。

（4）**豪华套房**：设施与标准套房相似，不同的是面积更大，装修更高档，设施更高档，免费提供的易耗品更多、更高级。

（5）**总统套房**：通常相当于好几个豪华套房的大小。主人卧室卫生间的设施一般十分高档，浴缸通常是按摩浴缸。除主人卧室外，总统套房还有随员卧室、起居室、会客室、小型会议室、娱乐室、酒吧或餐厅，以及室内花园等等。

（6）**带厨房的长住套房**：与标准套房差不多，不同的是多了一间小厨房，有关厨房设施准备充足，可供客人自行烹饪时使用。

同一类型的客房还可以根据床的特点来细分。例如，设有两张双人床（Two Queen-size Beds）的标准双人房以及仅有一张大床（One King-size Bed）的标准双人房。前者最多可供四个人使用，目标市场是一些对价钱比较敏感，愿意分享空间以节约费用的人,如带小孩旅行的家庭。后者则适合于一个人或一对夫妻使用。如果这类客房面积足够大,还可以增设一张可移动的加床,供第三位客人使用。标准套房同样可以细分为拥有两张双人床的标准套房和拥有一张大床的套房。此外,有的套房的客厅使用沙发床(Sofa Bed),不打算睡觉时是沙发,晚上睡觉时把沙发展开来,铺上床上用品就变成了一个床铺。

根据市场的需要合理确定各类房间的数量和比例,对收益管理有重要意义。在一般情况下,以商务客为主的饭店,拥有一张大床(King-size Bed)的房间的数量和比例通常比接待团体客和旅游度假客为主的饭店要多些,这是因为大多数商务客价格敏感度相对较低,也喜欢一个人住一个房间,通常不愿意同别人共用一个房间。而团体客和旅游度假客通常为了节约费用或者因带有家庭成员,需要共用一间客房,希望这个房间拥有两张床(Two Queen-size Beds),可以供2～4人睡觉。可见,拥有一张床的房间的数量和拥有两张床的房间的数量是由饭店的目标市场及其细分市场决定的。

另外,由于大多数饭店按照房间数而不是按照床位数来收费,房间数目多,饭店就多些机会增加收入。只有一张床的房间比有两张床的房间占地建筑面积小,如果只有一张床的房间的数量很多,当饭店的建筑面积固定时,房间的数目会更多,那么如果饭店的客源以商务客为主,饭店的收入自然比拥有两张床的房间的数量多的时候挣钱。

如果饭店拥有双人床的房间和一张大床的房间数量比例不符合它所在的客源市场的情况,就会给饭店的收益管理工作带来困难。例如,一家饭店共有260间客房,但是连同套房在内,它只有20间客房拥有两张床。由于该饭店的客源以商务客为主,从星期日到星期四住房率很高,大多数客人是一个人住一个房间的商务客,因此对拥有两张床的房间的需求不高。但是,到了星期五、星期六和节假日,商务客减少,而休闲度假的散客和旅行团,举办婚宴、生日派对和其他私人活动的需求增加,饭店为了提高周末和节假日的客房出租率,想了很多办法去拉这部分业务,但是没有多少成效,其中一个主要原因是该饭店拥有两个床的房间的数量太少,不能满足上述客人对这类房间的需要。

套房的数量和比例也要符合市场的需要。一间套房通常至少占用两个标准客房的面积。所以,从建造的成本来看,一间套房的造价接近两间标准房的造价。由于套房的价格较高,市场的需求量相对要低,所以,套房的数量不能太多。在决定套房的数量和比例时,要结合饭店客源的构成来考虑,要研究有多少客人需要套房。

饭店通常还需要一定数量的连通房(Connecting Room)。如果相邻两间客房的间隔墙上有门,门可打开,供住客可以互相往来,这样的房间叫连通房。连通房可满足相邻两间客房的住客互相来往的需要,通常受带家庭成员旅行的客人的喜欢，尤其是家庭成员中有需要照顾的小孩或老人的时候。

值得注意的是，饭店应当提供一定数量的方便残障人士使用的客房。美国的法律规定饭店在接待客人时不得歧视残障人士，而且必须配备一定数量的特别设计的方便残障人士使用的房间。这类房间的房门、卫生间的门、浴室门通常都较大，方便残障人的轮椅进出。卫生间和浴室的面积通常也比较大，马桶和淋浴间配有扶手和专用的椅子，方便他们使用。

饭店的客房也可以按照卫生设施的差异来细分。例如，是否拥有按摩浴缸（Jacuzzi），淋浴间和浴缸是否分开，是否同时拥有抽水马桶和净身器等等，这些差异有助于拉开房间的价格档次。

客房还可以从室内设计和装修的水平、床上用品的档次、室内陈列和摆设的奢侈程度、免费易耗品的规格和数量等等去分类。豪华房的装修明显比标准房的高档，它使用的被褥也较舒适和贵重，如使用专门设计的羽绒被或高档的床单，而不是普通的丝棉被和普通床单。

在美国，越来越多的城市规定公共建筑物内不能吸烟，所以，在饭店的客房、会议室、餐厅和酒吧等处都不允许吸烟。在这些城市，饭店自然成了无烟饭店，饭店的客房自然也成了无烟客房。在没有此类规定的国家和地区，饭店还通常会划分吸烟楼层和非吸烟楼层，可吸烟客房以及不可吸烟客房。有些顾客对烟味很敏感，甚至会过敏，所以，他们对客房是否有非吸烟楼层和不吸烟客房十分在意。如果饭店不能满足他们的要求，必然会失去他们。

总之，饭店需要研究客源市场的构成以确定提供什么类型的客房，以及不同类型的客房的数量和比例。拥有不同类型的客房，有助于拉开价格的档次，满足更多客人的需要，提高饭店市场占有率、平均房价和收入。为什么会这样呢？这是由于客人不同的支付能力和不同的需要决定的。有的客人的支付能力较强，他们对饭店客房价格不太敏感，对房间规格的要求也较高。相反，有的客人的支付能力较弱，对房价很敏感，但是，对房间的规格要求不太高。那么，饭店是仅与他们中的一类做生意好呢还是同时与他们都做生意好呢？显然，如果能同时满足他们的需要最好，也最保险（因为如果只做对价格敏感的客人的生意，饭店的利润率将不高。如果只做对价格不敏感的客人的生意，饭店的利润率虽然高，但是也许客源不足）。所以，如果饭店想同时最大限度赚取这两类客人的钱，必须能同时提供两类产品和两种价格。一类是较为普通的产品，以较低的价格卖给对价格敏感的客人；另一类是较为高档的产品，以较高的价格卖给对价格不敏感或不太敏感的客人。这样，饭店将既有充足的客源，又因平均房价提高而得到更高的利润率。

（二）可用来拉开价格差异档次的其他客房特征

上述不同类型的客房产品的差异是看得见，摸得着的，因此，建立在其基础上的不同的价格很容易为市场理解和接受。但是，还有一些从社会心理学的角度来看是有差异的，但却容易被忽略的客房的特性，饭店可以利用这些特性，拉开价格差异，提高客房营业收入。举例来说，客人对客房的选择除了要能满足其基本的生理层次的需求，如休息和睡眠外，往往还要能满足其社交和自尊的更高层次的需要，如社会地位、身份或精神享受的需要。例如，虽然豪华套房和标准客房都能满足休息和睡眠的需要，但是客人支付两倍于标准客房的价钱选择豪华套房，主要原因也许是炫耀地位和身份。在同一类客房产品中，如果其中的一些产品能更好满足客人精神层面的需要，对客人来说就更有价值和吸引力，客人甚至愿意多付钱以获得这样的产品。例如，一对到海边来度假的情侣很可能希望住到一间处于较高楼层，并能看到大海景色的房间。因为在较高的楼层能使他们更好地享受安静的环境，并有更好的视觉，大海的景致能使他们的旅行变得更温馨浪漫。如果这种房间的数量有限而客人需求很大，饭店收益管理就可以利用客房的特征如其朝向和景观来确定房价，而有需要的客人——如这对情侣很可能愿意多付一些钱以获得这样一个海景房。可见，饭店是能够利用客房类似的特征来拉开产品的价格差距，从而获得更多收入的。当然，这些特性是在饭店建设和设计时就应当考虑的，一旦饭店建成，客房的这些特性就难以更改了。所以，在饭店设计建造时，如果对饭店的选址、朝向、楼层房间的布局等等考虑得比较周全，就比较容易实施收益管理的策略。

饭店收益管理可以利用的客房特征除其朝向和景观外——如是否面向江、海、湖、水库、山、公园、街景、历史建筑物或重要公共设施等等——还可以是楼层的高低。对同一楼层的客房而言，还可以根据是否靠近电梯间、服务间、制冰机和自动售货机，是否在拐角等来区别对待，因为越远离这些设施的房间，安全性、安静程度和隐秘性就越好，从而在客人心中就更有价值。

另外，由于具有某些文化背景的客人对某些数字很偏爱，饭店还可根据客房的号码来定价。例如在东南亚，有的客人对带有数字 8 的号码十分着迷，所以，有的饭店对号码为 1888 的房间的收费要比同类别的房间的收费多几十元。

综上所述，饭店要善于根据细分市场的需要，合理分配不同类型的客房的比例，提供具有不同物理特征的客房产品，以尽量满足各细分市场的需求。另外，在制定价格时，还要善于从社会心理学的角度来理解客人对产品价值的认知。如果饭店收益管理人员能把握客人对产品价值的理解上的差异，就可利用它来拉开产品的价格档次，为饭店赚取更多收入。

二、饭店的销售渠道

销售渠道及其组合是收益管理工作的主要研究内容之一。从饭店的角度来看,销售渠道是饭店的产品和服务到达消费者的途径,从消费者的角度来看是消费者预订和获得饭店产品与服务的途径。饭店的销售渠道可分为直接销售渠道和间接销售渠道两大类。直接销售渠道是指通过饭店直接拥有和控制的,不通过中间环节的销售渠道,如饭店公司拥有和管理的预订中心、中央预订系统和网站,饭店的预订部、前台部和销售部等等。客人通常以电话、电子邮件、电传或者面对面的方式与饭店有关人员接洽,进行预订。间接销售渠道是指通过第三者提供的设施和服务来销售饭店的产品和服务。间接渠道包括旅行社、全球分销系统以及专门的网络经销商、搜索引擎和门户网站等。

在下面的篇幅里,笔者首先将简单介绍常见的直接销售渠道,然后重点介绍新兴的、国内人士不太熟悉的间接销售渠道。希望通过学习本节内容,读者能认识到各种销售渠道的优缺点,牢固树立销售渠道组合的概念,将这些知识运用到实际工作中去。

饭店可以利用的销售渠道很多,请参见图 2-1。

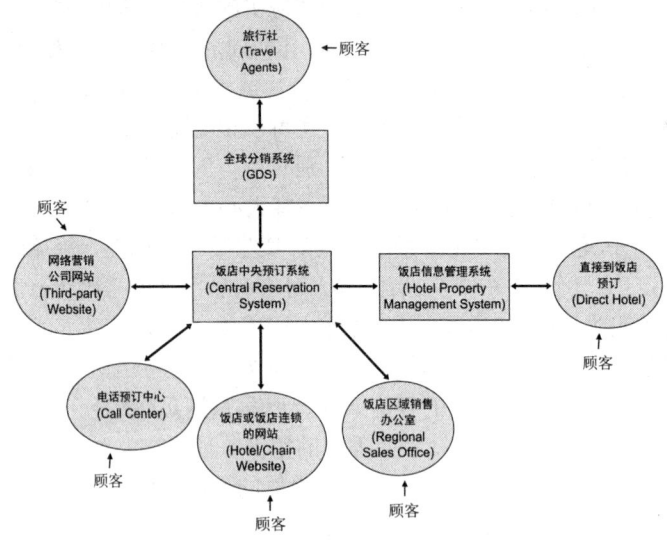

图 2-1 饭店销售渠道示意图

（一）直接销售渠道

直接销售渠道，是指饭店不通过第三者而自行组织销售的各种途径。国内大多数饭店以直接销售为主，所以对读者来说比较容易理解。直接销售渠道包括饭店销售部、订房部、前台部、电话预订中心、地区销售办公室等，饭店通过它们直接向市场销售产品和服务。近年来，由于互联网的普及应用，越来越多的饭店建立了网站，在网上销售饭店产品和服务，并接受预订。下面，笔者将着重分析直接销售渠道中的电话预订中心、饭店的网站以及区域销售办公室的特点。

1. 电话预订中心

如果饭店是独立经营的单独的一家饭店，它通常会在内部设立一个预订部，或者称订房部，招聘若干个职员处理与订房有关的电话、电子邮件和电传。对于饭店集团公司来说，如果旗下的每个饭店都设立一个订房部，配备一批设备和人员，就会造成浪费。所以，饭店集团公司通常把旗下饭店的预订功能整合起来，成立一个电话预订中心，统一处理订房业务。电话预订中心通常从电信局申请一个简单易记的号码，提供给客人免费拨打，方便客人查询和预订客房及其他产品和服务。

饭店集团的电话预订中心除了需要拥有先进的应答和中转功能的电话系统外，还要求拥有饭店集团公司的计算机中央预订系统。中央预订系统与设置在各饭店的信息管理系统以及全球分销系统联结在一起，并且该系统可以支持饭店的网站。有些饭店公司的中央预订系统还能与部分网络营销网站连在一起。所以，无论客人是从饭店的网站和网络经销商的网站订房，或者直接打电话到预订中心订房，抑或通过旅行社从全球分销系统订房，这些订房的信息都直接进入中央预订系统，或者由预订中心人员汇总处理，输入中央预订系统，并通过该系统传输到各个饭店的饭店管理信息系统。在饭店本部工作的人员便从饭店管理信息系统可查找预订的情况，帮助客人办理入住登记、消费记账以及离店结账等手续。

除建立和维护中央预订系统和电话系统需要较大的投入外，电话预订中心的运行，最大的开支是劳动力成本。好在现代的网络通信技术为远程工作创造了条件。为了节约成本和费用，饭店集团通常把电话预订中心设立在比较偏僻的地区，因为那里场地租金和劳动力相对较便宜。

在预订业务由电话预订中心集中管理之后，饭店集团公司属下的饭店往往只需保留一两个工作人员，负责饭店本地的团体订房，并要及时调整价格和更新客房可供出租的情况。电话预订中心的经营管理费用，如电话费、设备设施费、人力资源费用及办公行政费用等，由使用电话预订中心服务的饭店根据获得的预订数量，按比例分摊。

设置电话预订中心的好处是节约开支，但是由于预订中心的工作人员远离饭店和饭店所在地，所以，对客人提出的一些有关饭店和旅游目的的具体问题不一定能给出很好的解答。另外，远程工作，给饭店本部的工作人员和预订中心工作人员的沟通也带来一定的不便。所以，要充分发挥电话预订中心的作用，饭店就必须加强沟通和员工培训。

2. 饭店的网站

互联网的迅猛发展使得越来越多的饭店建立了自己的网站。这些网站为饭店同现有顾客和潜在顾客的沟通、交流和交易提供了一个快捷经济的平台。饭店可以在网站上发布有关自己的产品、服务和价格的信息，可以直接接受团体或散客的查询和预订，还可以收集顾客的反馈意见，答复顾客提出的问题。

在饭店自身拥有的网站上宣传和出租客房，好处很多。例如，由于没有中间环节，饭店不用支付回扣或佣金；同时客人能在任何一个有互联网的地方订房，不受时间和空间的限制，无疑节约了饭店的销售与经营管理的成本，扩大了饭店产品和服务所能达到的潜在市场的范围，从而扩大了商机。另外，饭店还享有直接管理和控制网站的内容和格式，以及能根据需要随时更新网站内容的便利。

但是应该看到，饭店要建设自己的网站需要较大投入。这些投入包括支付网络服务器的费用，以及设计、建造、维护和管理网站的费用。如果饭店的知名度较高，或者饭店所属的饭店集团的知名度较高，饭店网页的浏览人数较多，那么潜在的预订也越多，饭店的网站发挥的作用越大。相反，如果饭店不属于任何饭店集团，没有什么知名度，饭店的网站就不会有很多人浏览，那么饭店网站在销售方面能发挥的作用就不会很大。例如，美国万豪饭店集团的知名度很高，很多现有顾客和潜在的顾客直接到该饭店集团的网站（www.marriott.com）查询和预订某一饭店的客房。

饭店或饭店公司的网站知名度越高，网站的访问次数和网页的点击率越多，饭店的客房预订业务量越有可能增加。那么，怎样才能提高饭店网站的访问次数和网页的点击率呢？除了要提高饭店品牌的知名度，改进网页的内容和结构，提高网站的访问速度和使用的便捷程度之外，饭店还可以通过购买搜索关键词，以在搜索引擎（Search Engines）上得到优先位置，或者与搜索引擎合作，提高饭店网站与搜索引擎的连接的效率，以及利用网络广告提高饭店触及率和知名度等来达到这个目的。

3. 饭店区域销售办公室

很多饭店或饭店集团在主要顾客来源地设立了销售办公室，目的是便于向市场来源地的现有顾客和潜在顾客介绍和推销饭店的产品和服务，争取赢得业务。例如，广州的白天鹅宾馆在香港、北京和上海设立了销售办公室，这些办公室负责拜访这三地的客户，建立、维护和拓展饭店客户，签订公司协议合同，争取获得大型会议的订单。同时，销售办公室还要了解市场变动情况，为饭店制定市场营销策略提供依据。这些销售办公室的设立是一笔不小的投资，因为招聘工作人员，租用办公场地，搞促销和支付差旅费等等，需要不少的投入。要发挥好区域销售办公室的作用，饭店必须制定切实可行的考核标准和激励机制。例如，考察销售办公室职员的工作成绩时，必须把饭店对他们的投入与他们获得的业务量联系在一起；他们的工资福利和奖金，必须与他们的工作实效，即能给饭店带来多少业务联系在一起。如果已建立的区域销售办公室不能给饭店争取到业务，或者业务量太小，不能抵偿饭店的投入，销售办公室就应该换人，或者撤销，采取别的方式去争取业务。如果忘记建立销售办公室的初衷，销售办公室就可能变成饭店内部人员的接待办公室，变成一个只"烧钱"，不挣钱的部门，会给饭店造成经济损失。

（二）间接销售渠道

除直接销售渠道外，饭店还应积极利用间接渠道。由于饭店的资源有限，或者因为饭店自己做营销从经济上看不划算，饭店通常还会利用第三者提供的销售渠道，这些销售渠道称为间接销售渠道。成熟的社会，社会分工很细，专业化程度很高。饭店业也如此。美国饭店业发展初期与中国现在的饭店业发展状况比较相似，那就是行业分工不细，专业化服务不发达，饭店无论规模大小，在功能部门的设置上常常"五脏俱全"，如洗衣部、绿化部、保安部、卫生防疫部、车队等等都由饭店自己投资经营。当饭店业发展得比较成熟时，这些部门的功能可以发外承包，挑选专业公司负责。这样，既减轻了饭店的负担，少花钱办好事，又便于饭店集中力量做好自己擅长的、核心的工作，如住宿服务、餐饮和会议服务等等。在市场销售的领域也一样，饭店同样需要专业的第三方公司提供的服务来提高市场销售的实效。这些公司包括旅行社、全球分销系统、网络营销公司和其他的网络服务商，如搜索引擎和门户网站等。下面将逐一介绍。

1. 旅行社

旅行社是饭店比较常用的间接销售渠道，旅行社同饭店合作的方式通常有两种，一种是零售的方式，一种是代销的方式。零售的方式指饭店与旅行社协商，签订协议，按照协议，饭店承诺在一定时间按照规定的价格把一定数量的客房出售给旅行社。由于这个价格通常会比饭店的公共价低很多，旅行社从饭店购买这些客房后，以新的价格，即购价加上要赚取的利润出售给旅行社的顾客。在淡季时饭店常采用零售的方式同旅行社合作。因为淡季饭店空房较多，难以找到足够的客源，所以饭店将一部分房低价卖给旅行社，旅行社将它们转手卖给旅行社的客源市场，赚取当中的差价。

代销的方式是饭店根据与旅行社达成的协议，把一定数量的客房按照饭店规定的价格交给旅行社代销，对销售出去的客房，饭店支付给旅行社10%～15%的佣金。这种方式一般在客房销售情况比较好的时候采用，因为饭店可以控制客房的价格。

代销还有另外一种表现形式，即饭店与旅行社并没有签订协议，但旅行社与它的客户，一般是每年差旅费预算很大的大公司签有协议，协议规定该公司的所有旅行安排委托旅行社办理。旅行社承诺帮助这些公司作出最好、最经济实惠的旅行安排，包括交通、住宿和会议安排等，公司则付给旅行社服务费。由于大部分旅行社都使用全球分销系统，为了满足这些公司的要求，旅行社通常利用全球分销系统查询旅行目的地的饭店的空房和价格情况，选择最符合它的客户要求的饭店。一旦旅行社找到了适合的饭店，并可从全球分销系统直接订房，订房的信息会直接传到饭店的中央预订系统或饭店管理信息系统。按照惯例，被旅行社选定的饭店要支付给旅行社一定的回扣，通常相当于客人实际住店的客房费用的10%。但是，如果该公司同饭店签有协议，并且旅行社按照公司和饭店的协议价订房，饭店就不必付给旅行社回扣。可见，要提高旅行社订房的数量，饭店应该提高公司协议账户的数量，在公司协议账户的数量不变的情况下，应该提高饭店产品和服务在全球分销系统上的吸引力。

收益管理人员必须要意识到，由于增加了旅行社这一中间环节，饭店需要付给旅行社回扣，无疑增加了销售的成本，减少了销售的利润。所以，在制定价格和选择与旅行社的合作方式时，要把这些考虑进去。

2. 全球分销系统

全球分销系统其实是计算机预订系统的一种。通过计算机预订系统（Computer Reservations System，简称CRS），旅游企业，如饭店、航空公司、旅行社等可以储存和管理有关产品和服务的种类、数量以及价格的信息，以便消费者查询和购买。目前，大约500,000家旅行社在使用全球分销系统。

计算机预订系统最初是为航空公司设计的，用来帮助航空公司销售飞机票。后来它的使用范围延伸到旅行社业和饭店业等，成为这些行业的一种重要销售渠道。主要的计算机预订系统是全球分销系统（Global Distribution Systems，简称GDS）。这些系统使用特定的运行架构和主机，性能稳定可靠，处理信息的能力很强。航空公司、饭店集团和旅行社同GDS供应商签订协议，利用GDS作为平台发布产品和服务的信息，旅行社、航空公司代理售票点以及旅游业的其他中介等也同GDS供应商签订协议，获得许可到GDS查询机票、饭店客房等供应的情况和价格，并进行交易。例如，系统准许使用者查找某种产品或服务的存货情况，如某个特定飞机航班某时的座位情况，查找并处理相应产品的票价或出租价,准许收益管理经理采用浮动价格策略管理他们的产品或服务的存货情况或进行促销,产生机票或订房间收据,预订确认书等文件,并可以生成有关交易的或统计的报表。

表 2-1 主要的全球分销系统

基于 2002 年统计数据

名称	创建者和使用者	其他使用者	占机票市场的份额
SABRE	美国航空公司 全日本航空公司 国泰航空公司 台湾中华航空公司 新加坡航空公司	港龙航空公司 台湾长荣航空公司 印度尼西亚鹰航空公司 马来西亚航空公司 巴基斯坦国际航空公司 菲律宾航空公司 皇家文莱航空公司 新加坡胜安航空公司 Travelocity.com 美洲快捷航空公司（ATA） 美国中西部航空公司 美国夏威夷航空公司 美国阿拉斯加航空公司 马耳他航空公司 美国边疆航空公司 俄罗斯航空公司 美国海角航空公司 GoGoBudget.com	30.8%
AMADEUS,建立在 Easter Airlines' Systemone 的基础上	法国航空公司 西班牙伊比利亚航空公司 德国汉莎航空公司 北欧航空公司	美国美利坚航空公司 美国大陆航空公司 美国西部航空公司 英国航空公司 澳洲航空公司 南非航空公司 Opodo.com Us.amadeus.com	30.5%
GALILEO,建立在联合航空公司的 APOLLO 系统基础上,后来与 Ansett's Southern Cross 合并	爱尔兰航空公司 加拿大航空公司 意大利航空公司 英国航空公司 荷兰皇家航空公司 瑞士航空公司 葡萄牙航空公司 US Airways	Cheap Tickets.com	26.4%

续表

WORLDSPAN	美国达美航空公司 美国西北航空公司 美国环球航空公司	瑞士航空公司 Expedia.com Orbitz.com Hotwire.com Priceline.com	15.1%

拥有这些全球分销系统的公司最初基本上是开发这些系统的航空公司，后来，其中的一些航空公司把它们的所有权转让，使得拥有这些系统的公司变得多样化。目前世界上有四大全球分销系统，它们是阿美达斯（AMADEUS）、加利略（GALILEO）、塞伯（SABRE）以及渥尔得斯班（WORLDSPAN），在旅游业中发挥着重要作用。

但是近年来由于互联网的迅猛发展，网络服务器服务收费和计算机硬件和软件的价格不断下降，使得很多航空公司可以在它们的网站上接受预订，以避免使用 GDS 时每个预订要交大约 4 美元的交易费。另外，越来越多的饭店也建立了自己的网站，并鼓励顾客、旅行社直接到自己的网站上订房，努力提高交易量。这些无疑使全球分销系统的业务量减少。

除了来自互联网的竞争外，GDS 还面临着来自内部的挑战，主要是 GDS 系统的维护和升级换代十分昂贵，必须进行技术革新。因此，上述四大公司近年不同程度开发和使用新技术，改进系统的架构和硬件，以提供更廉价、更方便和更能提高点击预订率的系统。此外，一些 GDS 还建立了自己的网站，直接面向消费者，使消费者直接可以在这些网站上预订。如 Worldspan 支持的 Expedia 和 Priceline，Sabre 支持的 Opodo 等等。这些网站的数据来自 GDS 系统，数据处理得到 GDS 的支持，但是比 GDS 本身更加快捷，用户界面更为友好，因此获得了较好的市场份额。这使得开发 GDS 支持的网络营销网站好像成为了 GDS 发展的一个新方向。

虽然旅行社和饭店要控制使用 GDS 的交易费，但是，对大多数旅行社和饭店来说，目前不使用至少一两个全球分销系统似乎是不现实的。

3. 网络营销公司的网站

前面讲述过如何利用种种渠道，包括购买关键词，与搜索引擎合作，做网络广告等提高饭店网站的访问率和网页的点击率，以提高交易量。此外，还有一些网络营销公司提供它们的网站作为交易平台，使得饭店可以直接在它们的网站上管理饭店的产品和价格，并完成交易，成为饭店销售渠道的有益补充和重要构成部分。那么，网络营销商的网站是如何运作的？在众多的网络营销网站中，饭店应如何选择和利用它们呢？

第二章 饭店的产品、销售渠道与价格

随着互联网的普及，越来越多的人使用网络购买产品和服务，如预订饭店客房、机票、电影票、购买衣服、书刊、甚至汽车等等。据报告，在1999年全球饭店业通过第三者网站获得的客房销售收入占全部收入的2%，到了2006年，这个比例提高到8%，到2008年，这个比例达到12%。可见，使用第三者的网站来销售客房有很大的潜力。

为什么要利用网络营销公司的网站？主要是因为它能有效弥补饭店营销能力的不足。网络营销公司通常在一个国家的不同地区，甚至不同国家和地区设立办公室，并开展有针对性的市场营销活动，它们的传播范围能达到通常饭店的触角不能触及的地方。网络营销公司还拥有强大的顾客数据库，拥有很多现存的和潜在的市场资料。此外，网络公司通常能同许多饭店，以及饭店之外的其他旅游产品服务供应商合作，如航空公司、汽车出租公司、豪华游轮、旅游景点、文艺、体育和娱乐公司等，在同一个网站出售所有这些产品和服务，如饭店的客房、来回的飞机票、在目的地租用的汽车、目的地的游览点以及文艺、体育和娱乐项目的门票等等。客人就像到餐厅点菜一样，仅在网络营销商的网站上就可以选购所需的产品和服务，一次付费，不必到各供应商的网站逐项单独购买，快捷方便。所以，这些提供"一站式"服务的网络营销商的网站得到越来越多旅游者的喜爱。

如何才能有效利用网络营销商的网站？下面以美国捷迅公司（Expedia.com）为例来说明。

捷迅公司（Expedia.com Corp.）是微软公司于1996年10月建立的。1999年被美国网络公司（USA Networks）收购，该公司后来更名为互动公司（InterActive Corp）。捷迅公司是一家以提供网络旅游服务为主要业务的上市公司。该公司拥有的网站Expedia.com是世界上最大的网络旅游产品经销商。根据2006年统计资料，该网站平均每个月为超过2,500万个旅游者提供旅行行程安排和预订服务。该网站的目标是通过利用先进的网络科技，提供个性化的服务和最大范围的旅游项目选择，成为最成功的互联网旅游产品经销商。为了支持网站的交易和解决客人在网站上不能解决的问题，该公司还建立了一个电话中心。现在，该公司的网站将其服务延伸到了美国、加拿大、英国、法国、德国、奥地利、意大利、挪威及澳大利亚。除了expedia.com外，该公司还拥有捷讯公司旅行（Expedia Corporate Travel）、旅行建议（TripAdvisor）、经典假期（Classic Vacations）、亿龙网站（eLong.com）、饭店网站（Hotels.com）以及热卖网站（Hotwire.com）等等，为访问者提供其他形式的旅游产品和服务的预订服务。该公司的网站主要依赖两个全球分销系统，Worldspan和Pegasus。

如果饭店要通过捷迅销售客房，需要与其签订合作协议。合作的方式通常有两种，一种是代销模式，另外一种是零售模式。

代销模式指的是饭店将一定数量的客房分配给网络营销公司，让它按照饭店制定的价格销售，然后按照协商好的比例留下部分销售收入，将其余的部分交给饭店。例如，成功饭店在自己的预订中心和网站按照 $200 的单价出售某类型的客房，它把 15 间同类型的客房分配给捷迅公司按同样的价格在捷迅网站上销售。如果成功饭店与捷迅协商好的回扣是 20%，那么每销售一间客房，捷迅从客人支付的 $200 中留下 $40 作为自己的回扣，剩下的 $160 转给成功饭店，作为成功饭店的收入。如果捷迅没有售出一间客房，就不需要支付给成功饭店任何费用。可见，代销模式的好处是饭店能控制房价，保持价格的一致性，使得客人无论通过什么渠道或网站预订，同类客房的价格都一样，有助于维护饭店的形象。代销模式是饭店和网络营销公司最广泛的合作模式。饭店给网络营销公司的回扣通常在 10% 到 25% 之间。

零售模式指的是饭店将一定数量的客房分配给网络营销公司销售，网络营销公司可在饭店要价的基础上追加一定的百分比，提高价格向市场出售，每售出一间客房，网络营销公司把饭店要求的部分转给饭店，留下追加的部分作为自己的收入。例如，成功饭店把 15 间某种类型的客房分配给捷迅公司出售，要求每间客房的售价为 $120。捷迅根据市场的需求，决定把这些客房按照 $200 的单价出售。那么每销售一间客房，捷迅获得 $80，成功饭店获得 $120。当然，捷迅也可能按照 $130 的单价出售，那么每销售一间客房，捷迅获得 $10，成功饭店获得 $120。如果捷迅不能售出任何一间客房，就不需要支付给成功饭店任何费用。与代销模式相比，零售模式的好处是网络营销商能调控房价，有一定自主权和灵活性，但是，不利于饭店保持价格的一致性。当市场需求强，饭店客房销售情况看好时，饭店通常更喜欢代销模式。当市场需求弱时，饭店急于扩大销售量和减少空置客房的数量，通常会采取零售的模式，调低价格标准，使网络营销有更大灵活决定销售价格的空间。不过，由于不利于保持饭店价格的一致性和维护饭店的形象，零售模式现在使用得越来越少，且局限在一些"不透明"的销售渠道和网站，所谓不透明，是指这些销售渠道和网站并不是对所有公众开放，仅局限于特定的市场，"不透明"的特性在相当大程度上避免了不同渠道不同销售价格带来的麻烦。

网络营销公司为饭店建立账号，并对饭店收益管理经理进行培训，帮助他们学会如何到该公司的网站设立不同类型的客房，调整要销售的各类房间的数量以及价格。协议书没有规定饭店每天要留出多少房间在该网站出租，也没有规定价格是多少，所以，饭店对客房及其价格有完全的控制权。使用网络营销公司的网站渠道，成本比使用旅行社代销和饭店自己的网站和资源销售要高。所以，当市场需求很大，饭店自行销售不发愁时，饭店应通知网络营销公司暂停销售；当市场需求不大，饭店自己的销售能力不足时，饭店可以通知网络营销公司销售，并增加预留给网络销售渠道的客房数量。

当然，网络营销公司不鼓励这样做，因为这样做会影响它的收入。于是，它采取了一些办法来鼓励饭店保持一定的客房量在该网站出售。如果一个饭店的客房和价格在该网站上长期关闭，该网站就会把该饭店的网页设立在搜索结果的最后几页；相反，如果饭店长期连续性地在该网站销售产品，它将给该饭店在顾客的搜索结果中一个优先的显示位置。若处于搜索结果的后面，饭店将比较难以获取交易，饭店为了避免出现这种情况，通常会尽量保持一些客房在该网站上出售。

通常，网络营销公司按照饭店从其网站上预订的客房实际收入的 20% 收取佣金。客人在网上预订了客房，该网站就会从客人的信用卡划走费用。然后，该公司通过电传或电子邮件将预订发给饭店或饭店的预订中心。饭店每月与该公司结算。

如果该公司网站的电脑系统同饭店的中央预订系统和饭店管理信息系统不兼容，饭店的预订中心或饭店的预订部门就要花很多时间将预订信息手工输入到饭店的预订系统或饭店管理信息系统。这项工作很费时间，而且容易出错。所以，越来越多的饭店公司与网络营销公司合作，使两者的计算机系统兼容，这样，预订信息就会自动从该公司的系统进入饭店的中央预订系统或饭店管理信息系统，有利于提高饭店的工作效率，使交易处理流程更顺畅。

为使饭店收益管理人员了解利用间接销售渠道所达到的效果，现以成功饭店为例予以说明。有关数据请见表 2-2 与图 2-2。

表2-2 成功饭店2006年网站客房销售情况表

2006	1月	2月	3月	4月	5月	6月	7月	8月	9月	10月	11月	12月	合计
饭店自己的网站客房情况													
客房销售间数	88	78	66	110	88	110	66	69	120	78	125	136	1,134
客房收入	$13,376	$10,686	$9,504	$14,740	$12,672	$15,070	$9,042	$9,315	$17,760	$12,090	$18,250	$18,496	$161,001
平均房价	$152	$137	$144	$134	$144	$137	$137	$135	$148	$155	$146	$136	$142
客房收入占所有网站销售收入的百分比(%)	44%	28%	31%	35%	29%	37%	25%	18%	31%	24%	28%	33%	30%
合作伙伴的网站客房销售情况													
网络营销商网站1													
客房销售间数	116	214	125	151	145	110	133	152	132	89	262	120	1,749
客房收入	$10,406	$16,584	$11,456	$12,859	$13,571	$10,226	$11,836	$15,376	$14,218	$10,646	$20,694	$9,935	$157,806
平均房价	$90	$77	$92	$85	$94	$93	$89	$101	$108	$120	$79	$83	$90
客房收入占所有网站销售收入的百分比(%)	34%	44%	38%	30%	31%	25%	33%	30%	25%	21%	31%	18%	29%
网络营销商网站2													
客房销售间数	12	22	23	33	41	33	22	22	76	80	150	199	713
客房收入	$900	$1,716	$2,024	$2,970	$3,854	$3,366	$2,090	$2,282	$7,739	$9,424	$11,674	$13,091	$61,129
平均房价	$75	$78	$88	$90	$94	$102	$95	$104	$102	$118	$78	$66	$86
客房收入占所有网站销售收入的百分比(%)	3%	5%	7%	7%	9%	8%	6%	4%	14%	18%	18%	24%	11%
网络营销商网站3													
客房销售间数	13	20	30	51	40	19	20	68	71	92	94	87	605
客房收入	$1,653	$1,783	$2,524	$4,360	$3,684	$1,627	$1,651	$6,556	$6,793	$10,592	$8,368	$7,680	$57,272
平均房价	$127	$89	$84	$85	$92	$86	$83	$96	$96	$115	$89	$88	$95
客房收入占所有网站销售收入的百分比(%)	5%	5%	8%	10%	8%	4%	5%	13%	12%	21%	13%	14%	11%
合作旅行社的网站													
客房销售间数	15	22	15	10	12	16	22	20	26	21	14	19	212
客房收入	$1,365	$1,936	$1,335	$860	$1,080	$1,344	$1,870	$1,820	$2,548	$2,100	$1,274	$1,634	$19,166
平均房价	$91	$88	$89	$86	$90	$84	$85	$91	$98	$100	$91	$86	$90
客房收入占所有网站销售收入的百分比(%)	4%	5%	4%	2%	2%	3%	5%	4%	4%	4%	2%	3%	4%
以竞价方式销售的网站1													
客房销售间数	40	73	44	55	48	46	58	96	39	45	20	19	583
客房收入	$2,360	$4,544	$3,036	$4,125	$3,744	$4,048	$3,972	$7,083	$2,945	$3,327	$1,306	$1,007	$41,497
平均房价	$59	$62	$69	$75	$78	$88	$68	$74	$76	$74	$65	$53	$71
客房收入占所有网站销售收入的百分比(%)	8%	12%	10%	10%	9%	10%	11%	14%	5%	7%	2%	2%	8%
以竞价方式销售的网站2													
客房销售间数	10	11	9	43	90	86	88	145	84	41	67	48	722
客房收入	$660	$746	$630	$2,695	$5,170	$5,225	$5,564	$9,100	$5,245	$2,800	$4,786	$3,423	$46,044
平均房价	$66	$68	$70	$63	$57	$61	$63	$63	$62	$68	$71	$71	$64
客房收入占所有网站销售收入的百分比(%)	2%	2%	2%	6%	12%	13%	15%	18%	9%	5%	7%	6%	8%
所有合作伙伴网站客房销售情况													
客房销售间数	206	362	246	343	376	310	343	503	428	368	607	492	4,584
客房收入	$17,344	$27,309	$21,005	$27,869	$31,103	$25,836	$26,983	$42,217	$39,488	$38,888	$48,102	$36,769	$382,913
平均房价	$82	$74	$83	$80	$79	$84	$77	$83	$92	$107	$79	$76	$84
客房收入占所有网站销售收入的百分比(%)	56%	72%	69%	65%	71%	63%	75%	82%	69%	76%	72%	67%	70%
所有网站客房销售情况													
客房销售间数	294	440	312	453	464	420	409	572	548	446	732	628	5,718
客房收入	$30,720	$37,995	$30,509	$42,609	$43,775	$40,906	$36,025	$51,532	$57,248	$50,978	$66,352	$55,265	$543,914
平均房价	$104	$86	$98	$94	$94	$97	$88	$90	$104	$114	$91	$88	$95
客房收入占所有网站销售收入的百分比(%)	100%	100%	100%	100%	100%	100%	100%	100%	100%	100%	100%	100%	100%

2006年上半年				2005年上半年				2006年上半年与2005年同期差异			
客房出租间数	客房收入	平均房价	占客房总收入的百分比	客房出租间数	客房收入	平均房价	占客房总收入的百分比	客房出租间数	客房收入	平均房价	占客房总收入的百分比
8,845	$1,397,510	$158	27%	9,121	$1,359,029	$149	29%	(276)	$38,481	$9	-2%
11,890	$1,403,020	$118	27%	11,326	$1,245,860	$110	27%	564	$157,160	$8	0%
7,231	$1,034,033	$143	20%	6,051	$818,040	$136	18%	1,216	$215,993	$7	2%
4,988	$643,452	$129	12%	6,356	$775,432	$122	17%	(1,368)	($131,980)	$7	-4%
1,955	$269,790	$138	5%	1,132	$146,028	$129	3%	823	$123,762	$9	2%
2,899	$304,395	$105	6%	1,754	$164,876	$94	4%	1,145	$139,519	$11	2%
895	$102,925	$115	2%	1,200	$129,600	$108	3%	(305)	$26,675	$7	-1%
38,703	$5,155,125	$133	100%	36,904	$4,638,865	$126	100%	1,799	$516,260	$7	0%
								2006年与2005年增加的百分比	5%	11%	6%

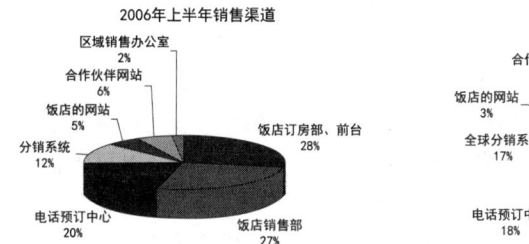
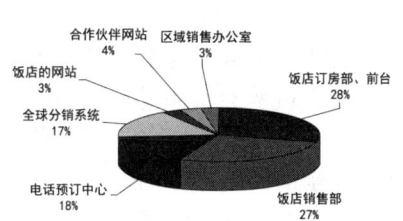

图 2-2 成功饭店 2006 年上半年与 2005 年同期销售渠道情况比较图

从上面的图表中可以看出，2006 年上半年，成功饭店各销售渠道的销售量和重要性与 2005 年同期相比，出现了一些变化，导致其收入也相应发生了变化。2006 年上半年与去年同期相比，成功饭店直接从饭店销售部获得的客房收入比例不变，直接从预订部和前厅部订房、全球分销系统以及区域销售办公室获得的客房收入的比例在减少，从电话预订中心、饭店的网站以及合作伙伴的网站获得的客房收入的比例在增加。结果是该饭店客房出租间数增加了 5%，平均房价增加了 6%，而总体收入增加了 11%。尤其值得注意的是，来自饭店的网站和合作伙伴网站的销售收入同比增加了 4%，两者共同创造的收入占客房总收入的比例从 2005 年的 7% 增加到 11%。由于成本费用和互联网普及的原因，全球分销系统的收入呈下降的趋势。这一系列数据的变化显示了该饭店销售渠道组合的变化趋势。可以看出，由于销售渠道的比重的变化及各渠道平均销售价格的变化，在客房出租总间数变化不太大的情况下，2006 年上半年成功饭店仍获得了较大的收入增长，并且可以肯定它同时也获得了较高的利润率。

（三）饭店直接销售渠道与间接销售渠道的关系

通过前面的介绍，读者可以看到饭店的销售渠道多种多样，既有饭店集团公司的预订中心、地区性销售办公室、集团公司的网站、饭店自身的网站、饭

收益管理——有效实现饭店收入的最大化

店的预订部、前台部和销售部等直接销售渠道，又有旅行社、全球分销系统、各种网络经销商的网站以及各类门户网站等等间接销售渠道。显而易见，间接销售渠道是直接销售渠道的补充，不同的销售渠道有不同的优点和局限性。例如，饭店的网站和地区性销售办公室的优点是便于饭店的掌握和控制，而且饭店不需要支付回扣，但是其缺点是饭店要支付其维护和经营管理的有关费用，如网站服务器使用或维护费用、销售办公室办公场地的租用费用和有关人员的工资福利费用等等。旅行社、全球分销系统、网络营销公司和各类门户网站的优点是饭店不用投入经营管理方面的费用，而且它们可以到达饭店直接销售渠道不能到达的一些市场，但是它们要收取饭店回扣。

可见，片面地强调多使用直接销售渠道或间接销售渠道都是不好的。销售渠道的选择和组合其实有很大的学问，是收益管理的一项重要内容。饭店收益管理人员要经常跟踪和分析各种销售渠道的销售情况，如客房销售量、平均房价、顾客预订模式、销售成本和费用及投资回报等等，以便及时增加或减少某些销售渠道，以及采取措施提高或减少某些销售渠道的销售量。只有认真研究饭店本身特点以及所在市场的实际情况，才能正确地选择销售渠道，并使销售渠道的组合达到最佳，才能达到收益最大化的目的（收入最高，成本和费用最低）。

最后，值得注意的是网络已经成为中国人越来越倚重的获知信息的途径，有远见的饭店和饭店收益管理人员应当投入时间和资源，充分学习、了解和利用网络营销，掌握其最新发展动态，利用它来增加饭店产品和服务的销售量和市场份额。应当指出的是，在网络上销售产品和服务，整个社会要有个良好的信用使用和管理机制，因为网上交易大部分是用信用卡结算的。美国信用卡的使用十分普遍，社会信用机制很完善，现金交易反而少见。信用卡为网上订购饭店客房及其他产品提供了十分便利的条件。但是，由于在中国信用卡业务还不够发达，信用卡的使用还不够普及，所以，网络销售的发展受到一定的制约。不过，相信不久的将来，随着信用制度在中国的建立以及信用卡的普及，这个问题将得到解决。

三、饭店的价格细分、价格种类和结构

什么是价格？简单来说，价格是消费者购买一定数量的产品和服务要支付的一定数量的货币，或者是消费者用来交换已取得每种产品和服务的所有权或使用权的价值的总和。在现实生活中，价格存在的形式多种多样，如买一本书或吃一餐饭付出的钱，看一场电影或球赛购买的门票，乘出租车或住饭店支付的费用等等，这些形式都比较好理解。还有稍微抽象一点的，例如给行李员的小费、在高速公路上开车支付的路桥费、支付给银行的贷款利息或银行支付的存款利息、支付的电话费、支付给健身俱乐部的会员费等等，都是价格。在现实生活中，可以说价格无处不在。

价格是市场组合各要素中唯一能带来收入和实现利润的要素，其他要素则主要涉及成本和费用。在市场环境中，定价问题是最复杂、最难以理解和难以准确把握的变量。在自由竞争的没有限价规定的环境中，价格是经常变动的。调节价格变动的"看不见的手"是价值规律。价格既是一个杠杆，平衡供求关系，同时也是一道门槛，把部分顾客邀请进来，同时把部分顾客拒之门外。在饭店管理实践中，许多饭店对价格的变化并没有进行过深入的分析，因此影响到饭店的形象和饭店的收入。常见的错误包括定价时太强调产品或服务的成本，使价格不能及时反映市场供需的变化；制定收益管理策略时，只考虑价格一个因素，不会把其他因素，如产品及销售渠道结合起来考虑；价格过于死板，缺乏灵活性和弹性，不能反映不同产品和服务的价值，不能满足不同细分市场的需求等等。即使生产和服务做得很好，如果定价错误，再好的饭店也将会全盘失败。价格如果定得太高，会吓跑潜在的市场，使产品和服务不能销售出去；价格定得太低，虽然能卖出相当多的产品和服务，但企业不能得到足够的收入以抵偿生产经营的成本，更不能获得利润。所以，价格管理是收益管理的重中之重，不可轻视。下面，本节将从收益管理的角度来讲述国际上最新的定价方法和理念。

（一）饭店的价格细分

由于市场的需求和支付能力不同，所以笔者一再强调要对市场进行细分，对不同的市场提供不同产品和服务。因为产品和服务的价值最终通过价格来表现，不同的价格代表不同的产品，市场细分的过程也就是价格细分的过程，市场组合的过程也就是价格组合的过程。细分和组合的目的，都是为了最大限度地扩大单位产品的销售价格和销售总量，从而提高总体收入。

那么，为什么将价格细分，制定不同的价格能提高总体收入呢？笔者将通过分析一家饭店在提供不同种类的价格时客房的销售量、销售收入和客房出租率变化情况来回答这个问题。

假设这家饭店共有280间客房，其因价格的不同而带来的收益变化见图2-3。

收益管理——有效实现饭店收入的最大化

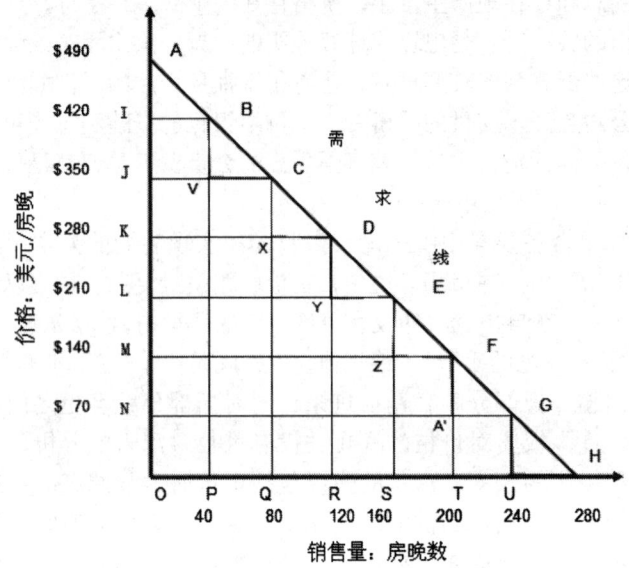

图 2-3 价格细分与客房总体收益示意图

首先说明一下这个几何模型的含义。这个图形有两个坐标，横坐标代表客房的销售量，纵坐标代表客房销售价格。图中的截距线是市场对饭店客房的需求变化线，它上面的各个点代表该饭店在不同销售价格情况下对应的客房销售量（即市场需求量）。

很显然，随着价格的增加，市场的需求在下降，当价格为 0 时，即该饭店免费提供客房，市场需求最大。但是，由于该饭店仅有 280 间客房，所以最多也只能满足对 280 房晚的需要。当客房价格为 490 美元时，市场需求为零，表明这个价格超出了市场的接受程度。当价格为 420 美元/房晚时，市场需求为 40 房晚。当价格为 350 美元时，市场需求增加到 80，以此类推。如果该饭店仅提供 70、140、210、280、350、420 等六个价格中的一个价格，将得到六种不同的收益情况，其中客房收入等于价格乘以相应的销售量，客房出租率等于销售的客房数量除以 280 间客房，详细情况请表 2-3。

从表 2-3 中可以看出，当饭店仅提供表中六种价格中的一种时，价格为 280 美元/房晚或 210 美元/房晚时，饭店能得到最多收入，即 33,600 美元。价格为 420 美元/房晚或 70 美元/房晚时，饭店得到最少收入，即 16,800 美元。当价格为 350 美元/房晚或 140 美元/房晚时，饭店得到 28,000 美元收入，处于中间位置。

第二章 饭店的产品、销售渠道与价格

表2-3 提供单一价格时饭店的收益情况表

序号	价格	客房销售量	客房收入	客房出租率
1	$420	40	$16,800	14%
2	$350	80	$28,000	29%
3	$280	120	$33,600	43%
4	$210	160	$33,600	57%
5	$140	200	$28,000	71%
6	$70	240	$16,800	86%

当该饭店同时提供上述六种价格时,它的收益情况如何呢?通过分析,我们将发现此时饭店获得的收益远比提供单一价格好得多。请参见表2-4。

表2-4 提供六种价格时饭店的收益情况表

序号	价格	客房销售量	每增加一种价格时增加的客房销售数量	增加的客房销售收入
1	$420	40	—	$0
2	$350	80	40	$14,000
3	$280	120	40	$11,200
4	$210	160	40	$8,400
5	$140	200	40	$5,600
6	$70	240	40	$2,800
合计			200	$42,000

客房总销售量　　　　240
客房总销售收入　　$58,800
客房占用率　　　　　86%
平均房价　　　　　　$245

从表2-3可以看出:

(1) 当该饭店仅提供420美元/房晚的价格时,饭店只能卖掉40间客房,获得16,800美元收入。从几何的角度来说,其收入等于图2-3中矩形IOPB的面积。

(2) 如果在此基础上增加一种为350美元/房晚的价格时,客房销售量增加40房晚,客房收入增加14,000美元,相当于在图2-3中原来面积的基础上增加一个矩形VPQC的面积。

(3) 如果在此基础上增加一种280美元/房晚的价格,客房销售量增加40房晚,客房收入增加11,200美元,相当于在原来面积的基础上又增加一个矩形XQRD的面积。

(4) 如果在此基础上增加一种 210 美元／房晚的价格，客房销售量增加 40 房晚，客房收入增加 8,400 美元，相当于在原来面积的基础上增加一个矩形 YRSE 的面积。

(5) 如果在此基础上增加一种 140 美元／房晚的价格，客房销售量增加 40 房晚，客房收入增加 5,600 美元，相当于在原来面积的基础上增加一个矩形 ZSTF 的面积。

(6) 如果在此基础上增加一种 70 美元／房晚的价格，客房销售量增加 40 房晚，客房收入增加 2,800 美元，相当于在原来面积的基础上增加一个矩形 A'TUG 的面积。

因此，当该饭店同时提供六种价格时，客房总销售量将为 240 房晚，客房总收入为 58,800 美元，出租率为 86%，平均房价为 245 美元。从几何的角度上来看，其客房总收入相当于由横坐标、纵坐标与众多折线组成的多边形的面积。亦可以看作需求线与各矩形外边线组成的所有小三角形的面积之和，便是该饭店仅提供从 70 美元至 420 美元六种价格时失去的机会收入之和。换句话来说，也就是该饭店因没有提供足够更高和更低的价格而失去的市场收入和份额之和。

从理论上来说，价格坐标线段 IP 之间从 0 到 490 有无数个点，与需求线上线段 AH 之间的无数个点相对应。如果能把价格线段 IP 无限细分，设立无限种价格，那么将能满足需求线所有的需求；此时，需求线和矩形外边线将重叠变成同一条直线，两者之间不再有小三角形。此时，该饭店能捕获市场的所有有效需求，不会失去任何一个机会，饭店的收入达到最大。用几何图形来表示就是图 2—3 中三角形 AOH 的面积。

可见，饭店的价格越细分，价格种类越多，越能满足市场的需要，越有利于争取市场份额。但是，在实际工作中，将价格无限制细分是不可能也不必要的，因为价格越多，管理的技术难度和操作难度越大。另外，还必须指出的是，价格与需求的关系远比上述分析中简化的直线反比关系复杂得多，而且制定价格时还必须考虑成本、利润、竞争、顾客心理、产品生命周期等因素，所以，饭店要因地制宜，要在综合考虑各种因素，在便于提高收益、便于管理和操作的前提下，确定价格细分的程度和价格的种类。

（二）饭店价格的种类和结构

理解了价格细分的重要性后，饭店收益管理经理应该研究饭店的细分市场，制定出各细分市场的价格，并对其进行进一步的筛选，最后得到饭店的价格种类明细表，并付诸实施。在实施的过程中还要不断对各细分市场的产出情况，如销售的房晚数和平均房价,以及市场的反应进行跟踪检查,及时对价格和价格结构进行调整。饭店价格的结构是指饭店各种价格的产出,即此价格销售的房间数量或创造的收入占客房销售总数或总收入的比例情况。

1. 饭店价格种类

下面我们以上一节研究的成功饭店 2006 年 3 月 5 日至 11 日的价格为例,说明如何进行价格细分。见表 2-5。

表 2-5 成功饭店价格种类一览表

(2006 年 3 月 5 日~11 日)

单位:美元

价格等级	价格类别	价格名称	价格代码	价格说明	3/5 星期日	3/6 星期一	3/7 星期二	3/8 星期三	3/9 星期四	3/10 星期五	3/11 星期六
一级价格	公共价格	全价(和牌价)	RR	饭店客房的最高价格,代表客房产品本来的价值,可以随时取消和更改预订	490	490	490	490	490	490	490
		最优无限制价	R1	低于全价,允许随时取消和更改预订,价格根据市场预测而定,随时可变动	320	360	420	420	360	240	240
		最优价	R2	比R1优惠10美元,客人最迟可以在入住前一天下午六点前取消和更改预订;如果此取消和更改预订,需要支付一晚房费	310	350	410	410	350	230	230
		热销价	R3	比R1优惠30美元,客人一旦订了房,不允许取消和更改。订房时要提前支付所有房费,这些费用不能退回	290	330	390	390	330	210	210
二级价格	贵宾优惠价	贵宾白金卡价	V1	比R1优惠15%,免费享受房间升级,可随时取消和更改预订,随时订房都能得到,享受一级贵宾待遇	270	306	357	357	306	204	204
		贵宾黄金卡价	V2	比R1优惠,免费享受房间升级,可随时取消和更改预订,随时订房都能得到,享受二级贵宾待遇	294	331	386	386	331	221	221
		贵宾白银卡价	V3	比R1优惠5%,免费享受房间升级,可随时取消和更改预订,随时订房都能得到,享受三级贵宾待遇	304	342	399	399	342	228	228
三级价格	团体价	提供给团体客的报价	GR	比R3少12%,协议签订后,超过约定日期如果实际需要的房间数小于协议房间数,要收取差额的90%房费	255	290	343	343	290	185	185
四级价格	公司协议价	固定的公司协议1	CA1	取消和更改条件同R2,优惠价为275美元,全年不变	320	320	320	320	320	320	320
		固定的公司协议2	CA2	取消和更改条件同R2,优惠价为260美元,全年不变	310	310	310	310	310	310	310
		固定的公司协议3	CA3	取消和更改条件同R2,优惠价为250美元,全年不变	300	300	300	300	300	300	300
		固定的公司协议4	CA4	取消和更改条件同R2,优惠价为240美元,全年不变	290	290	290	290	290	290	290
		固定的公司协议5	CA5	取消和更改条件同R2,优惠价为230美元,全年不变	280	280	280	280	280	280	280
		变动的公司协议1	CF1	取消和更改条件同R2,比R1优惠10美元,随R1变动而变动	310	350	410	410	350	230	230
		变动的公司协议2	CF2	取消和更改条件同R2,比R1优惠15美元,随R1变动而变动	305	345	405	405	345	225	225
		变动的公司协议3	CF3	取消和更改条件同R2,比R1优惠20美元,随R1变动而变动	300	340	400	400	340	220	220
		变动的公司协议4	CF4	取消和更改条件同R2,比R1优惠25美元,随R1变动而变动	295	335	395	395	335	215	215
		变动的公司协议5	CF5	取消和更改条件同R2,比R1优惠30美元,随R1变动而变动	290	330	390	390	330	210	210
		变动的公司协议6	CF6	取消和更改条件同R2,比R1优惠40美元,随R1变动而变动	280	320	380	380	320	200	200
		变动的公司协议7	CF7	取消和更改条件同R2,比R1优惠50美元,随R1变动而变动	270	310	370	370	310	190	190
		变动的公司协议8	CF8	取消和更改条件同R2,比R1优惠60美元,随R1变动而变动	260	300	360	360	300	180	180
五级价格	旅行社报价	旅行社联合体价格	CR	提供给旅行社联合体的年度报价,这个合同价全年不变	200	260	260	260	240	169	169
六级价格	包价(或称套票价)	逸情之夜包价	PK1	取消和更改条件同R2,价格包括一晚豪华双人房、一打玫瑰花、饭店特制精美巧克力点心、熏香草蜡烛、一瓶特选法国香槟、精美双人早餐、一次双人法国晚餐,两张热情歌剧票及免费豪华房车接送,仅在星期五、星期六和星期日及节假日提供	699					699	699
		浪漫周末和假日包价	PK2	取消和更改条件同R2,价格包括一晚豪华双人房、一打玫瑰花、饭店特制精美巧克力点心、熏香草蜡烛、一瓶特选法国香槟、精美双人早餐及免费停车,仅在星期五、星期六和星期日及节假日提供	329					329	329
		都市快车包价	PK3	取消和更改条件同R2,价格包括一晚豪华双人房、大陆式双人早餐、免费停车	320	360	420	420	360	240	240
七级价格	合作网站价格	在合作伙伴网站出售客房,饭店得到的净价	W1	取消和更改条件同R2,客人支付等同R2的金额,饭店得其中的80,网站得20%	256	288	336	336	288	192	192
		在合作伙伴网站出售客房,饭店得到的净价	W2	取消和更改条件同R3,客人支付同R3的金额,饭店得其中的80,网站得20%	232	264	312	312	264	168	168
		在合作伙伴网站出售客房,饭店得到的净价	W3	取消和更改条件同R3,客人支付同R3的95%的金额,饭店得其中的80,再加上20%,包括别的公司的产品,如飞机票和出租车等组合,形成包价一起售出	220	251	296	296	251	160	160
	拍卖网站竞价	在拍卖网站上出售的客房的价格	BR	不能取消和更改、不能退款,比R3优惠20%到70%,根据需要调整优惠比例,此表假设优惠比例为50%饭店不用支付网站佣金,因为网站提供给饭店的基础上一定比例,收取客人费用,该比例是饭店所审	160	180	210	210	180	120	120
八级价格	政府价	政府协议价	GV	取消和更改条件同R2,按政府的规定和政府有关部门的协议确定价格,通常随季节变化而变化	178	178	178	178	178	178	178
九级价格	退休人士特价	退休人士特价	SE	提供年龄五十五岁以上客人的优惠价,比R1优惠15%	—	—	—	—	—	—	—
	行业优惠价	饭店同行、旅行社、航空公司员工优惠价	ID	取消和更改条件同R2,比R1优惠40%	192	216	252	252	216	144	144
	其他价格	航空公司机组人员、过夜客人的特殊群体	CR	取消和更改条件同R2,根据饭店的需要提供的特别优惠的价格,一般适于航空公司的机组人员、因天气或别的原因滞留过夜的乘客或者别的特殊团体	99	99	99	99	99	99	99
	本公司员工优惠价	公司员工优惠价	ED	取消和更改条件同R2,提供给公司员工及其家属	79	79	79	79	79	79	79

注:1. 此表价格只适用于标准客房,豪华客房需要另外增加30美元,标准套房另外增加150美元,豪华套房另外增加200美元。

2. 此表中最优无限制价是旺季价,在淡季它将被下调,所以此表反映的是旺季的价格情况。

收益管理——有效实现饭店收入的最大化

在分析此价格种类一览表时，我们看到成功饭店的价格体系体现了收益管理的原则和方法。

- 该饭店的价格分为8个等级，共33种价格。值得注意的是，该饭店的价格表仅是标准房的价格，饭店通常还有其他类型的房间，如豪华房、套房和豪华套房等，每种客房都可细分为上述等级并制定相应的价格，饭店的价格总数将超过100种。这些不同价格的存在，体现了市场细分和价格组合的原则，虽然管理起来比较复杂，但是充分考虑了市场的需要，有利于提高客房总体收益。

- 按照传统的饭店定价方法，饭店的价格包含的限制条件通常都允许客人提前一天取消或更改预订。除此之外，该饭店增加了最优无限制价（R1）和热销价（R3），要求客人多支付10美元以获得在入住当日也能取消或更改预订的权利，同时给予他们30美元的折扣，鼓励他们预订时马上支付房费，并在将来不要取消或更改预订。因此，如果客人既不愿多交10美元，也不愿意提前支付房费，他们必将选择R2。R2至少能保证饭店仍有一天时间把被取消的房间重新卖出去。另外，如果客人选择了R3，对饭店也有好处，因为饭店提前得到了收入，即使客人订了房不来入住饭店也能收到钱。另外，以R3预订的客房越多，越有利于饭店避免因太多预订在离入住前几天被取消或更改，不能再出售导致客房空置浪费的情况，有利于饭店控制预订进度，决定是否要关掉一些产出低的价格，把剩下的空房预留给产出高的细分市场，以较高的价格卖出，为饭店创造更多收益。

- 该饭店除部分价格全年固定不变外（如政府价、公司员工优惠价、固定的公司协议价等），大部分价格都是建立在R1的基础上，是该价格减去一定数值或者百分比而得到。而R1是个变动的价格，饭店收益管理经理根据对市场的预测随时可以将它调高或调低，从而也使得与它相关的那些价格的波动，即各细分市场的价格都能及时根据市场预测作出调整。这样做正是收益管理实施动态价格策略的体现。

- 该饭店的三个包价，PK1、PK2和PK3，以及合作网站价格中的包价W3体现了产品组合的理念。通过将饭店的客房产品和客房以外的一些产品组合，或将饭店的客房产品与饭店以外的其他公司的产品组合，形成新的有吸引力的产品，以满足某些细分市场的需要。

2. 饭店的价格结构

下面将以成功饭店 2006 年 5 月的营业收入情况为例，说明如何分析饭店的价格结构。请参阅图 2-4。

价格	客房出租房晚	客房收入	平均房价	占客房总收入比例	占客房总房晚比例
公共价（RP,R1,R2和R3）	1,450	$432,100	$298	26%	21%
贵宾优惠价格（V1,V2和V3）	59	$15,635	$265	1%	1%
团体价（GR）	2,445	$525,675	$215	32%	35%
公司协议价（所有CA和CF）	1,960	$458,640	$234	28%	28%
包价（P1,P2和P3）	33	$17,226	$522	1%	0%
合作网站价格（W1,W2和W3）	712	$140,264	$197	9%	10%
政府价格	189	$32,508	$172	2%	3%
其他价格（包括除上述价格外其他所有价格）	220	$16,720	$76	1%	3%
总数	7,068	$1,638,768	$232	100%	100%
客房出租率			81%		

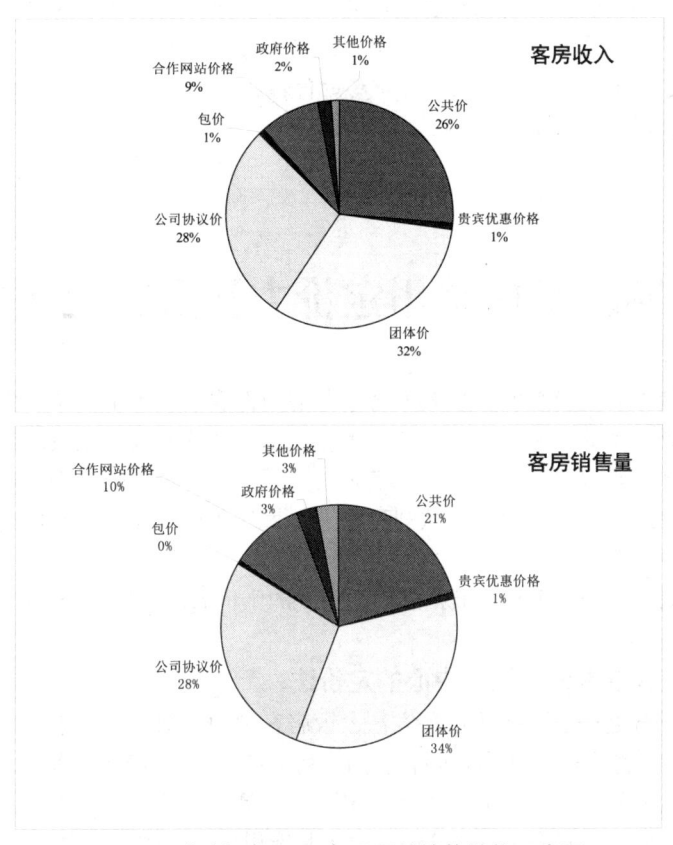

图 2-4 成功饭店 2006 年 5 月的价格结构示意图

收益管理——有效实现饭店收入的最大化

从图2-4中可以看到，成功饭店这个月的客房总收入中团体价的产出占了32%，68%来源于其他细分市场的价格产出。可见这个月的收入以散客为主，团体客为辅。在散客中，公司协议价的产出比例最大，其次是公共价的产出，两者之和占客房总收入的58%。合作网站价格的产出占客房总收入的9%，由于越来越多的客户倾向于上网订房，所以这部分价格的产出很值得关注。

另外，从客房销售数量的比例来看，团体价的产出占了35%，65%来自于所有其他细分市场的价格产出。可见这个月的客房销售量也是以散客为主，团体客为辅。在散客中，公司协议价的产出比例最大，其次是公共价的产出，两者之和占客房销售总数的49%。合作网站价格的产出占客房总收入的10%。

从各种价格的平均房价来看，公共价、贵宾优惠价格和公司协议价比其他价格高得多，可见，如果能提高这些价格的产出比例将会提高饭店的总体收入和利润。尤其值得注意的是公共价散客，虽然这个细分市场销售的房晚只占总房晚的21%，但是它创造的客房收入却达到总收入的26%，原因是它的价格远高于其他细分市场的价格。

四、饭店常用定价方法及其比较

如何合理制定价格？定价要考虑企业的内部因素和外部因素。内部因素包括企业市场营销的目标、市场组合的策略、生产经营的成本以及产品的生命周期等。外部因素包括市场的供给与需求的关系、竞争对手的价格策略、通货膨胀率、社会经济周期、银行贷款利息率等，另外还有市场对产品价格和价值的认知和价格敏感度等等。

定价的方法多种多样，概括起来，传统的定价方法大致可分为如下两种。

（一）以成本或利润为中心的定价法

（1）千分之一法。按照这种方法，饭店客房的平均售价等于它造价的千分之一。例如，如果一家饭店每间客房的平均造价是20万美元，那么每间客房的平均出租价格即为200美元。为什么出租价格等于造价的千分之一？我们可以这样理解：假设每间客房一年365天每天都能租出去，在三年内共租出1095次

(等于 365 乘以 3)，约等于出租了 1000 次，所以如果用其去除造价，便得到它的价格。换句话来说，就是按照 200 美元的平均价格，大致三年后该饭店可以收回投资成本。由于千分之一法十分易懂易算，所以常常被用于饭店投资新建或新饭店开业时对平均价格的估算，以确定饭店的大致价格水平，但是由于它只考虑饭店的投资成本和投资回报期，没有考虑市场的因素，所以只能用作参考价格，不适宜作为日常的经营管理中实际采用的价格。

(2) **成本加成法**。按照这种方法，单位产品和服务的销售价格等于单位产品和服务的成本加上希望得到的利润。例如一家饭店每间客房的平均造价是 20 万美元，开业后该饭店每年的平均客房出租率为 70%，预计在五年内收回投资成本，并获得 15% 的回报率，那么平均每间客房的出租价格应当是 180 美元 = 200,000 × (1 + 15%) / (5 × 365 × 70%)。

(3) **盈亏平衡分析与目标利润定价法**。采用此法，要计算饭店在盈亏平衡点的销售量和销售价格。如果饭店要实现一定的目标利润，计算销售价格时需要加上其利润。这一方法的基础是我们在第一章提到的变动成本和固定成本的关系。简单来说，饭店的成本分为变动成本和固定成本两部分，固定成本相对固定，比重较大，不随客房的销售量的变化而变化。变动成本比重较小，但随着客房的销售量的变化而变化。饭店客房部要能维持正常的运转，首先客房销售必须达到一定的数量，使其收入能补偿固定成本的支出。此后，多余的销售收入用于补偿变动成本的支出以及实现目标利润。如果饭店的客房出租率不能达到补偿固定成本的需要，饭店就会收支不平衡，很快关门。下面举例说明如何利用有关公式计算保本点销售量、保本点价格以及目标利润点销售量和销售价格等。

边际贡献 = 销售价格 − 变动成本
盈亏平衡点销售量 = 固定成本 / 边际贡献
目标利润点销售量 = (固定成本 + 目标利润) / 边际贡献

注意，边际贡献其实可以理解为产品的毛利，它等于产品的销售价格减去变动成本。

例如，假设成功饭店的平均客房销售价格是 225 美元，平均每间客房的变动成本是 45 美元，那么它的边际贡献是 180 美元 (等于 225 美元减去 45 美元)。

如果成功饭店客房经营管理的固定成本为每年 6,500,000 美元，那么它的盈亏平衡点销售量应该是 36,111 间客房 (等于 6,500,000 间客房除以 180 美元）。如果该饭店共有 200 间客房，那么，一年内可以出租的客房的总数为 73,000 间（等于 365 天乘以每天 200 间）。它的盈亏平衡点的客房出租率则为 49.5%（等于 36,111 除以 73,000，然后乘以 100%），也就是说，该饭店的客房出租率至少要达到 49.5% 才能不亏也不赚。

如果该饭店想获得 2,600,000 美元的利润，那么，在价格不变的情况下，该饭店一年需要出售 50,556 间客房（等于 6,500,000 美元加上 2,600,000 美元，然后除以 180 美元），也就是年平均客房出租率要达到 69.3%（等于 50,556 除以 73,000）才能实现利润目标。

如果成功饭店的年平均客房出租率为 65%，固定成本增加了 200,000 美元，目标利润不变，那么它的客房平均价格是多少？利用上述公式解一个小方程，读者就会得到成功饭店的客房平均价格应该增加到 241 美元 = $45+ ($6,500,000+$200,000+$2,600,000) / (73,000×65%)。

为了能有效利用这种方法，饭店必须分析客房经营管理活动的所有成本和费用，准确计算出每间客房的固定成本和变动成本。

值得注意的是，根据上述原理，饭店经营管理者在实施打折促销方案时，除了考虑销售量的增加外，还应考虑饭店能否从中获得更多的利润，因为销售量的增加必然导致成本费用的增加。例如，多卖掉一间客房必然产生更多变动成本，如人工、水电、洗涤费、易耗品等等。如果盲目追求销售量而忽略了目标利润，就像捡了芝麻丢了西瓜。仍以前面提到的成功饭店为例，假设成功饭店每间标准房的固定成本为 35 美元，变动成本为 10 美元，每有一间客房空出来租不掉，饭店将损失 35 美元。如果能以 40 美元单价出售，每天每间仅亏 5 美元。所以，在这种情况下，削价竞争是有利的。

对于季节性强、淡旺季分明、市场竞争激烈的饭店而言，只有结合目标利润实施收益管理，才能从众多饭店中脱颖而出，取得经营的成功。

通过以上介绍，读者可以看出上述三种以成本或利润为中心的定价方法虽然有可取之处，但是存在一个共同的缺点，那就是从经营管理者主观愿望出发，从饭店的成本和利润出发，没有充分考虑市场到底需要什么，愿意支付多少钱，也没有考虑竞争对手的情况以及市场供求关系的变化，所以带有主观性和片面性，难免出现偏差。

（二）以竞争为中心的定价法

在竞争激烈的饭店市场，饭店之间互相比较价格，在价格上竞争是很常见的。以竞争为中心的定价法也称为随行就市法，即饭店紧盯竞争对手的价格，使自己的价格随着竞争对手价格的变化而变化。在这种思想指导下，价格管理的目标变成使自己的价格与竞争对手的价格保持一致,所以,当竞争对手涨价时,跟着涨价;当竞争对手降价时,跟着降价。

这种定价法看似能使自己的饭店在竞争中不吃亏。其实,未必如此。不加分析地跟着竞争对手走,有很大的盲目性和风险性。主要原因如下。

(1) 自己的饭店和竞争对手饭店的成本结构未必一样,所以保持与竞争对手一致的价格未必能获得相同的利润。如果自己的饭店成本比竞争对手的高,保持与竞争对手同样的价格不能长久。

(2) 自己饭店的市场地位和品牌形象未必与竞争对手一样,所以,跟随竞争对手的价格变化而变化,未必能最大限度提高自己的销售量和销售价格,未必能获得最大收益。例如,假设自己的饭店在市场中处于主导地位,而且已经接受了很多预订,如果竞争对手因预订不足而降价,自己的饭店未必要降价。相反,如果自己的饭店在市场竞争中处于劣势,没有多少现实的预订量,如果竞争对手涨价,自己的饭店也跟着涨价,很可能失去本来应得的市场份额。

(3) 以竞争为中心很可能导致饭店之间的"价格战",形成价格恶性竞争,导致本地区整体市场的损失。例如,如果本地区所有饭店都盲目涨价,必然使本地区饭店的平均价格太高,导致市场流向别的地区。另外,如果所有饭店都不加分析地降价,本地区的价格水平太低,会引起消费者对本地区饭店管理和服务水平的怀疑,导致预订减少。如果降价能吸引很多客人,那么这个地区所占的市场份额虽然提高了,但是其利润水平却降低了。

五、以市场为中心的定价法
——动态定价法

前面介绍的传统定价方法读者已经看到了它们共有的缺陷——忽视市场因素。随着收益管理理念的产生,出现了以市场为中心的定价法,这是最先进的定价法。使用这种定价法,要求饭店研究市场的需求,根据市场需求设计产品和服务,根据顾客对饭店产品和服务的价值的理解、供求关系的变化情况、细分市场订房的行为模式、市场竞争状况等决定价格。由于市场需求常随季节而变动,供求关系、顾客对产品和服务的价值的理解、细分市场订房的行为模式及市场竞争等存在差异,所以,饭店的价格也是经常变动的,所以,这种以市场为中心的定价方法就叫动态定价法(Dynamic Pricing)。

采用动态定价方法，饭店收益管理经理必须准确即时地分析预测上述因素的变动情况，及时调整价格。由于动态定价法建立在分析预测和市场变动基础上，所以具有其他定价法不可比拟的优越性，能最大限度提高产品的销售量、销售价格和总体收益。

请见表2-6及图2-5与图2-6的分析。

表2-6 市场需求与饭店价格表

单位：美元

日期		市场需求	饭店价格	
			动态价格	非动态价格
5/1	星期一	623,561	250	270
5/2	星期二	652,121	261	270
5/3	星期三	612,311	245	270
5/4	星期四	515,840	207	270
5/5	星期五	622,200	249	190
5/6	星期六	468,946	188	190
5/7	星期日	480,480	193	190
5/8	星期一	695,551	279	270
5/9	星期二	684,546	274	270
5/10	星期三	553,280	222	270
5/11	星期四	528,320	212	270
5/12	星期五	456,631	183	190
5/13	星期六	444,236	178	190
5/14	星期日	656,541	263	190
5/15	星期一	756,411	303	270
5/16	星期二	814,664	327	270
5/17	星期三	723,654	290	270
5/18	星期四	644,566	258	270
5/19	星期五	594,646	238	190
5/20	星期六	468,944	188	190
5/21	星期日	463,840	186	190
5/22	星期一	678,945	272	270
5/23	星期二	756,460	303	270
5/24	星期三	778,469	312	270
5/25	星期四	642,121	257	270
5/26	星期五	447,200	179	190
5/27	星期六	457,600	183	190
5/28	星期日	532,480	213	190
5/29	星期一	712,546	286	270
5/30	星期二	759,464	304	270
5/31	星期三	735,641	295	270

注：市场需求用顾客在这个市场预订房间总共花费的金额来衡量。

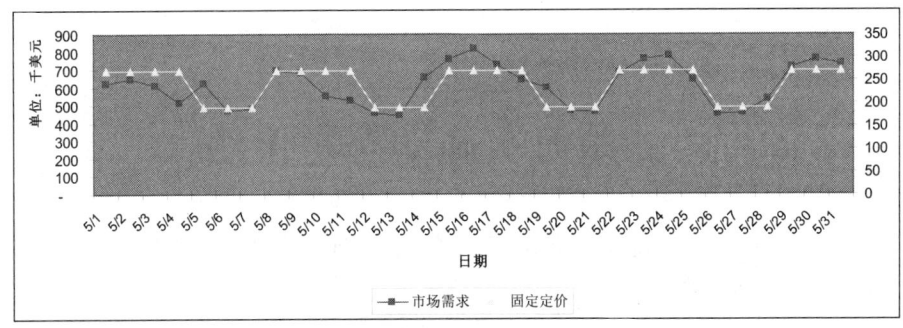

图 2-5 市场需求曲线与固定价格曲线比较图

从图 2-5 中可以看出，市场需求处于变动之中，但价格在周日和周末维持不变。市场需求曲线与价格曲线之间的区域大小，便是两者运动方向不一致造成的机会成本的损失的多少。当市场需求曲线在上，价格曲线在下时，表明价格太低，使饭店失去一部分收入，影响饭店的毛利。当价格曲线在市场需求曲线之上，表明价格定得太高，饭店也失去一部分收入，因为失去一部分销售量。可见，固定价格的做法不可取。

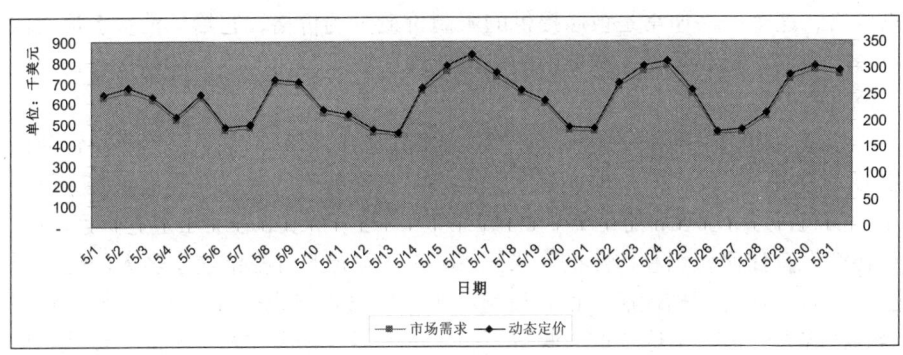

图 2-6 市场需求曲线与变动价格曲线比较图

从图 2-6 中可以看出，采用变动价格，价格随市场需求的变动而变动，市场需求曲线与价格曲线运动方向一致，同时起落。当市场需求增加了，价格跟着升高；当市场需求减少了，价格跟着降低，两条曲线几乎相互平行重叠，饭店能最大限度地利用每个机会，提高客房总体收益。

当然，在实际工作中，市场需求曲线与价格曲线做到百分之百吻合是不可能的，因为影响市场变动的因素太多，难以全面准确把握。但是，收益管理者能做到的是提高分析预测能力，尽量减少两者之间的偏差。

六、如何实施动态定价法

前面一节介绍了动态定价法的基本概念、原理和优越性，现在详细介绍如何实施动态定价管理。

（一）建立合理的价格结构

合理的价格结构建立在市场细分和产品细分的基础上。针对不同的细分市场提供不同类型的产品和不同的价格。由于不同的细分市场具有不同的支付能力，所以即使产品完全一样，也可以通过不同的折扣提供不同的价格。这些细分化的产品和价格组合在一起就形成了饭店的价格结构。

（二）适当确定饭店的基准价

饭店的基准价也称为参照价，是指饭店提供给公共市场的除了牌价外的最高价格。这个价格通常是饭店提供的限制价最少的价格，它给予消费者最大的自由度取消或更改预订。基准价的高低体现了饭店客房的价值和档次，还反映了饭店的市场定位和形象。

如果饭店的基准价定得不好，将会影响饭店的市场形象，从而影响饭店的收益。例如，假设在同一地区有两家饭店，一家饭店的最优无限制价是350美元／房晚，另一家饭店的是200美元／房晚。对一个从来没有去过这两家饭店，对它们没有任何认识和印象的客人来说，350美元的价格给这位客人的信息是这个饭店必定是高档饭店，设备设施和服务质量肯定也会高。200美元的价格给同样客人的信息是这个饭店收费不高，也许星级不高，档次不高，设施和服务不怎么样。那么，不管两家饭店的产品和服务实际情况如何，对于支付能力强或者要接待尊贵客人的顾客来说，他们自然选择较贵的那家饭店，而不是那家便宜的饭店。对预算紧张、不太在意档次的客人来说，他们则会选择较便宜的那家饭店。其实，这两家饭店很可能都是四星级饭店，设施设备和服务其实并没有多大差别。可见，上面第二家饭店的价格定得太低，不但没有帮助该饭店获得更多的业务，反而自贬形象，只吸引和留住低档客，使高档客远离自己。

另外，基准价还是其他折扣价格，如贵宾优惠价、团体折扣价、公司协议价格、网络促销价等的参照。这些价格在基准价的基础上给予一定百分比或一定数值的折扣。例如，给予某公司低于基准价10%的折扣或30美元的折扣。可见，基准价的变动直接影响到折扣价格的变动,从而影响到饭店的总体收益。为此,基准价必须要定得准确。

(三)在打折时尽量使用固定数量折扣法

值得注意的是,运用动态定价法时,饭店的基准价是随着市场情况上下浮动的,因此,折扣价也将随之变动。在过去,大部分饭店的基准价就是固定的牌价,折扣价是在牌价的基础上打折,由于打折的百分比固定,所以折扣价也是固定的。事实证明,在变动的基准价基础上打折比在固定的牌价的基础上打折对饭店更有利,对消费者来说也更合理。下面将举例说明,请参见图2-7。

单位:美元

价格名称	价格说明	3/5 星期日	3/6 星期一	3/7 星期二	3/8 星期三	3/9 星期四	3/10 星期五	3/11 星期六
最优无限制价(旺季)	随市场环境变化而变化	320	360	420	420	360	240	240
固定折扣价	价格为290美元,全年固定不变	290	290	290	290	290	290	290
百分比折扣价	比最优无限制价优惠14%	269	302	353	353	302	202	202
数量折扣价	比最优无限制价优惠40美元	280	320	380	380	320	200	200

价格名称	价格说明	3/5 星期日	3/6 星期一	3/7 星期二	3/8 星期三	3/9 星期四	3/10 星期五	3/11 星期六	销售总收入	平均房价	收入相对于最优无限制价的百分比
客房销售数量		7	9	12	10	7	4	5			
最优无限制客房收入	随市场环境变化而变化	2,240	3,240	5,040	4,200	2,520	960	1,200	19,400	359	0%
固定折扣客房收入	价格为290美元,全年固定不变	2,030	2,610	3,480	2,900	2,030	1,160	1,450	15,660	290	19%
百分比折扣客房收入	比最优无限制价优惠14%	1,882	2,722	4,234	3,528	2,117	806	1,008	16,296	302	16%
数量折扣客房收入	比最优无限制价优惠40美元	1,960	2,880	4,560	3,800	2,240	800	1,000	17,240	319	11%

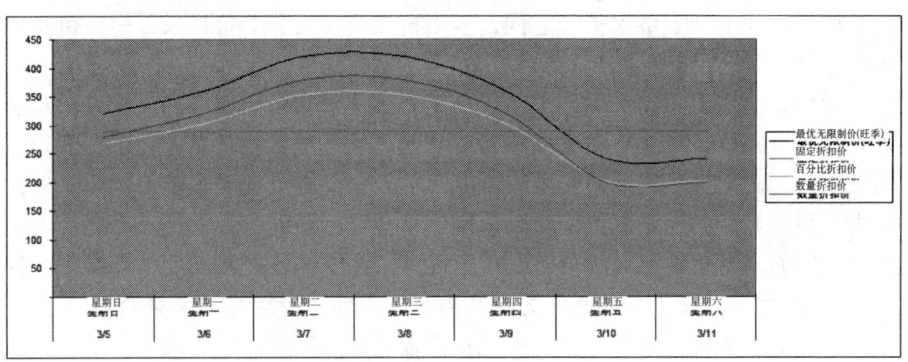

图2-7 固定折扣价、百分比折扣价和数量折扣价比较图

从图2-7中可以看出,该饭店采用动态定价法,其最优无限制价为随市场需求的变化而变动,在一周中最高为420美元,最低为240美元。为计算简便起见,假设每天客房销售数量最低4间,最高12间,本周共销售54间客房。如果不给折扣,按照最优无限制价收费,该饭店能得到19,400美元收入。如果按照固定折扣价每间客房290美元收费,将得到15,660美元。如果按照14%的折扣收费,

饭店将得到 16,296 美元收入。如果按照比最优无限制优惠价低 40 美元的数量折扣价收费，将得到 17,240 美元收入。这三种折扣方式得到的收入与最优无限制价得到的收入相比，固定折扣价少收了 19%，百分比折扣价少收了 16%，而数量折扣价仅少收 11%。从本周的平均房价来看，按照数量折扣价得到的结果最接近最优无限制优惠价的结果。可见数量折扣价比固定折扣价和百分比折扣价对饭店更有利。

从上面的曲线图来看，当优惠价格固定为 290 美元时，其曲线其实是一条直线。从图中可以看出，这条直线有时与最优无限制价的曲线相交，在相交点两者价格相等；有时这条直线高于最优无限制价曲线，表明优惠价高于最优无限制价。在这两种情况下对签订优惠协议的市场来说没有优惠可言，因为他们得付出与没有签协议的客人一样多甚至更高的价格！他们定会向这家饭店投诉，或者不订它的房间。虽然大多数时候这条直线低于最优无限制价曲线，表明优惠价格低于最优无限制价。在市场需求最高的时候，如星期二和星期三，它们的距离最大；在市场需求不太高的时候，如星期四，它们的距离变得很小。这表明当市场需求很高，客房可以卖得很贵的时候，饭店由于受固定价格协议的限制，被迫以低于公共价很多的价格将房间卖给签订固定协议价的市场，损失很多收入。固定价格对饭店比较好的时候是市场需求低的时候，因为饭店此时调低最优无限制价，却不用调低固定折扣价格。但是这其实也只是想象中的好处。因为市场需求低的时候，享受固定优惠价的客户的需求也减少，订房减少，另外，在最优无限制价低于协议价的时候，客户自然会使用公共价格来订房。可见固定优惠价格对饭店来说有很多不便之处。

使用在最优无限制价基础上给予一定百分比折扣虽然能保证最优无限制价永远高于折扣价，但是从图 2-7 中可以看出，折扣的数量还是有差别，表现在两条曲线的距离在最优无限制价较低的时候较小，在最优无限制价较高的时候较大，因为当最优无限制价变化时，按照百分比给予的折扣的绝对数量会发生变化。例如，当最优无限制价为 240 美元时，给予 14% 的折扣后，其折扣金额为 33.6 美元；当最优无限制价为 420 美元时，折扣金额增加到 58.8 美元。其结果是饭店在市场需求高，客房可以卖得很贵，多挣钱的时候反而给予了更大折扣的绝对数额，收入实际损失了。

使用数量折扣能解决上述问题。事实证明，使用数量折扣法比给固定折扣和百分比折扣对饭店更有利。因为它能使客房的优惠价随最优无限制价的变化而变化，并保证两者的差别固定不变，保证使用优惠价的客户永远能得到低于最优无限制价的价格，同时有利于饭店在旺季获得更多的利润，在淡季得到更多的销售额。

基于以上原因，一些收益管理走在前面的饭店已经抛弃了固定折扣价和百分比折扣价,仅使用数量折扣价。当然,由于市场对变动定价法的接受程度不同,使用数量折扣价或许不能一步到位。

(四) 争取一定数量的基本账户 (Base Business Accounts)

基本账户,有时也称为签约客户账户,指一系列价格较低而业务量较大的账户。这些账户每日需要的客房数量相对固定,饭店需要给它们预留一定数量的房间 (Room Blocks)。最常见的基本账户是航空公司的空乘人员,包括飞行员和空中服务员的过夜停留。他们每天飞行的路线基本固定,空乘人员人数也相对固定。他们需要饭店每天提供相对固定数量的客房供他们过夜。基本账户有利于饭店维持一定的客房出租率和业务量,有利于饭店保本和实现盈亏平衡。

例如,一家饭店同美国西北航空公司建立了基本账户,每天固定提供15间客房给该公司的空乘人员。如何管理建立在业务量(客流量)基础上的账户,如航空公司的机组人员?签约客户公司应保证每年使用饭店一定数量的客房,饭店给予其优惠价。如果不能保证约定的流量,该公司就不能获得这个优惠。基本账户价格管理的难点在于饭店正确决定给予优惠或折扣的程度。如果优惠和折扣适当,将会提高饭店每房收入和市场占有率。如果优惠给得过多,会使饭店毛利率降低。准确的计算收益替代关系是决定接受多少建立在客流量基础上的生意以及给予多少优惠,收费多少的关键,这一点在市场弹性低或者市场变动很大的情况下尤为重要。接受基本账户的根本原因是饭店希望能确保抓住一定的业务,使它们成为自己的盘中餐,但是,当市场情况变化时饭店却要付出机会成本。例如,那家饭店给西北航空公司的协议价只是49美元。但是,当市场需求高涨时,可以把那15间房以189美元的单价卖给散客或以120美元的单价卖给团体客,但是,由于受到合约的限制,饭店不能这样做。如此一来,航空公司的价格与散客价及团体客价格之间的差价白白损失掉了。

在决定是否要接受某个基本账户时,很多饭店没有经过科学的分析计算,多半凭直觉或与客户的关系去做决定。其实,饭店应该使用收益置换模式 (Displacement Models) 去计算。通过计算可以清楚接受某个基本账户对饭店全年总体收入、客房出租率、平均房价和每房收入的影响,以及是否会因饭店房间数目有限,使饭店失去了接待其他更有利可图的业务的机会。至于如何计算,本书后面的章节将做专门介绍。

（五）争取一定数量的公司协议账户（Corporate Negotiated Accounts）

公司协议账户是指与业务量较大、消费能力较强的公司进行谈判，签订协议确定的账户。根据协议，饭店提供优惠价或折扣价给公司客户。值得注意的是，有的饭店为了争取得到这些账户，提供过低的价格，致使饭店毛利率降低。

在谈判确定给予这些账户的优惠价格的时候，饭店易犯的一个错误是只重视这些账户每年能带来的业务量的绝对值，如每年给饭店带来 100 万美元的客房收入或使用 3,000 间客房，而忽视了这些账号的订房模式，如入住的时间、提前订房的天数等等，而事实上，这些因素会对饭店的整体收益产生比较大的影响。

此外，通常每个城市一年中都会有一些日子整个市场的需求十分高，饭店不愿按照协议价向公司客户提供住房，这些日子包括重大体育比赛或全市性的会议等等。例如，广州市每年 4 月和 10 月举行历时两周的中国出口商品交易会，此期间全市饭店客房爆满，如果按照平时一样的价钱把客房出租给公司客户，饭店肯定遭受损失，所以，饭店还要注意在签订协议时明确这些天不适用协议价或另外规定适用于这些天的价格更高的协议价。

（六）合理建立一些优先账户（Preferred Accounts）

优先账户又称贵宾优惠账户，它并不一定是折扣账户。而本地谈判账户则是折扣账户——饭店以折扣换业务量。优先账户提供给客户的价格通常同公司牌价或最高售价相同或者相近，换句话来说是很高的价格。优先账户与本地谈判账户的主要区别点请见表 2-7。饭店可以根据市场情况和自己的需要将优先账户划分为不同等级，如白金账户、黄金卡账户和白银账户等。对不同等级的账户，饭店要求它们满足不同的条件，当然，它们能得到的优惠或优先权也不同。优先账户的设立及其价格并不取决于其业务量，而是其战略意义：优先账户提供给那些对饭店而言具有战略意义的客户，虽然它们现在提供的业务量并不多，但是对饭店的经营管理或业务有现实或者潜在的重要影响。饭店优先账户数量的多少取决于可出租的客房的数量、市场的环境以及饭店的策略等等。

表 2-7 本地谈判账户和优先账户的对比

本地谈判账户	优先账户
给饭店提供大量业务，换取较大的价格折扣。	给饭店提供一定数量的业务，以获得优惠，如免费获得更高级的客房、早入住、晚退房、贵宾待遇、优先预订、累积计分等等。

续表

在市场需求高时挤掉能支付更高价格的细分市场的需求，使饭店损失部分收入。但它能保证饭店有稳定的业务量，从长远来看会利大于弊。	即使在市场需求高时也不会挤掉高价的细分市场的需求，因为优先账户的价格通常是饭店的最高价，不是折扣价。
通常通过公司委托的旅行社通过全球销售系统预订客房或公司人员通过饭店直接销售渠道预订。	通常由公司的办事处或办公室行政助理与饭店直接订房。
享受折扣，因而能为公司节省住宿费用。	获得订房的便利和各种优惠（即付出同样多的钱却获得更多的价值），例如在供不应求的情况下饭店也保证优先账户能订到房，订房越多，积分越多，当积分达到一定程度可以获得免费房等等。
饭店可以拥有很多个本地谈判账户，并建立它们的价格等级，各等级折扣的多少根据账户带来的业务量决定。	饭店可以拥有多个不同等级的优先账户，如钻石账户、白金账户和黄金卡账户等等。不同等级的条件和优惠不一样。

（七）确定提供给旅行社联合体的价格（Consortia Business Rates）

旅行社联合体每年向饭店询价，饭店给它们的报价称为旅行社联合体价格。在美国，大的旅行社或旅行社的联合体包括美国运通公司、ABC旅游公司、卡尔森旅游公司等等。它们每年向饭店询问价格，要求饭店报价，经由它们介绍来饭店住的客人，不论是团体客、公司客，还是一般的散客，都能获得饭店报的这个价格。当然，旅行社会收取这些客人一定的费用。在旅行社联合体市场中，饭店的价格是不可以谈判的。饭店的报价并不根据业务量变动而变动。也就是说哪怕旅行社只介绍一个客人来住与一百个客人来住付钱一样。旅行社联合体的订房一律通过全球销售系统进行。其实，很多饭店没有认识到报价时可以报季节价，淡季价格可报低点，旺季可报高点。值得注意的是，一旦公布后，价格就不能更改了。我们看到有的饭店由于报价失误，从而影响一整年的每房收入的渗透指数。收益管理经理应该避免犯这种错误。

（八）根据市场情况的变化适时、适当调整基准价

当确定了饭店的价格结构后，饭店收益管理经理需要分析研究市场需求、细分市场预订模式和竞争对手的价格策略，并根据这些情况对基准价格予以适当调整。

根据动态定价法来确定未来客房的销售价格，重点考虑三个因素，即各细分市场的需求预测，各细分市场订房的习惯，以及竞争对手的价格策略。我们

将在第四章中详细介绍。

（九）根据市场的特点及其变化灵活采用各种价格策略

1. 根据预订时间定价法

根据细分市场预订习惯的规律，用比较低的价格鼓励消费能力较低的细分市场提早预订，在离入住日期越近，越来越多市场开始预订，需求大增的时候，不再提供客房给这部分细分市场，此时饭店应将价格升高，把房间卖给消费能力较高，毛利较高的细分市场。读者可参阅第一章不同客源市场的事例来加深对此内容的理解。

2. 根据客人入住时间定价法

价格的高低与客人何时来消费（入住）有关。我们在前面阐述的"尽量使用固定数量折扣法来确定优惠价格"时列举的例子已经体现了这种思想。在该例子中，那家饭店的需求周日比周末高，星期二和星期三比其他日子高，体现在价格上也一样——周日的价格普遍比周末高，星期二和星期三的也比其他日子的高。其实，连一些理发店都知道利用客人消费时间的不同来做收益管理，例如，它们在顾客比较少的星期二推出特价，以吸引一些客人星期二来理发，避开拥挤的星期六。如此一来，星期二来理发的顾客可以节约支出，理发店也可以减少星期六的压力，同时还能增加星期二的收入。

3. 根据客人入住时间长短定价法

按照这种定价法，如果客人住宿的时间越长，得到的优惠越多。例如，有的饭店规定如果客人住宿超过两个晚上，第二晚的房价将得到5%的折扣，第三晚将得到10%的折扣，第四晚将得到半价折扣，甚至免费。

4. 增加价值定价法

收益管理给人的印象是在旺季提价，淡季降价。其实不完全是这样。收益管理并不等同于在旺季乱涨价，在淡季削价竞争。收益管理的核心思想在于最大限度满足饭店和市场的需要，形成双赢的局面。因为饭店的涨价如果失去市场的认可，无异于水中捞月；乱降价等同于自动降格，挑起价格战，无异于自杀。所以涨价和降价都应该很谨慎。

在淡季市场疲软的情况下，饭店常常迫于竞争的压力而降价。如果饭店不降价，应当能找出一个市场能够接受的理由或说法来，不仅不会损坏饭店的形象，还能支持饭店不降价的策略。例如，一个高档的度假饭店在淡季宣传这个季节是特别的"幽静时段"，有利于消费者度过一段安静的、没有打扰的、隐秘的、完全属于他们的时光。这一策略，使得饭店不仅没有降低房价，生意反而变好了。

另外，一家饭店在淡季并没有降价，但是免费提供旺季不提供的早餐以及免费洗衣服务。这样，饭店不降价的做法也容易被顾客接受，因为顾客觉得他们付出同样的价钱，但是得到了更多的好处，所以，饭店反而赢得较多业务，整体收入比单纯的降低房价竞争要高。由于淡季的价格提供更多的价值，所以这种策略又被称为增加价值定价法。

5. 最后收揽定价法

当市场对客房的需求超过了供给时，饭店应该提价。此时价格的制定是建立在供求关系基础上的，而不是成本。当竞争对手的饭店急于把客房租出去时，你甚至可以等等，把你的客房留到最后才卖。等别的饭店都没有客房了，市场急需客房时，他们会支付特别高的价格，使得你的饭店能获得最高的价格。当然，这种情况下饭店的价格也要高得适当，否则会给人以"敲竹杠"的印象，影响饭店声誉和长远利益。

6. 顾客感受区别定价法

客房价格应该建立在市场环境的基础上，而非成本的基础上。虽然这个观点听起来类似于"增加价值定价法"，但是它们还是有细微的差别的。例如，在一个既不是淡季也不是旺季的时候，如果你的竞争饭店的房价包括了一个免费早餐，你可以把你的饭店的价格定得比对手饭店的价格略低，向客人表明你的价格不包括早餐。告诉他们用那个价格差节省的钱，他们可以在饭店附近买到比包在房价里的早餐好得多的早餐。这表明你的定价是基于竞争。另一个例子是卖啤酒的例子。假如根据成本来定价，一瓶普通啤酒如果能挣一美元，而且这种啤酒的销量很大，也许你会很高兴了，因为它的成本只有五毛。但是，你是否考虑过出售一些名牌的或流行的啤酒，这些啤酒也许卖一瓶能挣三美元，因为消费者愿意花更多的钱来喝这种啤酒，虽然它们的销售量比普通的啤酒小，但是饭店挣的钱未必会少。而且，在收入一样的情况下，卖名牌啤酒获得的利润会比普通啤酒的高，因为普通啤酒的销售量较大，成本也较大。这表明你的价格策略基于市场对产品的认识。

7. 细分市场区别定价法

细分市场区别定价法是基于市场细分的区别定价方法。饭店始终要明确我们把产品销售给的是具体的细分市场而不是笼统的整体市场。饭店市场营销的努力必须具体和明确，针对特定的细分市场，才能提高实际效果。没有一个企业能满足所有顾客的需要。同样，没有一家饭店能满足所有市场的需要，因财力所限，没有一家饭店和企业能针对所有的市场开展营销工作。即使在饭店瞄准的某个小范围的地区，也仅有一小部分客人能成为该饭店的真实市场。所以，在这个地区，市场营销的努力必须集中在决定是否使用饭店产品和服务的决策者身上。什么样的媒体能吸引他们的眼睛和耳朵？什么样的销售渠道能够接触他们？他们为什么要旅游？你的饭店有什么与众不同的能够吸引他们注意的特

收益管理——有效实现饭店收入的最大化

征？他们的人口统计特征如何，如年龄、家庭人口数、教育水平、文化背景等等？例如，由于美国社会离婚率较高，单亲家庭很多，饭店在一些针对家庭旅游的图片中只显示一个成年男人或女人带着小孩，而不是一对夫妇。这就是针对人口统计特征而定的。对细分市场进行研究，根据细分市场定价的观念是我们一直强调的重点。

8. 产品和服务保护定价法

把产品和服务保存起来，销售给最有价值的细分市场。记住，一个客人的价值并不完全是由他支付的价格高低决定的。例如，一个住星期五和星期六两晚的客人比两个出同样价钱分别只住星期五和星期六一晚的客人价值高。其原因是服务两个客人比服务一个客人要前台部和客房部花费更多的人力。所以，你的饭店星期六如果需求很高，你可以把星期六部分房间预留给住星期五和星期六两晚的客人，因为即使卖不出去，你随时可以卖给当天预订当天入住的客人。而且，你甚至还可以把部分房间留给住星期六和星期日两晚的客人，因为可以节约成本，还可以帮助提高星期日的入住率——因为如果星期六的房间都卖给只住一晚的客人，想住星期六和星期日两晚的客人就订不了房。这些策略的实施是否成功，取决于你对市场需求的了解程度。

七、实施动态价格管理面临的挑战

越来越多的饭店和饭店集团公司已经使用或者开始使用动态价格法。因为动态定价法能够使饭店根据市场变化情况迅速及时地调整价格策略，充分发挥收益管理的优势，从而给饭店带来最大的收益。但是，由于动态定价法相对来说是个新事物，难免会遇到一些挑战，尤其是在一个相对保守的旅游市场，要顾客忘掉传统的定价方法，接受动态定价法往往需要一定的时间。例如，由于价格根据需求变化而浮动，并且价格种类和限制条件变得越来越复杂，有的顾客比较难以理解和接受，他们或许会抱怨同样的客房产品为什么不同时候价格相差很大。因此我们要对市场进行宣传和教育，提高市场对动态价格的理解和接受程度。

实施动态定价法面临的挑战包括：

> 提高预测准确性的难度加大。
>
> 市场的反应未必积极，例如采用浮动的公司协议价，取代固定不变的协议价。
>
> 市场细分、客房产品细分、价格细分、销售渠道细分等等意味着经营管理工作变得更复杂，更专业化，饭店内部各部门的沟通工作变得更复杂和重要。
>
> 动态价格管理需要借助一定的先进的技术手段，以获取数据、生成报表、辅助决策和调整价格等。
>
> 价格的变化要考虑饭店的形象。价格是饭店形象的反映。如果价格定得太低，会使饭店的形象受损，顾客会以为饭店经营或财政上出现困难，或者认为饭店的产品和服务变差了，要降低身价。这些都影响到饭店的客源。同时，价格也不能高得离谱，超出社会或顾客能承受的限度，这将导致顾客认为饭店在利用各种机会掠夺顾客，产生对饭店不好的印象，以致影响饭店的形象。
>
> 在销售渠道增多的情况下，收益管理人员要付出较多时间和精力管理价格，使不同渠道的报价口径统一，否则产生不好的后果。

尽管存在这么多挑战，只要饭店在实践中及时总结经验教训，运用好动态价格管理手段，将能够给饭店收益管理带来巨大的好处。

要点回顾

1. 客房是饭店行业的主要产品。客房销售是饭店的主要收入来源。饭店可根据客房的物理特性和使用价值的不同把它划分为不同类型。另外，还可以根据消费者心理需要的不同进行细分，如楼层的高低、门或窗的朝向和景观的不同进行细分。

2. 客房产品的细分有利于拉开价格的档次，满足不同细分市场的需要，以及实施价格差异化的收益管理策略。

3. 随着社会和科技的进步，饭店的销售渠道越来越多。其中，全球分销系统、饭店的网站以及网络营销公司的网站越来越重要。

4. 不同销售渠道有不同的销售成本。所以，究竟是使用直接销售渠道还是间接销售渠道，要具体情况具体分析，饭店收益管理人员要善于做好销售渠道的组合。

5. 价格是消费者购买一定数量的产品和服务要支付的一定数量的货币，或者是消费者用来交换已取得每种产品和服务的所有权或使用权的价值的总和。价格是市场组合各要素中唯一能带来收入和实现利润的要素，其他要素则主要涉及成本和费用。在市场环境中，价格是最复杂、最难以理解和难以准确把握的变量。

6. 在自由竞争的没有限价规定的环境中，价格是经常变动的。调节价格变动的"看不见的手"是价值规律。价格既是一个杠杆，平衡供求关系，同时也是一道门槛，邀请或限制某类客人使用自己的某类产品。

7. 定价的方法多种多样。概括起来可分为以成本和利润为中心的定价法、以竞争为中心的定价法和以市场供需关系为中心的定价法三大类。

8. 以市场供需关系为中心的定价法称为动态定价法。使用这种方法要求饭店研究市场的需求，根据市场需求设计产品和服务，根据顾客对饭店产品和服务的价值的理解、供需关系的变化情况、细分市场消费的行为模式、市场竞争状况等决定价格。

第三章

收益管理的市场环境分析

导读

　　饭店市场环境分析是收益管理的基础性工作。要做好收益管理工作，首先要分析饭店所处的市场环境，包括市场供需关系的变化，各细分市场的需求，竞争对手的比较竞争优势和劣势等情况。然后，确立目标市场，适当定位，优化市场组合及销售渠道，及时合理地调整市场价格，通过动态的收益管理实现收益最大化。

　　本章将从收益管理的角度讲解常见的市场营销的概念和方法，如市场、目标市场、市场细分、细分市场、市场定位、市场组合等等，使读者懂得市场分析的要点，懂得如何进行市场细分，如何评价饭店的比较竞争力，如何选定一组饭店作为竞争对手，以衡量本饭店经营状况的优劣。此外，本章还将介绍获得收益管理所需的市场和竞争对手的信息的途径。

一、实施收益管理必须理解和掌握的市场营销的概念

随着中国旅游市场的全面开放,越来越多的国际饭店集团积极进入中国饭店市场,中国饭店市场进一步细分化,竞争越来越激烈。中国饭店业要在与国际同行的竞争中取胜,就要善于吸收先进的管理理念,如收益管理,并将其应用到日常工作中去,将经营管理的工作做得更加深入和细致。

从20世纪80年代初到现在,中国饭店业经过20多年的发展,市场日益成熟,表现为饭店数量越来越多,品牌越来越多,市场越来越细分化,竞争日益激烈。尤其是中国加入世贸组织以后,中国的饭店业被推上了国际舞台,直接面对面地与国际饭店同行竞争,依靠特殊政策或规定打时间差获得较高利润已不可能。在新形势下,中国饭店在竞争中能否取胜,能否最大限度地提高营业收入和利润,依靠的是日常的经营管理工作是否足够做到细致和深入,是否及时学习和采用国际饭店先进的管理理念和方法,如收益管理的理念方法,能否将其应用到日常工作中去。

收益管理策略,产生于饭店市场很成熟,甚至出现饱和,竞争十分激烈的美国。现在把它引进中国是十分及时的。收益管理思想将引起中国饭店业革命性的变化,将引导中国饭店业从粗放型经营管理转向精细型经营管理,对提升中国饭店业的竞争力产生深远的影响。

要做好收益管理工作,首要的是分析饭店所处的市场环境,包括对市场进行细分,确立目标市场,做好市场定位与市场组合,以及跟踪主要竞争对手的情况,及时对本饭店的收益管理策略进行调整,实施动态管理。饭店市场环境分析是收益管理的基础工作。

做生意离不开市场。我们将从收益管理的角度阐述市场、市场导向、目标市场、市场细分、市场定位、市场组合等市场营销范畴的概念,并帮助读者掌握如何应用这些理念作市场分析,为进一步深入学习收益管理奠定基础。

(一)市场

在不同时期,对"市场"这个名词有不同的理解。市场最初指一个有形的地方,人们到那里进行面对面的商品买卖,交换产品和服务,例如农村的集市和城市

里的超市等。随着现代通信技术,尤其是互联网的发展,商品交换和买卖可以不用面对面进行,通过打电话、发传真或电子邮件,或者在网上便可进行交易。从这个角度去看,市场变成无形的了。其实,对经济学家来说,市场意味着进行产品和服务交换的所有卖方和买方。对于企业和市场销售人员以及收益管理人员来说,市场是指需要某种产品和服务并具有购买力的实际的和潜在的人和社会群体。在本书里谈到市场时通常指这个含义。

由此可见,如果没有市场,企业就没有必要进行生产,因为生产出来的产品和服务没有人要。如果有人需要这些产品和服务,但是没有能力支付,其结果必然是企业的产品和服务还是不能卖出,企业的投资收不回来,毛利目标不能实现,生存和发展将成问题。就饭店行业而言,如果没有客人来客房住宿,到餐厅消费,使用会议室和其他服务设施,饭店的生产力和产品就会闲置,饭店就要关门大吉。在一些饭店投资过热的地方,这样的例子并不少见。所以,饭店收益管理的首要任务就是要确认饭店现有的和潜在的市场,然后想办法将饭店的产品和服务尽最大可能地销售出去,防止空置。

> 那么饭店的市场,简言之就是需要饭店产品和服务并具有购买力的实际的和潜在的人和社会群体。具体地说,饭店市场是需要并能买得起饭店提供的住宿、饮食、会议、展览、娱乐、洗衣、交通以及其他产品和服务的人和社会群体。由于这些人和社会群体的需要不同,购买力和消费行为不同,而饭店的生产服务能力和成本结构也不同,提供的产品和服务的价格也不同,所以饭店只能有选择地做一部分人和社会群体的生意,以满足双方的需要。这就要求饭店对市场进行细分,以确立自己的目标市场,做好市场定位和市场组合。

(二) 市场导向

市场导向是市场营销的一种理念,具体来说,就是要求企业的一切行为,包括产品的开发、生产、销售以及企业的所有其他经营活动以市场为中心,为满足市场需求服务,紧随市场的变化而变化。以市场为导向的经营观念比以生产为导向、产品为导向以及销售为导向的经营观念先进很多,是当代市场营销的主流观念。

> 收益管理经理应该牢牢树立市场导向的观念,因为市场的需求及其变化决定了收益管理策略必须作出相应的调整,收益管理的策略是围绕市场的变化而变化的。例如收益管理的定价策略是依托于市场需求的,即根据市场对饭店产品和服务的供求关系进行预测,在供大于求时适当降价,供不应求时适当涨价,以达到既符合市场对价格的期许,又能最大限度出售饭店的产品和服务,减少空置,实现收入最大化的目的。

(三) 目标市场

目标市场是指企业的服务对象。在饭店经营管理中，饭店必须能回答这样一个问题，"谁是我的客人"，也就是要确认自己的目标市场。确认目标市场的过程是饭店自我认识生产服务能力和认识市场需求的好机会，可以帮助饭店寻找市场机会并想办法把市场吸引过来。目标市场的确定可以使饭店清楚谁对饭店的产品和服务感兴趣，帮助饭店集中力量去争取他们，在当今这个瞬息万变的社会中可以帮助饭店节省时间和金钱。

> 饭店的目标市场由三个部分构成。一是饭店的消费目标市场，即实际来饭店消费的个人或团体，他们来饭店吃饭、住宿、开会和进行其他消费，是饭店产品和服务的直接使用者。二是购买目标市场，是饭店确定的目标市场中真正需要饭店的产品和服务并有能力购买的个人或团体。三是沟通目标市场，即接收饭店产品和服务沟通、宣传和广告信息的个人或团体。

这三种市场可以同为一体，也可以不同。例如，老王到北京出差，需要住饭店。他的公司的秘书从朋友那里听说贵宾楼饭店不错，就打电话叫旅行社在贵宾楼饭店给老王订了一间客房。在此例子中，老王是实际到饭店消费的人，即消费目标市场。老王也许不清楚贵宾楼饭店的产品和服务的情况，但是住过之后会很清楚。老王的公司是购买目标市场，因为该公司有订房给其职员使用的需求，而且有能力支付费用。老王的公司的秘书是听到关于贵宾楼饭店产品和服务信息的人，属于沟通目标市场，她在是否订贵宾楼饭店的房间的决策中起到关键的作用。旅行社的职员则是完成订房的人，也起到沟通和桥梁的作用。

可见，消费目标市场、购买目标市场和沟通目标市场通常是紧密联系在一起的。有时甚至是一体的。例如上文提到的老王如果他自己订了贵宾楼饭店并入住，那么他就是三位一体了。因此，如果贵宾楼饭店在进行目标市场管理时能对这三方都下功夫，使大家都满意，自然会赢得市场。

饭店市场的需求是千变万化的，而且仅有一小部分人愿意购买所有的产品和服务。另一方面，饭店的资源是有限的。所以，为了提高市场营销的实效，饭店必须对目标市场进行细分，把有限的时间和资源投入到特定的目标市场去，集中力量"各个击破"，而不是"眉毛胡子一把抓"，不加区分，后者徒然浪费时间和金钱。

（四）市场细分

> 市场细分是确定目标市场的步骤之一，是指把市场划分为具有显著不同特征的对产品有不同需求的群体的过程。在当今的市场环境中，企业经营取得成功的一个重要因素是要善于发现市场需求的细小不同，并能满足这种差异性的需求。当细分的市场对产品和服务的特殊的要求被发现和认可时，意味着企业发现了新的市场机会。瞄准特定目标市场，向其推销产品和服务，比瞄准所有一般的消费者更容易取得成功。

市场细分可以按照很多不同的标准，如人口统计特征、地域特征、消费行为特征、心理特征、收入水平以及年龄层次等细分，详情列举如下：

（1）**人口统计特征**，如年龄、家庭人口数、种族、文化背景、教育程度和职业等。

（2）**地域特征**，来源国家、省、市、地区等。

（3）**消费行为特征**，如对产品和服务的认识程度、对产品和服务使用性能的喜好、购买行为的特点等。

（4）**心理特征**，如生活方式、价值观、个性等。

（5）**收入水平**，按年收入划分出高、中、低等层次。

（6）**年龄层次**，如婴儿、幼儿、少年、青年、中年、老年等。

每个饭店在确定其所服务的特定客源市场之前，必须分析并掌握其各个细分市场的不同需求特征。

要有效地进行市场细分，必须注意以下事项：

> a. 细分市场和目标市场必须具有可以获得性，也就是说，这些市场应该是通过努力可以争取得到的，而不是空中楼阁，不切实际的。
>
> b. 每个细分市场必须有一定的数量，也就是要足够大，能提供一定的业务量。
>
> c. 每个细分市场需要单独的营销策略，如产品策略、价格策略、营销渠道策略等等。

（五）细分市场

饭店进行市场细分后，其整体市场就划分为若干个细分市场了。例如，饭店的市场可根据一次性订房的房间数细分为散客市场和团体客市场，其中散客市场一次订房总数不超过5间，团体客市场一次性订房总数大于5间。此外，散客市场还可以根据客人旅行的目的细分为商务散客和旅游度假散客。

从收益管理的角度来看，不同细分市场对饭店产品和服务的需求不同，消费能力也不同，从而，对饭店的收入和毛利的影响也不同，就好像麻将的不同种类和花色的牌一样，在不同牌局具有不同的价值。所以，收益管理经理要会科学合理地划分细分市场，并且非常清楚各个细分市场的特点和价值，以便制定出每个细分市场相应的营销策略，如产品策略、价格策略、营销渠道策略等等。

由于认识各细分市场的特点十分重要，本章将在后面详细阐述饭店的细分市场的问题。

（六）市场定位

市场定位也称作营销定位，是市场营销人员用以在目标市场的心目中塑造产品、品牌或组织的形象或个性的营销技术，是在目标市场里某产品在"竞争性比较中所处的相对位置"。这种位置，或称"定位"，是目标市场对产品或组织的心理感知，从而也可以说，一个产品的定位是指潜在购买者如何看待该产品。

对收益管理来说，饭店的市场定位直接影响到价格定位和策略。例如，如果一家饭店的市场定位是某市地点最好、设施最豪华、服务最好、品牌知名度最高的饭店，那么在一系列竞争对手中它的价格很可能定在领导者的地位，也就是最高的价格，这样才与它的市场定位相称。

（七）市场组合

市场组合也称营销组合，指的是把市场营销中的各个要素或变量，如产品、服务、价格、包装、广告、用来促销的商品、营销渠道、销售区域、市场营销预算等结合在一起，用来影响市场的消费行为，以提高产品销售量和销售收入的营销策略。最常见的市场组合是4P组合，即产品、价格、销售渠道和促销（分别对应英语的 Product，Price，Place 和 Promotion，四个单词缩写为"4P"）。4P 在市场营销中指的不单单是四个词汇的本身意思，而是市场营销人员可以加以运作的四个领域。

（1）**产品领域**。是指企业要给它的目标市场提供什么样的产品或者服务，即为目标市场提供什么样的价值，以及如何定义这种价值的特征。此范畴涵盖产品或服务的功能、质量、包装、外观、品牌、相关服务、技术等支持。

（2）**价格领域**。指企业如何对其产品和服务定价，以及如何建立一个合理的价格体系和价格策略,以吸引消费者多购买,进而提高销售收入。

(3) **销售渠道领域**。是指企业如何利用各种营销渠道以及如何组合这些营销渠道去销售产品和服务。就饭店行业而言,销售渠道包括直接与市场接触的渠道,如饭店销售人员、预订中心、饭店前台等,他们直接通过电话、面谈或者电传、电子邮件接收客人预订要求;间接的渠道包括传统的通过旅行社接收预订,以及现代的网络营销渠道。越来越多的饭店使用网络营销商提供的服务,在其网站上销售客房,例如亿龙网、携程网等。由于这些销售渠道具有不同的特点,各有长短,而且成本也不一样。因此,收益管理的一大任务就是如何选择和使用这些销售渠道,以降低成本,提高收入。

(4) **促销领域**。是指企业如何利用各种促销手段,如广告、直邮、电话推销、销售人员上门推销等方式去销售产品和服务。

上述四个领域是收益管理研究的重点和难点,是本章将深入探讨的内容。

> 收益管理的策略从根本上来说就是差异化的策略。收益管理人员通过对饭店市场环境的分析,对市场进行细分,就能找到本饭店不同于和强于竞争对手的地方,在此基础上选定目标市场,做好市场定位,并把产品、价格、销售渠道和各种促销手段等有机地组合起来,把不同或相同的产品和服务在不同时间、按照不同的价格、提供给不同的市场,最大限度满足市场和饭店的需要,达到收益管理的目的。

根据笔者从事收益管理工作的切身体会,收益管理工作有点像玩扑克牌,其目标是要根据牌局(市场环境)做一手比其他玩家强的牌,不管顺子、对子还是俘房,总之要能比对手出色才能赢。要获胜,除了一点运气外,更重要的是要会算牌和记牌,善于审时度势取舍一些牌(细分市场和销售渠道)。如果读者不熟悉扑克的玩法,可以参考打麻将。打麻将,关键也是要做牌——要会算牌,判断好形势,或碰进一些牌,或舍弃一些牌,使自己的一手牌能和。

回到收益管理工作上,饭店的不同产品和服务、不同的价格、不同的销售渠道和不同的促销策略就好比具有不同价值的扑克牌或麻将牌。进行市场细分,相当于要弄懂自己手头已有哪些牌,还有哪些潜在的牌可供选择,还有要弄清每种牌的价值。市场定位就是确定自己是做庄家还是闲家,是做顺子还是做对子,是做万子还是做筒子。市场组合就是要适时地吃进一些牌,拒绝一些牌,丢掉一些牌,留在手中的牌是能组成一手强牌的好牌。

二、饭店的细分市场

不同的消费者，具有不同的特征，如需求和欲望不一样，来源地不一样，喜好不一样，购买力不一样，购买决策过程和购买习惯不一样，对同样产品和服务的感受不一样等等，因此，饭店市场是可以进行细分的。通过细分，将整体市场分成若干个具有相同或类似特征的细分市场，然后，饭店便可以采取不同产品、价格、销售渠道和促销的策略，对细分市场"各个击破"。细分市场相当于不同价值的牌，收益管理要对它们作出取舍和组合的决策，以使饭店的客房出租率和平均房价以及客房以外其他部门的收入都能达到最大化，从而实现最大限度地提高饭店收益的目的。

例如，商务散客这个细分市场由于是公司付费，所以宾客的消费能力较高，对价格不敏感，也就是不太计较价格的高低，但是，要求饭店能提高快捷、准确和优质的服务，饭店要处于交通便利的地点，客房要有宽带网等先进的通信设施，饭店要有商务中心等等。旅游散客则不一样，他们常常自己付费，所以对价格比较敏感，比较计较价格的高低。他们要求服务和设施要舒适，追求物超所值。针对商务散客和旅游散客这两个细分市场的不同特点，饭店收益管理人员便可采取不同的策略。例如饭店对商务旅游者可以收取比较高的价格，但要保证服务效率和质量。对旅游散客，饭店要提供较大价格折扣，并提供一些免费的项目，如免费早餐等才能吸引他们。另外，如果饭店经营处于旺季，饭店完全可以只接受商务散客预订，不接受旅游散客。

下面，将结合事例介绍饭店常见的细分市场，帮助读者理解它们对饭店收益的重要性。

（一）团体客

团体客因订房数量大，会迅速提高饭店客房销售收入和客房出租率，另外，通常还能给餐饮、宴会、会议展览、娱乐、交通等部门带来业务和收入，所以团体客是饭店客源重要的构成部分。从财务的角度来看，团体客的重要性表现在它能迅速给饭店提供能够保本和达到盈亏平衡的基本业务量（Base Business），从而使饭店能在此基础上适当提高房价，实现毛利目标。但是，团体客市场其实相当于批发市场，饭店通常要在价格上给予较大折扣，而且，负责组团的旅行社、公司或个人也常常要求饭店支付相当于客房收入 5% ~ 15%

的佣金或回扣，无疑减少了饭店的实际收入，分薄了毛利。所以，对团体客，收益管理人员要问自己什么时候应该接收团体客，什么时候不接收团体客。

一般来说，在旺季饭店应当少接收或不接收团体客，以免把本来可以高价卖给散客的房间低价卖给了团体客，损失其中的差价。当然，在旺季时如果能提高团体客价格，使其相当于散客价格或总体上能带来相当于卖给散客带来的好处，饭店也可以接待团体客。与此相反，在淡季，饭店应该采取灵活的价格政策努力争取多拉到团体客的生意。

但是，在收益管理的实际工作中，饭店的客源通常是部分团体客和部分散客，而不是单一的团体客或单一的散客。那么收益管理人员在团体客的管理上面临的一个挑战就是要能正确回答以下问题：

■ 接收某个团体是否会导致散客的流失，从而导致收入的损失？
■ 接收某个团体能带来多少客房收入和非客房收入？
■ 接收多少团体客为宜？
■ 团体客报价是多少最为妥当？
■ 应该给组团方多少佣金或回扣？

由于越来越多的饭店认识到对团体客市场进行管理的重要性，如何管理好团体客源市场，为饭店多创收，已成为收益管理研究的一个重要范畴。本书将在后面章节中具体阐述针对团体客源市场的收益管理策略。

下面我们进一步介绍团体客的不同市场特征，以便于读者理解后面将要介绍的团体客收益管理策略。

团体客市场还可以根据一定的标准细分，例如，根据消费者旅行的目的不同，可以划分为以出差公干为目的的商务团体和以休闲、度假、娱乐等为目的的休闲度假团体。

1. **商务团体**

商务团体通常在每周的工作日到饭店来入住和活动，它可以进一步细分为如下市场。

（1）**公司商务团体**。指以组团的形式到饭店来从事商务活动的团体。常见的有航空公司的职员，如飞行员和空勤人员等，以及到饭店来举办各种研讨会、预算和决算会议以及业务培训、产品展示和推广的团体。他们通常能带来较大的业务量，而且通常会在餐厅用餐，举行宴会或酒会，租用会议设备和设施，能给客房以外的其他部门带来收入，所以商务团体通过谈判可以得到比较好的优惠价。商务团体能够接受的价格取决于公司的预算和饭店市场竞争的情况。如果公司的预算较松，商务团体通常不太计较价格。但是如果公司的预算较紧，商务团体会变得对价格比较敏感。商务团体在选择饭店时常多方打探价格，甚至要求多家饭店竞价。

（2）**政府团体**。同政府散客一样，通常在一周的工作日里到饭店入住和消费。他们的预算一般较紧，所以对价格比较敏感。在美国，联邦政府、州政府和地方政府通过听证会，统一规定不同年份和不同季节的政府价，所有饭店对政府的雇员和客人收取一样的价格。这个价格通常比饭店的公共价格和公司协议价格等要低得多。在中国，政府团体价格通常有当地统一的规定价（接待饭店享受政府补贴），也有政府部门同饭店单独谈判而确定的价格（属于协议价）。虽然政府团体价格相对较低，但是它可成为淡季的有力补充，所以饭店还是要适当接待一些政府团体。此外，高规格的政府团体还能有效提高饭店的知名度和美誉度，所以饭店宁可不挣钱，甚至倒贴钱，也要争取接待一些高档的政府团体来入住。例如，白天鹅宾馆接待过很多国家元首，如英国女王、邓小平等等，对提高其知名度很有帮助。

（3）**教育科研团体**。指到饭店租用客房或会议设施，并以教育科研活动为目的的团体。这个细分市场通常一般经费较紧张，要求饭店提供较低价格。

2. 休闲度假团体

休闲度假团体包括旅行社组织的旅游度假团和所有因休闲、度假、娱乐、宗教、社交等等为目的入住饭店的市场。这个市场通常在周末或节假日入住饭店。他们的消费能力一般较低。这个市场还可以进一步划分为以下细分市场。

（1）**体育团体**。是指参加体育比赛和训练的团体。这类团体通常也在周末或节假日入住，因为比赛通常在此阶段进行。这类团体价格一般较低，但是需要的房间数较多。

（2）**文艺团体**。包括所有以从事文艺表演为目的的团体。通常也在周末或节假日入住。他们通常也要求较大折扣，饭店是否接待主要从社会影响考虑。

（3）**军事团体**。指来自军方的团体。例如，美国发动伊拉克战争后，部分派往海湾地区的军事人员集中在休斯敦市休整和训练。军方与几家饭店签了合同，长期租用它们相当数量的客房，供有关人员使用。军事团体的消费能力一般比较高。

（4）**宗教团体**。指旅行的目的是宗教活动的团体。他们通常在周末来入住，很可能租用会议室作为礼拜、讲经和聚会的场所。总的来说，消费能力较低，饭店只应在淡季考虑接待。

（5）**社会联谊团体**。指以开展社交活动为目的的团体，包括各种各样的校友聚会、老乡聚会、婚宴、寿宴、周年纪念等等。通常在周末或节假日入住。消费能力也较低，这一市场是饭店淡季经营的有益补充。

（二）散客

散客市场就像零售市场，饭店零零星星地出售房间，客人零零星星地订房，不像团体客市场那样成批销售和预订。散客房价通常比团体客房价高，也就是说毛利率较高。散客越多，对饭店客房收入和毛利越有好处，所以，收益管理经理应该努力提高销售给散客的房间的数量以及平均房价。

散客市场也可以进一步按照住店目的和入住时间划分为商务散客和休闲度假散客两大类。现对它们分别加以分析和介绍。

1. 商务散客

商务散客因出差公干要入住饭店，一般在工作日入住，周末和节假日一般不入住。商务散客包括以下细分市场。

（1）**公共价散客**。这部分散客同饭店没有签订任何协议，饭店完全可以根据对市场供求关系的预测来决定提供给这个市场的价格。这种价格通常叫公共价格，也就是任何消费者从公开的渠道都可以得到的价格。公共价格通常是饭店提供给市场的最高价格，能给饭店带来最高额的利润。提高这部分客源的比例，对提高饭店的平均房价和客房毛利至关重要。一般来说，这个市场的客房收入通常要达到客房总收入的 20% 以上。

（2）**公司协议散客**。这部分散客是公司的职员或公司接待的客户。饭店为了吸引这部分客源，同公司签订协议，设立公司账号，在公共价格的基础上给予不同程度的折扣价。折扣的大小取决于公司每年给饭店带来的业务量，通常用租用的客房数来衡量。为了获得协议价，公司要保证每年至少租用饭店若干间客房。例如，某公司保证每年租用成功饭店 500 间客房，该饭店同意给予该公司的职员和客户相当于公共价格 20% 的折扣价。到了年底，成功饭店将统计该公司一年租用的客房总数是否达到 500 间，如果达不到，该饭店也许来年不再给予这个公司价格折扣，或者要求加价或取消协议。当然，如果该公司实际租用的客房总数超过 500 间，公司也许会要求饭店来年给予更大的折扣。当然，如果公司不满意该饭店的产品和服务，来年也许不愿意与该饭店续约，不再租用该饭店的房间。

由于公司协议散客的消费能力相对较强，而且消费量相对稳定，所以这个细分市场是饭店的重要客源。对商务型饭店来说，从公司协议散客市场获得的客房收入通常占客房总收入的 25% 以上。商务型饭店要取得成功，必须保持一定数量的商务账号，并不断增加新的商务账号。

公司协议散客还可以细分为本地公司协议散客、全国公司协议散客和国际公司协议散客，他们分别来源于饭店所在地公司、全国性公司和国际性公司。协议价的适用范围随公司的业务范围变化而变化。例如，如果同饭店签约的公司是国际性公司，那么这个公司在世界各地的职员和客户到这个饭店订房都可以享受相同的协议价。

（3）**政府散客**。指政府部门的职员及其接待的宾客。一般来说，政府部门对公务出差和接待的预算一般比公司的紧，所以，政府散客价比商务散客价要低。但是，政府公务散客的业务量较大，而且比较稳定，所以是饭店市场的有益补充，在淡季尤其重要。当然，在旺季应该少接政府客，以便于将饭店有限的客房出售给价格较高的其他细分市场，如公司协议散客市场或公共价散客市场。

（4）**公司公务长住客**。指从事商务活动，在饭店停留两周以上的散客。这个细分市场很受欢迎，因为他们能给饭店带来稳定的长期的收入。

（5）**会员卡持有者**。饭店为了促销或者保持良好的客户关系，通常会发行会员卡，会员卡持有者通常可以得到特定的折扣和优惠。优惠包括免费升级入住更高档的客房，提前入住或免费推迟退房，免费使用互联网，免费报纸和杂志，免费传真，免费早餐和迎宾鸡尾酒等等。当然，有的会员卡并不给予折扣，甚至要收取年费，这种会员通常称贵宾卡。贵宾卡持有者通常能得到优先订房的权利，也就是不论何时，只要他们要求订房，饭店都会保证他们能订到。贵宾卡客人还能享受别的消费者不能得到的贵宾级的服务，如专车接送，免费洗衣，专人全天候服务，免费水疗，免费导游等等。饭店完全可以根据市场的需要、竞争的需要以及促销的需要来决定提供多少种会员卡，以及每种规格的会员卡持有者能享受什么样的优惠。

（6）**赠券持有者**。由于促销的需要，饭店通常会自行发行一些免费的赠券，持有者可免费到饭店入住。另外，饭店会与航空公司、信用卡公司等联合开展一些促销活动，例如旅游者飞行里程达到一定数量，可到饭店免费入住；使用信用卡消费达到一定金额，可以获得饭店免费赠券等等。由于这个市场不直接带来客房收入，饭店应该控制发行总量，并把赠券可适用的日期定在淡季，或者生意不忙的周末或节假日。

（7）**网络营销市场**。指从第三者网站订房的市场。第三者网站指网络营销商经营的网站，不是饭店自己的网站。网络营销市场收取客人的价格通常与饭店的散客公共价一样，但是由于饭店实际上要支付网络营销商10%～20%的回扣，所以饭店实际得到的部分只有饭店直接卖给散客的公共价的80%～90%。但是，由于网络营销商具有一些饭店不具有的优势，如广告、潜在顾客的数据、强大的电子预订功能等，饭店必须适当借助它们来获得客源。值得注意的是，通过网络营销商订房的客人的比例近年来提高很快，通过网络营销商网站获得的客房收入通常占饭店总收入的5%～10%，而且比例还在逐年提高。

（8）**其他特价市场**。指饭店推出促销特价的购买者。饭店推出的特价包括各种报价和套价，以及类似"住三晚，免收一晚房费"等。

2. 休闲度假散客

休闲度假散客包括除了商务散客之外的所有散客细分市场。由于绝大多数商务散客入住的时间是工作日，休闲度假散客入住的时间是周末或其他节假日，所以，如果客人是在工作日入住，通常被划归商务散客。如果他们在周末或节假日入住，通常被视为休闲度假散客。

（三）细分市场的组合

通过前面对团体客和散客市场的各细分市场的分析，读者可看到不同散客细分市场和团体客细分市场对饭店具有不同的意义。对他们的选择和组合会使饭店得到不同的收入——就像不同的牌的取舍和排列组合会产生不同大小的一手牌一样。下面以一个饭店的例子来说明。

假设我们要研究的饭店名叫成功饭店，它是一家位于美国首都华盛顿特区市中心的四星级饭店，共有300间客房和6,500平方米的会议面积。该饭店的客源以商务客为主，每周工作日客房入住率都很高，星期一与星期四通常客房出租率在85%～90%之间，星期二和星期三通常住满。但是到了星期五、星期六和星期日，客房出租率降至60%左右。

在研究中，我们选择旺季的某个星期一和某个星期六作为研究对象。组合1和组合2反映了该饭店在某个星期一可能出现的两种不同策略和结果。组合3是代表某个星期六的策略和结果。详情请参见表3-1。

表3-1 不同市场组合及其结果对比分析表

细分市场		出租的客房数			出租的客房平均价格			获得的客房收入		
		组合1	组合2	组合3	组合1$	组合2	组合3	组合1	组合2	组合3
商务团体	航空公司空勤人员		10	30	$66	$66	$66	$0	$660	$1,980
	公司培训		100		$260	$260	$260	$0	$26,000	$0
	公司会议	30			$275	$275	$275	$8,250	$0	$0
	公司展览							$0	$0	$0
	教育科研会议		70		$220	$220	$220	$0	$15,400	$0
	政府部门的会议		50		$195	$195	$195	$0	$9,750	$0
商务散客	公共价散客	80	15		$360	$360	$360	$28,800	$5,400	$0
	公司商务散客	70	10		$290	$290	$290	$20,300	$2,900	$0
	会员卡持有者	15	5		$350	$350	$350	$5,250	$1,750	$0
	政府散客		10		$195	$195	$195	$0	$1,950	$0
	商务长住散客	5			$265	$265	$265	$0	$1,325	$0
	赠券持有者	2	3		$0	$0	$0	$0	$0	$0
	网络市场	42	10		$295	$295	$295	$12,398	$2,952	$0
	其他特价市场	10	17		$220	$220	$220	$2,200	$3,740	$0

续表

类别	细分市场									
休闲度假团体	体育比赛团体							$0	$0	$0
	文艺团体							$0	$0	$0
	宗教团体			20	$200	$200	$200	$0	$0	$4,000
	社交团体			20	$200	$200	$200	$0	$0	$4,400
休闲度假散客	公共价散客			40	$310	$310	$310	$0	$0	$12,400
	会员卡持有者			10	$300	$300	$300	$0	$0	$3,000
	网络市场			45	$205	$205	$205	$0	$0	$9,225
	其他特价市场			30	$195	$195	$195	$5	$5	$5,850
	总数	254	300	195	$309	$235	$210	$78,523	$70,502	$40,855

比较项目	组合1	组合2	组合3	组合1、2的差异	组合1、3的差异
客房总收入	$78,523	$70,502	$40,855	$8,021	$37,668
客房出租率	85%	100%	$8,250	−15%	20%
平均房价	$309	$235	$0	$74	$100
平均每房收入	$262	$235	$0	$27	$126

如果只考虑客房收入，对比组合1同组合2的结果，显而易见，组合1优于组合2，因为前者比后者多得8,000多美元的收入，平均房价和平均客房收入也高于后者，而且由于前者比后者少出租46间客房，还节约了这些房间被占用时要付出的易耗品的费用（如洗浴液、香皂、纸巾、茶叶等费用）以及清洁费用（主要是劳动力费用），从而整体上获得了更高的毛利。究竟是什么原因使组合1能取得优于组合2的结果呢？仔细看看细分市场的情况就知道了。

1. 组合1

在这个组合中，成功饭店只接收了30间团体房，占所有可出租的客房的10%。值得注意的是这部分房间的价格是团体市场中最高的公司会议客市场。成功饭店将其余的房出售给平均客房出租价格较高的散客市场，如公共价散客、公司商务散客、网络市场等等，只有少部分客房出租给价格较低的商务长住散客和其他特价市场。因此，成功饭店得到了很多"好牌"，能组合成一手"大牌"，获得较高的客房收入。通过图3—1细分市场收入占客房总收入百分比图可以看出，成功饭店从公共价散客得到37%的客房收入，从公司商务客得到26%的客房收入，从网络市场得到16%的客房收入，三者之和占客房总收入的79%。由于这三者的平均房价较高，而且比例较大，提高了成功饭店的总体平均房价和平均客房收入。

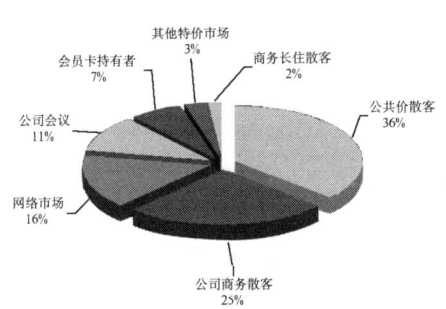

图 3-1 组合 1：不同的细分市场收入占客房总收入的百分比

2. 组合 2

在组合 2 中，平均房价较低的团体房占了总数的 77%，只有 23% 的客房被租给平均房价较高的商务散客市场，使得平均客价较高的公共价散客、公司商务散客、网络市场等仅占总体市场的小部分。通过图 3-2 细分市场收入占客房总收入百分比图可以看出，成功饭店从公共价散客仅获得 8% 的客房收入，从公司商务客和网络市场分别仅获得 4% 的客房收入，三者之和只是客房总收入的 16%。由于这三者所占的比例太小，而团体房占的比例太大，导致成功饭店的客房出租率提高了，但总体客房收入、平均房价和平均客房收入都比不上组合 1。

从不同细分市场订房的行为特点和这一天饭店所处的市场需求情况来考虑，团体客通常提前两到三个月预订客房。大部分商务散客通常提前两到三个星期预订客房，少数商务散客在到达前一周内预订客房，而且提前预订时间越短的客人越愿意出高价。此外，根据历史可以看到成功饭店这个时候正处于旺季，市场需求很大，出租率通常可以达到 85%~100%。基于这些基本认识，优秀的收益管理人员就会决定不要急于把客房卖给团体客，而是根据预测分析，有选择地把少量客房出租给团体客中出价最高者，把大部分客房留到离入住当日前三个星期内订房的散客。

相反，不懂得收益管理的饭店管理人员不会分析考虑细分市场订房的行为特点，如团体客和散客订房提早天数的差异；也不会研究饭店的历史经营情况及目前市场需求的情况，确定淡旺季应采取的不同策略等等。因此，他们害怕房间会空置，有订房就接受，以为客房越早出租出去越好，出租率越高越好。结果过早接受大量团体订房，过早将饭店客房用低价出租出去。等到愿出高价的散客来预订时，饭店却没有房间了，结果眼睁睁看着本来可以多赚的钱从桌面上蒸发掉了。

由此,读者可以看到,要取得良好的结果,必须要按照收益管理的原则,进行市场分析和预测,做好市场细分,精心挑选和组合细分市场。否则必然使饭店坐失良机。

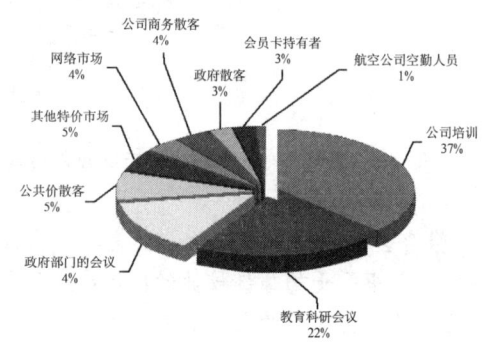

图 3-2 组合 2:不同的细分市场收入占客房总收入的百分比

3. 组合 3

这个组合反映了淡季或市场需求低迷情况下的策略。由于星期六市场需求低迷,收益管理的重点变成了提高饭店客房出租率,降低空置率。所以,只要价格不是太低,以致影响饭店形象和盈亏平衡,成功饭店对任何细分市场的预订都接受。见图 3-30。

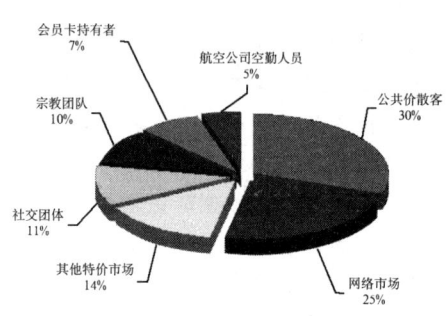

图 3-3 组合 3:不同细分市场收入占客房总收入的百分比

通过以上分析可以看出，收益管理人员要会分析各细分市场的价值，善于预测市场需求的走向，善于决定什么时候需要某个细分市场的业务，什么时候不需要，就像玩扑克或打麻将一样，要"算牌"，善于"取舍"一些牌，以"做成"一手"好牌"。

至于如何分析饭店历史经营情况，预测市场需求，对细分市场进行取舍和组合，本书后面的章节会有详细的介绍。

三、竞争环境分析
——如何评估饭店的比较竞争优势和弱势

读者也许都听说过"田忌赛马"的故事。这个故事的寓意是在竞争中要善于扬长避短，以己之长攻敌之短，有时，要善于牺牲局部的利益以赢得整体的最大利益。赛马和打牌的共同之处都在于要善于分析参赛者的比较竞争优势和弱势，审时度势制定和实施有效的竞争策略，饭店收益管理工作也一样——必须充分认识自己的饭店以及竞争对手的产品和服务、销售渠道、细分市场的特点与优劣强弱，以便采取适当的竞争策略。评价饭店的比较竞争优势和劣势，或者统称竞争力的大小，通常可以从饭店的规模大小、饭店品牌的知名度和美誉度、饭店的地点等方面加以分析。

（一）饭店规模大小

规模大小决定生产能力。客房数目和种类多，餐厅数目和种类多，会议室和多功能厅数量多和可供使用面积大，娱乐设施和服务项目多，这些都意味着饭店规模大，生产能力强，或称容量大，从而应有市场占有率也越大。规模大，自然对市场有举足轻重的影响。

（二）饭店品牌的知名度和美誉度

知名度和美誉度是指市场对饭店品牌认识、感知、信赖和赞美的程度。毫无疑问，知名度和美誉度越高，饭店的竞争力越强，在销售和价格上往往能起主导作用。例如，万豪饭店集团公司是美国最大的饭店集团公司之一，在美国拥有很高的市场占有率和知名度。当美国旅游者到中国旅游时，由于他熟悉万豪品牌饭店，所以到了中国他很可能也选择万豪饭店。相反，如果要他选择不熟悉的中国品牌或欧洲品牌饭店，他可能要犹豫，因为这些品牌的饭店他不知道是怎样的。可见，饭店品牌的知名度对饭店市场的购买决策有很大的影响，这也解释了为何很多饭店公司努力提高品牌知名度。又如，耐克牌运动鞋知名度和美誉度很高，所以，耐克牌运动鞋能比较容易被消费者认知和接受。而且由于耐克建立了时尚和高质量的品牌形象，所以消费者愿意支付比同类其他品牌多得多的钱购买耐克牌运动鞋。从收益管理的角度来看，饭店品牌的知名度和美誉度情况为饭店调整价格提供了依据。收益管理经理要很清楚自己饭店的品牌在竞争圈所处的位置，以决定在同等情况下，在价格上采取的策略。

（三）饭店的地点

广东有句俗话，"七分地头三分做"。其意思是一种生意或买卖成功的各要素中，地理位置的重要性占了七成，经营管理的重要性只占三成。换句话来说，就是地理位置很重要。饭店是一个坐地经营的行业，地理位置尤为重要。如果饭店的地理位置好，无疑增加了它的竞争力。

总而言之，综合考虑以上三要素，如果饭店的竞争力很强，就会成为市场的优先选择对象，在竞争中处于主导地位，可以领导价格的变动。如果饭店的竞争力适中或偏低，在竞争中处于从属地位，在价格上通常只好跟随处于主导地位的竞争对手。关于价格的问题，本书后面的章节会有专门的论述。

四、如何确定自己的竞争对手

选择竞争对手的目的是为了比较优劣，发现彼此的强弱和优劣，便于自己扬长避短，学习改进。有一则寓言，讲的是有个巨人跑得很快，他老喜欢同别人比赛。他跑得实在太快了，从来没有输过比赛。有一天，他跑步的时候注意到自己的影子也在跑，于是决定同影子赛跑。谁知他跑到哪里影子就跟到哪里，没有办法将自己的影子甩掉。这个人只好不停地跑下去，最后把自己累死了。这个故事一方面说明要超越自己很困难，另一方面，也告诉我们要选对竞争对手。

俗话说，"物以类聚，人以群分"，能归于一类的人或物必有共同的属性，能相互比较的对象必须要有可比性。由于国内饭店市场的细分化程度越来越高，饭店的规模、服务、客源构成等差异越来越大，所以选择和确定竞争对手时要做细致深入的工作。这很像拳击比赛，按参赛选手体重可分为重量级和轻量级等。按照比赛的方式可分为古典式和泰式等。所以评价一位参赛选手的水平时，应该把他与相同重量级别和相同比赛方式的其他选手进行比较，否则没法评判。同样的道理，饭店选择竞争对手时要选择有共性的饭店。通常可从饭店的星级、所处的地理位置、饭店的服务设施和设备以及客源构成等四方面来考虑。

（一）饭店星级一样

国内外饭店星级评定都按照一定的标准进行。同一星级的饭店拥有比较相似的服务设备和设施、服务项目、服务水准以及经营管理水平，也就是说饭店的硬件和软件比较相似，因此可比性较强。

（二）饭店所处的地理位置相近

饭店所处的地理位置，决定了它服务的对象和客源构成。例如，处于城市中心区的饭店通常以商务散客为主要客源；处于机场附近的饭店通常以过境滞留客人、空勤和地勤人员以及短期会议客为主；处于市郊旅游区的饭店以在周末和节假日来休闲度假的人为主要客源，另外还接待一些会议。所以，处于市中心的饭店应该同市中心的比较，处于机场的饭店应该同机场的比较，处于休闲旅游区的应该同处于休闲旅游区的比较，不同地理位置的饭店不可做比较。

（三）饭店的服务和设备设施相似

例如，大型会展饭店通常有很大的会展厅，客房数目会在 800 间以上。以商务散客为主的饭店通常没有那样面积很大的会展厅，客房数目在 300 间以下。即便二者的星级档次相同，也不好比较。会展饭店应同会展饭店比较，商务饭店要同商务饭店比较。

（四）饭店的客源构成相同或相似

例如，饭店的商务散客、商务团体客、休闲度假团体客以及休闲度假散客的比例比较相似，这才有可比性。相反，如果客源构成相差太大，就没有可比性。例如，两家饭店都是四星级，都处于同一地区，但是一家饭店是拥有 1,000 间客房的会展饭店，其客源 70% 是团体客。另外一家饭店仅有 280 间客房，团体客仅占 25%。可见这两家饭店的规模与客源构成差异很大，不应放在一起比较。

> 从笔者收益管理工作的体会来看，最好选择同自己的饭店最相似的四至五家饭店作为竞争对手。饭店越相似，意味着可以互相替代的可能越大，彼此间的竞争程度越激烈。可互相替代是因为饭店的地理位置、软件和硬件很相似，都能满足客人的需求，客人可选择本饭店，也会跑到竞争对手饭店。竞争对手的数量少了不能全面反映情况；多了则太泛，反而不便于把握整体

情况。

> 在选定了四至五家饭店作为本饭店的竞争对手时，还应该对这些饭店进行细分，按其与本饭店的互相替代程度和对饭店市场的影响程度进行比较，然后进行排列，列出自己饭店的首要竞争者、第二位竞争者、第三位竞争者等等，并给出其对本饭店影响的百分比。这些百分比在计算饭店的定价时会用到。

例如，成功饭店共选择了五家处于同一区域的四星级饭店作为竞争对手，其中，威廉斯饭店是它的头号竞争对手，对本饭店的重要程度为35%。凯丽饭店是第二号竞争对手，其重要程度为22%，其他三家饭店重要性比不上这两家饭店，比重在20%以下。所有这些竞争的重要性比值加在一起，应该等于100%。威廉斯饭店和凯丽饭店的重要性比重加起来超过50%，表明这两家饭店在成功饭店所处的竞争圈内具有重要的地位和相当大的影响，成功饭店做收益管理工作，应该时刻注视它们的举动，如产品和服务的变化，价格的变化，销售渠道的变化，促销手段的变化，细分市场的变化，公司协议账号的变化，团队客源的变化等等，并及时应对。其他三家饭店，虽然孤立来看，每家饭店的影响不是很大，但是它们会抢走部分市场份额，会稀释成功饭店的市场需求甚至影响其价格。所以，成功饭店也要及时把握它们的动态。至于成功饭店所在市场的其他饭店，因其产品服务、地理位置、设备设施等等与成功饭店相去甚远，对成功饭店的客源市场不能构成直接的威胁，所以，不列入竞争对手范围。请参见表3-2。

表3-2 成功饭店竞争对手情况分析简表

饭店名称	客房间数	会议展览场地面积（平方英尺）	餐厅位数	顾客总体评价（5为满分）	对本饭店的重要程度
本饭店					
成功饭店	300	6,500	90	4.7	100%
竞争对手					
威廉斯饭店	380	13,000	110	4.3	30%
凯丽饭店	150	4,000	60	4.9	22%
天籁饭店	160	5,500	80	4.6	21%
伯爵永道饭店	480	22,000	180	4.6	17%
皇冠饭店	330	6,700	120	4.1	10%

这些竞争重要性百分比不仅反映了竞争对手对本饭店的影响程度和重要性，而且还可以用于计算加权平均价格，用以确定成功饭店的价格。

最后需要指出的是，分析各竞争对手饭店的比较竞争优劣势，不仅局限于表 3-2 所列的客房间数、会议展览面积以及餐位数。除此之外，还有很多方面需要分析。在本书第八章讲解收益管理与市场销售战略的时候，会有更详细的介绍。

五、如何获得竞争对手经营管理情况的信息

研究竞争对手的情况，与它们进行比较，离不开有关竞争对手情况的数据。怎样才能获取这些数据呢？获取竞争对手经营管理情况的渠道通常有如下几种。

（一）直接同竞争对手交换信息

同竞争对手达成协议，互相走访，到对方饭店实地考察，或者每天通过电话、电子邮件或传真互相交换有关客房出租率、平均房价等方面的信息。其实，这是最简单、直接和经济的渠道。但是，在实际工作中，饭店之间由于各种不同的考虑不愿这样做，或者不提供真实数据，使得交换信息的工作难以进行。这项工作有赖于第三者来帮助开展。

（二）以顾客身份了解竞争饭店的情况

可以顾客的身份向竞争者询问其饭店的情况，如价格和服务项目等等。

（三）购买饭店专业顾问公司的报告

随着饭店业的进一步发展，分工越来越细，一些饭店从业人员成立了饭店管理顾问公司，利用其专长向饭店行业提供某方面的咨询服务，如市场营销、融资财务、品牌管理、人事培训、投资建设、收益管理等等。这些顾问公司通常也称为智库公司，其推向市场的主要产品就是它们的咨询报告。

以美国为例，在众多的饭店咨询公司中，很有名的一家叫做史密斯旅游研究公司，很多饭店向这个公司交付年费，成为它的会员，每周向这个公司填报客房出租率、各细分市场的客房出租情况、营业收入、饮食收入以及其他附属设施和服务项目的收入情况等数据（参见表 3-3）。会员饭店可以告诉这个公司

自己的竞争对手包括哪些饭店,要求该公司汇总这些饭店的情况,加上本饭店的情况,编制出报告,在报告上可以看到本饭店和竞争对手饭店的各种经营管理指标比较情况,谁优谁劣,一目了然。这些报告有周报、月报以及年度报告,分别反映不同时期的情况。

当然,基于商业机密的考虑,该报告不会给出具体每家竞争对手饭店的数据,只给出所有竞争对手饭店的总数据。不过,这些数据已足够供一家饭店同其竞争圈子比较情况了。

由于成熟的饭店市场是开放的市场,有比较可靠的行业规范,会员饭店需要了解整个行业的情况,才有利于提高经营管理水平,所以,会员饭店向史密斯旅游研究公司提供的数据都是真实的,该公司编制出来的报表也是真实可靠的。这些报表成为美国饭店行业日常经营管理,尤其是收益管理的重要参考。遗憾的是,中国还没有类似公司和类似的做法,所以,获得真实可靠的数据不容易,不利于收益管理的开展。

表 3-3 史密斯旅游研究公司编制的报告

成功饭店每日情况周报
史密斯旅游研究公司编制

报告期:2005 年 1 月 15 日至 1 月 21 日
报告编制日期:2005 年 1 月 25 日

报告内容目录	页数
每日情况概括	1
细分市场概况	2
本月每日数据	3
客房出租率情况	4
客房出租率分析	5
平均房价情况	6
平均房价分析	7
平均可出租每房收入情况	8
平均可出租每房收入分析	9
其他收入	10
提供数据的饭店	11
备注	12

成功饭店每日情况周报
史密斯旅游研究公司编制

报告期：2005年1月15日至1月21日

		星期日		星期一		星期二		星期三		星期四		星期五		星期六		总体情况	
			与去年同期比变化%		与去年同期比变化%		与去年同期比变化%		与去年同期比变化%		与去年同期比变化%		与去年同期比变化%		与去年同期比变化%		与去年同期比变化%
客房出租率情况	本饭店	60.2%	23.31	88.9%	43.48	99.4%	7.44	99.4%	188.70	82.3%	121.77	83.8%	143.48	52.7%	95.56	81.0%	68.57
	竞争对手	72.4%	9.45	91.4%	9.28	94.8%	0.14	95.4%	0.57	91.5%	3.46	86.0%	6.89	75.3%	(0.44)	86.7%	3.93
	市场指数	83.11	12.67	97.26	31.30	104.86	7.29	104.16	187.07	89.99	114.36	97.46	127.79	69.98	96.43	93.39	62.19
平均房价情况	本饭店	$92.65	17.54	$104.12	12.73	$106.77	6.96	$107.34	60.15	$104.59	85.62	$59.91	(6.73)	$75.51	30.01	$94.80	18.13
	竞争对手	$81.44	6.03	$100.14	12.55	$103.60	5.25	$105.47	5.05	$96.24	2.51	$76.62	11.89	$74.34	8.49	$92.16	6.85
	市场指数	113.76	10.85	103.97	0.16	103.60	1.63	101.77	52.45	108.68	81.07	78.19	(16.64)	101.57	19.83	102.86	10.56
平均每间可出租房收入情况	本饭店	$55.75	44.94	$92.58	61.74	$106.13	14.93	$106.70	362.34	$86.12	311.66	$50.22	127.09	$39.79	154.24	$76.76	99.13
	竞争对手	$58.97	16.05	$91.56	22.99	$98.21	5.40	$100.65	5.65	$88.06	6.06	$65.91	19.60	$55.98	8.01	$79.91	11.05
	市场指数	94.54	24.89	104.12	31.50	108.07	9.04	106.00	337.63	97.80	288.15	76.20	89.88	71.08	135.38	96.06	79.31

最近四星期的情况

		星期日		星期一		星期二		星期三		星期四		星期五		星期六		总体情况	
			与去年同期比变化%		与去年同期比变化%		与去年同期比变化%		与去年同期比变化%		与去年同期比变化%		与去年同期比变化%		与去年同期比变化%		与去年同期比变化%
客房出租率情况	本饭店	39.1%	5.67	59.0%	19.21	68.1%	16.97	72.2%	82.77	56.2%	11.92	52.2%	(5.80)	45.6%	(17.48)	56.1%	13.71
	竞争对手	57.2%	(7.17)	70.0%	(4.40)	76.5%	(4.30)	77.6%	(2.33)	74.4%	1.47	70.7%	5.23	64.6%	2.53	70.1%	(1.36)
	市场指数	68.28	13.83	84.26	24.70	89.07	22.23	93.11	87.13	75.51	10.31	73.89	(10.49)	70.55	(19.51)	79.92	15.27
平均房价情况	本饭店	$83.85	23.54	$93.75	26.41	$97.81	21.77	$93.32	17.57	$89.31	12.01	$61.42	(30.49)	$70.97	(14.51)	$85.80	7.75
	竞争对手	$75.32	5.59	$89.73	11.46	$94.11	8.96	$94.10	8.86	$87.57	8.95	$74.08	11.12	$70.93	7.51	$84.37	8.82
	市场指数	111.33	17.00	104.48	13.41	103.94	11.76	99.17	8.01	101.99	2.80	82.90	(37.45)	100.06	(20.48)	101.70	(0.98)
平均每间可出租房收入情况	本饭店	$32.76	30.54	$55.29	50.70	$66.62	42.43	$67.40	114.89	$50.21	25.36	$32.09	(35.42)	$32.35	(29.45)	$48.10	22.51
	竞争对手	$43.10	(1.99)	$62.81	6.55	$71.36	4.27	$73.00	6.32	$65.19	10.55	$52.38	16.94	$45.83	10.23	$59.18	7.34
	市场指数	76.01	33.19	88.03	41.43	92.58	36.60	92.33	102.11	77.02	13.40	61.26	(44.01)	70.59	(36.00)	81.28	14.14

细分市场概况
成功饭店每日情况周报
史密斯旅游研究公司编制

报告期：2005年1月15日至1月21日

		散客		团体客		长期合约客		总数	
			与去年同期比变化%		与去年同期比变化%		与去年同期比变化%		与去年同期比变化%
客房出租率情况	本饭店	42.4%	52.23	21.8%	122.27	16.8%	61.73	81.0%	68.57
	竞争对手	34.6%	2.99	24.2%	(1.13)	27.9%	10.05	86.7%	3.93
	市场指数	122.45	47.80	90.10	124.82	60.21	49.96	93.39	62.19
平均房价情况	本饭店	$105.56	13.03	$108.15	34.24	$50.38	12.60	$94.80	18.13
	竞争对手	$121.41	19.38	$ 85.60	(3.07)	$61.58	(3.49)	$92.16	6.85
	市场指数	86.94	(5.32)	126.35	38.49	81.81	16.67	102.86	10.56
平均每间可出租房收入情况	本饭店	$44.74	72.06	$23.55	198.37	$ 8.47	82.10	$76.76	99.13
	竞争对手	$42.03	22.96	$20.68	(4.17)	$17.19	6.20	$79.91	11.05
	市场指数	106.46	39.94	113.84	211.35	49.25	71.46	96.06	79.31

最近四星期的情况

		散客		团体客		长期合约客		总数	
			与去年同期比变化%		与去年同期比变化%		与去年同期比变化%		与去年同期比变化%
客房出租率情况	本饭店	31.8%	23.78	9.1%	(27.23)	15.1%	36.42	72.2%	13.71
	竞争对手	27.3%	(13.05)	13.7%	(13.47)	29.2%	22.02	77.6%	(1.36)
	市场指数	116.64	42.36	66.37	(15.90)	51.92	11.80	93.11	15.27
平均房价情况	本饭店	$97.85	4.21	$104.75	30.88	$49.11	6.46	$93.32	7.75
	竞争对手	$106.67	18.70	$ 84.99	13.21	$63.21	0.39	$94.10	8.82
	市场指数	91.73	(12.21)	123.25	15.60	77.69	6.05	99.17	(0.98)
平均每间可出租房收入情况	本饭店	$31.15	28.99	$ 9.52	(4.76)	$ 7.44	45.22	$67.40	22.51
	竞争对手	$29.11	3.21	$11.64	(2.04)	$18.43	22.49	$73.00	7.34
	市场指数	107.00	24.97	81.81	(2.77)	40.34	18.56	92.33	14.14

(四) 大众媒体关于竞争对手的报道

例如,到竞争对手的网站上查看,了解它们的房价、促销的信息、设施设备更新改造的情况等。此外,行业的杂志和期刊,当地的电视、广播和报刊等往往也有关于本地饭店行业的报道,从中我们可以得到一些有用的信息。

(五) 向旅游饭店管理部门或饭店行业协会索取资料

行业管理部门和行业协会通常要求被管辖的饭店和会员饭店提供有关经营情况的有关统计数据,供行业或会员分享。这是很不错的信息来源。

(六) 对主要客户进行问卷调查

到同一地区来的饭店顾客,不少是回头客,到过本饭店以及竞争对手的饭店消费,如住过、吃过饭、开过会等等。通过问卷调查,可以了解他们对本饭店和竞争对手饭店的评价。

六、如何与竞争对手比较经营绩效优劣

在第一章我们已论述过,评价收益管理策略是否有效,除了与本饭店的历史进行比较外,还要同竞争对手比较。比较时最重要的参数是平均可出租客房的收入(RevPAR),因为这个指标是客房出租率和平均房价共同作用的结果。例如,如果本饭店平均每间可出租的客房能带来 80 美元的客房收入,而竞争对手平均每间可出租的客房只能带来 75 美元,这就表明在同等情况下(一样的市场环境和相似的客房设施设备),本饭店平均每间客房能为本饭店多创造 5 美元财富,也就是说本饭店的单位产品比竞争对手的单位产品能创造更多财富。

值得注意的是,千万不要小看这 5 美元,因为如果乘以饭店的客房总数,再乘以天数,这个数就很大了。例如,假设某饭店有 300 间客房,如果平均每间可出租客房的收入比竞争对手的多 5 美元,一年里本饭店多得到的收入为 547,500 美元($=5 \times 300 \times 365$);两年多得到的收入为 1,095,000。广东有句俗话说"小数怕长计"。小小的增长乘时间和规模,将会变得很可观。

在比较过平均可出租客房收入后,可继续比较客房入住率和平均房价,看看本饭店的平均可出租客房收入的增加和减少是什么原因造成的。比较可以按日、星期、月份、季度或年度来进行。在比较完上述三项指标后,不仅要看本

收益管理——有效实现饭店收入的最大化

期的数据,还要看历史的数据,还要比较这三项指标相对于过去的增长率。

下面,我们通过解读史密斯旅游研究公司的报表来看成功饭店的收益管理情况,说明如何与竞争对手比较经营绩效优劣。由于篇幅有限,笔者只举例分析2005年1月15日至21日一周的情况。读者阅后,可以尝试用学到的方法分析成功饭店最近四周的情况。

1. 成功饭店每日情况概括表分析

从表3-3提供的信息来看,2005年1月15日至21日这一周,从总体来说,成功饭店的经营情况比不上竞争对手的情况。因为成功饭店平均每间可出租客房的收入为76.76美元,比竞争对手的79.91美元少3.15美元,它的平均每间可租客房收入市场指数只有96.06,低于100,表明该饭店没有获得应有的市场份额。而且,同去年同期相比,成功饭店平均可出租客房收入的增长率为负增长(-0.8%),竞争对手的是正增长(6.1%)。

此外,从客房出租率的情况来看,成功饭店的情况也不好。它的平均客房出租率是68.6%,比竞争对手饭店的77.7%低9.1%。虽然对整个市场来说,本周的经营情况不如去年同期的情况好,所有饭店的客房出租率都下降了(成功饭店下降了12%,其竞争对手饭店下降了4.1%),但是,成功饭店客房出租率下降的幅度比竞争对手饭店下降的幅度大。

成功饭店唯一比竞争对手强的是平均房价。成功饭店的平均房价是91.42美元,比竞争对手饭店的87.56美元多3.86美元。该饭店平均房价比去年同期增长了12.7%,增长率高于竞争对手2.1个百分点。可见,今年本周所有饭店都致力提高平均房价。但是,这是否导致整个市场客房出租率下降?也许是,也许还不是。如果因为这个市场提高房价导致客人跑到别的城市或同个城市别的地区了,答案就是"是"。如果由于整个市场今年的需求比去年疲软,即使不提价消费也在减少,那么答案就是"不是",在这种情况下,准确来说,饭店提价加剧了市场的疲软程度。

从成功饭店一家饭店的角度来看,它的平均房价增长幅度最大,而客房出租率下降幅度也最大,前者是否是后者的原因?要回答这个问题,我们必须深入分析每天的情况。星期日和星期一,成功饭店的平均房价大幅度增长,其客房出租率不仅没有跌,反而大幅度增长,结果其平均客房收入也以两位数的百分比领先于竞争对手。可见在这两天的收益管理是非常成功的。星期二,成功饭店的平均房价高于竞争对手和去年同期,客房出租率略低于竞争对手和去年同期,可见它的价格的增长对客房出租率有一定的副作用。但是,由于平均房价的增长幅度远远大于客房出租率下降的幅度,所以它的平均客房收入情况还是优于竞争对手和去年同期。在星期三和星期四这两天,成功饭店的平均房价与竞争对手的相当,与去年同期相比,涨幅也不太大,但是客房出租率却分别低于竞争对手26.3%和29.9%,比去年同期分别降低22%和39%,从而使得平均客房收入情况也很糟糕。导致这种结果的原因并非是价格,很可能是成功饭店去年该日的一些团体今年跑到竞争对手那里去了;或者是今年该饭店失去了团体的生意,竞争者却有效拉到了团体的生意。星期五,成功饭店的平均房价比竞争对手的平均房价低14%,大约与去年同期自己的平均房价持平,但是其客房出租率比竞争对手低21.8%,比去年同期下降42.5%,很可能同样是因为团体客减少所致。星期六,成功饭店平均房价既低于竞争对手又低于去年同期,可是客房出租率没有相应提高,既低于竞争对手也低于去年同期。可见,该日降低客房价格并没能提高该饭店的客房出租率和收入。所以,该日的策略是错误的策略。今后,成功饭店应该将该日的房价调整到与竞争对手饭店相当的水平,同时努力想办法开拓客源。

通过以上分析可见,导致本周成功饭店总体经营情况不够理想的主要原因是后半周的团体客客源不足和星期六削价竞争的错误决策。要想提高收入,成功饭店今后必须致力于开发下半周的团体客市场,以及努力提高星期六的客房入住率。要提高星期六的客房出租率,应该努力全方位地开发市场,做好团体和散客市场开发的工作。

2. 成功饭店细分市场概括表分析

该表反映的总体情况与每日情况概括表反映的情况基本一致,即成功饭店总体上在平均价格上做得不错,但是在客流量上败给了竞争对手。该饭店要改善经营情况,必须努力维持平均房价,同时花力气开发客源,提高客房出租率。不同的是,细分市场概括表按细分市场,如散客、团体客和长期合约客等,反映其与竞争对手及去年同期对比的情况。

从总体上来看,成功饭店的团体客价格太高,导致它没有办法获得与竞争对手相当的团体客流量。由于团体客一般提前至少一到两个月订房,散客一般提前两到三个星期订房,当成功饭店进入散客的订房时段时,由于没有足够的团体客垫底,所以成功饭店被迫压低散客的价格,靠降价吸引更多的散客来订房,以弥补团体客订房的不足,以实现整体营业收入目标。

从长期合约客的情况来看,成功饭店情况不妙,它在价格和出租率(也就是销售量)上都输给了竞争对手。

从以上分析中,我们可以看出,成功饭店要提高收益,它必须适当降低团体客的价格,努力扩大团体客的市场份额,在此基础上提高散客的价格。此外,成功饭店还要千方百计争取更多的长期合约客。

要点回顾

1. 市场是需要某种产品和服务并具有购买力的实际的和潜在的人和社会群体。

2. 没有一家企业可以生产所有的产品并把它们卖给所有的人。所以,饭店要懂得取舍,懂得要与什么人做生意,自己的目标市场在哪里,自己的市场如何细分,什么是最佳组合。

3. 市场分析是收益管理的基础工作,没有调查分析,就没有收益管理。

4. 收益管理人员要善于运用市场导向、目标市场、市场细分、市场定位、市场组合等现代市场营销理念进行市场分析,为制定收益管理策略奠定基础。

5. 牢记饭店细分市场是收益管理经理手中的牌,它们有不同的特点,不同的价值,收益管理经理的职责是要会选牌,只有审时度势地把它们组合在一起,做成一手好牌,才能达到实现收益最大化的目的。

6. 与竞争对手比较经营管理情况,有利于把握市场变化的趋势,了解自己的饭店在竞争中所处的位置,便于制定收益管理策略。最重要的比较指标是平均每间可出租客房的收入及其指数,因为它是客房出租率和平均房价两个要素相互作用的结果。另外,客房出租率和平均房价的绝对值、比较指数,以及它们的增长率都很重要。

7. 通过市场指数可以有效比较饭店之间的经营情况。要选择一些对自己的饭店影响最大的饭店作为竞争对手,及时追踪它们的价格、销售策略和经营管理结果,并与自己的饭店进行比较。

8. 收益管理人员要善于利用各种渠道收集整理竞争对手的信息,用于支持收益管理决策。

第四章
收益管理的分析和预测方法

导读

　　收益管理是一项前瞻性的工作，是对未来风险的管理，需要做大量的分析预测工作。分析预测工作的目的是帮助收益管理人员把握宏观与微观经济环境、市场供需情况的变化，以及竞争对手的举动，做到"知己知彼"。分析预测工作是否准确有效对能否有效优化饭店产品、价格、细分市场和销售渠道的组合，创造最大收益至关重要。

　　那么，怎样才能做好分析预测工作？如何分析和研究行业经济的走向以及市场供需关系的变化？饭店应该如何合理利用各种销售渠道？如何确立饭店的目标市场？如何确定销售渠道的组合？怎样根据市场需求的季节性变化调整价格？简单实用的预测方法有哪些呢？读者读完本章之后，定能找到上述问题的答案。

一、分析预测工作的重要性

"凡事预则立，不预则废"。希腊有个智者精通天象，他通过分析天象，认定来年橄榄会大丰收。于是，他用自己所有的钱去租橄榄榨油器，因为当时没有人跟他竞争，所以他能以很低的租价租到很多榨油器。到了收获的时节，果然橄榄大丰收，很多人要用榨油器，因此榨油器供不应求，他因此能以更高价格把榨油器转租给别人，发了一笔财。

可见，准确预测，把握机遇，是成功的关键。

> 预测，是指推算和预料未来可能会发生的情况。

计划是管理的主要职能之一，在做计划的过程中，预测是一个重要的环节。企业经常要进行各种各样的预测，如预测产品的销售量和销售收入、原材料的价格、能源的价格及消耗量、劳动力的成本及劳动力的预算等等。企业通过预测来计划和组织未来的生产、经营和销售。饭店的经营管理工作也一样，无论是营运资金预算、物料采购计划、人力资源预算、员工定岗和排班次，还是公关、广告以及促销计划，都离不开对市场需求情况、饭店客房出租率情况，以及非客房部门的产品和服务的销售情况的预测。从收益管理的角度来看，分析预测工作的重要性表现在下面三个方面。

（一）准确有效的分析预测，能使饭店经营管理人员敢于并善于承担风险，以取得最大的可能得到的收益，避免因短视和仓促的决策丧失良机

如果能准确预知未来，就能减少对未来不确定性的恐惧，从而可以避免出现决策短视和仓促决策的情况。我们来看一项心理学测试的结果。

社会学家找了一组人做一项心理测试，给每个人两个选择，让他们自行决定选择哪个选项。一个选择是让他们工作一天，然后马上支付他们每人200美元的工资。另一个选择是做一天同样的工作，将付给他们每人600美元，但是要等一年后才能兑现。测试结果表明，尽管第二个选项的工资是第一个的3倍，但是大多数受测试的人还是选择了第一个选项。原因是他们对一年后能否得到600美元没有信心，第二个选项让他们感到不安全，对他们来说，现在的200美元比一年后的600美元更实在和可靠。

上面的例子说明，对大多数人来说，现在比将来更重要，确定的东西比不确定的东西更容易被接受。因此，很多人为了眼前的小利而抛弃了未来的大利。这种对未知情况的恐惧心理在饭店经营管理过程中的一个显著的表现是大多数饭店的经营管理者急于把饭店的产品和服务，如客房，尽量早点卖出去，因此，在离客人入住日还很早的时候，便把客房预订一空，并引以为荣。其实，如果饭店能预知未来的需求很大，就不该急于将房间过早销售一空，而要预留一定比例的客房，等到离入住日较近便可以更高价格销售的时候再卖。如果对市场的供需情况了如指掌，信心十足，甚至可以等到竞争对手的客房订满后才销售自己的客房，为饭店取得更多收入，因为晚预订的客人的房价高于早预订的客人的房价，而且在本饭店成为唯一的供应商时，客房出租价格的主动权完全掌握在自己手中了。可见，如果饭店经营管理人员能提高分析预测的准确性，增强对未来的信心，就会打破常人不敢承担风险的常规，敢于并善于承担风险，获得高额回报。

（二）准确有效的预测不仅能为饭店增加收入，而且还能节约成本，提高利润率

饭店业是劳动密集型的产业，劳动力的开支是饭店主要的开支之一。如果饭店收益管理部门每周进行一次未来两周每天的客房出租率、住店客人总人数、客人离店退房总数（Check-out Rooms）、客人前来办理入住的房间的总数（Arrival Rooms）以及团体订房情况的分析预测，并把这些数据提供给前厅部、客房部、宴会部、厨房、餐厅和酒吧等部门，便可帮助他们根据业务量合理安排人力，就能避免人力过多，人浮于事，浪费劳动力的情况的出现，同时，也可以防止因劳动力不足，员工工作量过大，需要延长劳动时间，致使加班费上升，或者因劳动强度过大而影响员工效率和服务质量等情况的出现。此外，如果根据预测的营业情况合理安排物品采购和控制库存量，就能避免因库存不足而影响生产和服务，或者因为积压过多而影响资金周转及浪费资源的情况出现。

对于饭店这一成本较高的行业来说，控制了成本，就相当于提高了收益，提高了利润率。

（三）分析预测工作的好坏直接关系到收益管理工作的成败

从笔者的工作体会来看，进行收益管理工作，每天都要做非常多的决策。例如，是关掉某些销售渠道还是开放它们，是提高某些天的房价还是降低它们，是接受一个团体预订还是拒绝它，是停止一些类型房间的销售还是继续它们的销售，是增加销售限制条件还是减少它们，是继续把客房销售给某些细分市场还是停止销售，如此等等，多不胜数。很显然，这些决定都应当尽量准确，不能偏差太大。收益管理的每个决策都建立在收益管理人员对未来的预知的基础

之上。如果对未来市场需求的预测过于乐观，就可能会把房间价格订得太高，或者客房销售渠道的控制以及销售限制条件控制得太严，导致很多房间卖不出去，最后不得不临时降价以提高客房出租率。相反，如果对市场需求的预测过于悲观，就可能会把房间价格订得太低，或者没有对销售渠道和销售条件加以限制，导致大部分房间甚至全部房间很早就卖完了，本来可以收取更高房价却坐失良机。由此可见，预测的准确性是多么的重要。由此也可推断，工作表现出色的收益管理人员，一定是分析和预测工作做得很出色的人。工作表现平庸的收益管理人员，其分析和预测工作的水平也很平庸。

二、收益管理工作循环

收益管理工作的过程是收集和整理各种反映过去、现在和未来的情况的信息和数据，然后进行分析和研究，以此预测未来，形成对经营发展变化的看法。然后，以此为基础，制定收益管理策略，如客房价格、销售的渠道、细分市场、销售限制条件等等的策略，并付诸实施。实施之后，把预测的情况和实际的情况进行对比和分析，找出偏差，检查预测的准确性，评估收益管理策略的得失，以总结经验教训，以便下一轮的收益工作做得更好。

可见，收益管理工作是从数据的分析，到对未来的预测，制定并实施收益管理策略，回顾评估和总结收益管理策略的一个循环过程，请参见图4-1。

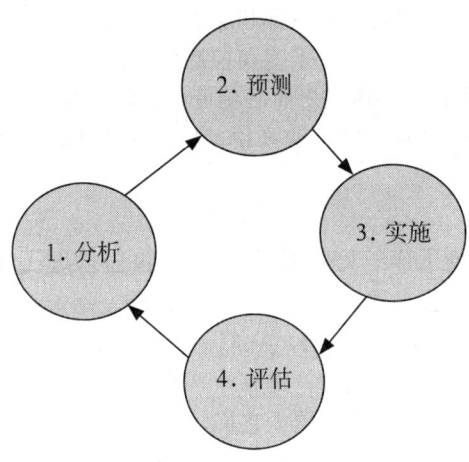

图4-1 收益管理过程循环图

通过上图可见，提高预测的准确性对饭店的经营非常重要。但是，我们知道，影响旅游市场的因素非常多，不仅包括外部的政治、经济、文化以及自然环境等因素，还包括饭店内部因素，以及饭店所在微观市场的供求关系和竞争因素。变化因素如此多而复杂，使得饭店管理者难以完全理解和把握未来态势。在实际工作中，没有谁能百分之百准确预知未来。不过，在饭店管理实践中可以通过运用科学的手段，如电脑软件和数理统计的原理，分析研究历史数据，推断饭店市场变化的趋势，同时还可通过充分调查研究影响微观市场变化的各个因素，修正预测误差，提高预测的准确率，使预测更加准确可靠。

在实际工作中，预测准确性成为衡量收益管理人员工作水平和业绩的一个重要标准。很多饭店要求预测误差绝对值在3%之内，也就是说，实际情况与预测的结果的差别应当在正负3%之间。

三、市场分析预测的步骤

既然分析预测对收益管理来说如此重要，那么应该按照怎样的步骤开展市场分析预测工作呢？笔者认为市场分析预测可分为以下四个步骤。

（一）市场数据的收集和整理

市场分析预测始于数据的收集和整理。为了准确预见未来，必须要找到充分的数据，把对未来的推断建立在数据研究的基础之上。市场的发展变化通常都有一个过程和一定的趋势。从市场的过去和现状入手研究，至少能找到其未来发展变化的蛛丝马迹。如果不了解过去，不清楚现状，对未来的预测就将成为无本之木，无源之水。只有了解历史和现状，才能较好把握和预知未来。

资料的收集和整理包括对历史资料、现状资料和未来资料的收集和整理。这三方面的资料缺一不可。首先是收集和整理历史数据。现在，大多数饭店都使用信息管理系统，这些系统通常都储存了饭店历年的经营管理信息，并具有生成各种报表的功能，供饭店经营管理者调用。市场分析和预测工作要求收益管理人员熟练使用这些系统，能随时根据需要查到所需的历史数据。

在收益管理中，首先必须得到的一些历史统计数据包括：

（1）按细分市场检索，得到的历年各细分市场的客房销售量、销售价格和销售收入等。

（2）按照价格的代码检索，得到各种价格历年带来的客房销售量和销售收入。

（3）按照公司协议账户或优惠账户检索，得到各个账户的产出情况，如客房销售量和销售收入，以及附带的餐饮和会议收入等。

（4）历年预订被取消的情况，包括哪些细分市场在预订后通常会取消预订，取消的比率是预订总数的多少，提前多少天取消，取消的原因是什么，预订取消后饭店能否把被取消的客房重新卖出去等等。

（5）历年饭店预订没有被取消，但是客人没有如期来入住的情况（No Shows），包括哪些细分市场在预订后常出现没有取消订房，也没有来入住的情况，没有来入住的比率是预订总数的多少，饭店对这些没有取消和没有来入住的客人收费情况如何等等。

（6）历年饭店超额预订的情况，包括什么时候超额预订，超额预订后有多少客人被免费安置到别的饭店入住等等。

（7）历年市场供求关系变化的情况及其影响因素，如政治、经济、社会和自然气候的因素等等，要清楚这些因素是如何影响饭店历年的收益的。

（8）历年竞争对手饭店的客房销售量、销售价格和销售收入等，以及本饭店与之相比得到的市场渗透指数。

其次，收集和整理关于现状的数据。这些数据主要包括饭店在今天、本周、本月或未来某个月已经得到的各个细分市场的预订情况：

（1）散客和团体客已经预订了多少间客房，房价如何。

（2）在团体客中，多少预订已经是签了协议确定的，多少预订是意向性的，尚未确定的。

（3）已经获得的预订的房间数、客房收入及平均房价与预算和去年实际结果相比相差多少。

（4）已经获得的预订的房间数、客房收入及平均房价与竞争对手相比情况如何。

（5）在饭店已获得的预订中，各个细分市场的房间数是多少，价格是多少，饭店从哪个细分市场中得到的客房收入最多，哪个细分市场毛利最高。与此相对应，哪个细分市场表现不够好。

（6）竞争对手现在的价格如何,它们的客房是否卖完了,它们都在做些什么。

最后，收集和整理关于未来一段时期，如未来几天、几周、半年或一年饭店所在市场发展变化的数据和资料。这些数据和资料包括：

（1）本地社会经济的发展前景如何？

（2）本地有哪些行业将发展或会萎缩？

（3）什么因素将促进或抑制本地旅游市场的增长？

（4）本地饭店市场的供求关系将如何变化，为什么？

（5）竞争对手的情况如何？

(6) 影响饭店市场供求关系的节假日和重大事件有哪些，它们的影响是什么？

需要指出的是，关于饭店内部情况的资料和数据，通常可以从饭店内部得到。关于市场、竞争对手和社会经济发展变动情况的资料，一方面依赖收益管理人员的积累、查找和研究而获得，另一方面需要依靠一些专业的咨询公司或管理部门的帮助才能获得。

（二）市场数据的分析

当收集到一定的数据和资料后，还需要对它们进行加工整理，就像到自由市场买回一大堆肉类、蔬菜、配料和调味品，经过洗、拣、切等等工序之后，还要经过厨师的精心加工、烹饪和搭配才能成为美味的佳肴一样，数据和资料需要经过收益管理者的加工和分析，才能形成对市场变化趋势的看法。进行数据分析工作，笔者的体会是要多利用能表现事物发展变化趋势的图表（Trend Reports or Charts）和多作对比分析，如不同销售渠道之间的比较，不同细分市场的比较，不同年份的比较等等，俗话说，"不怕不识货，就怕货比货"。通过比较，能发现很多规律性的东西。其实，本书在前面几章中用于举例说明的图表，大部分就是这类图表。例如第三章中"固定折扣价、百分比折扣价和数量折扣价比较图表"通过对使用固定折扣价、百分比折扣价和数量折扣价得到的不同结果列表对比分析，并用曲线图形象地展示了它们的区别，很容易帮助读者得出谁优谁劣的结论。

在这里笔者想指出的是，本书使用的多数图表是笔者在实际工作中自己设计和总结出来的最有用的图表。建议读者认真分析和研究这些图表，深入体会这些图表的作用，并针对自己饭店的实际情况对它们进行适当的修改，便能发挥它们的作用。此外，一些简单的数据加工整理，如计算平均数、百分比等，可以用一些自行设计的简单图表便可。但是，一些复杂的数据加工整理则需要复杂的数学模型或借助电脑软件的帮助，如回归分析、线性分析和优化等等。当输入这些资料和数据后，这些模型或软件就会提供分析结果，帮助决策。

（三）数据分析

分析的过程是对经过加工整理的资料和数据进行解读，以找出不同数据或现象之间的联系及其发展变化的规律的过程。分析的目的是要回答过去和现在的情况怎样，以及现在已经知道了哪些未来的情况。例如，去年各月份客房出租率呈现季节性的变化，在秋季达到最高，夏季达到最低，其他季节处于中间。

又如，今年年底本地饭店市场的供给将增加800间客房供给，因为两家新建饭店届时将开业。

预测则是建立在分析的基础之上，是对事物发展变化的方向和结果的推论和判断，它要回答的是"将来会是什么"。例如"本月客房出租率预计达到80%"，"今年平均房价将达到210美元"等等。

那么，分析和预测的重点是什么？预测有哪些常用方法？如何衡量预测的准确性？在后面的章节，笔者将详细讲解。

（四）根据预测制定收益管理策略并实施

这是市场分析和预测工作的最后一个步骤。通过收集、整理和分析资料与数据，收益管理者形成对未来事物情况的看法。经营管理者根据这些看法制定收益目标并确定收益管理策略。而后，采取措施确保这些策略能得到贯彻执行，收益管理的目标能够实现。例如，如果能对未来两个月的市场供求关系的变化情况准确预测，便能选择最优的市场组合、产品组合、价格组合和销售渠道组合，控制好预订的节奏和进程，安排好人力物力，实现既定的收益管理的目标。

四、市场分析预测的主要对象和内容

市场环境分析主要是对市场的历史数据进行分析，主要是进行市场细分分析，研究每个细分市场的特点和需求，做到心中有数，掌握市场发展变化的趋势。本书第三章已经较详细地介绍了如何进行市场环境分析，包括竞争对手情况分析。在读者充分理解第三章内容的基础上，做市场环境分析时还应考虑以下要素，如饭店的预订进度分析、市场的预订模式分析、接受预订时的后悔（Regrets）和拒绝（Denials）数据分析、市场供给情况变化分析、竞争对手价格变化趋势分析、市场的季节性变化分析、影响本地旅游市场的事件分析等。

在收益管理中，市场分析预测的主要对象包括无限制市场需求（Unconstrained Demand）、预订进度（Booking Pace）、细分市场预订模式、细分市场入住模式（Staying Pattern）、市场供求情况变化、竞争对手价格变化、市场的整体变化趋势、市场需求变化的季节性和周期性、影响本地旅游市场供求关系的重大事件等等九个方面。在本节中，笔者将逐一进行介绍。

(一)无限制市场需求分析(Unconstrained Demand Analysis)

收益管理要分析预测的东西很多,如市场需求、客房出租率以及平均房价等等,说到底,最重要的是对无限制市场需求的分析预测。那么,什么是无限制市场需求?为什么要预测无限制市场需求?要回答这个问题,首先必须懂得什么是需求。在这里提到的需求是指有效需求,即客人想来饭店住宿,同时他们也有钱支付有关费用。需要和购买力,两者缺一不可,否则就不是有效需求了。

无限制市场需求是指在饭店不加选择,不设任何限制的情况下,客人对该饭店的产品与服务的有效需求。该如何理解这个概念呢?通过阅读本书前面关于市场细分和市场组合的章节,读者应该明白,为了使饭店收入最大化,饭店总是选择那些对饭店好处最多的细分市场,为了确保有限的客房不被其他细分市场订购,饭店设定了很多限制,如住多少个晚上,住什么类型的客房,是否提前预付等等。例如,某饭店在售卖下周星期一的客房时,由于市场需求很大,该饭店所剩房间不多,收益管理经理决定星期一的客房只出售给星期一到达的住宿三个晚上以上、提前支付房费的细分市场以及使用豪华客房的细分市场。这样一来,就排斥了从星期一开始住宿一个晚上或两个晚上以及仅使用普通客房的市场需求。那么,此时能符合该饭店限制条件的需求便是该饭店的限制市场需求。

研究无限制市场需求的目的是对市场的需求情况有个全面的认识,弄清市场的需求到底多大,进而研究市场细分和市场组合,然后设定限制,选择"含金量"高——潜在利润最丰厚——的细分市场。当无限制市场需求很低时,饭店应当开放所有客房类型和销售渠道,适当降低房价,甚至推出促销价,提供优惠条件,让所有细分市场的客人都能订房,以尽量提高客房出租率。当无限制市场需求很高,饭店不愁房间卖不出去时,则应当设定限制条件,如住宿天数要求,关闭一部分低价的房间,提高价格,停止促销,要求提前支付房费等等。由此可见,无限制市场需求的情况直接影响收益管理的策略。

如何确定无限制市场需求

那么,如何计算无限制市场需求呢?通过以下公式可以计算。

无限制市场需求
= 已经出租的客房间数
+ 本来可出租但没有出租的客房间数(Regrets)
− 订了房,但没来入住的订房数(No Shows)
− 取消的订房数(Cancellations)
+ 因超额订房安排到别的饭店住的客房间数(Walks)

其中，本来可以出租的房间数包括两部分，一部分是因不符合饭店设置的限制条件而被拒绝的需求。例如，客人只愿意住一晚，但是饭店只接受住两晚或者两晚以上的客人的预订；客人不希望提前支付费用而且希望能有取消订房的便利，而饭店则要求客人提前付费，并且不允许取消订房等。这些被拒绝的订房需求其实是无限制市场需求的一部分，由于饭店设置了选择客源的限制条件而被拒绝，通常称为被拒绝的需求（Denials）。要做好这部分需求的分析，饭店预订中心或者预订部通常要做记录，统计每个月被拒绝的需求有多少，以便收益管理人员制定减少限制或者增加限制的决策，以达到提高客房出租率或者提高平均房价的目的。

另一部分是由于饭店的价格太高而被拒绝的需求。例如，客人只愿意出200美元购买一间客房，但是饭店的最低价格是220美元，这样，客人被拒绝了。饭店的订房部和预订中心也要做好这方面情况的记录，以便将来把价格定在更适当的水平。这种被拒绝的需求通常称为后悔的需求（Regrets），意思是饭店价格太高，把客人吓跑了，饭店回头看时感到后悔的需求。

在收益管理的过程中，超额预订是增加收入的常用方法。但是，超额预订是有一定风险的。例如，饭店认为一些订了房的客人不来入住，因而超额预订了一些房间。但是，如果这些客人如期来入住，饭店只好把超额预订的那部分客人免费安排到别的饭店入住，这些因超额预订而安排到别的饭店的客人占用的房间数，即英文通常称为Walks的客房数量，也要纳入到无限制需要的统计中。

> 成功的收益管理人员能准确预测整体市场的无限制市场需求，并能进一步预测每个细分市场的需求。然后根据预测的情况，确定将多少产品以什么价格卖给什么细分市场和通过什么销售渠道出售，并适当设置限制条件，控制产品销售的进度和在各细分市场和销售渠道的销售情况，从而达到细分市场、销售价格和销售渠道的最佳组合和整体收益的最大化。在市场需求强的时候，要善于并敢于将一定数量的产品留到最后才出售，以获取相对高的销售价。

（二）预订进度分析（Booking Pace Analysis）

预订进度分析主要是对以下数据的分析：

（1）饭店已经获得的客房销售数量或客房销售收入与预算客房销售数量和客房销售收入相比较的差异情况；

（2）现在已经获得的客房销售数量或客房销售收入与历史同期获得的客房销售数量和客房销售收入相比较的差异情况；

（3）饭店已经获得的客房销售数量或客房销售收入同调整后的预算或新的预测结果的比较。

饭店为什么要重新预算？并且要不断反复预测？这是因为饭店通常在每年八、九月份开始制定下一年度的预算，预算建立在当时所能获得的市场信息的基础上。但是，随着时间的推移，市场情况会发生变化，所以预算未必会准确。而预测结果直接影响饭店的经营管理策略。例如，如果预测结果很好，饭店可能在价格上比较激进，反之，饭店可能在价格上比较保守。为了弥补预算的不足，防止价格策略出现偏差，饭店通常会在下一年度头三个月过后重新预测，并以此调整未来月份的预算，或者每月底重新预测未来三个月的客房销售情况，并据此调整饭店的经营管理策略。

掌握预订的进度十分重要，它有助于收益管理人员把握市场需求的动态和了解本饭店吸纳市场需求的能力，并根据这些情况及时调整销售策略。如果预订进度很好，饭店可以适当提高价格，设置比较严格的价格限制条件，以吸纳平均售价较高的细分市场。反之，如果进度落后于预算或历史同期，饭店应该适当降价，或者放低涨价的速度和程度，降低价格的限制条件，将客房向所有细分市场开放，以吸纳更多的预订，提高市场份额。在预测方法中，笔者将对此内容做详细介绍。

（三）细分市场预订模式分析（Booking Pattern Analysis）

本书第一章第五节客源市场部分指出不同客源市场具有不同的订房模式（Booking Pattern），饭店可以通过研究和利用订房模式的规律，合理管理价格的供给来获利。细分市场的订房模式是指细分市场预订客房的行为特点和规律，主要是指客人在到达日前提前多少天预订房间，以及通过什么渠道预订。懂得细分市场提前多少天订房，就能预知什么时候需求量增多或减少，懂得其预订渠道，就有利于收益管理人员掌控这些渠道，比如必要时关闭一些渠道，或者对一些渠道的预订设置限制条件，如最低住店天数限制或房间类型限制，以降低这些渠道的预订量，从而提供更多房间给其他渠道。

不同细分市场有不同的预订模式。下面，笔者将以本书第一章第五节商务散客、旅游度假散客和团体客订房模式图（图1-1、图1-2、图1-3）为例，介绍如何分析这些细分市场的订房模式，以及针对不同的预订模式收益管理所应采取的对策。

1. 商务散客预订模式分析和收益管理策略

通过分析商务散客预订模式图可以掌握商务散客预订的规律。下图是成功饭店从其收益管理系统得到的某段时间饭店的商务散客预订模式图。

这个图表的数据和曲线起伏表明从入住前100天到35天，饭店商务散客的预订房间数从2间增加到28间，只增加了26间。从入住前35天

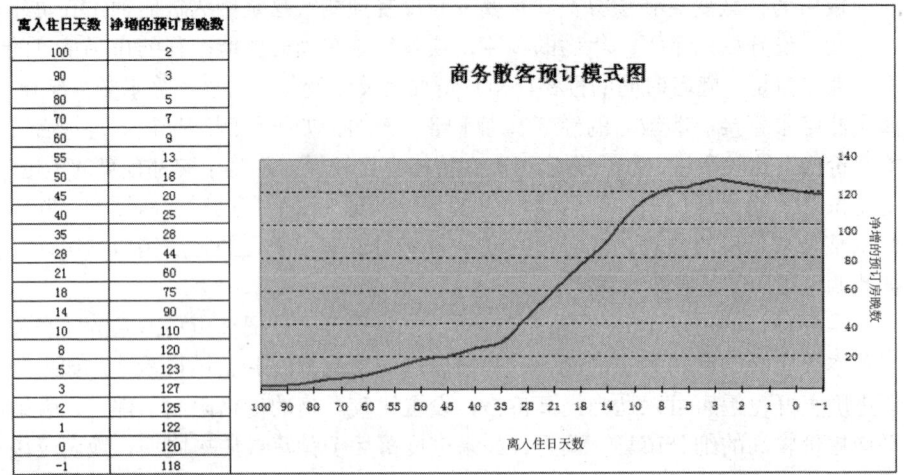

到8天，商务散客预订房间数从28间增加到120间，净增加数为92间。从入住前8天到入住当日商务散客的预订房间数没有变化，还是120间，在期间预订的房间数没有增加，因为增加的预订和被取消或修改的预订刚好相抵销了，导致预订的房间数不变。

> 注：0日为入住当日，−1日为入住日次日凌晨夜间核数的工作已经完成，入住当日的财务工作正式结束。此时饭店其实有2间预订了的客房客人没有前来入住，所以预订的房间数从120减少到118。

由此可见，在入住日前1周到5周之间，该饭店的商务散客的预订量激增，较少商务散客在入住日5周前或者1周内预订客房。这与他们旅行的目的有关。商务散客旅行的目的是开展商务活动，一般计划性比较强，何时出差，何时预订客房，要提前作出安排，不能太早，也不能太晚。当然，特殊情况也存在，有时因商务活动临时变化他们要作出临时旅行和预订客房的决定。

这些规律对成功饭店的收益管理具有什么意义？概括来说，就是给成功饭店提供了利用价格杠杆和控制可供出租的客房的数量来影响商务散客的需求和预订，最大限度提高饭店收益的机会。例如，由于大部分商务散客在入住前五周内预订客房，此期间饭店需求量激增，给成功饭店提供了提高房价的机会。如果成功饭店能准确预测此期间将有多少间客房能以较高的价格销售给商务散客，就可以预留足够的客房，等到入住前五周才出售，以获得更多收入。如果不这样做，就可能发生把客房以太低的价格过早地销售出去了，等到商务散客的需求增加而且客房价格也随之增加的时

第四章 收益管理的分析和预测方法

候却没有房间出售了。另外，在淡季，当提前预订天数超过五周的时候，成功饭店还可以把价格定在较低的水平，吸引一些很早就预订客房的客人，以提高客房出租率和市场份额。在入住日一周内，成功饭店的价格应当提高到最高水平，因为此时剩下的空房已不多，商务散客的价格敏感度已大大降低，而市场的客房供应量已经大大减少，客人选择的机会不多了。

2. 休闲度假散客预订模式分析和收益管理策略

通过分析休闲度假散客的预订模式图同样有助于掌握他们的预订规律并采取相应的收益管理策略去增加或减少他们的预订。例如，下图是成功饭店从其收益管理系统得到的某段时间饭店的休闲度假散客预订模式图。

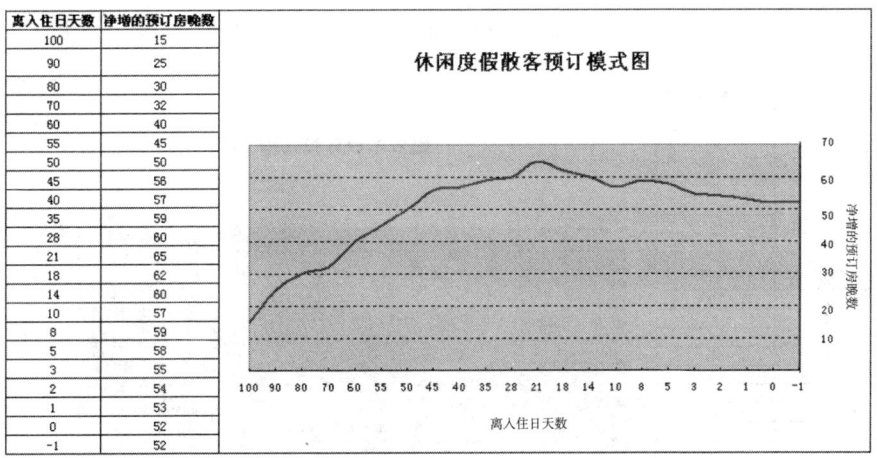

从该图表可以看出成功饭店的休闲度假散客很早就开始预订饭店的客房，通常要提前4周以上预订（大于28天）。这是因为一般来说，休闲度假散客与家庭成员一起旅游，他们比较早就做旅行的计划，如在今年初就开始计划暑假或寒假要带家人到哪里旅游，并开始存钱和做预算。他们也需要较多时间去做好各种协调工作和申请假期，而且由于是自费旅游，他们对价格比较敏感，知道预订越早，选择的余地越大，得到的价格越优惠的常识。

那么，休闲度假散客的这些预订规律对成功饭店的收益管理具有什么意义？概括来说，也给成功饭店提供了利用价格杠杆和控制可供出租的客房的数量来影响他们的需求和预订，最大限度提高饭店收益的机会。具体地说，如果成功饭店要提高这部分细分市场的市场份额，就应当分析并确定需要把多少间客房销售给这个细分市场，不能太多，也不能太少。太多，就会在商务散客的需求增加时没有足够房间提供给商务散客；太少，就会出现客房空置，市场占有率和收入随之减少。另外，还要分析和确定什么样的价格能够吸引他们的预订，根据他们较早预订的特点，在离入住日较早的时候，要把价格设置在较低的水平，以吸引他们来预订，当他们的预订量增加较快时适当提高价格，减缓房间销售的速度。当离入住日少于28日时，就要升高价格，减少他们的预订，因为此时支付能力较强的商务散客的需求增加了，把更多房间销售给商务散客更有利可图。

3. 团体客预订模式分析和收益管理策略

团体客的预订也呈现出一定的规律，饭店可以通过分析研究这些规律来提高客房的收益。每日用房量在50到100间之间的中等团体通常需要提前30天至60天预订客房。每日用房量超过100间的大型团体需要提前60至365天，甚至更多天预订。每日用房数量在50间以下的小型团体预订需要的时间通常小于中型和大型团体。请参见下图"团体客预订模式图"。

离入住日天数	净增的预订房晚数
420	40
360	40
300	40
240	40
180	60
120	80
60	80
50	80
40	83
30	95
20	95
15	95
10	95
14	80
10	80
8	80
5	80
3	78
2	75
1	75
0	74
-1	73

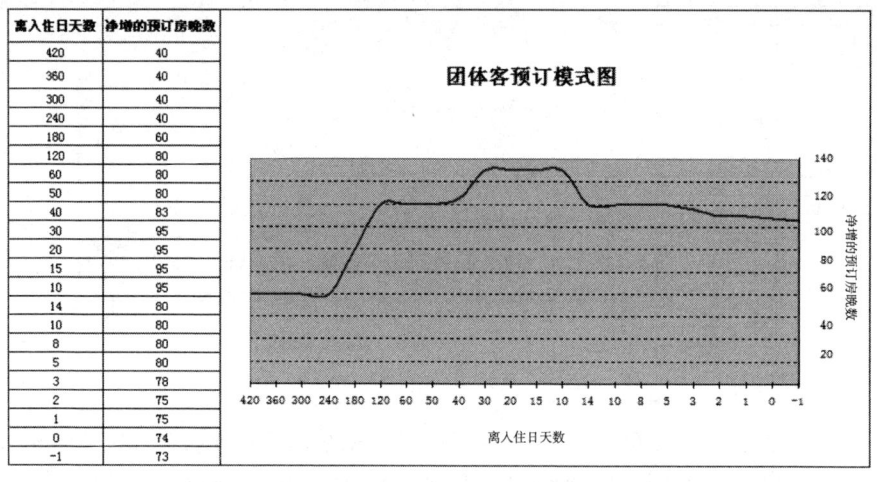

总而言之，收益管理人员要针对不同规模的团体的预订模式和规律采取不同的策略去鼓励或限制他们的预订数量和进度，达到从整体上最大限度增加饭店收入和市场份额的目的。例如，如果成功饭店的商务散客和休闲度假散客客源不足，该饭店要想办法提高团体客的比例。根据团体预订模式的特点，该饭店应该在半年前甚至一年前就应该努力寻找团体业务，以优惠价争取一定数量的团体预订，提高客房出租率。反过来，如果成功饭店预测商务散客和休闲度假客的需求量很大，就不需要太多的团体预订，那么就可提高团体价格，限制其销售量，当休闲度假客和商务散客的需求量增加时，成功饭店就有足够数量的客房以更高的价格销售。

（四）细分市场入住模式分析（Staying Pattern Analysis）

现在对顾客的研究越来越细致。分析他们的消费行为模式，有利于饭店提供个性化的服务，从而吸引顾客多消费。从客房管理来看，细分市场的入住模式分析主要包括两个方面的内容。

1. 周日和周末模式

研究细分市场周日和周末入住模式的目的是要回答一个问题，即一周七天中，哪个细分市场喜欢在哪天入住？掌握了这个规律，就可以有的放矢地制定房价，合理地调整价格的附加条件，以吸引饭店希望获得的那部分细分市场来订房，排斥饭店不需要的细分市场的订房需求，从而获得最大的客房收入。图4-2显示了一家拥有250间客房的饭店一个星期中每天的客房销售收入、销售量和平均房价的情况。这些情况是通过汇总一年52个星期的实际数据得到的。

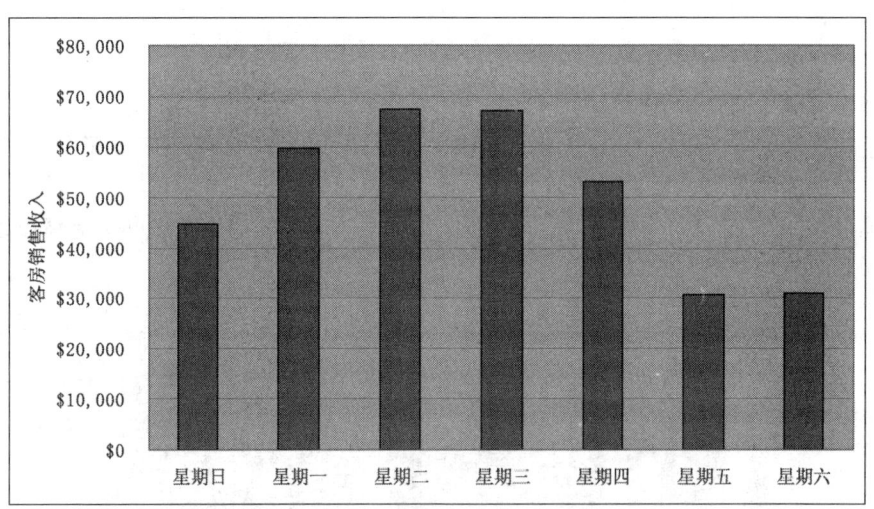

图4-2 周日和周末模式图1：客房销售收入

从图4-2可以看出，该饭店的客房销售收入从星期日到星期二逐日增加，从星期二到星期五逐日降低。客房收入最多的两天是星期二和星期三，其次是星期一、星期四和星期日。星期五和星期六的收入不到星期二和星期三的一半。星期五的收入最低。星期六的收入比星期五的略高。

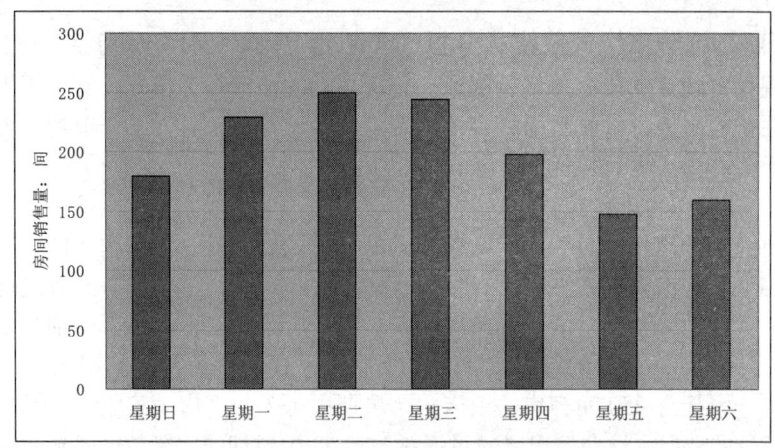

图 4-3 周日和周末模式图 2：客房销售量

从图 4-3 可以看出，该饭店的客房销售量或入住率从星期日到星期二逐日增加，从星期二到星期五逐日降低。客房销售量最多的两天是星期二和星期三。星期二常爆满，星期三接近住满，星期四开始减少，它的销售量不及星期一高，但是比星期日高。星期五和星期六客房销售量显著降低，其中星期五的销售情况最差。那么，饭店要提高整体收益，其中一项重要的措施是想办法提高饭店周末的销售量或入住率。

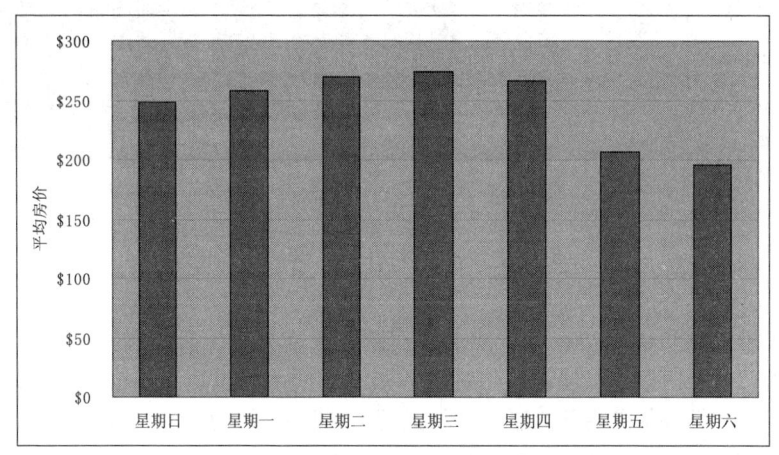

图 4-4 周日和周末模式图 3：平均房价

从图 4-4 可以看出，一周七天中，该饭店的客房平均价格与它的客房销售情况是基本吻合的。其平均价格在客房销售量最高（也就是市场需求最高）的星期二和星期三也最高，在销售量最低的星期五和星期六也最低。这表明从整体上看该饭店的价格变化与市场需求变化是一致的。但是，我们必须看到一些异常的情况，那就是经常爆满的星期二的平均房价竟然不如入住率稍低的星期三的高，而且仅与入住率比星期二低20%的星期四的水平持平，这说明星期二的收益管理存在需要改善的空间。通过进一步研究发现，在星期二入住的客人很多，他们也知道星期二住房紧张，所以他们中的一些人提前很早订房，如提前一个月订房，比常规提前了近1个星期，在那个时候，星期二的房价还处于较低的水准，所以这部分订房稀释了星期二的整体平均房价。另外，该饭店在星期二吸收了部分价格较低的政府订房和团体订房，也导致该日整体平均房价的下降。改进的措施是提高星期二的价格水平，那怕离入住日还很远，同时，减少和限制星期二的政府和团体订房。这些措施必然能提高饭店星期二的平均价格和整体收益。

由此可见，分析和研究细分市场的周日和周末的入住模式，有助于制定恰当的收益管理策略，提高分析和预测的准确性。

2. 入住天数模式

入住天数模式分析要回答的问题是各个细分市场通常在饭店住几天。通过弄清各细分市场在饭店住一天、两天还是三天或者更多天，他们何时住一天、两天、三天或更多天，以及这些客人在整体客人中的比例，有利于在市场需求很高而饭店仅剩少量客房时给价格设定"最低入住天数要求"（Minimum Length of Stay），以选择到最有利可图的细分市场，提高饭店的整体入住率和收入。图4-5是前文分析的成功饭店的客人入住天数情况图。

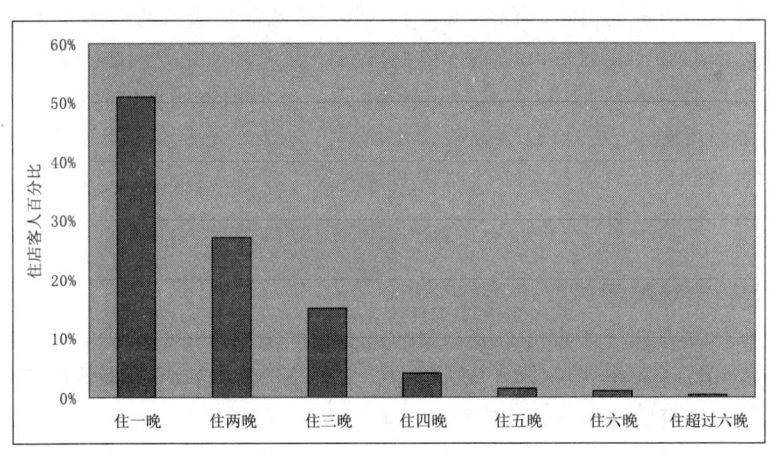

图4-5 客人入住天数情况图

从图 4-5 可看到，该饭店大部分客人只住一晚（52%），相当多客人住两晚（27%），少部分客人住三晚（15%）和四晚（4%），很少客人住五晚以上（2%）。掌握了这些情况，收益管理人员要增加客房销售量和收入的一项措施是在星期二当客房销售了大部分，设置最低入住天数要求，把剩下的客房仅卖给在星期二入住并住店至少两晚的客人。因为星期二的客房很容易出售，如果不加选择，房间被仅住一晚的市场占用了，那些想在星期二入住并且住两晚的客人将订不到房，使得本来星期三也可以卖出的客房没有卖出。如果在星期二设置最低入住天数要求，客人必须住两晚，也有助于提高星期三的客房销售量和客房出租率。

（五）市场供求情况变化分析

市场分析和预测还包括对饭店所处市场的供给因素变化的监控，如是否有新开业的饭店，现有的饭店是否增加或减少客房数目，是否全部或部分客房停止销售以进行装修或升级改造，是否有饭店关门转行等等。这些情况的变化会影响饭店市场的供给以及饭店竞争的环境。对上述情况，饭店收益管理人员应该密切关注，以发现和利用其中隐藏的能够提高收益的机会。例如，成功饭店曾有一家竞争对手饭店将停业 18 个月进行全部客房的装修改造，获悉这个信息后，成功饭店的收益管理人员采取了如下行动：一是请销售部与该饭店的销售部联系，让后者将停业期间有需求的公司协议客户以及会议客户介绍到成功饭店；二是重新审视未来 18 个月的报价，把很多天的价格提升一个等级。这些举措为成功饭店增加了很多收入。

（六）竞争对手价格变化趋势分析

了解竞争对手的价格，包括如下关注点：必须清楚市场的价格领导者是谁，谁主导价格的变化；自己的饭店在市场价格中的位置；竞争对手以往的价格策略和变动趋势，如它们给公司协议客的折扣，各个销售渠道价格的增长率等；本地其他档次的饭店的价格情况和变化趋势。此外，还要了解本地总体社会经济发展的趋势和经济增长率等。而如何获取竞争者的价格信息，请阅读本书第三章对竞争者分析的内容。

（七）市场的整体变化趋势分析

很多预测方法都假设被研究对象的历史数据隐含着一些内在的变动特征或模式，这些特征或模式可以用于预测它们未来的情况。这些变动特征或模式主要有三种——市场的整体变化趋势、季节性和周期性。

市场的整体变化趋势分析指对未来一段较长时间市场的整体变动方向的预测。从图 4-6"成功饭店 2006 年客房收入变化趋势和季节性分析示意图"可以看出，那条黑色的向上的直线代表了该饭店客房收入总体水平的变化趋势。从总体来看，该饭店客房收入的总体水平是从年头到年尾随时间的推移而增加的。

（八）市场需求变化的季节性分析和周期性分析

市场的季节性变化趋势是指在一定时期内（通常是较短的时期）研究对象围绕整体趋势上下波动的情况。在图4-6中，表现为客房收入在不同月份的高低起伏。如低谷（Valley）、斜坡（Slope）、肩膀（Shoulder）或高峰（Peak）等。市场的季节性变化趋势也许出现在某年、某月、某星期，甚至一星期中的某些天。

市场的周期性变化趋势是指在一定时期内（通常是一年）会重复出现的变动特征。例如，从图4-6中可以看出，一年中1月、4月、8月和12月客房收入出现低谷，3月、5月和10月出现高峰，其余月份在中间，这种特征如果每年反复出现，那就称为周期性的变化规律了。

从宏观经济趋势来说，饭店收益管理人员要懂得本地社会经济发展的整体趋势、季节性变化及其变动周期，懂得现在是处于经济发展的哪个阶段，是衰退期、复苏期、稳定期还是高峰期。从微观的角度来看，要懂得本地旅游市场的整体发展趋势、季节性变化以及变动的周期。把握这些趋势，无疑会对饭店市场的分析预测和制定不同的收益管理策略有极大的帮助。

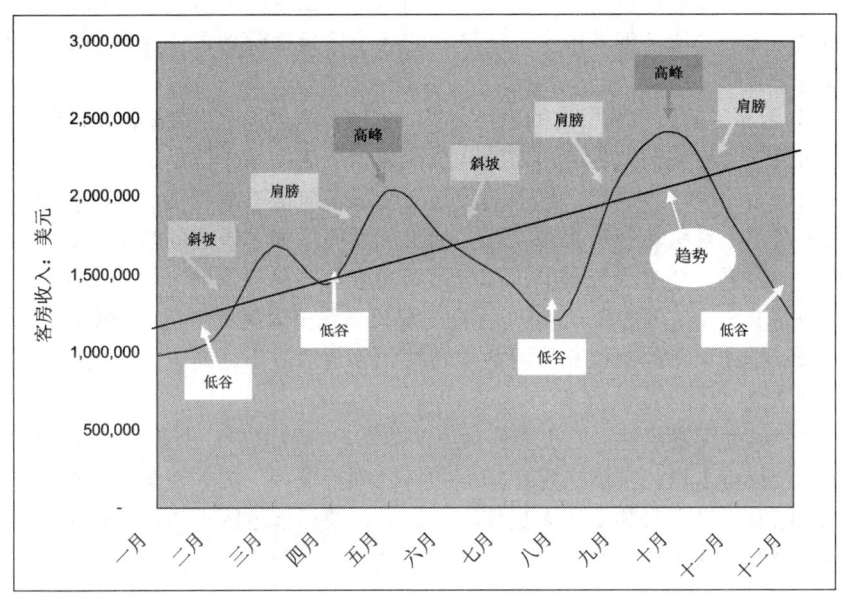

图4-6 成功饭店2006年客房收入变化趋势和季节性分析示意图

(九)影响本地旅游市场供求关系的重大事件的分析和预测

重大事件会影响市场的变动方向,使市场需求突然增加或减少。这些事件包括计划中的或者突发的事件,这些事件会涉及社会生活的方方面面,如政治、商业、文娱、宗教及其他社会活动的特别事件或大型事件。为了掌握这些事件,便于提醒自己将该因素纳入预测的考虑之中,收益管理人员应当收集有关事件的信息,并在日历上做标记,提醒自己不要忘记。

这些重大事件通常包括:

(1) **饭店所在地区的学校开学和放假的日期安排**。开学时,会有大批新生到校报到,很多新生的家长会送行到学校;放假前的毕业典礼会有很多学生的家长和亲朋好友前来参加,这些都会增加饭店市场需求。当然,放假期间饭店需求会相应降低。

(2) **各种各样的节假日**。如法定节假日、宗教节假日、民族文化节假日、地方特色的节假日等,它们可能使市场需求增加,也可能使市场需求减少。

(3) **地区性的大型行业会议或展览**。例如年度性的汽车展览、服装展览、电子产品展览给芝加哥市的饭店业带来了很大的需求。一年两次的中国进出口商品交易会给广州的饭店业带来了很大的需求。

(4) **大型体育比赛和文娱表演**。它们通常会使饭店的市场需求增加。例如奥运会、亚运会或其他地区性、区域性的大型体育比赛通常会促进举办地的饭店需求的增加。

(5) **因恶劣的天气而引发的事件**。恶劣的天气可能使饭店的需求增加或减少。恶劣的天气会使人们减少外出旅游,从而减少饭店需求,但是恶劣的天气也可能增加饭店的需求,例如,恶劣的天气会使很多航班不能起飞,很多机组人员和乘客滞留,对机场饭店来说,恶劣的天气反而增加了饭店的需求。另外,如果邻近地区遭受恶劣天气影响,部分市场需求会转移到本地市场,从而使本地市场的需求增加。例如2005年9月份的飓风导致美国新奥尔良市遭受水灾,很多原来安排在该市的会议和旅游活动转移到邻近的城市休斯敦,使休斯敦的饭店需求急剧上升。

(6) **其他突发事件**。它也能使饭店的需求增加或减少。例如2007年年底美国前总统福特去世,美国决定在华盛顿特区举行国葬。国葬期间,很多人前来瞻仰,政府工作人员和安全人员往来也增多,使得该地区饭店需求在国葬期间及前后增加不少。

五、常用的预测方法

预测的方法多种多样，很多饭店对预测工作不够重视，即使做预算或者营业计划，也流于形式，走过场，这是很不好的。另外一些饭店虽然也重视预测工作，但是没有掌握科学的预测方法，预测建立在凭直觉或主观判断的基础上。例如，这些饭店最近几个月饭店客房预订量很大，饭店管理人员讨论后认为未来几个月市场需求量也会很大，于是决定提高客房价格。这些依靠直觉或主观判断的预测方法称为非正式预测法，用这种方法进行的预测常出现两种极端，要么很准确，要么不准确。可见，使用这种方法的风险是很大的。

与非正式预测法相反的是正式预测法。正式预测法是指通过建立数学模型、运用数学公式以及其他数理统计的原理进行的定量分析法；或者开展深入细致的市场调查，或者企业内部各级管理人员或外来专家通过专题研讨来预测未来的定性分析法。使用正式预测法，不论是定量分析预测还是定性分析预测，得到的结论往往有数据和资料作为支持，所以预测结果通常很可靠。但是，由于影响市场变化的因素太多，很难收集到理想的数据资料，而且数学模型和公式不可能面面俱到，所以正式预测法也不能达到百分百准确。

值得注意的是，在实践中为了提高预测准确性，通常不仅限于使用一种预测方法，而是综合使用多种预测方法。

由于篇幅所限，本书将重点介绍正式预测法中常见的定量分析法与定性分析法。

（一）定量预测法（Quantitative Forecasting Methods）

常见的定量分析预测法包括因果分析法与时间序列法。

1. 因果预测法（Causal Forecasting Approaches）

因果分析法（因果预测法）假设某个变量的值是其他变量综合作用的结果。例如，在研究中发现，饭店餐厅的收入与客房出租率及每间客房平均住客人数成正比例关系。当客房出租率和平均每间客房住客人数增加或减少时，餐饮收入会跟着增加或减少。因此，通过预测客房出租率和平均每间客房住客人数，可以预测餐饮收入。

因果分析法又可细分为回归分析法及计量经济学预测法。

(1) 回归分析法（Regression Analysis）

回归分析法认为，要预测的某个对象的结果依赖于其他一些因素，或者是这些因素作用的结果。回归分析法研究的是因变量和自变量之间的关系，并用公式来描述这些关系。这样，只要知道自变量的值，代入公式，便可算出因变量的值。例如，要预测的某个对象，如饭店餐厅的收入，是因变量（Dependent Variables），即未知的变量。已经知道的变量，如饭店的客房出租率、平均每个房间住客人数和饭店广告的开支等，是自变量（Independent Variables）。根据自变量的数值，就可以算出饭店餐厅的收入。

使用回归分析法，关键在于弄清未知变量与已知变量之间的关系，弄清楚它们之间到底有没有关系，关系是密切还是不密切，是正相关还是负相关等等。例如，在预测饭店餐厅的收入时，要弄清它与客房出租率到底有没有关系，关系是否很紧密，是正相关还是负相关。在弄清楚这些问题后，才能确定是否可使用回归分析法来预测餐厅收入。

回归分析法又可分为简单线性回归分析法及复合线性回归分析法、非线性回归分析法等等。回归分析法是编制计算机收益管理软件，并利用它来预测饭店收益情况的基本方法。在本书中为了简单起见，只介绍一元回归分析法。

衡量变量之间关系密切程度的方法有两种，一种是相关系数（Coefficient of Correlation），另一种是决定系数（Coefficient of Determination）。其公式如下：

$$r=\frac{n\sum xy-(\sum x)(\sum y)}{\sqrt{n(\sum x^2)-(\sum x)^2}\sqrt{n(\sum y^2)-(\sum y)^2}} \quad \cdots\cdots \quad (1)$$

其中，x 是自变量；y 是因变量；n 是观测值的个数；r 是相关系数。

相关系数体现了因变量和自变量之间的关系，它的绝对值在 0 与 1 之间。如果相关系数为零，说明它们不相关。相关系数越接近 1，说明正相关的程度越大；如果越接近 -1，说明负相关的程度越大。

决定系数反映了自变量对因变量的影响程度，例如某些自变量的变化能解释因变量变化的程度。对简单线性回归而言，决定系数等于相关系数的平方（r^2）。

决定系数很有用，因为它可以告诉我们一个变量的变化影响另一个变量变化的程度，从而当我们用某个公式或者模型做预测时，可以告诉我们这个公式或模型的可靠性如何。决定系数的值也在 0 和 1 之间。例如，如果 $r=0.922$，那么 $r^2=0.850$，意味着因变量 85% 的变化能被因变量与自变量之间的线性相关解释，另外的 15% 的变化由其他因素解释。

下面，通过一个例子来解释上述概念。

例如,表4-1是一家饭店住客人数及餐厅用餐人数统计表,从表中可以看出,餐厅用餐人数总体来说与住客人数成正比,它们的关系可以用简单线性相关公式来描述:

$$y=a+bx \quad \cdots\cdots\cdots\cdots\cdots\cdots\cdots\cdots\cdots\cdots (2)$$

其中,y是餐厅用餐人数,a是非住客在饭店餐厅用餐的人数,b是平均每位住客在饭店餐厅用餐的次数,x是饭店住客人数。

根据历史数据,可以推算出每月非住客在饭店餐厅用餐人数平均为341人,而住客在饭店的餐厅平均用餐的次数为1.15,代入上述公式,则该公式变成:

$$y=341+1.15*(x) \quad \cdots\cdots\cdots\cdots\cdots\cdots (3)$$

可见这个公式有两个常量和一个变量。常量是非住客在饭店餐厅用餐的人数a以及平均每位住客在饭店用餐的次数b,变量是住店客人的人数x。所以,只要知道住客客人的人数,就可以推算出餐厅用餐的人数y。

表4-1 某饭店住客人数和用餐人数表

月份	x 饭店住客人数	y 用餐人数
一月	3,602	4,523
二月	3,984	5,120
三月	4,200	5,066
四月	4,410	5,122
五月	4,511	5,523
六月	4,150	5,133
七月	3,841	4,866
八月	3,741	4,456
九月	4,511	5,512
十月	4,854	6,123
十一月	4,212	5,215
十二月	3,751	4,755

例如,假设明年一月份该饭店将有2,750间客房出租,平均每间客房有1.4个住客,那么一月份将有3,850个住客。把这个数据代入公式(3)便可推算出将有多少人在该饭店的餐厅用餐。

预测明年一月份餐厅用餐人数 $=341+1.15 \cdot (3,850)$

$=341+4,428$

$=4,769$

这个结果表示明年一月份将有4,769个客人到饭店的餐厅用餐，其中包括341个没有登记的客人。如果平均每位客人在餐厅的消费是$35，那么餐厅明年一月份的收入将是$166,915。

根据公式（1）可以算出相关系数为0.95，决定系数为0.90。这表明餐厅用餐人数与饭店住客人数密切相关，用餐人数如果发生变化，结果的90%可用饭店住客人数的变化来解释。

在上述例子中，如果餐厅用餐人数除与饭店的客房出租率有关外还与别的因素有关，那么相对应的分析预测称为复合线性回归分析法。由于篇幅限制，本书不详细叙述。

(2) 计量经济学预测法

计量经济学模型是在回归方程的基础上发展起来的一种预测方法，它使用一系列的回归方程来系统地分析某种经济现象，并用它们来预测经济发展的趋势。由于这种方法很复杂，在收益管理中不是很常用，所以本书不作详细介绍。

2．时间序列预测法

时间序列法是根据历史统计资料的时间序列及事物变化情况具备一定周期性及稳定性的特点，预测事物发展的趋势。使用这种方法，首先要分析某段时间发生的情况的周期性或季节性变化的特点，然后以此为基础，预测未来类似的时段将会发生的情况。例如，如果某家饭店的业务量呈现出季节性变化的特点，在过去三年中，12月份的客房出租率比全年平均出租率低20%。那么，按照时间序列法的思想，如果其他情况相对稳定，这种情况在明年12月也将出现。所以，在做明年12月客房出租率的预算时，可以把它定得比全年预算平均客房出租率低20%。

时间序列法又可分为幼稚预测法、简单平均预测法、移动平均预测法和指数平滑法等四种。时间序列法主要用于短期预测。

(1) 幼稚预测法（Naïve Method）

幼稚预测法，是时间序列法中最简单的一种预测方法。使用这种方法通常用最近发生的情况来预测将来的情况。例如上个月客房出售了5000个房晚，这个月很可能也出售同样多的房晚。这个结论是建立在一个假设上，即没有季节性或周期性的变化。如果将季节的变化考虑进去，预测者很可能在去年某月实际数量的基础上加上或减去一定百分比来求今年同月的情况。例如，某收益管理经理凭经验推断今年10月饭店客房收入将比去年增加5%，因此，他在去年同月实际客房收入的基础上增加5%就得到今年10月预测的客房收入。

虽然幼稚预测法建立在很简单的推算基础上，但是它们却有可能达到相当准确的预测程度，尤其是预测短期内的情况变化，如一年内的变化情况和结果。

这种方法预测的成本很小，适合小规模的饭店，如汽车旅馆。有时使用这种预测方法的准确性甚至比投资很大的、使用很复杂的模型来预测的方法还高。

(2) 简单平均预测法

简单平均预测法是将预测对象过去各个时期的数据平均，以这个平均数作为预测值。例如，今年上半年月平均客房销售量为 5,000 房晚，由于下半年同上半年比业务量差不多，所以，这个平均值也就是下半年的平均客房销售量。这个方法只适用于没有明显波动或较大增减变化的事件的预测。简单平均预测法还可以分为加法预测模式、乘法预测模式和加权平均预测模式三种。下面分别予以说明。

a. 加法预测模式（Additive Forecasting Model）

从加法预测模式表 4-2 可以看到，某饭店过去 5 天在离入住日不同天数时的预订情况。以 1 月 15 日这天为例，离入住日还有一周的时候，饭店已经卖出 180 个房间，四周的时候，饭店卖出 60 间。入住日的结果是 300 间，这是指入住日 1 月 15 日晚上 12 点时，饭店最终被占用的客房数。可见，在入住日前 7 天内，该饭店卖掉了 120 间客房；在住日前 28 天内，该饭店卖掉了 240 间客房。依次类推，算出入住日若干天内饭店卖掉的房间数，即获得的新订房数。可见，在入住日 7 天内，该饭店平均能卖掉 106 间房，14 天内能卖掉 181 间房，21 天内能卖掉 218 间房，28 天内能卖掉 255 间房。假设现在离入住日还有 14 天，该饭店已经卖掉了 98 间房，有人问在入住当晚，该饭店能卖掉多少间客房？答案是 279 间，即 181 与 98 之和。

表 4-2 加法预测模式表

单位：房间数

时间	入住日的结果	离住店日还有若干天时预订的情况			
	-1	7	14	21	28
1月15日	300	180	120	90	60
1月22日	291	170	109	73	36
1月29日	296	188	108	81	27
2月5日	292	204	102	58	29
2月12日	285	190	119	71	36
平均数	293	187	112	75	38
距离入住日若干天时获得的新预订房数	0	106	181	218	255

b. 乘法预测模式（Multiplicative Forecasting Model）

乘法模式与加法模式很相似，不同的地方是在算出平均数后，再算不同时段内已经出售的客房数占入住日实际客房销售数的百分比。例如，在离入住当日还有 7 天时，某饭店已经获得其最终销售客房数的 64% 的预订；还有 14 天时，该饭店已经获得其最终销售客房数的38%的预订（参见表4-3）。利用这些数据，可以推算出饭店最终能卖出多少客房。例如，如果知道饭店在离入住当日还有7天时已经有199间客房被预订，那么，到入住当日时，该饭店能出售的客房总数为311间（=199/64%）。当然，利用这些百分比，也可以掌握和控制饭店客房售卖的进度和节奏。例如，如果在离入住当日还有14天的时候，如果饭店已经被预订的房间数还没有达到预订目标的38%，饭店应当采取一些措施增加预订量，如维持较低的价格，或者开放多一些销售渠道，或者进行特价促销，否则很可能实现不了预订的目标。

表4-3 乘法预测模式表

单位：房间数

时间	入住日的结果	离住店日还有若干天时预订的情况			
	−1	7	14	21	28
1月15日	300	180	120	90	60
1月22日	291	170	109	73	36
1月29日	296	188	108	81	27
2月5日	292	204	102	58	29
2月12日	285	190	119	71	36
平均数	293	187	112	75	38
占实际客房销售数的百分比	100%	64%	38%	25%	13%

应当指出的是，使用平均预测法必须注意被选择的数据要有相同或相似的季节属性。例如，上述例子中选择的5天应当同属于旺季或者淡季，而不是有的日期反映旺季的情况，有的日期反映淡季的情况。数据的属性越相近，使用平均预测法得出的结果越准确，否则会有比较大的偏差（Bias）。

c. 加权平均预测模式（Weighted Average Forecasting Model）

加权平均预测模式是预测时同时考虑长期和短期的平均数，但给予它们不同的重视程度，即"权"或比重，并据此作出最后的预测。离入住时间越近时，对短期的平均数给予越大的比重。相反，离入住时间越远时，对长期的平均数给予越大的比重。

例如，假设离入住时间还有7天，按照历年数据计算出来的入住日出售的客房数是289，按照最近几星期的数据计算出来的入住日出售的客房数是302。如果30%的比重给前者，70%的比重给后者，那么得出的结果是298（=302×70%+289×30%）。

使用这种方法的好处是能同时考虑到短期的变化情况和长期的变动趋势，因而能减少误差。但是，使用这种方法的挑战是如何合理确定给予短期预测情况和长期预测情况的比重。表4-4是一个比重分配表，读者应当认识到不同饭店或者不同的市场，细分市场的构成和消费者预订行为模式是不同的，因此，饭店获得预订的进度情况也不同，所以，比重分配应当也是不同的。因此，收益管理人员的责任是在实际工作中摸索出适合本饭店情况的比重分配。

表4-4 比重分配表

离入住日天数	短期预测结果的比重	长期预测结果的比重
56	5%	95%
42	20%	80%
28	50%	50%
21	60%	40%
14	80%	20%
7	85%	15%
3	95%	5%
1	100%	0%

（3）移动平均预测法

如果用来做预测的数据具有随机性，也就是说它们没有代表性，它们不会重复出现，这种数据的随机性使得预测出现偏差。为了减少偏差，必须想办法消除这些随机性的影响。移动平均法因此而产生了。移动平均法是计算不断向前移动的若干个数据的平均值的方法，它通过引用越来越近的新数据，不断修改平均值作为预测值，这样可以尽量消除随机性的影响，减少偏差，得出反映变化趋势的数值。

移动平均预测法的数学公式是：

$$移动平均数 = \frac{过去N个时段的值的总和}{N} \quad \cdots\cdots (4)$$

其中N是这些时段的值的个数。

下面用一个例子来说明如何使用这种方法进行预测。假设我们知道一个饭店过去12个星期每个星期二的客房销售量，现在预测第13周星期二，即2007年2月27日的客房销售量。有关数据请见表4-5。

表 4-5 过去 12 周每周星期二客房销售量

序号	日期	实际销售量
1	2006 年 12 月 5 日	264
2	2006 年 12 月 12 日	258
3	2006 年 12 月 19 日	273
4	2006 年 12 月 26 日	282
5	2007 年 1 月 2 日	258
6	2007 年 1 月 9 日	267
7	2007 年 1 月 16 日	282
8	2007 年 1 月 23 日	279
9	2007 年 1 月 30 日	267
10	2007 年 2 月 6 日	255
11	2007 年 2 月 13 日	282
12	2007 年 2 月 20 日	276

如果使用 3 周的数据来计算移动平均值，那么第 13 周星期二的客房销售量将为 271，这个数值是通过计算第 10 周、第 11 周和第 12 周的平均数得到的：

$$3 \text{ 周移动平均数} = \frac{255 + 282 + 276}{3} = 271$$

假设该饭店在第 13 周的星期二实际的客房销售量为 269 间，那么在预测第 14 周的星期二的客房销售量时，将用最近的数值取代最远的数值，即第 10 周的数值，通过计算第 11 周、第 12 周和第 13 周的平均数得到。

$$\text{第 14 周预计客房销售量} = \frac{282 + 276 + 269}{3} = 276$$

可见，使用这种方法计算平均数，时间段不是固定的，而是不断向前移动的，被采用的数值是最近的时段的数值，离现在比较远的数字被最近的数值取代。

当然，也可以根据需要将移动的时段定为 12 周，每 12 个周移动一次。那么，得到的第 13 周的预测客房销售量为前 12 周的算术平均数，即 271 间。

值得注意的是，用来计算平均数的时段越多，越能降低随机性造成的偏差。

通常认为移动平均法比幼稚预测法准确得多，但是移动平均法也存在一定的局限性，即这种方法给予各个时期的数据同样的比重。其实，很多人认为，越靠近现在的数据越能反映未来的情况，所以，在预测时，应当给予靠近现在的数据更大的比重，离现在越远的数据给予较小的比重。另外，移动平均数的局限性还表现在需要搜集和保存很多数据,很费时也很费人力。下面将介绍的指数平滑法能很好地克服这两个局限性,提高预测的准确性。

(4) 指数平滑法

指数平滑法是根据本期的实际值和过去对本期的预测值,预测下一期数值的方法,它反映了最近时期实际的数值对预测值的影响。这是一种在移动平均法的基础上发展起来的特殊的加权平均法。这种方法在企业管理领域很受欢迎。

指数平滑法的基本思想是:对某个特定的时段的预测如果过高,在下一个阶段预测时要降低它;如果预测过低,就提高它。使用这种方法的一个主要好处是预测时只需要两个时段的数据,不需要太多的数据,因而无需储存太多的数据,从而可节约时间和人力。下面举例说明。

使用平滑指数法首先要获得两个阶段的三个数据,即第一阶段的预测结果(例如,假设前文介绍移动平均法所举的例子中第12周的预测结果为279)、第一阶段的实际结果(前文中第12周的实际结果是276)以及第二阶段的预测结果(假设第13周为275),然后利用这三个数据计算平滑常数(Smoothing Constant)。下面是其计算公式:

$$\text{平滑常数} = \frac{\text{第二阶段的预测结果} - \text{第一阶段的预测结果}}{\text{第一阶段的实际结果} - \text{第一阶段的预测结果}} \quad \cdots\cdots (5)$$

把数值代入公式(5),求得该饭店客房销售量的平滑常数为1.33。

$$\text{平滑常数} = \frac{275-279}{276-279} = 1.33$$

下面是利用平滑常数进行预测的公式:

$$\text{新的预测数值} = \text{过去的预测值} + \text{平滑常数} \times (\text{实际数值} - \text{过去的预测值}) \quad \cdots\cdots (6)$$

代入有关数据,第14周星期二的客房销售数量为267。

$$\text{第14周的预测值} = 275 + 1.33 \times (269-275) = 267$$

其中275是第13周的预测值,269是第13周的实际结果,1.33是平滑常数。

需要指出的是,平滑指数的计算方法有很多种,此处介绍的只是其中的一种。平滑指数法在进行短期的预测时很有帮助,其预测的结果相当准确可靠——当然不是精确。

通过对幼稚预测法、简单平均预测法、移动平均预测法和指数平滑预测法四种预测方法的介绍，相信读者对时间序列预测法有了相当的认识。时间序列法从本质上来说，是把预测建立在历史的基础上，用历史推断未来，即认为"过去发生的事情将来也会发生"。这种方法通常是很有效的，因为很多事物的变化和发展都循序渐进、是有规律可循的，并常呈现周期性和季节性变化的特点，突变的情况并不多见。但是，时间序列预测法没有考虑由于出现一些新的因素的影响，未来未必与历史一模一样。例如，过去几年某家饭店的客房出租率都不高，今年该饭店决定增加投入，进行广告促销，或者当地主要的竞争对手有一家关门装修，今年12月该饭店的客房出租率很可能会前所未有的高。所以，在使用时间序列法的时候，必须要把未来的变化因素考虑在内。

另外，虽然因果预测法及时间序列预测法相当有用，在使用因果预测法和时间序列预测法时我们都应当意识到它们存在一定的局限性。首先，利用这两种方法预测，对历史数据的依赖性很强，如果没有历史数据或者数据不足，它们就变得没有用。例如，新开业的饭店没有什么历史数据，使用这些方法显然行不通。其次，这两种方法都建立在"过去发生的事情将来必定会发生"的假设基础上，但是，事实上将来的情况未必如此，因为定量分析法没有把未来不可预知的事件的影响考虑进去。例如，第二次海湾战争和美国"9·11事件"等突发事件对过去几年美国旅游业和饭店业的影响等等是很多人当时所无法预见到的。所以，仅仅依靠定量预测法是不够的，也是不全面的。

（二）定性预测法（Qualitative Forecasting Methods）

当缺乏数据资料或者难以取得足够的数据资料时，定性预测法就派上用场了。定性预测法强调依靠人的判断，主要运用个人的经验、知识和感觉进行预测。当然，这些判断需要调查研究和收集信息来支持。收集的信息要符合逻辑，有系统性，没有偏见。常见的定性预测方法有市场调查法、高层管理人员意见综合法、销售人员估算法以及德尔菲法等。

1. 市场调查法

市场调查法要求系统地收集、记录和分析与饭店产品服务密切相关的信息，以掌握市场需求情况和市场竞争情况，以确定产品、价格、细分市场、销售渠道等的定位和组合，并据此预测饭店的销售情况。本书前面的章节对这些内容已有详细的介绍，这里不再重复。

在这里要特别指出的是，饭店收益的优化很大程度上建立在预测的市场需求与剩余的空房数量的关系上，因此饭店应该把竞争对手的情况考虑在内。饭店可以通过打电话给竞争对手饭店，以订房客人的身份获知竞争对手的价格情况。当然，由于互联网的使用，竞争对手的价格很容易在网上查得到。当然值得注意的是，有的饭店在互联网上公布的价格与在其他销售渠道的价格不一致。所以，比较稳妥的办法是打电话去了解和在网上查询相结合。

饭店在通过电话或互联网了解到竞争对手的价格后，可以立即作出反应，及时调整价格。如果竞争对手的某种预订模式的价格比你的饭店高，会使它们的一部分需求流往你的饭店。值得注意的是，现在的客人很聪明，他们也学会到处了解价格情况，"货比三家"，"价也比三家"。例如，如果你的饭店的房价是219美元，而你的竞争对手是299美元，那么对某些潜在市场来说，他们会认为你的饭店很便宜，并乐意来你的饭店住。

在上述情况下，如果把你的饭店的价格提高到269美元，虽然增加了50美元，却未必会使你的饭店需求减少，因为该价格仍然比竞争对手的低。

2. 管理人员意见综合法

这种方法要求饭店经营管理部门的负责人，如财务总监、销售总监、收益管理总监、客务部总监、饮食部总监等独立地进行销售情况的预测，然后开会讨论，汇总所有人的预测结果，反复进行讨论和调整，最后就销售情况的预测结果达成一致的意见。在他们独立进行预测时，需要给他们提供关于市场情况的展望报告，例如明年本地旅游市场的趋势预测报告，以及饭店产品和服务变化情况的报告。市场情况的展望报告通常从专业的饭店管理公司或行业管理机构处购买得到，这些公司和机构通常专门组织人力和财力对市场进行深入细致的研究，他们提供的信息弥补了饭店自身所获信息的不足。

3. 销售人员意见综合法

销售人员意见综合法是召集负责各细分市场和销售渠道的销售人员对顾客的购买量、市场需求变化趋势、竞争对手动向等问题进行分析，然后对预测结果进行汇总，达成共识的预测方法。

饭店的销售部门通常有若干个销售经理，他们分别负责不同细分市场和销售渠道的管理工作。例如，有的销售经理专门负责管理公司协议账号，负责与有关公司客户沟通和联络，签订协议。他们除了要维持现有的客户外，还要争取获得更多的新客户。在更为成熟的市场，公司协议账号还可以根据行业细分为医疗保健业、生产制造业、金融保险业、能源供应业等等，由不同经理进行对口管理。还有一些销售经理负责政府部门或非营利性行业的市场的管理和开拓，如教育科研、慈善、体育和宗教等。另外还有一些经理专门负责团体市场的管理和开拓，如各种展览会、研讨会、联欢会、婚宴、寿宴和大中型文体活动等等。这些经理有不同的分工和专长，还有实际的工作经验，直接接触客户和了解市场，所以，能对各细分市场的历史、现状和发展趋势有比较深入的认识，所以，让他们对各自所负责领域的情况进行预测，然后对他们的意见加以讨论和汇总，能取得较可靠的预测结果。

4. 德尔菲法（Delphie）

这是由美国著名咨询公司兰德公司发展的一种新型专家预测方法。它通过寄发调查表的形式征求专家的意见，专家提出意见后以不记名的方式反馈回来；组织者将得到的初步结果进行综合整理，然后反馈给各位专家，请他们重新考虑后再次提出意见；经过若干轮的匿名反馈过程，专家意见基本趋向一致；组织者依此得出预测结果。这种预测方法成本较高，通常被用于比较长远的宏观的预测，如某地区未来五年旅游市场的前景等等，比较少用于一个饭店的经营管理情况的预测。

（三）根据预订进度来预测（Booking Pace）

例如，假设现在是1月15日，某饭店1月份的预算客房销售量是6,200间，现在该饭店已经销售了2,800间，另外还预订了3,200间。可见，本月头15天该饭店已经销售和即将销售的客房总数完成了预算的96.8%，在剩下的16天里，只要平均每天能卖出13间客房，该饭店就能实现预算指标。从历史资料来看，该饭店在1月份后半个月，平均每天能卖出23间房，因此，进度是喜人的，收益管理经理应当不要只满足于把剩下的房间卖出去，而是要适当提高房价，把握好房间销售的时机，尽量把房间卖给平均价格高、毛利高的细分市场。

预订进度分析的一个重要内容是把今年的预订情况与去年同期的预订情况相比较。例如，在上面的例子中，如果去年1月份头15天该饭店已经销售和获得的预订的客房数量是5,600间，比今年1月同期的6,000间少了400间，可见今年1月份头15天预订进度比去年同期好，后16天的压力比去年同期小。这也许是因为今年市场需求情况比去年同期好，也可能是因为今年的收益管理策略比去年同期好。

为了便于与历史同期比较，收益管理经理每周至少要记录一次饭店预订的情况。如果饭店的收益管理系统能自动记录这些数据则最好，如果没有收益管理系统或者系统没有这项功能，饭店收益管理人员应当作人工记录。预订进度的例子请见表4-6与图4-7。

表 4-6 某饭店 2006 年 2 月预订进度表

饭店预订总数	2/1/06 星期三	2/2/06 星期四	2/3/06 星期五	2/4/06 星期六	2/5/06 星期日	2/6/06 星期一	2/7/06 星期二	2/8/06 星期三	2/9/06 星期四	2/10/06 星期五	2/11/06 星期六	2/12/06 星期日	2/13/06 星期一	2/14/06 星期二	2/15/06 星期三	2/16/06 星期四	2/17/06 星期五	2/18/06 星期六	2/19/06 星期日	2/20/06 星期一	2/21/06 星期二	2/22/06 星期三	2/23/06 星期四	2/24/06 星期五	2/25/06 星期六	2/26/06 星期日	2/27/06 星期一	2/28/06 星期二	小计	客房出租率	增加的客房预订间数	客房收入	平均房价	与预算相比房间数	与预算相比客房收入
11/29/05	108	98	73	35	25	47	49	68	68	60	58	59	57	84	83	44	40	43	40	40	62	48	40	38	38	41	60	116	1,622	23.2%	0	310,132	191	(3,234)	($918,876)
12/6/05	111	101	85	62	46	69	74	104	44	61	62	62	57	84	80	41	43	46	43	43	62	48	40	38	38	41	60	116	1,761	25.2%	139	344,523	196	(3,054)	($884,485)
12/13/05	118	109	92	74	55	82	89	113	47	61	63	63	57	90	83	41	45	47	45	50	63	49	41	39	39	42	63	119	1,864	26.6%	103	370,456	199	(2,992)	($858,552)
12/20/05	126	115	102	80	62	83	93	116	50	62	66	65	58	104	95	52	52	51	44	50	65	50	44	41	41	42	64	119	1,972	28.2%	108	397,134	202	(2,884)	($831,236)
12/27/05	146	132	121	99	87	100	103	137	55	63	69	66	59	107	97	52	45	47	47	54	65	50	45	41	42	42	64	120	2,137	30.5%	165	437,134	205	(2,719)	($791,874)
1/3/06	145	148	132	102	96	112	121	141	60	66	69	66	59	110	100	52	45	50	51	54	65	50	45	60	60	62	85	121	2,321	33.2%	184	493,059	212	(2,535)	($733,949)
1/10/06	168	170	147	121	108	116	135	155	72	74	75	72	70	120	116	56	45	54	54	58	78	55	47	58	60	69	99	112	1,559	36.6%	238	542,157	212	(2,297)	($686,181)
1/17/06	200	205	198	153	160	127	143	177	114	112	127	116	137	153	120	82	82	85	82	84	78	70	50	90	93	98	119	117	3,364	48.1%	805	744,970	221	(1,492)	($484,038)
1/24/06	221	210	219	180	175	155	166	190	135	135	144	136	152	190	121	82	85	105	105	112	105	103	100	90	95	103	124	127	3,876	55.4%	512	886,692	229	(1,492)	($342,316)
1/31/06	250	250	242	213	188	209	214	233	140	136	146	147	159	220	144	112	119	113	130	117	110	132	134	97	98	107	127	143	4,430	63.3%	554	1,069,976	239	(426)	($169,032)
																													预算	4,856	69.4%		1,229,108	253		

饭店预订总数	2/1/06	2/2/06	2/3/06	2/4/06	2/5/06	2/6/06	2/7/06	2/8/06	2/9/06	2/10/06	2/11/06	2/12/06	2/13/06	2/14/06	2/15/06	2/16/06	2/17/06	2/18/06	2/19/06	2/20/06	2/21/06	2/22/06	2/23/06	2/24/06	2/25/06	2/26/06	2/27/06	2/28/06	小计	客房出租率	增加的客房预订间数	客房收入	平均房价	与预算相比房间数	与预算相比客房收入
11/29/05	53	43	31	12	3	2	4	2	2	6	4	5	3	6	5	6	2	5	2	2	2	2	2	0	0	0	0	3	208	3.0%	0	30,160	145	(2,192)	($663,440)
12/6/05	56	46	33	13	3	2	8	6	2	6	7	8	3	6	5	6	3	5	5	8	5	3	3	1	0	0	0	3	240	3.4%	32	35,760	149	(2,160)	($657,840)
12/13/05	58	49	40	22	12	4	11	15	2	7	8	9	4	12	7	4	3	7	8	9	7	4	3	1	1	0	0	3	296	4.2%	56	45,880	155	(2,104)	($647,720)
12/20/05	66	55	50	28	19	12	15	17	3	8	12	11	5	16	7	4	4	7	9	13	12	4	3	3	3	0	1	3	372	5.3%	76	61,752	166	(2,028)	($631,848)
12/27/05	76	62	55	33	22	12	15	26	5	12	15	14	10	19	12	6	4	7	13	16	15	11	7	3	3	0	4	4	430	6.1%	58	75,250	175	(1,970)	($618,350)
1/3/06	75	78	66	36	30	13	17	30	17	12	15	14	14	22	12	4	7	9	13	16	20	11	9	3	6	2	0	6	508	7.3%	78	96,012	189	(1,892)	($597,588)
1/10/06	85	90	78	55	50	17	36	42	24	15	22	25	22	15	18	6	13	16	16	20	21	8	9	7	11	11	2	11	669	9.6%	161	135,807	203	(1,731)	($537,793)
1/17/06	115	120	99	75	88	26	42	45	24	22	25	23	17	55	22	13	19	22	24	21	12	12	12	8	12	15	11	15	978	14.0%	309	220,050	225	(1,422)	($473,550)
1/24/06	133	122	138	95	100	55	55	56	40	40	42	35	39	88	27	16	22	22	32	28	15	15	15	8	15	19	15	22	1,254	17.9%	276	307,230	245	(1,146)	($386,370)
1/31/06	160	160	140	125	110	99	99	88	45	45	45	45	45	99	32	22	29	40	32	33	20	22	19	15	15	19	15	22	1,628	23.3%	374	437,932	269	(772)	($255,668)
																													预算	2,400	34.3%		693,600	289		

饭店预订总数	2/1/06	2/2/06	2/3/06	2/4/06	2/5/06	2/6/06	2/7/06	2/8/06	2/9/06	2/10/06	2/11/06	2/12/06	2/13/06	2/14/06	2/15/06	2/16/06	2/17/06	2/18/06	2/19/06	2/20/06	2/21/06	2/22/06	2/23/06	2/24/06	2/25/06	2/26/06	2/27/06	2/28/06	小计	客房出租率	增加的客房预订间数	客房收入	平均房价	与预算相比房间数	与预算相比客房收入
11/29/05	55	55	42	23	22	45	45	66	66	54	54	54	54	78	78	38	38	38	38	38	60	46	38	38	38	41	59	113	1,414	20.2%	0	279,972	198	(1,042)	($255,436)
12/6/05	55	55	52	49	43	66	66	98	42	54	54	54	54	78	78	38	38	38	38	38	60	46	38	38	38	41	59	113	1,521	21.7%	104	308,763	203	(935)	($226,645)
12/13/05	60	60	52	52	43	78	78	98	45	54	54	54	54	88	88	38	38	38	38	38	60	46	38	38	38	42	62	116	1,568	22.4%	47	324,576	207	(888)	($210,832)
12/20/05	60	60	66	52	43	78	78	98	45	54	54	54	54	88	88	38	38	38	38	38	60	46	38	38	38	42	63	116	1,600	22.9%	32	336,000	210	(856)	($199,408)
12/27/05	70	70	66	66	63	88	88	115	46	49	54	54	54	98	88	48	48	48	48	48	67	47	38	38	38	42	63	117	1,707	24.4%	107	361,884	212	(749)	($173,524)
1/3/06	70	70	66	66	66	99	99	115	49	55	58	58	58	98	98	50	48	50	51	54	67	55	38	38	38	57	84	117	1,813	25.9%	106	397,049	215	(643)	($138,361)
1/10/06	80	80	80	69	66	78	78	125	55	59	58	58	60	98	98	50	45	54	54	58	78	55	47	57	57	57	82	106	1,890	27.0%	77	406,350	215	(566)	($129,058)
1/17/06	83	85	99	78	72	101	101	132	90	95	102	102	102	121	102	63	63	63	63	63	67	67	88	82	82	87	111	106	2,386	34.1%	496	524,920	220	(70)	($10,488)
1/24/06	88	88	88	85	79	110	110	135	95	95	102	102	102	102	94	66	63	63	63	84	88	88	88	82	83	88	111	112	2,802	37.5%	180	579,492	221	(166)	$44,054
1/31/06	90	90	102	88	78	110	115	145	95	95	103	103	102	121	112	90	90	81	81	84	90	110	115	82	83	88	112	121	2,456	35.1%		535,408	218	(346)	$86,636
																													预算							

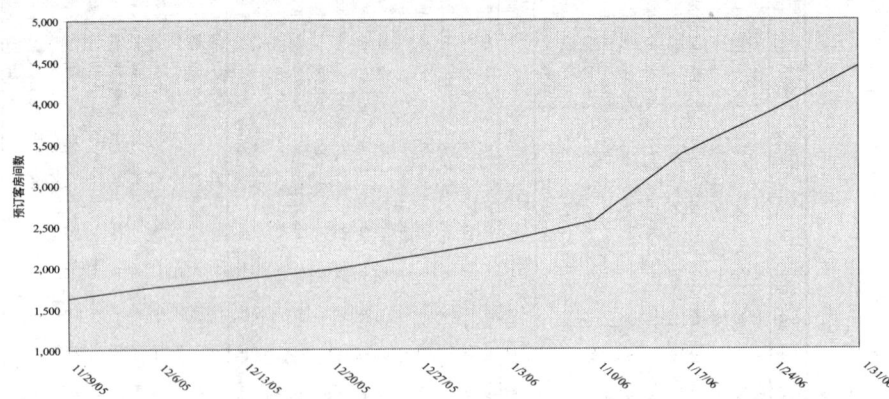

图 4-7 某饭店 2006 年 2 月预订进度曲线图

掌握了预订进度情况,可以利用它来准确预测一个月的月末实际客房销售量和客房销售收入情况。以下是计算公式。

> 月末客房销售量 = 已经销售的客房间数 + 已经获得的预订客房间数
> 　　　　　　　+ 预计即将获得的新的预订客房间数…………(7)

> 月末客房销售收入 = 已经获得的实际客房收入 + 已经获得的预订客房
> 　　　　　　　　收入 + 预计即将获得的新的订房收入…………(8)

应该指出的是,如果出现超额预订的情况,在预测月底实际客房销售量或销售收入时,应当减去超额预订的客房间数或因超额预订得到的客房销售收入。

表 4-7 某饭店 2006 年 2 月份预订情况进度表

(根据 2006 年 1 月 31 日统计数据)

	本月实际+预订	本月预算	本月预测	去年同期实际	与预算相比差额	与预测相比差额	与去年相比差额
客房销售量	4,430	4,856	4,873	4,665	(426)	(443)	(235)
客房销售收入	$1,059,976	$1,229,008	$1,252,392	$1,143,998	($169,032)	($192,416)	($84,022)
平均房价	$239.27	$253.09	$257.01	$245.23	($13.82)	($17.73)	($5.96)
客房出租率	63.3%	69.4%	69.6%	66.6%	−6.1%	−6.3%	−3.4%
平均每房收入	$151.4	$175.57	$178.91	$163.43	($24.15)	($27.49)	($12.00)

本月实际是指本月已经过去的日子里的实际结果。预订指现在已经获得的本月未来日子的预订结果。

本月预测是指在 1 月底重新预测时认为 2 月末能得到的结果。

表 4-8 某饭店 2006 年 2 月份客房销售收入预测表
（根据 2006 年 1 月及 2005 年 1 月统计数据）

	客房销售间数（实际+预订）			去年同期实际			客房平均价格（实际+预订）		
	团体客房间数	散客客房间数	总计客房间数	Group revenue	Transient revenue	Total Revenue	Group ADR	Transient ADR	ADR
1/31/2005	2,655	1,326	3,981	$565,515	$364,650	$930,165	$213	$275	$234
1/31/2006	2,802	1,628	4,430	$622,044	$437,932	$1,059,976	$222	$269	$239
variance	147	302	449	$56,529	$73,282	$129,811	$9	($6)	$6

从表 4-7 与 4-8 可推算出，从 2005 年 2 月 1 日到 28 日，该饭店获得的在 2 月预订并且在 2 月入住的客房预订间数为 684（=4,665-3,981），相应的客房销售收入为 $213,833（=$1,143,998-$930,165）。对于 2006 年 2 月而言，只要获得 2005 年 2 月当月预订入住的客房销售量的 64.8%（=443/684）和销售收入的 90.0%（=$192,416/$213,833），就可实现当月的预测目标。由于预测的目标比预算的目标高，所以，完成预算也不成问题。这些情况都表明从 2006 年 2 月 1 日到 28 日，只要该饭店的市场需求与 2005 年同期相当，实现预算和预测目标是没有问题的。

除了同预算、预测以及去年同期比较之外，对月末情况要获得比较全面的认识，还需要与竞争对手的预订进度进行比较。但是，要完全获得竞争对手现在和去年同期已经预订了多少房间，获得了多少客房收入，以及它们的预算和预测是多少等信息是不现实的。但是，可以利用第三者提供的报告了解某些重要分销渠道竞争对手的预订进度情况。例如，在美国 Travelclick 公司有技术优势，它可以获取某地区的某些饭店通过全球分销系统获得的客房销售数量和销售收入的情况，只要一家饭店向它交费，并告诉它需要哪些竞争对手饭店的情况，它就会每周编制一份报告，告诉付费饭店那些饭店每周从全球分销系统获得的预订的总量和销售收入等。这个报告还将列出这家饭店与竞争对手饭店比较，在全球分销系统得到的销售量和销售收入是否达到应得的市场份额。由于全球分销系统带来的业务量通常占一家饭店总业务量的 20%~30%，所以，这个报告是很有价值的。

此外，大部分网络营销网站也能给它们的合作饭店提供类似的分析报告。例如 Expedia.com 会每周提供一份报告，告诉饭店本地区哪 20 家饭店在该网站的销售量最大，在一定时期，有多少旅客预订了这个地区的饭店，平均房价多少，平均住几晚，本饭店获得多少房晚，获得多少客房收入，市场份额如何等等。又如 Priceline.com 每周会给与它合作的饭店一份报告，这份报告会告诉这些饭店过去一周有多少客人在该网站上预订客房,有多少顾客查看某饭店的信息,愿意支付多少钱预订该饭店,愿意住多少晚,该饭店实际从该网站得到了多少预订,有多少间房本来可以卖掉,因价格太高或别的原因没有卖掉。这些信息无疑对饭店分析预订进度、调整价格策略是很有帮助的。

(四)根据细分市场的产品销售数量和价格来预测

根据细分市场来预测的方法最初是用在航空业。这种方法普遍运用于旅客对不同票价需求的预测 [1]。飞机票价的设定其实事先是针对不同细分市场来决定的。票价通常带有某些附加条件或称限制,例如提前14天订票或者是搭乘早上7点钟前或傍晚7点钟后的航班。这些限制,也称为栅栏,目的是防止一个本来可以购买另一个更高价格的飞机票的细分市场涌入购买低价的细分市场的机票,避免"稀释"了整体的平均票价和整体机票收入。

现在,有越来越多的饭店模仿航空公司的这种做法,把饭店客房的公共价格细分 [2],加上限制条件,形成不同的价格产品。例如,有的饭店把公共价格分为无限制的公共价格(即公共价格1,英文代码为PR1)、最优公共价格(即公共价格2,英文代码为PR2)和热销公共价格(即公共价格3,英文代码为PR3)。无限制的公共价格规定客人订房后最迟可以在入住当日傍晚6时前取消,不用支付取消订房费。最优公共价格规定客人订房后最迟可以在入住当日前一天傍晚6时前取消,即提前24小时取消,不用支付取消订房费。热销公共价格则规定客人订房时饭店立即收取所有房费,而且一旦订了房,客人不能取消订房、不能更改入住日期、也不能要求退还房费。可见三种价格的限制从PR1到PR3逐渐变得严格,越来越对饭店有利。当然,三种价格的收费也逐渐减少,PR1最贵,PR2其次,PR3最低。这三种价格是饭店所有价格中毛利最高的价格,因此饭店如果想提高整体收益和利润率,当下功夫提高以公共价格销售的房间的比例及其收入的比例。

使用根据细分市场的客房销售数量和平均价格来预测的方法,要求分析未来一段时间内,如一天、一星期或者一个月等,各细分市场的需求情况,然后估算以不同的价格在不同细分市场销售饭店客房,能得到的产品销售量以及单位产品的平均销售价格。然后,根据细分市场需求的情况,按照价格从高到低

---

[1] 注意,由于我们强调把产品细分化,不同产品有不同的价格,所以其实一种价格就代表一种产品。因此,在本书中我们谈市场对某种产品的需求,也是等同与市场对某种价格的需求。

[2] 饭店的公共价格是指饭店的零售价格,是指饭店向社会公众提供的客房出租的零售价格。与它相对的是协议价格或合同价格,如公司协议价格、政府协议价格及团体接待价格等等。由于协议价或合同价是通过谈判,在零售价格的基础上给予一定的折扣,所以,公共价格往往高于协议价或合同价。提高公共价格的预订数可以提高饭店的收入和利润率。

的顺序，把一定数量的客房预留给销售价格最高的细分市场，满足了最高价的市场的需要之后剩余的客房预留给价格次高的细分市场，依次类推，如果最后还剩客房，那么这些客房将卖给价格较低的细分市场。例如，如果预计能把20间客房按照$340美元的平均价格卖给愿意支付PR1价格的细分市场，就应该把20间客房预留给这个价格水平的市场。如果不预留，那么在需求很大的情况下，这些房间可能早被出低价的别的细分市场买走了，饭店的收入无疑减少了，中间的差价是饭店损失的收入。

在计算预留多少客房时，不仅要考虑尽量提高单位客房的平均销售价格，还要考虑尽量提高客房出租率，考虑一些细分市场的特殊需求，以决定预留给各细分市场的产品数量，然后算出每天的销售收入、平均房价和客房出租率。在这个计算过程中，往往需要借助饭店管理信息系统软件和收益管理软件获取历史数据和资料，并综合利用前面介绍的各种定量预测或定性预测的方法，进行分析预测，并进行优化组合，使每天的细分市场组合和价格组合达到最优化。

运用按照细分市场的产品销售量和销售价格来预测的方法能达到相当高的预测准确率，而且由于采用了"预留"房间给高价的细分市场，防止这些房间被贱卖给低价的细分市场，可以有效提高饭店的收益。这些预留的房间又可以称为"被保护的房间"，意思是它们被保护起来，只卖给理想的市场，而不是随便什么市场都行。可见使用这种方法进行预测的过程是分析和统筹规划、"做一手好牌"的过程。下面举例说明。

某饭店某年1月份的客房销售情况逐天预测如表4-9，汇总得出这个月的整体情况，并将其与预算和去年同月的情况进行比较。

表 4-9 客房销售情况预测表

细分市场/日期	1月1日 星期一	1月2日 星期二	1月3日 星期三	1月4日 星期四	1月5日 星期五	1月6日 星期六	1月7日 星期日	1月8日 星期一	1月9日 星期二	1月10日 星期三	1月11日 星期四	1月12日 星期五	1月13日 星期六	1月14日 星期日	1月15日 星期一
客房销售间数															
公共价散客1	6	7	15	16	9	11	12	20	23	17	19	13	10	8	12
公共价散客2	15	16	26	33	30	26	22	29	33	30	40	13	16	19	22
公共价散客3	9	10	13	20	12	14	16	26	25	19	22	10	11	9	12
公司协议散客	3	22	33	38	18	10	22	33	30	44	25	12	8	12	22
政府客	1	3	13	13	9	12	15	46	54	52	30	10	8	9	22
团体客	24	20	12	40	42	54	50	55	65	60	42	55	55	69	66
网络销售	24	26	22	32	22	33	21	30	20	19	22	15	18	17	11
客房销售总数	82	104	134	192	142	160	158	239	250	241	200	128	126	143	167
预测客房出租率	33%	42%	54%	77%	57%	64%	63%	96%	100%	96%	80%	51%	50%	57%	67%
平均房价															
公共价散客1	$260.00	$245.00	$287.00	$295.71	$225.00	$190.00	$306.00	$356.25	$363.13	$397.50	$346.67	$270.00	$240.00	$355.00	$354.00
公共价散客2	$223.00	$238.46	$257.00	$265.00	$178.89	$175.75	$270.00	$315.00	$331.00	$336.00	$302.00	$183.46	$184.83	$306.00	$288.00
公共价散客3	$185.00	$202.00	$212.00	$206.00	$163.00	$149.67	$223.60	$259.00	$274.00	$284.00	$269.00	$145.44	$155.00	$251.00	$265.00
公司协议散客	$192.00	$224.94	$236.00	$253.45	$212.00	$200.00	$252.00	$276.11	$286.06	$279.97	$284.00	$219.50	$220.00	$225.00	$268.00
政府客	$188.00	$188.00	$188.00	$188.00	$208.89	$188.00	$189.92	$189.25	$188.93	$188.89	$194.76	$188.00	$188.00	$188.00	$188.00
团体客	$183.00	$185.00	$195.00	$201.00	$195.00	$195.00	$210.00	$210.00	$215.00	$215.00	$216.00	$215.63	$215.63	$192.00	$255.00
网络销售	$112.00	$121.00	$144.00	$165.00	$145.00	$155.00	$189.00	$225.00	$231.00	$202.00	$201.00	$142.44	$123.00	$181.68	$220.00
整体平均房价	$175.88	$191.43	$220.03	$223.91	$186.08	$180.35	$228.17	$247.33	$254.01	$253.58	$255.11	$202.03	$193.65	$220.49	$257.76
客房收入															
公共价散客1	$1,560	$1,715	$4,305	$4,731	$2,025	$2,090	$3,672	$7,125	$8,352	$6,758	$6,587	$3,510	$2,400	$2,840	$4,248
公共价散客2	$3,345	$3,815	$6,682	$8,745	$5,367	$4,570	$5,940	$9,135	$10,923	$10,080	$12,080	$2,385	$2,957	$5,814	$6,336
公共价散客3	$1,665	$2,020	$2,757	$4,120	$1,956	$2,095	$3,578	$6,734	$6,850	$5,396	$5,918	$1,454	$1,705	$2,259	$3,180
公司协议散客	$576	$4,949	$7,788	$9,631	$3,816	$2,200	$5,544	$9,111	$8,582	$12,319	$7,100	$2,634	$1,760	$2,025	$5,896
政府客	$188	$564	$2,444	$2,444	$1,880	$2,256	$2,849	$8,706	$10,202	$9,822	$5,843	$1,880	$1,504	$2,256	$4,136
团体客	$4,400	$3,700	$2,340	$8,040	$8,190	$10,530	$10,500	$11,550	$13,975	$12,900	$9,072	$11,859	$11,859	$13,248	$16,830
网络销售	$2,688	$3,146	$3,168	$5,280	$3,190	$5,115	$3,969	$6,750	$4,620	$3,838	$4,422	$2,137	$2,214	$3,089	$2,420
收入合计	$14,422	$19,909	$29,484	$42,991	$26,424	$28,856	$36,051	$59,111	$63,504	$61,113	$51,021	$25,137	$24,400	$31,531	$43,046
平均可出租房每房收入	$57.69	$19.64	$117.94	$171.97	$105.69	$115.42	$144.21	$236.44	$254.01	$244.45	$204.09	$103.44	$97.60	$126.12	$172.18

细分市场/日期	1月16日 星期一	1月17日 星期二	1月18日 星期三	1月19日 星期四	1月20日 星期四	1月21日 星期五	1月22日 星期六	1月23日 星期日	1月24日 星期一	1月25日 星期二	1月26日 星期三	1月27日 星期四	1月28日 星期五	1月29日 星期六	1月30日 星期日	1月31日 星期一
客房销售间数																
公共价散客1	26	22	21	11	10	20	25	32	33	26	9	12	8	22	25	29
公共价散客2	32	39	22	41	33	39	45	55	55	39	20	22	23	36	49	41
公共价散客3	19	16	23	20	19	26	28	33	29	30	15	16	15	33	39	41
公司协议散客	41	50	34	6	5	45	76	66	65	68	33	12	9	45	55	46
政府客	38	35	24	4	6	15	12	4	10	20	11	10	17	32	23	21
团体客	84	61	33	62	65	50	50	45	41	23	55	50	45	40	44	21
网络销售	10	20	33	45	55	22	14	15	17	5	33	26	9	12	15	5
客房销售总数	250	243	190	189	193	217	250	250	250	211	176	148	126	220	250	204
预测客房出租率	100%	97%	76%	76%	77%	87%	100%	100%	100%	84%	70%	59%	50%	88%	100%	82%
平均房价																
公共价散客1	$376.00	$403.57	$433.53	$260.00	$230.00	$356.00	$415.00	$420.00	$409.00	$402.00	$300.00	$286.00	$313.33	$389.09	$370.00	$386.25
公共价散客2	$322.72	$315.69	$325.59	$271.00	$214.83	$312.00	$366.00	$384.00	$380.00	$369.00	$264.00	$256.00	$265.00	$323.00	$336.29	$349.00
公共价散客3	$290.21	$260.94	$246.00	$223.00	$181.13	$284.00	$310.00	$325.00	$319.00	$302.00	$203.00	$216.00	$245.00	$291.00	$286.00	$265.00
公司协议散客	$289.00	$274.27	$274.00	$246.67	$266.00	$295.00	$315.00	$325.00	$316.00	$306.00	$272.92	$260.00	$262.22	$284.00	$278.00	$269.00
政府客	$188.00	$188.00	$188.00	$188.00	$188.00	$191.86	$188.11	$188.08	$189.13	$188.13	$188.00	$188.00	$188.24	$188.13	$188.17	$190.57
团体客	$255.00	$263.89	$263.88	$195.00	$195.00	$316.00	$322.00	$332.00	$326.00	$309.00	$252.32	$252.00	$255.36	$265.00	$254.00	$253.06
网络销售	$231.00	$229.44	$201.00	$115.00	$118.00	$254.00	$285.00	$274.00	$269.00	$261.00	$171.80	$160.19	$213.00	$206.00	$221.00	$231.00
整体平均房价	$273.36	$273.02	$268.92	$200.68	$178.52	$295.91	$327.25	$346.15	$336.07	$316.99	$236.63	$231.65	$247.98	$280.29	$283.96	$290.30
客房收入																
公共价散客1	$9,776	$8,879	$9,104	$2,860	$2,300	$7,120	$10,375	$13,440	$13,497	$10,452	$2,700	$3,432	$2,507	$8,560	$9,250	$11,201
公共价散客2	$10,327	$12,312	$7,163	$11,111	$7,090	$12,168	$16,470	$21,120	$20,900	$14,391	$5,280	$5,632	$6,095	$11,628	$16,478	$14,309
公共价散客3	$5,514	$4,175	$5,658	$4,460	$3,442	$7,384	$8,680	$10,725	$9,251	$9,060	$3,045	$3,456	$3,675	$9,603	$11,154	$10,865
公司协议散客	$11,849	$13,713	$9,316	$1,480	$1,330	$13,275	$23,940	$21,450	$20540	$20,808	$9,006	$3,120	$2,360	$12,780	$15,290	$12,374
政府客	$7,144	$6,580	$4,512	$752	$1,128	$2,878	$2,257	$752	$1,891	$3,763	$2,068	$1,880	$3,200	$6,020	$4,328	$4,002
团体客	$21,420	$16,097	$8,708	$12,090	$12,675	$15,800	$16,100	$14,940	$13,366	$7,107	$13,878	$12,600	$11,491	$10,600	$11,176	$5,314
网络销售	$2,310	$4,589	$6,633	$5,175	$6,490	$5,588	$3,990	$4,110	$4,573	$1,305	$5,669	$4,165	$1,917	$2,472	$3,315	$1,155
收入合计	$68,340	$66,345	$51,094	$37,928	$34,454	$64,213	$81,812	$86,537	$84,018	$66,886	$41,646	$34,285	$31,245	$61,663	$70,991	$59,220
平均可出租房每房收入	$273.36	$265.38	$204.38	$151.71	$137.82	$256.85	$327.25	$346.15	$336.07	$267.54	$166.59	$137.14	$124.98	$246.65	$283.96	$236.88

续表

细分市场/日期	今年一月份预测	今年一月份预算	去年一月份实际	与预算相比	与去年一月实际相比
客房销售间数					
公共价散客1	529	420	365	109	164
公共价散客2	961	750	684	211	277
公共价散客3	630	432	312	198	318
公司协议散客	985	784	712	201	273
政府客	582	850	912	(268)	(330)
团体客	1,478	1,756	2,023	(278)	(545)
网络销售	668	641	660	27	8
客房销售总数	5,833	5,633	5,668	200	165
预测客房出租率	75%	73%	73%	3$	2%
平均房价					
公共价散客1	$354.20	$320.00	$319.00	$34.20	$35.20
公共价散客2	$302.44	$291.00	$286.00	$11.44	$16.44
公共价散客3	$256.88	$235.00	$233.00	$21.88	$23.88
公司协议散客	$280.77	$266.00	$265.00	$14.77	$15.77
政府客	$189.22	$182.00	$172.00	$7.22	$17.22
团体客	$238.40	$245.00	$231.00	($6.60)	$7.40
网络销售	$178.89	$166.00	$162.00	$12.89	$16.89
整体平均房价	$256.88	$240.38	$230.16	$16.51	$26.73
客房收入					
公共价散客1	$187,370	$134,400	$116,435	$52,970	$70,935
公共价散客2	$190,647	$218,250	$195,624	$72,397	$95,023
公共价散客3	$161,834	$101,520	$72,696	$60,314	$89,138
公司协议散客	$276,562	$208,544	$188,680	$68,018	$87,882
政府客	$110,129	$154,700	$156,864	$44,571	($46,735)
团体客	$352,356	$430,220	$467,313	$77,864	($114,957)
网络销售	$119,501	$106,406	$106,920	$13,095	$12,581
收入合计	$1,498,400	$1,354,040	$1,304,532	$144,360	$193,868
平均可出租房每房收入	$193.34	$174.71	$168.33	$18.63	$25.02

从表4-9可以看出，1月份预测情况与预算及去年1月的实际情况相比，在客房出租率方面相差不大，但是，由于在预测中，更多的客房将销售给平均价格较高的公共价和公司协议价细分市场，而价格相对较低的政府客市场和团体客市场的客房销售量相对减少，预测得到的客房总收入和平均房价比预算和去年实际情况提高了很多。可见结构性的较小的差异导致了客房平均价格和客房总收入的巨大差异。

应该指出的是，使用这种方法进行预测有两个特点：第一，预测的过程其实也是决定饭店收益管理策略的过程。预测完成时，收益管理的策略也制定好了，接下来的则是实施，即努力将饭店客房按照预留给各个细分市场的数目和价格销售出去，以取得预订的目标。第二，预测的过程是动态的过程，不断更新的过程。从理论上来说，如果时间允许，每天当重新预测。随着时间的推移，本月的一些时间已经过去，就要将这些已经过去的日子的数据改成实际取得的结果的数据,此外,对未来的日子的数据要重新进行预测。例如,假设1月份已经过去两周，那么从1月1日到14日的数据应该改成实际结果数据，从15日到31日的数据是重新预测的数据。1月份过去后，就可以把上个月底的预测的情况同实际结果相比较，看预测是否准确。

在介绍完以上各种预测方法之后，大家需要注意的是，各种预测方法各有长短，在实际工作中，预测工作是上述预测方法的综合应用，很少仅仅使用一种预测方法。另外，预测工作所需要的数据和优化组合的计算，可以借助收益管理软件来进行。关于使用收益管理软件来辅助预测的内容，将在第六章详细阐述。

六、如何选择预测方法

从前文的介绍中,读者可以看到,预测的方法是多种多样,各有长短的。那么，如何选择采取哪种预测方法呢？决定是否采用某种预测方法的因素很多，其中最重要的是看该预测方法是否能有效利用现有的数据作出能满足饭店经营管理需要的推断。有时适合使用定量分析法，有时则适合使用定性分析法。有的方法适合短期预测，有的则适合长期预测。应当指出的是，有时可以综合使用几种预测方法来预测，然后汇总预测结果。

决定是否使用某种预测方法的另一个因素是预测方法的成本和费用如何。本章在介绍不同的预测方法时，一直强调它们具有各自的优点和局限性，适合不同的情形。例如，规模较小、缺乏很有经验的预测人员或没用预测系统的饭店可以采用不那么复杂的却有效的预测方法，如幼稚预测法。与此相反，如果饭店能投入较多资金，需要比较深入、全面和准确的预测结果，饭店可以采用别的方法。

七、如何理解和衡量预测的准确性

（一）预测错误或误差的影响

预测结果比实际结果大时，饭店收益管理的策略必定过于激进，表现在不该关掉的销售渠道和价格等级被关掉了，销售的限制条件过于苛刻，其结果是饭店的客房出租率没有预期的高，尽管饭店也许会获得一个较高的平均房价，但是整体收入没有预期的高。

预测结果比实际结果小时，饭店收益管理的策略必定过于保守，表现在该关掉的销售渠道和价格等级没有关掉，没有设置销售限制条件或者销售限制条件过于宽松，其结果是饭店的客房出租率虽然很高，但是饭店没有达到预期的平均房价，因而整体收入也没有预期的高。

可见，无论是预测结果比实际结果大还是小，都会对饭店的收入造成不良影响。因此，收益管理人员应当努力提高预测的准确性。预测准确性因此也成为衡量收益管理经理工作表现的重要尺度之一。

（二）正确理解预测的特性和局限性

正确理解预测的特性和局限性对从事预测工作的收益管理人员及评价他们的工作表现的饭店管理人员来说都是很重要的。他们都应当认识到：

第一，预测是面向未来的。预测是对未来某段时间的情形进行分析。这段时间离现在越远，预测的难度越大，预测出现误差的可能性也就越大。例如，预测今天晚上能卖出多少间客房比预测两年后某日有多少间客房被卖出容易多了，也准确多了。

第二，预测具有不确定性。不确定性源于掌握的情况不够多。所以要提高预测的准确性，就要尽量找到更多更可靠的资料和数据。

第三，预测通常依赖历史数据。虽然过去发生的事情并不能在未来也发生，但是研究过去发生了什么还是预测的好的开端。只不过如果过去发生的事情与未来不相关时，在预测中要进行调整。例如，2006年9月卡特里娜号飓风重创美国新奥尔良地区，给当地饭店业沉重打击，但是在其后半年却给邻近的休斯敦市的饭店业带来了丰厚的收入，因为本来安排在新奥尔良地区的旅游会议等都转到休斯敦市了。当我们预测2007年同期休斯敦市饭店的收入情况时，卡特里娜号飓风带来的额外收入应当被排除在外，因为同样的情况不太可能再现。

第四,从预测的特性来看,预测的准确性通常比希望得到的结果差。为了提高预测的准确性,饭店经营管理者应该使用更为复杂和成熟的预测模型或软件。当然,前提是建立这些模型或购买使用这些软件的投资应当能得到理想的回报。

(三)衡量预测误差的方法

1. 平均绝对误差法(Mean Absolute Deviation, MAD)

使用这种方法,需要用一段时期的实际结果减去预测结果,得到绝对误差,然后将这些误差加起来求平均值,便得到平均绝对误差。下面用此法分析本章前面提到的加法预测模式和乘法预测模式的预测误差(数据见表4-10)。

表4-10 平均绝对误差分析表

时间	实际客房销售数量	预测客房销售数量	误差	误差绝对值
1月15日	293	300	(4)	4
1月22日	290	291	(1)	1
1月29日	290	296	(6)	6
2月5日	295	292	3	5
2月12日	281	285	(4)	4
合计	—	—	(12)	18
平均绝对误差	—	—	—	3

从表4-10中可见,这7天的平均绝对误差为3。另外,这7天的累积预测误差为负数(-12),意味着这7天的预测总的来说倾向于高估,平均每天的预测结果比实际结果高估3间客房。

如果这7天的累积预测误差为正数(+12),意味着这7天的预测总的来说倾向于低估,平均每天的预测结果比实际结果低估3间客房。

值得注意的是,本章举的例子是预测出售的客房间数,其实可以使用同样的方法预测客房收入、住店客人人数、每房平均收入等等,并衡量误差情况。

由于平均绝对误差法使用的是绝对值,比较适用于研究单个的饭店的预测误差情况。

2. 平均绝对百分比误差法(Mean Absolute Percentage Error, MAPE)

使用这种方法,需要用一段时期的实际结果减去预测结果,得到绝对误差,然后将这些误差除以实际结果,求出误差占实际结果的百分比,然后将这些百分比累加,并计算平均值,便得到平均绝对值百分比误差。仍以上例数据说明,见表4-11。

表 4–11 平均绝对百分比误差分析表

时间	实际客房销售数量	预测客房销售数量	误差	误差绝对值	误差绝对值占实际的百分比
1月15日	296	300	(4)	4	1.4%
1月22日	290	291	(1)	1	0.3%
1月29日	290	296	(6)	6	2.1%
1月5日	295	292	3	3	1.0%
1月12日	281	285	(4)	4	1.4%
合计	—	—	(12)	—	6.2%
平均绝对误差	—	—	—	—	0.9%

从表 4–11 中可见，这 7 天的平均绝对误差为 0.9%，另外，这 7 天的累积预测误差为负数（−12），意味着这 7 天的预测总的来说倾向于高估，平均每天的预测结果比实际结果高估 0.9%。

如果这 7 天的累积预测误差为正数（+12），意味着这 7 天的预测总的来说倾向于低估，平均每天的预测结果比实际结果低估 0.9%。

同样，此方法不仅可以用于预测出售的客房间数，也可以用于预测客房收入、住店客人人数、每房平均收入等等，并衡量误差情况。

由于平均绝对百分比误差法使用的是百分比，它能排除饭店规模大小或市场情况差异的干扰，便于不同规模或不同地区的饭店进行横向比较，所以这种方法比较适用于饭店集团总体评价属下若干个饭店的预测误差情况，也适合于不同饭店之间的比较。

要点回顾

1. "凡事预则立，不预则废"。准确预测，把握机遇，敢于承担风险，是收益管理成功的关键。

2. 如果饭店经营管理人员能提高分析预测的准确性，增强对未来的信心，就会打破常人不敢承担风险的常规，敢于并善于承担风险，获得高额回报。

3. 分析预测工作的步骤包括数据和资料的收集、加工整理和分析，在此基础上进行预测，在预测的基础上制定收益管理策略并付诸实施。数据和资料的收集整理的工作是基础，一定要踏踏实实做好这项工作。

4. 市场分析预测的主要对象包括无限制市场需求、预订进度、细分市场预订模式、细分市场入住模式、市场供求情况变化、竞争对手价格变化、市场的整体变化趋势、市场需求变化的季节性和周期性、影响本地旅游市场供求关系的重大事件等等九个方面。

5. 在实践中为了提高预测准确性,通常不仅限于使用一种预测方法,而是综合使用多种预测方法。

6. 常见的定量分析预测法包括因果分析法与时间序列法。其中因果分析法又可细分为回归分析法及计量经济学预测法。时间序列法又可分为幼稚预测法、简单平均预测法、移动平均预测法和指数平滑法等四种。

7. 定性分析法中的市场调查法、管理人员意见综合法、销售人员意见综合法、德尔菲法等。

8. 根据预订进度来预测的方法和根据细分市场产品销售数量和价格来预测的方法是常用的预测方法。

9. 预测的过程其实是制定饭店收益管理策略的过程。预测完成时,收益管理策略也制定好了。预测的过程是个动态的过程,数据不断更新,预测结果和收益管理策略也不断更新。

10. 预测出现误差是难免的,但要把误差尽量减小,并控制在一定范围内。可以使用平均绝对误差法和平均绝对百分比误差法来衡量预测的误差。

第五章
收益管理系统及其应用

导读

　　收益管理系统是辅助饭店开展收益管理工作的有效工具。它通常由一组或多组计算机软件构成，能收集、整理、储存有关的数据和资料，并能生成各种供收益管理决策参考的数据和图表，甚至能进行预测，并提出收益优化方案，供收益管理人员参考。

　　越来越多饭店的收益管理系统还能做到与饭店管理信息系统和中央预订系统一体化或兼容，使收益管理人员可通过互联网远程调用一家或多家饭店的收益管理数据和图表，进行收益管理工作。有的系统甚至还能根据收益管理人员预先设定的指令或系统优化分析的结果，自动修改中央预订系统和饭店管理信息系统的价格、销售限制条件以及分配给不同细分市场的房间类型与数量，从而节省了手工修改的时间和劳力，提高了效率。

　　本章将介绍收益管理计算机系统的概念、与其他饭店管理信息系统的区别和联系、工作原理、主要功能、发展的新动向、使用方法以及选购和投资回报等等，为了帮助读者了解和学习使用这一重要工具，还以实例展示来说明收益管理系统的功能和运用过程。

俗话说，"工要善其事，必先利其器。"收益管理工作需要收集、整理和分析处理大量数据。完全靠手工和人力操作效率不高，容易出现错漏，而且劳动力成本较大。所以，电脑专家和饭店管理专家一起开发了收益管理计算机系统或软件，取代部分人力，辅助收益管理工作，从而使得这项工作变得容易、高效和经济多了。

一、什么是饭店收益管理系统

要掌握收益管理的使用方法，充分发挥它在收益管理工作中的作用，就要弄清什么是收益管理系统，以及它与其他饭店计算机系统，如饭店管理信息系统和中央预订系统的区别和联系，以及它的工作原理。

（一）饭店收益管理系统的概念

收益管理系统通常是一个计算机软件或者一系列计算机软件，安装在收益管理人员的电脑上，与饭店管理信息系统或中央预订系统联接在一起，能从饭店管理信息系统或中央预订系统获取有关客房销售和预订情况的数据，甚至包括客房之外的其他部门的销售情况的数据，并根据这些数据，使用本系统内置的程序或模型进行运算和分析，预测未来市场的需求情况，从而提出调整客房销售价格、细分市场和销售渠道的建议，如将公共价格升高或者降低到哪个价位，开放或关闭哪些类型的房间，开放或关闭哪些销售渠道和销售价格，设置哪些销售限制条件（如最低停留天数或最高停留天数、提前多少天关闭不接受预订、不准许在某日入住，但允许在该日前入住的客人客人可以在今晚过夜等等）等，以及超额预订的客房数量等，供收益管理人员决策参考。

收益管理系统从饭店管理信息系统获取的数据包括现在已经获得的客房的预订情况以及过去客房的销售情况。现在已经获得的客房的预订情况指现在饭店已经获得的，将来某特定日子前来消费的饭店的预订情况，如该天已经有多少间客房被预订，其中有保证金确定订房的有多少，没有保证金的有多少；这些预订来自哪些细分市场和销售渠道，如多少间是商务团体客、商务散客、政府散客、政府团体客、旅游度假散客、公共价散客等；是团体销售人员直接销售的，还是从饭店预订部、饭店自己的网站或者第三者的网站上预订的；细分市场和销售渠道的预订占整体预订总数的比例、各自的价格和数量以及提前多少天开始预订、有多少个客人等等。过去客房的销售情况包括过去每天（或者每周、每月、每季度和每年）客房销售的房间总数、客房收入、平均价格和客人的人数，并细分到每个细分市场和每个销售渠道、每个等级的价格或者价格代码，以及每个团体以及每个公司等等。

收益管理系统收集和整理的数据还包括被取消的预订的数量（Cancellations）、预订后没有被取消也没有客人来入住的房间的数量（No-shows）等，这些数据对确定超额预订的数量很有帮助。为了方便实施全面收益管理，收益管理系统通常还能收集客房以外的其他部门的收入和销售情况，例如餐厅的收入、宴会的收入、酒吧的收入、会议的收入、电话电信的收入等等，供收益管理人员在考虑是接受或者拒绝一个团体预订时作为决策的参考，因为作这些决策时，收益管理人员考虑的不只是该团队能带来多少客房收入，还要考虑该团队同时还能给饭店的其他部门带来的收益的情况。

由于客房销售和预订是个动态的过程，在这个过程中，会增加新的预订，原有的预订可能有些会被取消或者订了的房间没有被取消却也没有来入住，这些有关数据会随时间变化不断变化。因此，要求收益管理系统应该能随时从饭店管理信息系统或中央预订系统获取数据，及时更新原有的数据。值得注意的是，很多收益管理系统还不能做到与饭店管理系统或中央预订系统对接并同步更新数据，它们每天只能在设定的时间，如每天凌晨3点钟夜间核数结束之后从饭店管理信息系统和中央预订系统获取信息，更新自己的数据。可见，如果饭店处于旅游旺季，市场的需求很大，从今天凌晨3点到明天凌晨3点之间，饭店未来两周每天的客房出租情况会发生很多变化，如饭店的预订会增加或减少（尤其是团体订房增加或被取消），饭店剩余的可出租的房间数也会发生变化，因此，销售策略也会随之变化。那么，收益管理人员使用数据更新滞后的收益管理系统来辅助决策，必须要考虑到该系统的数据滞后所产生的影响，用人工的办法从饭店管理信息系统获得资料，以用于决策，否则可能会因收益管理系统的数据还没有更新而作出有偏差的决定。可见，饭店的收益管理系统应当具备与饭店管理信息系统对接、同步更新数据的功能为好。好在现在越来越多的收益管理系统已经做到了这点。

有了收益管理系统这个工具，收益管理人员只要打开收益管理系统，就可查看现在这一天已经卖给散客的房间的数量和价格的情况，预留给团体客的房间数量和价格的情况以及空房的数量等情况。如果使用收益管理系统的预算对比功能，就可把现在已经获得的预订的情况（预订房间数与预订收入、平均房价等）与预算比较，找出差别，便于设立目标，如到底是该降价多销售房间，还是提高房价以增加平均房价。另外还可以使用历史数据对比的功能，对比过去若干年同一天的客房的情况，如销售渠道、细分市场、价格组合以及各细分市场订房的进程等情况。另外，还可以对比同日历年市场的环境变化情况，如是否是公共假期，是否有影响本地饭店市场的重要事件，如全市性的大型会议、展览或社会、政治和经济等活动，是否受恶劣天气的影响等等。这些对比能帮助收益管理人员发现市场变化的总体趋势和规律，帮助他们预测市场需求情况和制定价格和其他策略。

很多收益管理系统还能根据获得的现在、过去和未来的信息，按照内部设定的公式或模块，对未来的需求情况进行预测，并进行优化的计算，向收益管理人员提出收益管理的策略建议。例如，如果收益管理系统预测市场在未来某天将出现供不应求的情况，它就会建议把价格等级拉高一个价位，或者停止销售价格低的标准房，只销售价格较高的豪华房和套房，或者对某些价格低的渠道设置严格的销售条件限制，如要求通过这个渠道订房的客人至少要住三个晚上等等。可见，收益管理系统的这些功能无疑提高了收益管理的准确性、科学性和时效性。因此，越来越多的饭店引入了收益管理系统，利用它来辅助收益管理工作。

（二）收益管理系统与饭店管理信息系统及中央预订系统的区别及联系

收益管理系统、饭店管理信息系统以及中央预订系统有什么区别？它们之间的关系是什么？这些问题对初涉收益管理的人来说比较困惑。下面，笔者将逐一介绍这些系统的特性和功能，并讲解三者之间的关系，请参见图5-1。

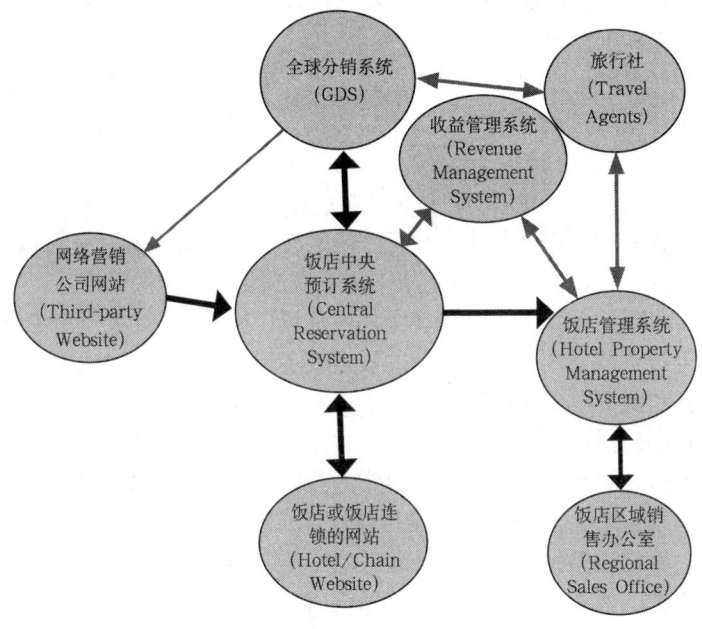

图5-1 饭店销售渠道示意图

1. 中央预订系统

在本书第二章介绍饭店的销售渠道时，笔者介绍过中央预订系统其实是一个重要的销售渠道，它的主要功能是管理饭店的价格（各种等级的价格和价格代码）、存货量（可供出租的各种房间的数量）、存货量的分配（如分配多少间给公司散客或政府散客）、销售渠道（如关闭或开放与中央预订系统联接的饭店的网站或者第三者网络营销公司的价格或存货），以及销售的限制条件（如是否要设置或取消最少要停留三晚的限制）等等。饭店管理人员可以在中央预订系统上更改房间的价格（如提高或减少），增加或减少价格等级或者价格代码以满足不同市场的需要，更改饭店的总体信息（如对饭店及饭店所在地区交通、旅游情况的描述），增加或减少房间的类型和数量，修改对客房产品的描述和可供出租的房间的信息，以及更改销售的限制条件等等。那么，饭店的预订人员就可以通过中央预订系统的预定功能调用可出租的客房的类型、数量、价格和销售限制条件等等，帮助客人预订客房。旅行社也就可通过与中央预订系统连接的全球分销系统查询饭店及饭店所在地的有关情况并直接订房。中央预订系统通常直接与饭店自己的网站链接，价格、房间数量和销售限制条件的变化将被传递到饭店的网站，使网站的内容及时更新，从而使得客人可以直接在饭店自己的网站上预订客房。如果中央预订系统与第三者网络营销公司的系统兼容，上述变化的信息也将被自动传输到网络营销公司的系统，使它们的网站内容和信息及时得到更新，避免了饭店预订人员要到它们的网站上去修改价格的麻烦，节约时间，提高工作效率。

中央预订系统一般被饭店集团公司采用，通过一个中央系统可以同时管理属下成百上千个饭店的客房产品、价格和预订。如果饭店集团公司设有集中的预订中心，如果得到授权，预订中心人员就可以在中央预订系统上查询集团公司属下所有饭店的价格和房间的情况，帮助客人预订。另外，从全球分销系统、公司网站、预订中心以及与中央预订系统联接兼容的第三者网络营销公司的预订都将汇集到中央预订系统，通过接口被传送到相应饭店的饭店管理信息系统，下载后便可供饭店前厅人员处理客人入住登记，控制房态和办理离店账务等事务。考虑到投资的成本，独立经营的饭店或者规模较小的饭店集团公司一般没有必要建立和使用中央预订系统。

2. 饭店管理信息系统

饭店管理信息系统是饭店进行日常的经营管理工作的重要工具，它由具有不同功能的模块组成，能满足预订部、前厅部、客房部、财务部等部门预订客房、入住登记、客房清洁情况管理、准备账单、结账和对账以及储存数据和打印各种报表等需要。例如，预订部可以使用饭店管理信息系统的预订模块，建立公司或者散客的账户和资料档案，输入预订、更改或取消预订，收取预订金，确认订房，核对和整理从不同销售渠道上获得的预订，收取取消订房或者有预订但没有取消也没有来住的客人的费用（No-show Charges），给团体客预留房间或者预分房间，输入每个客人的姓名和别的具体资料等等。客房部可以使用它的客房服务模块增加、减少或更改房间的类型，更新和管理各种类型的房间的状态，如将某个客房确定为占用房(Occupied Room)、可供出租的空房(Vacant Room)、退房后等待清洁的房（Check-out Room）、故障房（有故障，但可在当天维修好并出售的房间，英文术语是 Out of Service Room）、坏房（有故障，且当天不能维修好，不能出售的房间，英文术语是 Out of Order Room），这些功能帮助客房部经理和主管有效控制房间的清洁情况和维修情况，也方便预订部和前台部及时掌握可出售的房间的数量和类型，以及把房间出租给客人或者分配给有预订的客人，帮助他们建立客户资料档案，提供有针对性的服务。财务部还可以利用饭店管理信息系统的财务模块处理财务方面的业务，如进行审计、夜间核数、控制应收账、收取电话费、上网费、电影费以及其他费用和打印账单等等。对于餐厅、酒吧等部门，饭店管理信息系统还方便入账和打印各种报表等等。

除上述功能之外，对于不使用中央预订系统的饭店来说，饭店管理信息系统在管理客房的各种销售价格，控制各类房间的销售数量和种类，以及设置销售限制条件等等方面起到重要的作用。这些饭店的预订部经理或收益管理人员通常会根据历年的经营情况、现有的预订以及市场的变化情况制定销售策略，调整销售价格、销售渠道和销售限制条件，并输入饭店管理信息系统，供预订部、前厅部和销售部等部门的人员查询，做好销售工作。另一方面，对于使用中央预订系统的饭店来说，饭店管理信息系统与中央预订系统联接在一起，饭店本部直接处理的预订，如团体预订和部分散客预订将被直接输入饭店管理信息系统，所有其他渠道的预订都将通过中央预订系统下载到饭店管理信息系统，所以，饭店管理信息系统就好像汇集不同河流的海洋，通过各种渠道得到的预订和有关客房销售的信息最终都汇集到饭店管理信息系统里。

3. 收益管理系统

收益管理系统是一个辅助分析、预测和决策的工具，饭店管理人员可以利用这个工具对市场的供求关系进行分析和预测，按照预测的结果和收益管理系统的建议调整销售策略，包括市场定位、销售价格、细分市场、销售渠道以及房间可供出租的数量和类型，改变销售限制条件等等，最大限度提高客房出租率和平均房价。价格的调整、关闭或开放某类房间或者调整其数量、改变销售限制条件等等工作，可以通过人工到中央预订系统和饭店管理信息系统，或者别的系统进行。对于收益管理系统与这些系统一体化的饭店来说，这些工作就容易得多，只要在收益管理系统上进行更改，其他系统就自动更改，极大地节

收益管理——有效实现饭店收入的最大化

约了时间、人力，提高了效率。不过，应该指出的是，收益管理系统毕竟只是一个工具，不能完全取代人脑，它好像一支画笔，是否能画出一幅好画主要取决于使用画笔的人。

4. 收益管理系统、饭店管理信息系统以及中央预订系统的自动化和一体化

对于收益管理系统来说，饭店管理信息系统是其数据的来源，所以收益管理系统与饭店管理信息系统通常是联接在一起的。收益管理系统能自动从饭店管理信息系统攫取和调用饭店的预订和销售的数据资料，如按照细分市场、销售渠道、价格等级、价格代码、地区或公司等等细分的过去历年的客房销售数量、平均房价、客房出租率等等，以及按照上述标准划分的饭店现在已经获得未来入住的预订的情况。收益管理系统对这些数据进行加工和整理，生成各类报告和图表，提供给收益管理人员使用。另外，收益管理系统把这些数据调入内部安装的计算模块，加上其他一些变量，如过去、现在和将来的一些影响市场供求关系的随机事件，预订被取消的情况以及 No-shows 的情况进行运算，就可以预测未来无限制市场需求的情况以及饭店最多还能追加多少新的预订，甚至提出更改价格、改变客房供应情况（如关闭或限制某些类型的客房对某些渠道或价格等级的供应）、优化销售渠道、细分市场和价格组合的策略的建议，供收益管理人员选择参考。由于饭店管理信息系统是收益管理数据的来源，显然，饭店管理信息系统的数据是否准确和全面对收益管理系统的分析和预测结果以及建议有很大的影响，所以，饭店管理信息系统的数据要全面和准确。

收益管理系统和饭店管理信息系统的沟通可能是单向的，也可能是双向的。如果是单向沟通，信息和数据从饭店管理信息系统流向收益管理系统，并影响收益管理系统的分析和预测结果以及建立在其基础上的收益管理策略的建议；而收益管理系统的信息（分析和预测的结果，以及收益管理策略的建议，如更改房价或者设置销售限制条件）并不会自动流向饭店管理信息系统，如果收益管理人员接受收益管理系统的建议，他需要到饭店管理信息系统上手动输入更新的信息（如更改房间销售价格或销售限制性条件）。在一些技术领先、实力雄厚的饭店，收益管理系统的信息可以自动流向饭店管理信息系统，如更改房间销售价格或销售限制性条件，不需要手动输入，只需要收益管理人员在收益管理上确认和按键执行便可自动完成。可见，两个系统如果是双向沟通比单向沟通高效得多。

由于中央预订系统的数据和信息流向饭店管理信息系统，而收益管理系统的数据来源于饭店信息系统，所以，通常很多饭店的收益管理系统与中央预订系统并不联接。所以，如果饭店收益管理人员按照收益管理系统的建议要更改房价，关闭或开放一些销售渠道或一些等级的价格，更改可出租的房间的数量和销售限制条件，还得到中央预订系统那里手动操作。如果收益管理系统与中

央预订系统联接，并能把上述操作用指令从收益管理系统发到中央预订系统，自动更改，就比手工操作快捷便利得多。

从中央预订系统和饭店管理信息系统的关系来看，如果它们的信息流动也是单向的，即有关预订的信息从中央预订系统流动到饭店管理信息系统，但是，后者的信息并不流向前者，那么，还是避免不了手动操作的麻烦。例如，假设有5间客房在饭店前厅直接被走进饭店临时决定在饭店过夜的客人租走，而前厅人员忘记把这些预订先输入中央预订系统，然后从两者的接口把这些预订下载到饭店管理信息系统，而是直接把这些预订输入饭店管理信息系统。此时，如果收益管理人员没有注意到这些情况，忘记要到中央预订系统上把可供出租的饭店客房的数量减少5间，饭店就很可能出现预订过多的问题。相反，如果两者是双向联接的，中央预订系统就会自动从可供出租的房间总数中减掉5间客房，预订过多的情况就可避免。

可见，中央预订系统、饭店管理信息系统以及收益管理系统如果不联接，或者单向沟通，自成体系，不仅增加了收益管理工作的复杂性，也降低了这项工作的效率。可想而知，如果收益管理系统建议要降低价格，收益管理人员要到中央预订信息系统手动修改一次，然后到饭店管理信息系统手动修改一次，如果有别的不与收益管理系统或饭店管理信息系统联接沟通的销售渠道（如第三者网络营销公司的网站），还得逐一手动更改，每个更改因此要重复很多次，既浪费了大量时间和人力，使这项工作变得枯燥无趣，且容易出错。所以，很有必要将饭店管理信息系统、收益管理系统和中央预订系统改为兼容或者同为一体，使数据的收集、整理和更新，对数据的分析和研究，价格的更改，房间类型的控制和销售限制条件的更改等等工作只需要操作一次，就会在所有系统上生效，甚至完全是在一个平台上同步进行，这样无疑能提高工作的效率，节约人工成本，减少手动操作出错的几率。其实，越来越多的饭店集团公司已经认识到中央预订系统、饭店管理信息系统以及收益管理系统兼容或一体化的重要性，兼容或一体化已经成了近年饭店管理系统开发商研究的重点。

已经有很多饭店公司在为收益管理系统、饭店管理信息系统以及中央预订系统的兼容和联接而努力，一些走在前面的饭店公司，尤其是一些实力雄厚的大型饭店集团公司投入大量资金,大力研发，已经实现了上述系统功能的一体化。这些公司的收益管理系统每天可以任意多次自动从饭店管理信息系统中攫取数据，更新自己的数据，然后进行分析和预测，提出产品、价格和销售渠道的优化方案，等待收益管理人员的审阅和批准执行。如果收益管理人员批准，只需输入同意生效的指令，收益管理系统就会自动向中央预订系统和饭店管理信息系统发出指令，关闭或开放某种房间，关闭或开放某些价格或销售渠道，更改销售限制条件。在这种情况下，收益管理工作的自动化程度无疑较高，收益管理工作的效率也较高。但是，由于研发工作需要的投资相当大，小型饭店集团公司难以做到。

（三）收益管理系统的工作原理

收益管理最基本的思想是差异化、预测和优化。收益管理系统也是按照差异化、预测和优化的思路来设计的。

1. 差异化（Differentiation）

差异化是把饭店的产品和服务以及价格根据其物理属性和社会属性进行分档，使其具有一定的差异性，拉开等次，使得产品（相同或不同的）在不同预订时间和消费时间，在不同的市场供求关系和市场竞争环境情况下，收取不同的价格。例如，根据房间面积的大小、装修的规格、朝向和室外景观、房间设备和设施以及服务项目的多寡等把房间分为标准房、豪华房、行政套房、总统套房等，然后给不同类型的房间制定不同的价格；或者同样的房间在淡旺季节收取不同的价格，把价格差异化。

除了按照产品和服务的属性进行差异化之外，还可以根据客源市场的消费能力、消费心理以及消费的行为规律等把客源市场细分化，同样的产品，以不同的价格提供给不同的细分市场以及不同的消费渠道。例如，有的公司每年预订饭店的客房数量很大，饭店就可以提供给它们建立在消费量基础上的折扣协议价。有的公司所在的行业利润很高，发展势头很旺，支付能力较强，在与它们商谈公司协议价时，比较容易说服它们接受较高的价格，或者鼓励它们多预订豪华客房和套房；相反，有的公司所在的行业利润不高，发展势头不好，或者属于非营利性质的公司，就要提供给它们较多的折扣，以鼓励它们前来订房。

在销售渠道价格差异化方面，由于饭店在与第三者网络营销公司签订使用它们的网站销售客房时要接受"价格一致"的条件，也就是饭店要保证提供给它们的销售价格要与饭店在自己的预订中心、饭店预订部和前厅、饭店自己的网站以及别的网络销售渠道的价格要一样，不能在价格上厚此薄彼，以保证客人在任何渠道预订都得到同样的价格，看起来似乎饭店没法实施价格差异化策略。其实不然，因为"价格一致"的要求仅局限于价格透明的渠道（Transparent Channels），很多网站具有价格不透明的销售渠道（Opaque Channels），饭店可以在这些不透明的渠道上实施价格差异化策略。价格透明的渠道是指那些明码实价的渠道——在这些渠道上订房，客人可以很清楚地了解到客房的价格是多少，可以直接比较不同渠道上的价格。价格不透明的渠道，如以竞价方式销售客房、机票和船票，以及开展汽车租赁业务的 Princeline.com 和 Hotwire.com 等，就不受价格均等条件的限制。客人在这些网站上预订饭店客房，首先要知道自己的消费预算（比如是 \$100），把自己的预算标准、旅游目的地、入住和离店时间、房间数量以及对房间的床和沙发等等的要求输入这些网站，网站就开始搜寻，找出那些满足客人搜索条件的、愿意接受客人竞价的饭店，供客人预订。通常，客人在完成预订并支付了款项之后才知道将来入住哪家饭店，但是他们只知道自己支付了多少房费，并不知道饭店和网站各得多少。饭店通常在需求很低的情况下使用这些网站。例如在感恩节或圣诞节期间市场需求十分低的情况下，华盛顿特区的很多饭店将仅高于盈亏平衡点一些的价格提供给上述两个网站，这些网站在客人提供的价格的基础上增收 12% ~ 25% 的费用，然后卖给客人。例如，某饭店的客房平时售价为 \$270，盈亏平衡点销售价格为 \$60，在圣诞节期间市场需求很低的情况下，为了提高客房出租率和保持盈亏平衡，该饭店收益管理人员决定把部分客房按照 \$90 的价格提供给上述两个网站销售。这两个网站根据各自的预测和分析，一个决定追加 12% 作为销售给客人的价格，另外一个决定追加 25% 作为销售给客人的价格。那么，如果客人在第一个网站上预订该饭店的房间，他们实际支付的价格是 \$100.80，饭店将分得 \$90，该网站将分得 \$10.80。如果客人在第二个网站上预订该饭店的房间，他们实际支付的价格是 \$112.50，饭店将分得 \$90，该网站将分得 \$22.50。无论在哪个网站上预订房间，客人只知道自己总共付了多少钱，并不知道饭店和网站各分到多少钱。使用这种类型的网站销售客房，饭店不需要向网站支付佣金。经过多年的经营，这两个网站知名度已经很高，很多人都知道在这两个网站上可以找到"便宜货"，所以，如果饭店以足够低的价格在这两个网站上销售客房，通常能在短期内获得大量的预订。例如上述饭店推出 \$90 特价后，在短短三天内为圣诞节前后几天获得了 400 个房晚的预订，客房收入增加了 \$36,000。

不透明的渠道除了上述那类以竞价方式销售的网站外，还有一些网络营销公司的包价销售渠道（Packaging）。例如，Expedia.com，Orbitz.com 和 Travelocity.com 等等主要的网络营销公司除了使用透明的销售方式外，还把客房作为打包预订的一个选项，以不透明的方式销售。具体地说，就是当客人在这些网站上预订了机票或租赁了汽车时，网站就出现饭店的客房产品和价格，提示他们可顺便预订饭店客房。此时出现的客房价格通常要比单独预订客房时出现的价格要便宜得多，目的是通过折价的客房产品与其他产品的组合，提高整体销售量。在包价销售中，饭店不必担心价格不一致的问题，因为，顾客要想得到这个价格，必须也购买机票或租用车辆，否则，这个包价销售的价格是不能生效的。

可见，在急需营业收入和抢占市场份额的时候，饭店可以通过上述不透明的渠道以特价带动销售量和拉动营业收入。与此相反，当市场需求高，饭店的重点是提高平均房价的时候，应该提高这些渠道的销售价格，或者增设销售限制条件，如最低住店天数等，以减少这些渠道的销售量或延缓这些渠道的销售速度，以保障有足够的客房提供给别的边际贡献大的销售渠道。

最后，同样的产品，针对不同的细分市场，可根据饭店和市场的实际情况，设置一些取消和更改订房、保证订房、预付房间租金等限制条件，也能把价格进一步差异化。例如，同一间客房，在同一天入住，通过增设附加条件，可以产生三种价格供客人选择，一种是灵活价（$300），客人在预订后最晚可以在入住当天饭店所在地当地时间下午6点前取消或者修改，不受任何限制。二是优惠价（$270），它比灵活价便宜$30，但是要求客人在预订后最晚在入住前三日饭店所在地当地时间下午6点前取消或者修改，如果晚过这个时间，就要收取取消或修改的费用。第三种价格是折扣价（$240），这个价格比灵活价便宜$60，但是要求客人订房时马上支付所有房费，并且不能取消订房或修改订房，已经收取的房费无论什么理由都不能退回。这个价格只在离入住日不少于15天时存在。可见这种价格给予客人很多折扣，但是要求客人提前至少15天预订，同时，限制也多得多。

这样，饭店的每个预订都将包括细分市场、价格等级和销售渠道的信息，使得通过三者之一检索预订成为可能。另外，要把具有类似特征的价格归类，形成不同等级的价格，饭店便可根据需要开启或关闭某类价格，提高工作效率。

2. 预测（Forecast）

本书第四章"收益管理的分析和预测方法"已经详细介绍过很多种预测的分析和预测的方法，此处不再重复。软件开发人员在设计收益管理系统的时候，综合运用第四章介绍的各种预测方法在收益管理系统内部建立预测模型，当录入有关的各种变量和参数时，收益管理系统就会利用这些模型进行预测。这些模型在预测时采用了至少三方面的数据。

（1）**反映历史情况的统计数据**。收益管理系统从饭店管理信息系统中获取历史统计数据，包括饭店实际营业情况的数据，以及过去市场情况的数据。通过对这些数据的分析和运算，收益管理系统从中发现市场需求变化的规律和趋势，如需求季节性变化的特点（淡季、平季、旺季），需求在一周中随着星期几的不同而变化的特点，需求随经济周期变化的特点等等。这些无疑能帮助收益管理人员预测未来需求的情况。

（2）**反映现状的统计数据**。前文已经讲到，收益管理系统还每天，甚至一天之中多次从饭店管理信息系统获取数据，更新已经获得的预订的情况，如散客的预订情况和团体的预订情况，给团体客预留了多少房间，有多少间预订房是有保证的，多少间预订房是没有保证的，以及还剩下多少房间可供给市场等等，这些数据是预测未来的立足点。

（3）**反映市场变化的常规事件和随机事件**。仅有上述两方面的数据还是不够的，收益管理人员还要把那些影响市场变化的常规事件和随机事件的信息加以收集、整理并输入收益管理系统。常规事件指那些经常性和周期性发生的事件，如每年都会出现的法定假日、民间假日以及政治、经济、文化、商务等方面的会议和活动。常规性的事件是比较好把握和通常能预见的，如在广州举行的每年春、秋两次的"中国广州出口商品交易会"就是一个典型的常规事件。随机性的事件是指那些非常规和突发的事件，它们通常是一次性的，难以预测的，如恶劣的天气（台风、龙卷风、雪灾、冰灾、暴雨、海啸等）导致大量旅客滞留（或取消预订），使得本地区的客房出租率突然大幅度上升（或减少）；或者是罢工、恐怖分子袭击或示威游行等，导致本地区旅游市场的需求发生变化。在把常规事件和随机事件输入收益管理系统时，它们的影响如果能量化的最好量化，例如，如果能估算出台风对本饭店（或本地市场）的客房出租率的影响是 −15%，最好在收益管理系统中输入这个数值。如果随机事件不能量化，就要作定性分析，确认其影响的大小，输入收益管理系统。例如，有的收益管理系统将常规事件和随机事件的影响划分为六个等级（−3、−2、−1、+1、+2、+3），如果事件将降低市场需求，按照影响程度由大到小的顺序分为三个等级（−3、−2、−1）；如果事件将提高市场需求，按照影响程度由大到小也分为三个等级（+3、+2、+1）。量化和定性化的好处是便于收益管理系统用代入法或者加权法进行预测。

当上述三方面的数据都收齐并输入收益管理系统后，收益管理系统会用其内部安装的模块和公式对这些数据进行运算，推算出未来的市场需求的预测结果。预测的内容通常包括未来某天饭店的无限制市场需求的数量，当天的客房出租率和平均房价，当天客房预订将被取消的数量，从现在到入住那日这段时间内，饭店将能获得新预订的数量等等。先进的收益管理系统甚至还可将这些方面的预测细分到每个细分市场、每个销售渠道、每个等级的价格以及每种类型的房间，从而描绘出一幅未来情况的清晰图画，极大地方便收益管理人员对细分市场、销售渠道、价格等级和房间类型等进行深入细致的研究，制定出具体而针对性很强的收益管理策略。

3. 优 化（Optimation）

优化也叫最大化、最佳化。它是指在价格和产品差异化的基础上，结合对未来市场情况的预测，对产品价格、细分市场、销售渠道和客房产品进行选择和重新组合，目的是使饭店的收益实现最大化。

收益管理系统的优化建立在预测的基础上。收益管理从饭店管理信息系统攫取每日销售情况的历史数据，以及现在已获得的预订情况的数据，加上人工输入的反映未来市场发展变化趋势的参数，如常规事件或突发事件等，通过内置的预测模型进行复杂的数学运算，得出未来市场需求的状况，然后根据市场需求的水平，分析各细分市场、销售渠道、价格和不同客房产品潜在的销售量和销售价格，推算最佳的组合方案，如团体客同散客的比例，不同销售渠道和细分市场的最大销售量和销售价格，不同类型的房间的销售量和销售价格，以及入住时间、退房时间、最低或最高停留天数等等销售限制条件，找出最大限度提高饭店客房出租率、平均房价和利润率的最佳方案，供收益管理人员选择和参考。

收益管理优化的内容很多，收益管理系统越先进，优化的功能越强大。一个性能良好的先进的收益管理系统的优化应当包括以下内容。

（1）**优化价格等级**。公共价格应该设置在哪个等级，应该开放或关闭哪些价格，应该对哪些等级的价格设置销售限制条件。

（2）**优化细分市场组合**。决定在某段时间内，最多提供多少间客房给团体客，最低团体价格是多少，决定是否要求团体客在餐饮、宴会和会议方面的最低消费额等等。这样做的目的是防止将过多的客房销售给价格较低的团体，使得没有足够多的客房提供给价格较高的散客。与此相似，按照平均价格的高低，还要决定保留多少间客房给公共散客、公司散客、各种折扣的团体客、低价的政府客以及通过各种第三者网络公司营销的网站进行预订的客人等等。

（3）**优化销售渠道组合**。决定如何将数量有限的客房合理分配给各个销售渠道，要关闭或开放哪些销售渠道，各种类型的房间如何分配给各种销售渠道（如对某个销售渠道只提供套房和豪华房，不提供普通房）。

（4）**优化销售的产品组合**。决定各种类型的房间应该分配多少给各个细分市场，什么时候要升档销售，即说服打算租用低档客房的客人多花钱租用高档的客房，以增加收入；什么时候要降档销售，即把高档的客房削价销售或者按照低档客房的价格提供给客人，以争取客源，提高客房出租率。

（5）**优化销售限制条件**。决定如何设定销售限制条件，如最低或最高停留天数，要求什么时候入住，如只允许在周日入住，连续住两晚，而不允许在星期一入住，只住一晚；只允许在周末接受团体预订，在周日只接受上午散客预订等等。

综上所述，收益管理系统工作的基本原理包括差异化、预测和优化三方面。收益管理系统的主要功能也是按照上述思路来设计的。收益管理系统的功能集中体现在它能够帮助经营管理者有效识别市场需求的状况，从而采取相应的差异化的策略，找出并实施优化策略。

二、收益管理系统的主要功能

收益管理系统的功能多种多样，但可概括为三大基本功能，即数据收集、整理和分析的功能，预测的功能以及优化的功能。下面逐项介绍这些功能。

（一）数据收集、整理和分析的功能

收益管理系统能收集、整理和回顾历史数据，展现过去产品和服务销售的情况及其发展变化的规律，以及各细分市场的预订行为规律和消费能力，并生成各种方便阅读的图表，这是收益管理系统的分析功能。

饭店业务季节性和周期性的变化呈现出一定的规律，这与饭店所在的国家和地区的经济的季节性和周期性息息相关。所以，通过分析以往客房的销售情况，如客房数量和平均价格，高峰期和低谷期等等，掌握这些规律，大体上可以预计未来市场需求变化的大致情况，从而制定出相应的预算和收益管理策略。

收益管理系统能利用收集和整理数据的强大功能，把数据调入设定的程序和模块中进行计算和分析，能自动生成反映饭店市场组合和各细分市场情况，消费者行为的规律，以及未来需求和销售变化情况的各种图表和报告。

收益管理系统还能将客人分为不同的产出组，同一个产出组的客人他们的购买和消费行为类似，例如，他们什么时候开始订房，住多少天，什么月份入住，星期几入住，以及他们通过什么渠道订房等等都很相似，这样的划分，可以使你很清楚自己的市场的构成，从而，逐一制定策略，采取针对性的措施。历史数据还能帮助饭店将自己的产品个性化，针对不同群体的特点提供不同的产品，满足他们的不同期望。例如，商务散客往往希望在房间里能够免费使用互联网，因此你可以提供一个包括免费互联网的价格给他们；旅游度假的散客往往希望房价里包括免费的早餐，希望得到有两张双人床的房间，那么，饭店就可以提供一个价格，能使他们得到两张双人床的房间，以及免费的早餐。收益管理系统还具有提供竞争对手实时价格情况的功能，其价格模块能自动在网上搜索和比较竞争对手的价格，从而建议饭店销售的价格，帮助饭店把这些信息同别的信息，如竞争者的情况等结合起来，作出收益管理决策。

收益管理系统的预算模块还可以帮助饭店管理人员以简单可靠的方法制定年度、月度、每周甚至每天的预算，确定每日、每周、每月或每季度衡量收益管理实效的标准，从而可以逐日、逐周、逐月、逐年按照细分市场、销售渠道或者价格等级比较实际经营管理情况与预算情况，找出实际情况与预测情况的差别，如平均房价、客房出租率和客房收入、其他部门的收入的差别等等，以便于收益管理人员及时掌握收益管理策略实施的实际效果，及时调整经营管理策略，实现营业目标。

收益管系统能够提供各种各样其他报告和图表，可满足收益管理人员分析和研究的需要。例如，收益管理系统能提供反映某段时间或某天饭店已经获得的预订情况的报告或被取消的预订的情况报告、销售渠道组合的报告、细分市场组合的报告、各个价格等级的销售情况的报告、各种类型的房间的销售情况的报告、各种价格代码的销售情况报告、国家和地区的客源情况报告以及客房预订按日累积的情况报告以及实际销售情况与预算和去年同期比较的情况报告等等。由于技术的进步，这些报告的展示形式多种多样，除传统的数据表格、柱形图、饼图、线形图外，还包括立体图、雷达图、部分图、气泡图等等特殊图表，十分直观和易于阅读和理解。

总之，在收益管理系统还没出现前，优化工作得依靠人力收集和整理各种统计数据，进行分析和预测。人工操作，速度慢，效率低，准确性也不高。数据的更新不快，分析预测的过程较慢，较耗时，跟不上市场变化的需要。收益管理系统能自动、准确、迅速地更新资料数据，能作出实时的预测，更新优化的方案和预测的结果，从而更能反映市场变化的情况，从而没有人力优化的"费时、滞后、偏差较大"的缺点。此外，收益管理系统能够把问题细分，能将一个问题细分为很多个小问题，对每个小问题进行实用主义的分析，保证每个小部分能最大限度提高收入和利润，从而使整体收入和利润最大化。在这个分析过程中，关键的时间和要点被指出来，提请饭店收益管理人员注意解决，从而保证整体目标的实现。

（二）预测功能

收益管理系统的预测功能是指收益管理系统推算未来市场需求情况的功能。收益管理系统的预测内容主要包括未来某天或者某段时间有限制的市场需求和无限制的市场需求、将来新增加的预订、可能被取消的预订、可能出现的预订了客房但是没有取消也没有来住的情况（No-shows）、提前退房和推迟退房的客人的情况、超额预订的房间数、顾客平均停留天数、每间客房平均顾客人数、没有预订并直接到饭店前厅登记入住的客人的情况（Walk-ins）、饭店的整体营业收入（包括客房、餐饮、宴会和会议服务等等收入）、平均房价、出租客房间数、客房出租率、各种类型的房间的销售情况等等。当然，上述预订的情况可以进一步按照细分市场、销售渠道和不同的价格等级等深入开展，使收益管理人员能深入把握预测的情况，以便制定并实施收益管理的策略。

那么，收益管理系统是如何进行预测的？简单地说，首先，收益管理人员要划分和确认不同时候市场需求的等级，并确定与市场需求对应的价格的等级，并将有关条件和参数输入收益管理系统。然后，收益管理系统不断从饭店管理信息系统获取和更新已经过去的日子的实际销售的情况，以及新获得的未来的日子的预订情况，外加人工输入的影响未来市场供需关系的事件等等，不断地重新评估未来市场需求的等级，利用内置的预测模式和公式进行运算，更新预测结果。

要发挥收益管理系统的预测功能，必须要做以下几项基本工作，否则收益管理系统难为无米之炊。

(1) 收益管理人员要**把影响市场需求变化的事件**输入收益管理系统，并确认它们的影响程度。影响饭店市场的事件主要包括大型的会议和展览、体育比赛、政治或经济事件、文艺演出、宗教活动、法定和传统的假日、异常的天气变化和恐怖袭击事件等等，另外，还包括竞争对手的重要变化情况，如它们的主要管理人员的变更、装修或停业、更换业主或饭店管理公司、重要的市场营销策略的变化等等。这些事件对饭店的需求也许产生消极或积极的影响，影响的程度可大也可小。收益管理人员要积极收集并输入这些情况，并确认它们的影响程度。这方面的信息对收益管理系统预测市场需求的水平和提出优化的建议影响相当大。

(2) 收益管理人员**定义市场需求的等级**，初步确定未来两年每天的市场需求的等级，并输入收益管理系统。例如，成功饭店根据历年出现的市场需求变化的规律将一年的市场需求水平划分为五个等级，如高峰期、中间期、低谷期、假期和特别事件期等。例如，高峰期可定义为饭店客房出租率95%到100%之间，供不应求，而且是饭店的平均房价很高的时期。比如10月是传统的商务旅游的旺季，华盛顿特区的饭店市场供不应求，平均房价将达到$380元以上。中间期可定义为客房出租率为75%到95%之间，市场需求相当强，但难以出租所有客房，平均房价正常的时期。低谷期可定义为客房出租率将在50%到75%之间，市场需求疲软，且平均房价偏低的时期。假期可定义为市场需求十分低的节假日即其前后一段时间，如对华盛顿特区的饭店来说，圣诞节及其前后五天，感恩节即其前后五天，元旦及其前后十天等等，饭店的客房出租率将处于20%到50%之间，而且平均房价很低，所以这些时期可定义为假期。特别事件期是指那些受特别事件的影响，市场的需求极大，市场供不应求，饭店的客房出租率很容易达到100%，且平均房价十分高的时期。例如，四年一度的美国总统就职宣誓日及其前后两天，华盛顿特区的饭店通常在两三个月前就预订一空，而且平均房价达到少有的$500以上。又如，世界货币基金会每隔一年在华盛顿特区举行一次年会，时间为10月中旬，会议通常长达四五天，需要很多房间。当

收益管理——有效实现饭店收入的最大化

确定了不同需求等级的标准之后，收益管理人员要按照此标准，确定未来两年每天的市场需求属于什么水平，然后输入收益管理系统。当然，每天的市场需求的等级是可以随着时间的变化和市场情况的变化而改变的。

(3) 收益管理者根据市场需求的等级**建立相应的价格体系**，并输入收益管理系统。例如，成功饭店将市场需求水平分为高峰期、中间期、低谷期、假期和特别事件期等五个等级后，要定义当市场需求水平处于某个等级时，各种类型的房间的最高公共价格该是多少。这个最高公共价格是不加限制的任何人都可以购买的价格，与传统称谓的牌价很相似，唯一不同的是牌价是不变的，而这个最高公共价格是随着市场供需关系的不同而变动的。确定最高公共价格是项重要的工作，因为这个价格是其他价格的参照，很多价格是在它的基础上的折扣价，如公司协议价、团体价以及各种特价和促销价，它的变化将影响到这些价格的变化。例如，一个公司得到的协议价是公共价格的10%折扣，当最高公共价格为$300时，公司的协议价为$270。当最高公共价格为$360时，公司的协议价为$324。有些价格是固定的折扣价，最高价格的变动不影响它们的数值，但是会影响到市场的感受。例如，有个公司的协议价是固定的，一年无论什么时候都是$320，当最高公共价格高于$320时，这个公司的客人会感到很高兴，会多预订；当最高公共价格低于$320时，他们也许会不高兴，可能减少预订或者改为按照最高公共价格预订。那么，市场销售人员在签订这类固定协议价时，要能预见客人的感受，与公司谈妥不同情况该如何处理（在上述例子中，不鼓励客人在最高公共价格低于协议价的时候减少预订或者改为按照最高公共价格预订，告诉他们如果他们改为按照最高价格预订，那些预订将不计入公司的预订量，将影响到未来公司得到的协议价，因为协议价折扣的多少是建立在年预订量的多少上的）。此外，成功饭店将标准客房的最高公共价格按照市场需求的强弱分为十个等级，最低价格为$240，最高价格为$440，相邻两个价格等级之间的差别是$20。当市场的需求水平为高峰期时，饭店的起点价格始于$380这个等级。当需求的水平为中间期时，饭店的起点价格始于$320。当需求水平为低谷期时，饭店的起点价格始于$240。在市场需求高于或低于上述范围时，起点价格也可以高于$440或低于$240。无论需求处于什么等级，当起点价格的预订房间数的目标实现后，可以把最高公共价格提升到下一个等级。

(4) 收益管理人员根据预测分析**定义未来两年每天各个细分市场和销售渠道可获得的最高间数量和最高平均房价**，并将其输入收益管理系统。当收益管理系统在进行细分市场和销售渠道的最佳组合的运算时，将利用这些数据，结合已经获得的预订的情况，市场需求变化的情况，距离入住日期的天数（Lead Time）的情况，以及竞争对手的价格情况，决定是否更改数量有限的客房在各个细分市场和销售渠道的供应量。此时，计算机遵守的一个简单分配原则是"价格越高,越优先获得客房",即如果客房能在某些细分市场和销售渠道以高于其他细分市场或销售渠道的价格出租,就要将客房优先供应给这些售价较高的细分市场和销售渠道来销售。

(5) 收益管理系统自动从饭店管理信息系统**调用有关实际销售和预订的情况的数据,自动输入预测模块**。随着时间的变化,今天的数据将变成昨天的数据,而明天的数据变成今天的数据,而且市场变化很快,客房的预订数量也许会因接到新的预订而增加,或者因预订被取消而减少;饭店可供出售的房间的数量在变动,竞争对手的价格也可能在变动。因此,收益管理系统要不断地刷新预测需要的各种变量和数据,并根据它们的变化更新预测的结果和优化组合的建议。其实,这也进一步证明了前面笔者提到的一个观点——即收益管理系统、中央预订系统和饭店管理信息系统要相互兼容、双向沟通甚至一体化的观点。

(6) 收益管理系统综合上述因素,**预测市场需求水平,并提出优化组合的策略和建议**。经过上述步骤之后,收益管理系统收齐了所需要的数据,便可进行最后的预测了。例如,要预测下个月某日的销售情况,收益管理系统首先要调入饭店在过去三四年同月同日(在一周中是星期几要一样,日期相近的日子)的实际销售情况的数据,如各个细分市场、销售渠道和价格等级客房的销售数量和销售价格等,还要看是否存在一些影响市场需求变化的因素,如影响旅游需求的法定假日和传统的假日、异常的天气、恐怖袭击事件、体育比赛、政治集会、文艺演出和宗教活动以及市场竞争对手的变化情况等等,如它们的主要管理人员的变动,是否停业装修,是否更换业主或饭店管理公司等等。在调入这些历史数据之后,收益管理系统还要考虑现在获得的一些现实具体的数据,如已经确认、取消和更改的房间的预订情况,以及是否存在类似上述影响市场需求变化的因素,最后确定这天需求状况是高、中和低,是假日还是特别事件,然后提出销售价格、细分市场、销售渠道等等方面的优化组合的建议。

(三)优化的功能

优化是一种经营管理的理念和技术。在收益管理这个领域,优化技术指的是通过有效管理控制各类产品的组合、细分市场的组合、销售价格的组合以及销售渠道的组合,最大限度提高收入。根据微观经济学的理论,当饭店的销售收入达到盈亏平衡点销售收入,额外增加的销售收入不再需要抵偿成本和费用,而将全部进入饭店的利润,因此,在饭店成本相对固定的情况下,不需要任何额外投入的情况就能迅速提高饭店的利润率。可见,饭店收益管理优化功能的目的是要尽量提高饭店客房的销售数量和销售单价,尽快获得盈亏平衡点以上的销售量和销售收入,并尽量提高利润率。

饭店收益管理系统通常都有优化功能,具体来说,优化功能是指收益管理

收益管理——有效实现饭店收入的最大化

系统把历史的数据和现在已经获得的预订的情况,加上未来市场变化的参数,调到内置的数学模型和代入设定的公式,进行优化组合的运算,推算出能最大限度提高客房出租率和平均每房售价的方案,供饭店收益管理人员选择。

1. 收益管理系统优化过程的四个步骤

(1) 收益管理系统根据收集到的各种变量和参数,运行预测模块,预测每月、每周甚至每天的需求水平。

(2) 收益管理系统根据预测的结果,根据收益管理人员预先设置的需求等级和价格等级的条件,建议将公共价格设定在哪个等级。

(3) 收益管理系统根据预测的结果和价格的水平,提出要关闭或限制哪些细分市场和销售渠道的建议。

(4) 收益管理人员审阅收益管理系统提出的建议,决定是否要接受。如果接受这些建议,就要马上采取行动,落实到各个具体的细分市场和销售渠道。例如,假设收益管理系统根据未来某段时期的需求情况,建议将公共价格提高或降低一个等级,并且关闭或开放一些价格或销售渠道,停止销售某些类型的房间的销售等等。如果收益管理系统与饭店管理系统、中央预订系统,甚至第三者网络营销公司的网站兼容并一体化,收益管理人员如果接受这些建议,只要输入接受收益管理系统的建议的指令,就能使这些建议在各个系统和网站上生效和落实。但是,如果收益管理系统与饭店管理系统、中央预订系统,甚至第三者网络营销公司的网站各自独立,不兼容,不一体化,收益管理人员就得用手动的方法到各个系统和网站逐一更改有关价格和销售限制条件,关闭或开放部分价格,关闭部分房间类型,否则收益管理系统的建议不能生效。当然,如果收益管理人员因故不接受收益管理系统的建议,就可根据自己的判断在收益管理系统上更改这些建议(Overwrite the Suggestions),然后把自己的决定落实到各个系统和网站。

2. 收益管理系统进行优化时参考的四个重要参数

收益管理系统在进行优化运算,以确定每天的最高公共价格是多少,以及增加或减少某些细分市场或销售渠道的客房供应量、修改销售限制条件等等时,常从以下四个方面去考虑。

(1) **距离入住日期的天数 (Lead Time)**。通常,离入住的日期还很远时,订房的人不多,而且饭店还有很多空房要出售时,收益管理系统会建议将起点价格定得较低,从对应的需求等级的起点价格开始销售房间。当接到一定数量的预订,达到预期的目标,饭店可出租的房间和距离入住日期的天数越来越少,而订房的人越来越多时,收益管理系统就会建议将最高公共价格升级。

(2) **市场需求的等级**。很显然,市场需求的等级决定最高公共价格的起点价格以及往上提升的速度和幅度。

(3) **竞争对手的价格**。由于市场竞争的存在以及客人越来越习惯于"货比三家",饭店的定价不能不参考竞争对手的价格。如果饭店的价格高于竞争对手的价格太多,也许不能有效吸引预订量。但是,如果饭店的价格低于竞争对手的价格太多,会损害饭店品牌形象并降低饭店的客房利润率。而且,由于不清楚竞争对手已经获得的预订的情况以及它们的目标和策略,饭店的价格不能简单地跟随竞争对手的价格变化而变化。

(4) **剩余房间的数量**。在市场需求量相同的情况下,对于拥有300间客房的成功饭店来说,当可供出租的客房的数量只有20间和有120间时,其收益管理的策略可能是相当不一样的。成功饭店的收益管理人员可能会提升剩下的20间客房的价格,并毫无困难地将它们出租。但是,简单地提升价格和降低价格,并不能保证将剩下的120间客房全部出租。

3. **收益管理优化团体报价的功能**

收益管理在优化方面还有一个重要的功能,那就是团体报价分析和优化的功能。

虽然收益管理系统团队报价分析的功能的应用起步不久,许多功能还在研究和完善之中,但团队报价分析的功能的好处已经越来越凸显。有的收益管理系统能够储存饭店所在的市场历年的地区性或城市性的大型会议、展览、体育和文艺活动的情况和数据——这些数据需要饭店管理人员去收集、整理和输入,然后利用收益管理系统分析这些会议和活动的规律,如会议召开和活动举行的周期性、季节性、客源的构成和消费能力、给市场带来的总体消费量(房间消费数量和饮食、会议及宴会等的总体消费量)、给市场竞争带来的压力、自己的饭店获得的市场份额等等,然后,发现其中的挑战和机遇,制定团体报价和散客销售策略。

例如,微软公司生产的一种收益管理系统叫做"上线利润收益管理系统"(TopLine PROFIT RMS),使用的是微软的奥普斯第二代收入管理技术(Opus 2 Revenue Technologies),具有预测团体价格的功能。它能利用城市的会议情况预测团体客源市场的情况,然后预测团体价格,从而帮助饭店平衡团体客和散客的比例,最大限度防止出现团体客取代散客而给饭店造成损失;或者团体客接待不足,饭店收入,尤其是与团体业务密切相关的会议和宴会收入、餐厅和酒吧收入、电信和交通服务收入等减少的情况出现。而且,它与微软公司别的产品,如客房、餐饮和宴会销售的管理系统以及市场上存在的任何品牌的饭店管理信息系统和中央预订系统兼容,使用起来很方便。

其实,除了上述三大主要功能外,随着收益管理系统向与中央预订系统和饭店管理信息系统兼容化和一体化的方向发展,越来越多的收益管理系统还将具备自动更改房价和销售限制条件的功能。即可以直接从收益管理系统中激活

收益管理——有效实现饭店收入的最大化

更改的房价和限制条件等。这个系统如果与饭店管理信息系统兼容连接在一起，饭店就可以直接通过收益管理系统来管理饭店的价格和控制房间类型，设置销售限制条件等等。收益管理系统分析预测并提出建议，收益管理经理只要批准接受，有关房价和房间类型及限制条件的变化就会在收益管理系统上生效，而不用另行到饭店信息系统上更改。如果这个系统同中央预订系统联接和兼容，还可以直接自动更改中央预订系统的房间价格限制条件和房间类型与数量，对于使用中央预订系统的饭店集团公司来讲更是方便多了。

综上所述，我们可以看到优化功能是回答了这样一个问题："在饭店客房数量有限的情况下，该把多少间客房按照什么价格分配给哪些细分市场或销售渠道去销售，以使饭店整体客房出租率和平均房价达到最高？"收益管理系统通过回顾未来在某段时间或者某天已经获得的客房预订量和预订价格，确认还剩下多少客房可供出租，帮助收益管理人员预测按照可能获得的平均价格从高到低的顺序，要通过什么销售渠道把这些房间卖给哪些细分市场才能达到市场情况允许的最高客房出租率和平均房价。收益管理系统还能帮助收益管理人员按照细分市场或价格水平来预测市场对饭店所有客房的需求情况。如果在某个时间段，如果市场总体需求超过了饭店客房总数，那么收益管理系统就可以利用预测模型，综合考虑历史统计数据及其隐含的趋势，现在已经获得的预订的情况，市场需求变动的情况，以及竞争对手的售价等等，建议把多少房间预留给哪些细分市场而不给哪些细分市场，要设置、取消或更改哪些销售限制条件（如要求最少住多少天，最多能住多少天，除客房外，在会议和餐饮设施方面的消费额，要提前支付费用或收取定金，取消或更改预订要提前多少天等等），以提高每间客房实际能带来的平均收入（客房收入以及别的收入）。

在饭店客房总数不变的情况下，良好的收益管理系统能够最大限度或者相当有效地提高饭店的收入，通过利用对淡季和旺季，或者说需求高和需求低的不同时段的预测，能在需求高的时段收取比较高的价格，在需求低的时段收取比较低的价格，有效利用价格差，把一些高需求段的需求分流到低需求时段。例如，一年中在部分星期内，成功饭店星期二和星期三的需求很高，客房出租率通常都是百分之百。但是星期一、星期四和星期五相对较低，平均只有75%的出租率。为了鼓励部分客人把团体活动的安排转移到星期四和星期五，成功饭店将星期二和星期三的平均客房价格比星期一、星期四和星期五调高15%。这样既能提高星期二和星期三的收入，又能增加星期一、星期四和星期五的客流量，使供给与需求趋于平衡。

当收益管理系统倾向于产生更高的收入，则其建议倾向于接受较晚的时候订房。收益管理系统就建议把大部客房留到较晚时候以高价卖出。另一方面，把剩余的那部分客房以折扣的房价提供给较早订房的客人，鼓励这部分客人预订本饭店。这样，既能充分利用需求高的时候赚取较高房价，又能在需求低的时候以优惠价吸引客人预订，从而提高客房出租率。两者结合在一起，就能最大限度提高饭店的平均房价和出租率，从而最大限度提高饭店的收益。

缺乏价格影响力的饭店如果收益管理系统利用得好，能有效提高饭店对价格的影响力。它们会在使用收益管理系统一两年后惊讶地发现，不必增加额外的设施设备及服务投入，它们只是在市场需求很强的时候提高价格，在市场需求不强的时候提供更多的折扣，总体的收入却提高了。这样，饭店随着对顾客需求和购买的驱动力的多样性的认识的提高，引入很多销售价格点（价格种类），实际上提高了市场需求的总量。

三、收益管理系统发展的方向

饭店收益管理系统的出现仅有十几年的历史，与任何电脑软件相似，它也处于不断的升级换代之中，以更好地满足市场的需要。

（一）集成兼容和自动化

集成兼容指收益管理系统与饭店管理信息系统和中央预定系统能互相联接、相互兼容，可以互相调用数据和双向沟通，并且从收益管理系统上发出的指令能在另外两个系统上能自动执行和生效。如果这三个系统不联接、不兼容，就需要手动从一个系统下载数据，然后上传到另外一个系统，或者有关收益管理的每项决定，例如在个别销售渠道上设置销售限制条件和将公共价格提高一个等级，要分别在不同的系统上手动输入或更改，这些决定才能生效。集成兼容和自动化，无疑能提高工作效率和降低成本。先进的收益管理系统能够在收益管理人员对其提出的方案确认和认可后，可以自动设置中央预订系统的价格、销售限制条件、关闭或者开放某种房间类型，设置不同类型的房间可供出售的数量，做到完全的自动化。

收益管理系统的功能更新换代很快。随着收益管理系统的应用越来越广泛，它们与别的系统的功能的兼容和共通的性能也越来越好。许多设计和销售收益管理系统的制造商通过与饭店管理信息系统、饭店中央预订系统以及餐厅和宴会管理系统等等的制造商合作，提高兼容性和共通性，提高了饭店收益管理系统的自动化程度。

一些实力雄厚的大型饭店管理集团公司使用的收益管理系统是根据它们的

收益管理——有效实现饭店收入的最大化

中央预订系统和饭店管理信息系统来设计的，目的是使它能有效地与后两个系统兼容，提高一体化和自动化程度。当三大系统的兼容和一体化完成后，它们是这样运作的：客人通过饭店的预订中心、中央预订系统、饭店的网站、第三者网络营销公司的网站以及别的渠道获得的客房预订，将通过中央预订系统传到饭店管理信息系统，饭店的收益管理信息系统在下载这些预订后自动调整剩下的可供出租的客房的类型、数量以及价格的类型和数量等等，这些方面的变化将及时被中央预订系统吸收，中央预订系统自动更改自己的可供出租的房间的类型、数量以及价格，并把这些变化输送到与中央预订系统联网和兼容的销售渠道上，让它们自动更新。收益管理系统也从饭店信息系统获取数据，自动更新已售房间的数据以及已获得的预订情况，然后重新进行预测，推算出市场组合的最佳情况，然后调整价格等级和可供出售的房间的数量和类型，重新设立超额预订的客房的数量，以及调整不同类型的房间、销售渠道、细分市场的销售限制条件，这些调整建议被收益管理人员在收益管理系统上接受和激活后，将被传送到中央预订系统和饭店信息系统，自动更新并激活生效。可见这样做大大地提高了工作效率，减少出错。相反，如果这些系统不兼容，不能自动更新数据和指令，无疑增加收益管理系统学习和使用的难度，影响收益管理工作的效率。

（二）远程集中管理

科技的进步使远程收益管理变得可能。一些公司研究的收益管理系统能通过互联网远程从饭店的信息管理系统获取数据，然后把这些数据通过互联网的安全联接发送到这些公司总部的信息数据处理中心。另外，饭店的收益管理经理也可以通过互联网调取这些数据，即使不在饭店本部，也可以对这些数据进行收益管理的分析和研究，调整收益管理的策略。中央控制和远程管理可以全天候进行，也就是每天二十四小时，每周七天，通过互联网随时随地远程获取数据、整理和分析数据，然后改变收益管理策略，如提高或降低价格，关闭或开放某些细分市场的价格或销售渠道，设置或取消某些销售限制条件等等。

通过互联网使得收益管理人员能在世界上不同地方管理不同规模、不同数量的饭店的收益管理领域的工作，无疑使得收益管理工作更快捷、更容易和更经济有效。远程集中管理收益工作，对于拥有多家饭店的集团公司来说，尤为便利适宜，因为如果其下属的饭店规模在 100 间客房左右，如果不能通过远程管理，可能要为每个饭店雇用一个收益管理经理或者购买一套收益管理系统，在经济上是不合算的。

(三)远程提取和保存数据,提高数据的安全性

越来越多的收益管理系统能够使饭店集团公司从远程按照设定的时间和次数自动提取下属饭店管理信息系统和收益管理系统的数据,并保存在收益管理系统供应商或饭店集团公司的服务器。这项工作取代了各个饭店自行每天提取数据,保存到硬盘上,然后寄送给饭店集团公司的工作,有效节约了时间,提高了工作效率。当饭店的数据因故丢失之后,可以从收益管理供应商或饭店集团公司的服务器提取这些数据。这样无疑提高了数据的安全性。

除了上述三个方面的趋势外,收益管理系统的发展还表现出一些新的趋势,例如预留接口和模块,供将来增加新的功能时用;强大的更新换代和升级的功能;国家地区和语言的兼容性,以便跨国家和地区的使用;远程更新系统的性能和进行系统升级的功能,使这些工作不需要到饭店实地进行,节约费用提高效率;收益管理功能模块化,像菜单一样,能供不同档次,不同规模,不同市场构成的饭店选择,它们可根据实际情况增加或减少模块,满足不同的需要,不论是经济型、中档、高档还是豪华饭店,不管是独立经营的饭店还是集团化的饭店,不管是以散客为主的饭店还是以团体为主的饭店都可以找到适合自己用的功能。

四、如何有效使用收益管理系统

收益管理的应用已经很多年了,我们也的确看到它提高了饭店的每房收入,但是我们也要看到收益管理还有很多潜力没有被发掘。比较突出的是散客的管理做得不错,但是在团队的管理上收益管理的使用不多,尚有很多潜力可挖。如何将收益管理的原则和方法应用到团队的管理中去?如何将收益管理原则应用到销售渠道的管理中去?因为使用一些销售渠道要付费。如何将收益管理的系统和饭店的中央预订系统,以及饭店管理信息系统一体化,使其相互兼容,提高工作效率,降低使用的难度?如何使用动态价格管理去管理饭店的公司账户生意和批发销售的渠道?如何每半年进行饭店销售情况的核算,以确定是否要调整一些主要账户的销售价格或者销售条件?如何使用和发展不同渠道互相转化的技术,以鼓励客人直接到饭店的网站及其他更直接的、费用更节省的渠道去订房?如何培训预订中心的职员,理解并能实施价格策略,既保持价格的门槛,又不会伤害顾客的感情?

凡此种种,需要收益管理系统的设计方、饭店公司在实践中不断去摸索解决。

就已经使用收益管理系统的饭店而言,如何让系统发挥它的效能,则需要加深对以下三个事项的理解。

(一) 信赖依赖收益管理系统,但是同时还要发挥人的能动作用

收益管理系统的基本作用是有效收集历史资料,及时更新已获得的预订资料,及时根据市场的变化情况,更新对市场需求情况的预测,并不断重新计算并更新各种组合,如是否设置销售限制条件,是否设置房间类型限制等,推算出最佳的价格和销售方案,提供建议,供收益管理人员决策使用。有的收益管理系统每天更新一次上述资料,有的则可每小时更新一次。收益管理能高效地收集整理这些材料和信息,并进行高速计算。这是收益管理人员个人的经验和其个人有效的时间所不能比拟的。

需要指出的是,收益管理系统并不能代替收益管理人员作管理的决定。系统只是试图计算出在给定的市场环境下所能达到的最好销售情况。人在计算方面不如计算机好,但是计算机不能评估在实际工作环境下,某个因素的变化引发的相应变化。确定下你的销售目标和策略,如果不能达到目标,那么就该改变策略,只有收益管理人员才能做这项工作。

收益管理能对分析历史数据资料起到很大的帮助。自动化的设计能生成收益管理人员所需的几乎所有的图表和数据,这些无疑对预测起到很大的帮助作用。

> 总的来说,收益管理系统的分析与建议是合理的和科学的,也是可以信赖的。但是,收益管理人员不能完全依赖于收益管理系统,收益管理系统也不可能完全取代人的工作。因为收益管理系统同世界上任何一种工具一样,具有它的局限性。收益管理系统的计算和建议建立在有限的数据基础上,而且受时间的限制,而市场的变化是永远的,收益管理系统的数据更新的速度和频率不可能赶得上市场的变化。另外,收益管理系统的分析、预测和优化功能,建立在设计人员预先设定的公式和模型的基础之上,具有一定的局限性。所以,使用收益管理系统进行预测、分析和优化的时候,还要利用收益管理人员的工作经验和对市场变化的感知,充分发挥人的主观能动性。有时,市场的变化受人们心理上非理性因素的影响,人可以感知这些情况,而收益管理系统不能。

(二) 要把客房的价格进行归类和划分等级,也要划分饭店的需求等级

随着市场细分和饭店客房产品细分的深入以及促销的需要——饭店不断推出各种包价和带有限制条件的价格,因此饭店的价格的数量越来越多,种类越

来越复杂，管理这些价格要花的时间与精力也越来越多。例如，成功饭店的各种公共散客价、包价、协议价和折扣价加在一起竟多达 70 种。这么多价格的存在增加了收益管理人员工作的难度，因为逐一关闭、开启或更改这些价格，设置、取消和修改它们的销售限制条件，改变供给它们销售的房间数量，是十分琐碎而花时间的事，而且一不小心就会出现错漏。为了提高管理这些价格的效率，成功饭店把那些属性或特点相似的价格归为同一等级，将它的价格划分为 10 个等级，平均每个等级有 7 种价格。另外，成功饭店的管理人员还对一年中市场需求变化的情况进行预测和分析，把需求划分为 7 个等级，即特高、高、中偏高、中、中偏低、低、特低等等，确定在某种需求等级出现时，应该开启或关闭哪些等级的价格，应该设置什么销售限制条件。通过价格等级和需求等级的建立，从而建立起成功饭店的价格体系。

当成功饭店的收益管理人员将这个价格体系和有关的参数输入收益管理系统之后，收益管理系统就会根据收集到的数据预测未来某些日子哪种需求水平将出现，并通过优化运算，提出各等级的价格优化组合的建议，如开放或关闭某些等级的价格，设置、取消或修改某些等级的价格的销售限制条件等等，收益管理人员只需决定是否采纳这些建议。一旦采纳这些建议，如果收益管理系统与中央预订系统和饭店管理信息系统是可以双向沟通的，只需激活这些建议，使之自动生效。如果这些系统不可进行双向沟通，就需要手动操作，使那些建议在中央预订系统或者饭店管理信息系统上生效。

所以，在安装和调试收益管理系统时，饭店的管理人员要认真分析和研究饭店的各种价格，把它们进行合理归类，建立起一个合理的价格结构。另外，还要对可能出现的各种市场需求状况进行分析和研究，适当地将其划分为若干等级，使之与价格等级对应。价格等级和需求等级确定之后，除了设置到收益管理系统之内，还要设置到饭店的中央预订系统和饭店管理信息系统。可见，客房价格等级及需求等级的建立和设置无疑是一项重要的基础工作。

（三）要重视销售限制条件的运用

收益管理软件通常能给使用者（如收益管理总监、预订部经理或职员等）提供一系列价格，向潜在的顾客报价。当需求水平高的时候，收费低的一些价格将被关闭，只剩下一些收费较高的价格。或者继续开放一些收费低的价格，但是给它们增设限制销售条件。例如，要求客人至少住宿 3 天以上才能获得这些价格，或者这些价格最多只能使用 5 天，或者只把这些价格提供给早于某些天入住并继续在这些天住宿的客人，或者将这些价格设置为在到达日前 3 天自动关闭。这些限制条件分别称为"最低入住天数"限制（Minimum Length of Stay），"最高入住天数"限制（Maximum Length of Stay），"关闭达到"限制（Close of Arrival），以及"提前关闭天数"设定（Cut off Day）。

总之，当市场需求水平高时，要增加销售限制条件，尽量把客房销售给那些能给饭店带来最大好处的细分市场，防止有限的客房被在价格或收入上贡献较小的细分市场占用。与此相反，当市场需求水平较低时，饭店将面向广泛的细分市场开放大量的价格，减少或取消限制条件，吸收各种细分市场的预订，提高客房出租率，防止客房空置。销售限制条件使用得当，能给饭店带来很大的好处。

（四）重视需求预测，提高预测准确性

操纵和控制价格以最大限度提高客房收入的能力，取决于能否准确预测将来需求的变化规律。预测未来需求的变化规律的难度很大，因为，它涉及在历史数据的基础上预测随着时间变化需求的变化情况，历史有时会重现，但是也可能不会；未来的变化可能有规律可循，但是也可能随机地变化，变得不可琢磨。不论预测的难度多大，收益管理人员都要尽力把预测工作做到最好。因为预测的过程其实就是思辨收益管理策略的过程，例如，如果收益管理人员预测市场需求将会水平很高，就会自然而然地把价格水平抬高，增加销售的限制条件，采取措施增加公共散客、商务散客的预订量，减少政府散客、休闲度假客和团体客的预订量。相反，如果收益管理人员预测未来市场需求水平较低，为了增加销售量，自然会降低价格水平，取消或减少销售限制条件，采取措施增加政府散客、休闲度假客和团体客的预订量。可见预测的结果与收益管理的策略存在因果联系。如果预测不准确，收益管理的策略就会发生偏差，客房销售的结果就会不好。收益管理系统的需求预测功能能给收益管理人员提供有效的帮助，收益管理人员每天都要查看收益管理系统对未来的需求水平的预测情况，另外还要追踪收益管理系统预测的准确率，以对误差情况心中有数。另外，自己还要根据工作经验按照细分市场来预测，把自己的预测结果与收益管理系统的结果进行对比分析，这样才能最准确地把握未来需求变化的情况，准确地制定收益管理的策略。

五、收益管理的选购和投资回报

一定要购买收益管理系统软件吗？收益管理系统是奢侈品还是必需品？在明白了收益管理系统的概念、功能、工作原理等等之后，读者可能感到有必要为自己的饭店购买和安装收益管理系统。那么，收益管理系统的投资、选购、安装和使用维护应该注意些什么问题呢？下面就探讨这个问题。

（一）收益管理系统的投资、选购、安装调试、使用和维护

收益管理系统从购买到安装调试和使用，以及培训和售后服务，一套收益管理系统通常需要几千美元到数万、数十万美元。一些收益管理系统供应商一次性收费，也有些收益管理系统的收费是根据饭店的规模和使用系统功能模块的多少来决定的，例如房间数越多，收费越高；功能越多，技术复杂程度越高，收费也越高。一般规定安装调试和使用一年内，供应商给予免费的培训和技术支持。此后，除定期的维护和技术支持外，培训和升级要另外收费。饭店在购买时要仔细研究有关收费和服务项目的条款，努力签订一个对饭店有利的合约，以减少日后的开支和麻烦。

绝大多数的饭店在使用收益管理系统后，通常饭店营业收入能提高3%到7%，有的收益管理系统供应商甚至宣称能提高8%。很多收益管理系统供应商为了促销，承诺如果饭店在使用它们的系统一年内，饭店收入不能提高一定的百分比，他们将不收费或减少收费。饭店可以利用这个承诺作为购买时谈判的条件。

选购收益管理系统时，饭店必须要弄清楚这个系统是否可以远程管理，饭店是否需要的专职收益管理人员。显然，饭店的规模大小、是否是连锁饭店等会影响这方面的需要和购买决策。

收益管理系统在安装调试前，供应商要进行一系列的咨询活动。例如，到饭店了解饭店以及市场的情况，了解饭店的收益管理方面的需求和对收益管理功能的需求，了解饭店现存的历史数据的情况，对相关人员进行培训等等。

安装调试，通过这个收益管理系统攫取的所有数据集中在中央服务器进行处理，所有数据可以按照微软的软件的规律生成各种饭店需要的报表，并提出收益管理建议。例如，如果饭店想知道过去12个月内，哪些顾客在预订客房，他们提前多少天预订，他们支付的房价是多少，以及将来12个月内他们来

预订的可能性与支付的价格情况等。系统能够比较准确地告诉你饭店过去、现在的销售情况和预订情况，并能预测未来的销售情况和预订情况，因此对饭店管理者的经营管理决策是十分有帮助的。这个系统的价格建议是建立在特定的事件基础上。例如，下一年度将有个行业的展览在本市开展，现在饭店还没有收到任何预订。收益管理系统能根据这些数据，建议饭店采取何种措施去拉客源。当然，系统还会给出合适的有竞争力的价格，有吸引力的产品的组合等建议。系统还能预测这些活动被取消的可能性即可能减少的房间数。例如，某个饭店现有的团体订房根据历史预测，将有30%被取消的预订，那么饭店可以多接30%的团队，当同样比例的团体预订被取消，饭店才会实现既定的目标。又如，收益系统预测下个月某个星期的星期二到星期四市场需求很强，饭店客房和会议设施将供不应求，但是星期一、星期五需求不足，饭店开房率将不满80%。在这种情况下，这个系统就会建议可以接受价格较低的一些团队，但是前提条件是，该团队要住满5天，并使用会议设施。这样能使5天的客房和会议设施的整体收入大大地提高，比仅接受星期二、星期三和星期四住店并使用会议设施的团队好，虽然平均房价会低些。

（二）哪种类型的饭店要使用收益管理系统？

饭店无论大小和类型，都可使用收益管理系统提高收益。饭店规模的大小并不太重要，不管是40间客房的饭店还是1,200间的饭店，收益管理系统都能见到成功的例子。但是，如果饭店所在的市场环境越复杂，细分市场的组合变动越大，需求的季节变化越大，或者说需求高峰期与低谷期的差别越大，起伏越明显，饭店越能得到使用收益管理系统的好处。另外，如果饭店散客的比重越大，饭店使用收益管理系统的好处越大。因为散客的变化比团体的变化更大，更复杂，更难预测，更需要优化。团体客比重较大的饭店，按照谈判价格支付费用的饭店不容易通过使用收益管理系统获益，但是可以通过改变团体入住的规律来提高收益。以成功饭店为例，该饭店以商务散客为主，星期二和星期三通常住满，供不应求。而周末和星期一、星期四和星期五常住不满客人。所以，再进行收益管理时，要尽量避免或减少团队在星期二和星期三入住，鼓励团队在星期四、星期五以及星期六和星期日入住。这样不至于取代原本效益较好的细分市场，如果团队要入住，要至少住够若干天，通过设置销售限制条件来提高饭店的总体收益。

（三）收益管理系统需要多少投入

饭店收益管理系统通常按照饭店的客房数目来计价，总价为平均每间客房的费用乘以总客房间数。例如，如果一套收益管理系统按照每间客房$125收费，那么，一间拥有 200 间客房的饭店大概收费为 $25,000。现在有一些收益管理系统供应商（如 IdeaS）以共享收益的办法收费——如果饭店没有收益，就不用收费。但是，确定多少收入是收益管理系统直接创造的不容易，因此确认收益管理的投资回报也比较不容易。一般说来如果使用收益管理系统后，饭店的客房收入提高 3%，就可称为投资有回报了。要确定收益管理回报问题，要对饭店收入的提高有个实事求是的看法。例如，饭店的收入提高，可能是因市场需求增加，也可能是由于通货膨胀的原因，也可能是由于价格的增长。那么，饭店收入的提高到底是否与收益管理系统的投资和使用有关呢？同行间经常地沟通和回顾有关报告能帮助饭店确认投资回报。

无论市场环境是好是坏，将注意力放在使用任何可能的手段努力提高营业收入上的饭店，将比把注意力仅仅放在控制费用上的表现好。没有准备好接受收益管理的基本原则的饭店，应当认真思考如果不使用收益管理系统，要保持竞争力，还能坚持多久。如果接受收益管理的思想和策略，并拥有收益管理系统，它将可以帮助饭店减轻很多工作负担，如收集、整理各种预测所需要的详细资料，从而给你时间和自信，使你能够看到更大的图画，看得更为长远，更有效地提高收益。

（四）需要理解收益管理系统进行运算的原理吗？

收益管理系统背后的数理统计原理很复杂，需要相当的知识和智力去开发和理解，而且收益管理系统的设计本身的确很复杂。就好像汽车的设计和建造一样，汽车的设计和建造很复杂，但是，作为开车的人，并不需要像汽车设计工程师那样详细知道汽车是如何设计的，每个部件的工作原理是怎样的，它们是如何组装在一起的，只要会开，能安全舒适快速到达目的地就行了。收益管理系统并非复杂到难以使用。你只要懂得基本的操作，相信这个特别设计的系统能帮助你作出正确的判断。此外，具体使用的饭店可以根据自己的经验和知识，对收益管理系统进行调试或者二次开发，使其适应饭店所在市场的需要。

（五）谁来控制收益管理系统？

收益管理系统本身控制不了人。相反，是人在控制这个系统。收益管理系统本身并不进行市场决策，负责决策的是收益管理人员。收益管理系统只是一个工具，它进行运算和预测后提出的建议必须经过收益管理人员的审核和确认后才生效。作为使用者，必须很清楚利用这个工具要做什么，达到什么目的。

（六）正确使用收益管理系统，是其发挥作用的关键

购买和安装收益管理系统是笔不小的投资。购买收益管理系统并投入使用后，如何才能成功地运用收益管理系统，充分发挥其作用？除了解决一些技术

问题，如合理建立价格等级、划分细分市场和销售渠道，准确预测和合理定义未来每天市场需求的水平，以及理解收益管理系统数据的输入、保持和各种图表的阅读等之外，对以下几方面的认识也很重要。

1. 树立良好的收益管理的文化氛围

如同很多别的计算机信息系统一样，收益管理系统是个工具，并不是魔术。收益管理系统能否成功应用的关键是饭店必须相信收益管理系统能帮助把决策建立在知识的层面上而不是主观的感觉上，要能接受和欢迎这种系统，为收益管理的应用创造良好的氛围，并且把工作的重点放在如何最大限度提高收入而不是减少成本上。

另外，这种文化氛围的另一个要求是要能给订房部的员工提供奖励计划。如果奖励由销售房间的数量来决定，就可能导致给予较多的折扣多卖房，如果在需求旺的时候也这样，那么就会降低饭店的利润，因为房价太低了。所以，饭店的奖励计划应当建立在平均每房收入的基础上（RevPAR），将重点放在无论需求情况高、中、低，都努力提高平均每房收入。

2. 饭店管理层对收益管理策略的应用要达成共识并要大力支持

对收益管理的支持必须至上而下贯彻到整个饭店机构，以充分发挥收益管理的功能。每个人需要接受这现实，即收益管理系统是个工具，它需要完善，有优点也有局限。每个饭店应当有一个收益管理的领头人，负责更新收益管理系统的数据和指标，使它保持最好的状态，这要投入很多时间和精力。饭店在工作岗位设计上要有所考虑，要保证人力资源支持。

3. 收益管理系统要能与饭店管理信息系统兼容接口

这点听起来好像应当放在第一位，因为毕竟如果没有一个系统将饭店管理信息系统收集的有关预订的数据资料有效地自动传送到收益管理系统，那么分析研究预订情况，制定价格和销售策略就比较困难。然而，饭店的收益管理的文化氛围还是最重要的。因为整个饭店首先要认同收益管理这个概念，否则，即使有了这个系统又能如何？虽然这个兼容的接口是根据饭店的需要来设计的，使得对收益管理系统的选择变得有限。但是，绝大部分饭店管理信息系统（如Fidelio, Geac, LANmark 等）能够复杂到至少能够同一个主要的收益管理系统兼容。

4. 要有高质量的、足够多的历史资料

收益管理系统预测的准确性，不论预测是采取哪种数理统计的预测方法，都要求数据具有完整性、准确性并要有一定的数量。在理想的情况下，收益管理系统供应商希望能得到至少一年的完整、细致的饭店数据资料来作为预测的基础。这些数据通常来自饭店管理信息系统每天的营业情况报表。然而，现实中有些饭店的基本数据缺失，或者不够具体，不够完整。例如，有的饭店管理信息系统无法跟踪记录团体订房预留房间数目在各个不同日期变动的情况,而这些信息对研究销售限制条件对预订的影响很有帮助。新饭店没有历史数据,在这种情况下,尤其是新开业的饭店,这些数据要凭管理者的经验来补充增加,并通过现场收集的详细数据作为补充资料。现在,大部分的收益管理系统供应商会在系统交接前,到饭店实地收集和记录至少三个月的资料。

5. 留意各种变量的因果关系和历史数据产生的背景

收益管理系统预测的准确率通常要在系统安装运行一年之后才会达到较高的程度。因为一年的运行,系统记录了一年各个不同时期的真实情况,因此,也基本上把握了影响市场变动的主要因素。这些在随后的预测中被加以运用,从而使预测的准确性提高。另外也要记住,任何预测都是建立在一定的假设(即前提条件)之上的,收益管理系统的预测结果是建立在输入的各个变量和指标的基础上。尽管收益管理系统能够尝试根据市场的变化自动调整预测的结果,例如需求水平的季节性变化等,它却不能发现这些变化深层次的背景,如本饭店营业收入的增减是否是因为马路对面的竞争对手饭店最近推出了一个打折扣的促销或者是对手饭店关门装修等等。所以,销售部门和收益管理部门要善于搜集市场变化的资料,找出收益变化背后的动因,准确确定各种变量和因素与饭店客房出租实际结果之间的内在的因果关系,并把它们输入收益管理系统,以便将来收益管理系统再预测同一日的市场需求情况时,会把这些因素考虑进去。

6. 要相信收益管理系统的结论和建议,不要抗拒

当今的饭店经营管理的市场环境变化很大,步调和节奏都很快。收益管理的数据输入不可能包括每分钟的变化,在使用收益管理系统时,如果收益管理人员太注意细枝末节而不相信收益管理系统的结论和建议,转而依赖自己的猜测,可能会导致严重的后果。因为,收益管理系统的使用人员一般没有时间去检查它的数学运算的准确性,因为它可能比他们更了解概率统计学。所以,要使用收益管理系统,发挥其作用,而不是抗拒它。成功的收益管理系统使用者懂得什么时候要看大局,什么时候要注意细节,而不是教条主义,不懂灵活机动。所以,购买了收益管理系统这个能够处理和评估市场环境变化的系统,就应相信它的结论或建议。

7. 道德的思量

收益管理策略的本质是价格差异或价格歧视,即相同的产品在不同的情形(如预订时间、入住时间、不同的细分市场等等)价格是不同的。因此,遇到顾客的抗拒是预料之中的事情。有人认为使用收益管理去操纵房价是不道德的,例如,有人认为饭店没有权利对最后一天才订房的人收取高价,虽然这样能多赚钱,但是并不道德。这种批评反映出别人还不能理解我们产品的价值。例如,

收益管理——有效实现饭店收入的最大化

在客人的眼里，我们的客房每晚值 200 美元，但是，从我们的角度去看，它可能值 300 美元，也可能只值 150 美元。这种差别导致了定价的困难。客房的价值是取决于特定的环境的。在某个特定的条件下，它可能值很多钱，也可能值很少钱。这同一袋水的价值取决于特定的环境一样。在沙漠里，它能价值千金；在水源充沛的地区，它也许不值钱。所以，客房对于一个客人来说，价格是高还是低，是值多少钱，完全是看特定的环境来决定的。在自由经济环境下，根据需求来定价，没有道义上的问题。收益管理系统的设计是建立在理解顾客对产品的价值的看法上，是建立在特定的环境的基础上的，因为收益管理系统提出价格和产品的策略，是建立在对市场的分析，建立在特定的供求关系环境下的决定，如果按照收益管理系统的建议定价，能把客房销售出去，那么价格就对了，反之，就没有定对。假设当一个最后一分钟到达并拿到饭店的最后一间客房的客人投诉房价太高，你可以自信而面带笑容地说："先生，我们把它留下来是等待你的到来。如果价格不是这样，它早就被别的客人拿去了。"

当然，过度地把注意力放在努力挣到最后的一分钱在现实生活中并不是一种健康的态度。虽然，收益管理的目的是要得到最大限度的回报，但是，并不是所有的回报都是可以用金钱来衡量的。例如，航空公司提供最后一分钟减价票，是为了回赠节俭的顾客。同样，饭店也会给一些需要特别照顾的客人以优惠价，如长住客、回头客、高龄市民、军人、学生等等。收益管理系统并不是要强迫收益管理人员去敲客人的竹杠或掠夺客人，从而冒犯和得罪客人，最后失去顾客，它只是提供了一个参考意见，收益管理人员具体情况具体分析，对一些特殊的情况要特殊处理，而不是一刀切。很多时候，短期来看可能会少挣点钱，但是，从长远来看，会得到更多回报。

当然，饭店经营的社会环境和法律环境对收益管理的实施也有制约。例如，美国的政府就规定在特殊时期，如自然灾害或特殊会议情况下饭店不能乱涨价，涨价的幅度不能超过规定的标准，否则就要受罚。

六、收益管理系统的应用实例

本章前面的内容介绍了收益管理系统与其他饭店管理信息系统的区别和联系、工作原理、主要功能、发展的新动向等等。此外，本书第四章讲到，在收益管理中，市场分析预测的主要对象包括无限制市场需求的水平(Unconstrained Demand)、预订进度（Booking Pace）、细分市场的预订规律（Booking

Pattern)、细分市场的入住规律（Staying Pattern）、市场需求变化的季节性和周期性、市场供需情况变化、竞争对手价格动态以及重大事件等等。现在市场上提供的收益管理系统不少，虽然它们的功能大小强弱不同，使用的便利程度也不同，但是前面第二节提到的主要功能大同小异。在下面的部分，笔者将介绍欧洲艾玛迪斯公司的收益管理系统（Amadeus RMS），请读者思考它是否具备上述的功能，是否能满足自己饭店的需要，有什么优缺点，以及它的特点是否与收益管理系统发展的趋势吻合。

（一）艾玛迪斯公司简介

艾玛迪斯公司是全球最大的旅游技术服务公司之一。该公司在中国大陆成立了分公司，从1995年开始服务于中国大陆的旅游行业，总部设在北京，另外在上海及广州分别建立了办事处。该公司最出名的是其全球分销系统Amadeus，该系统向全球很多客户提供旅行社、饭店、航空公司等分销服务。该公司的业务还扩展到别的领域，如向旅游行业提供技术解决方案，包括全球航空订位、酒店预订、租车、客户查询等，从而使众多的旅游企业通过Amadeus系统准确、快捷地销售各种旅游相关产品。艾玛迪斯公司为饭店行业提供的主要技术产品包括：

（1）饭店管理平台（Amadeus Platform）。这是一个新一代的饭店管理系统，是一个集成中央预订系统、饭店管理信息系统、收益管理系统的一个平台，是一个使这些系统一体化的平台。

（2）饭店管理信息系统（Amadeus PMS）。本书多处介绍了饭店管理信息系统。此处不再重复。

（3）收益管理系统（Amadeus RMS）。该系统能帮助饭店通过实施收入管理策略和深入把握市场消费行为的规律最大限度提高饭店的利润。

（4）销售点终端系统（Amadeus POS）。该系统又叫销售时点信息系统，它能够自动读取记录商品销售设备里的信息，并通过通信网络和计算机系统传送至有关部门进行分析加工，以提高经营效率。

（5）饭店分销系统（Amadeus Distribution）。通过该公司的全球分销系统来销售饭店的产品和服务。

（二）艾玛迪斯收益管理系统（Amadeus RMS）

该系统的前身是法国的OPTIMS收益管理系统。艾玛迪斯公司几年前并购了OPTIMS公司，并因此获得了它的产品。艾玛迪斯公司对OPTIMS进行了改良，发展成现在的艾玛迪斯收益管理系统。目前，全世界54个饭店集团公司的1,500多家饭店使用艾玛迪斯收益管理系统。

艾玛迪斯收益管理系统突出的优点是能从饭店管理信息系统自动攫取数据，通过内置的数学模型，逐日预测未来市场需求的情况，便于饭店根据需求的高、中、低等情况调整价格的等级、销售渠道和细分市场的组合，帮助饭店经营管理者评估、确认和判断短期、中期和长期的销售策略，找出最大限度提高收入和利润的途径和方法。该系统还能提供动态建议，建议最高公共价格应该设立在哪个等级，最低团体报价是多少，有什么限制条件等等，如某个团体使用的房间数要达到多少间天，会议和宴会的消费要达到什么标准，最少要住多少天，最多只能住几天等等。此外，该系统还能预测被取消和更改的客房的间数，提前退房和推迟退房的房间数，计算出需要超额预订的房间数，供收益管理人员参考。由于市场的环境不断变化，饭店已经获得的预订也会增加、减少、更改或取消，因此，饭店可供出租的房间数也随时间的变化不断变化。可喜的是，这个系统能够不断自动从饭店管理信息系统上调用最新的数据，不断进行新的推导和运算，从而不断更新建议，使它的预测和建议保持与市场变化的步调一致。

下面将艾玛迪斯收益管理系统特别突出的特点和功能详细介绍如下。

1. 完全自动化的收益最大化解决方案

艾玛迪斯收益管理系统能够通过智能双向的联接，自动从饭店管理信息系统（或中央预订系统）下载并获取数据，并利用这些数据进行预测和优化的运算，然后提出动态价格的决策建议。这些建议包括每日最高公共价格、最低团体报价、最低或最高停留天数、超额预订的数量等等。这些建议可通过智能双向的接口上传到饭店管理信息系统（或中央预订系统），激活并加以应用，从而节省宝贵的时间和人力。使用这个系统的饭店通常在三个月后能看到它带来的好处。对于连锁饭店来说，这个系统还有个好处，就是远程控制和管理的功能使远程集中管理成为可能，因此不必在每个饭店设置一个专职的收益管理人员。

2. 与视窗平台技术结合在一起的最新技术

艾玛迪斯收益管理系统使用彩色图形视窗用户接口技术（GUI），使得数据容易使用和理解。这种用户友善的接口技术能使使用人员迅速理解饭店的业务规律以及收益管理系统提出的决策建议。这个系统的视图有以下特点：

（1）用户界面特别适合组织和整理数据，Optims系统能有效组织和整理这些数据，加工生成各种图表，并把它们变成具有实际意义的信息。这些图表能揭示出杂乱的原始数据所隐含的规律和趋势，且十分方便用户阅读和理解。

（2）使用不同颜色的编码或者图标，提醒用户采取必要的行动。

（3）报表多使用电子表格，能够垂直或水平滑动，方便展示和阅读。

（4）使用很多统计图表，如条形图、分层的条形图、曲线图、曲线面积图、饼图（也叫百分比图，是一种把各份额占用百分比用一个圆饼中相应大小的扇形区来表示的图示法）等等，直观而形象，便于分析和研究。

(5) 能同时打开若干个视窗，使用户能在同一个视屏进行多角度的分析。

(6) 拉近（zoom in）或推远（zoom out）的命令按钮使得在数据之间航游变得很便利。例如，如果要查看某个图表后面的详细数据，只要点击拉近按钮，就会看到。如果要隐藏这些细节，点击推远即可。

(7) 数据的输入完全可以使用鼠标器进行，简化了数据的输入，大部分时间用户仅使用鼠标点击就可。可以滚动到任何年、月、日查看相关的数据。

(8) 所有功能和选项的展示都简洁直观，没有复杂的选择菜单。系统在命令和工具栏还提供了丰富的选项，供用户进入不同的模块，使用不同的功能。

3. 对硬件和软件的要求

艾玛迪斯收益管理系统要求饭店必须有一个专门的电脑主机以安装这个系统。这个主机要求使用 Microsoft Windows NT4。这个系统的数据的储存以及预算都将在这个指定的主机上运行。这个主机必须联接到饭店的网络，这样饭店管理信息系统的数据才能自动通过网络传送到收益管理系统的主机上。可以把一台或者多台用户终端联接到这个系统的电脑主机，供专职的收益管理人员之外的人员使用，如预订人员和总经理等。对收益管理主机硬件的最低要求是：Pentium III processor 600 MHz，128Mb RAM，18Gb HDD，并要求具备局域网接口。对供收益管理人员之外的人员使用的电脑终端的硬件的最低要求是：Pentium III processor 366 MHz，64Mb RAM，500 MB HDD，并要求具备局域网接口。软件则是操作系统为 Microsoft Windows 98，Windows 2000 或者 Windows NT。

4. 用户使用权限

这个收益管理系统通过用户权限的设置来控制不同功能的使用。而用户的使用权限则通过设置密码来保护。

5. 数据的自动更新和备份

收益管理系统安装一个自动从饭店管理信息系统下载数据的程序。这个程序在饭店夜间的财务审核工作完成之后自动运行，从饭店管理信息系统下载数据，更新收益管理系统的数据，并进行数据备份。

如果这个系统安装在不属于任何饭店集团而独立经营和管理的饭店，备份的数据会被自动保存在安装了此系统的主机的硬盘上，或者把数据拷贝到一张光盘就可以了。如果这个系统被一个饭店集团公司的多家饭店使用，除各个饭店的电脑能保存备份的数据外，所有饭店的数据还将在集团公司的主机上自动更新和保存。

6. 自动电子邮件报告功能

这个系统每天可自动预算并生成一些报表，通过电子邮件自动发给饭店的有关管理人员，供他们参考。例如，关于预订信息误差的报告可以告诉他们预订过程出现的影响预测准确性的错误，如一些尚未确定的预订被错误地当成确定，团体的预订被当成散客的预订等等，便于他们去查找原因，及时纠正。

7. 随机校准模型

该系统可建立饭店自身独特的随机校准模型，在研究和了解了饭店的特定业务的趋势和特殊要求之后，例如历史的数据和规律、预算、影响需求变化的特殊事件以及市场需求的变化趋势等等之后，该系统可以建立随机校准模型展示未来的情形，例如未来一段时间即将增加的新预订、可能被取消的原有预订等等。

8. 预测的准确性的控制

该系统的预测的准确性直接关系到该系统投入使用后是否能给饭店带来预期的好处。艾玛迪斯公司声称在系统安装后将不断监控预测的准确性，并进行必要的调整，以保证这个系统预测的准确性和可靠性，以能最大限度提高用户的收益。该公司称有信心并敢保证饭店在使用该系统后利润能提高8%以上。

9. 系统带来的好处的评价

艾玛迪斯收益管理系统还设有一个"获得业务机会模块"，可以用来评估使用这个系统后给饭店带来的好处。这个模块内含一些运算公式和和统计模块，能评估哪些营业收入是使用收益管理系统之后直接产生的。在安装和调试这个系统的时候，需要从饭店管理信息系统调用历史数据，以便安装这个模块。

10. 需求分析功能

该系统能从不同角度剖析某天的市场需求情况，包括平均停留时间的长短、现已获得的预订的构成和可能增加的预订的构成分析、超额预订的房间数、团队预订分析、价格结构分析、销售渠道分析、顾客预订和停留模式分析（如提前多少天预订，喜欢在星期几入住，通常住几天，除客房外还有什么消费等)、预订被取消或预订后不取消也不入住的情况分析等等。

为了提高该系统需求分析的准确性，收益管理人员要输入以下数据和信息。

● 输入或修改影响未来市场需求的重要事件。包括事件的日期、事件的类型、事件影响程度的大小。通常按照它们对市场需求产生的影响的大小来打分，从1到5，5是影响最大，1是影响最小。收益管理系统以此为权数代人运算。

● 输入预订被拒绝的情况。客人预订房间的要求会因各种原因没有得到满足，如饭店没空房出租，客人需要的房间类型已被预订，客人不愿意接受饭店的报价，客人的预订不能满足饭店的限制条件，如最低或最高停留天数等。收益管理人员需要把这些信息输入收益管理系统，这些数据影响到对无限制市场需求的预测。

● 输入饭店因超额预订而把客人安排到别的饭店的情况。包括房间数目、价格等。

11. 对现有预订情况的分析

这些分析包括：

● 每天、每月已经预订的房间数、平均房价、客房收入。

● 细分市场构成与预订模式。例如公务团体客、休闲度假团体客、公司账号客户、政府公务员客户、从第三者网站预订的客户的数量比例，每个细分市场的客人提前多少天预订等等。

● 价格构成、价格代码分析。例如每天、每周、每月、每年，某个月的所有星期三或者星期二或星期三卖出多少房，单价是多少。

● 销售渠道分析。多少是团体客，多少是通过全球分销系统、中央预订系统、饭店网站、饭店前台部、团体预订处、第三者网站等等获得的预订的情况。

● 取消订房的比例。多少预订是已经支付费用的，多少是有信用卡或现金来保证订房的，多少已经是确定的预订，多少只是临时性的预订。

12. 对新的需求情况的预测

该系统可预测未来一周、一个月、三个月市场需求的情况，如按照细分市场来预测，按照价格等级来预测，未来每天将增加的预订数、减少的订房数，同一天的需求情况比较，市场事件比较。若发现特殊情况，可探求其原因并提出解决对策。

就特别事件对市场需求的影响和对收益管理策略的影响，该系统分析得比较细致。如要考虑距离事件还有多少天，现在已经获得的预订情况以及预测将来能销售的房间总量，去年同期是否有同样的事件，当时对市场需求和策略的影响如何，这些事件是什么样性质的事件，是世界银行的年会还是全国性的中学教师年会，或者宗教大会？不同性质的事件对市场和某家具体饭店的影响程度是不一样的。

● 特殊事件：能够定义和输入对市场需求及其预测有不同影响的各种事件。当然也能查看这些事件。

● 帮助屏：能解释这个系统使用的所有概念。

● 笔记（Notebook）：能供给用户作一些记录和调用这些记录。

● 展示选项：用户能根据自己的需要，选择根据细分市场、价格代码或者不同的时间跨度，如几天、一周、几周、一个月、几个月、一年内所有星期一等等，查看历史数据，十分便于查找数据隐含的规律。

● 每天的详细资料：包括每天所有相关的数据信息，如市场组合情况、不同细分市场的价格和消费房间数、单价、收入等等，包括客房之外的收入。

● 报表：分析的结果或者数据调用的结果可以输出到打印机打印，或者可以调出以新的文件的方式保存到用户指定的路径。

13. 预测引擎

在竞争越来越激烈，变化越来越大的市场环境里，饭店经济效益的好坏主要取决于饭店适应市场环境变化能力的高下，即饭店管理人员能迅速认定市场发展变化和消费者行为变化的趋势，采取有效的价格和销售策略的能力。为帮助饭店管理人员提高这种能力，艾玛迪斯收益管理系统引进了一个突破性的预测饭店需求的方法。这个方法汇总了饭店管理人员的经验和知识，以及电脑的技术，形成一种独特的交互式的预测机制。

(1) 宏观预测机制：便于制定预算和分析总体趋势的工具

这一机制根据市场变化的总体趋势、市场竞争的状况、新的价格、事件（节假日、假期、大型体育、文艺或政治、经济、社会等活动）等预测不同类型的价格中，每种价格每个月的销售数量。宏观预测这个功能可以根据需要任意多次使用，例如，市场环境发生了重大事件，如美国纽约的"9·11"事件后，这个工具能重新预测一个月内每天的客房出租率，从而重新得出整个月的出租率情况。

宏观预测的功能包括：

a．现有的预订

b．需求的规律预测

c．需求季节变化的规律

d．每周七天中每一天客房出租率的预测

e．客人停留天数的预测

f．累积预订总数的预测

g．市场发生的主要事件（如大型的会议、展览、体育活动等等）的影响

h．取消订房的数量

i．没有被取消也没有客人来入住的预订（No-shows）的数量

j．没有订房，直接到饭店前台入住登记的（Walk-in）数量

这个系统一个独特的功能是，它能够对超出常规的预订规律的月份作出长期的预测。在别的系统不能够提供精确的推算时，该系统能够把每月的销售预算（例如按月份、细分市场或者销售的等级）作为长期的预算。把每月的预算细分到每天，结合每天是一周中的星期几，因为一周内市场的需求通常会不同，还结合市场需求的季节变化，以及影响市场需求变化的主要事件等等，来决定每天的预算。细分到每天的预算作为短期和长期的市场需求情况预测的基础，饭店管理人员从而可以马上逐日和逐个细分市场地来评估每天的实际营业情况与预算的差异情况。

(2) 交互式预测

交互式预测包括：

a. 市场变化趋势
b. 竞争
c. 新的价格
d. 事件
e. 确定的预订
f. 未确定的预订

这个预测机制能根据饭店已经获得的预订的情况，例如，预订是否是确定的约定，是否是预留给团队的房间（Blocks）等等，以及前厅部客人登记入住或退房的情况的变化，以及可能增加的新的预订的数量等等，来确定有多少预订能真正有客人来入住，使饭店真正得到收入。

这个系统还能进行客人停留天数的预测，还能根据可能会被取消订房的数量，没有被取消也没有客人来入住的预订的数量（No-shows），没有订房而直接到饭店前台入住登记的数量（Walk-in），提前退房和延长停留天数等等来预测超额预订的数量。

这个系统能提供给饭店管理人员即时的信息，如某天、某星期或者某月饭店市场需求的情况，饭店已经获得的预订与预算和历史对比的情况等等，帮助他们对过去、现在和未来有清晰的认识，使得他们能够根据预期的市场需求高低起伏变化的情况调整价格和销售策略。

14. 优化的功能

这个系统具有根据需求变化情况进行收益优化的功能。该优化功能的模块能决定每日以不同的价格销售给散客的客房数量，能随时简捷快速地回答下列问题：

● 今天应该开放哪个（些）价格以销售未来某天的客房？
● 是否要停止接受某天的预订还是继续进行一定数量的超额预订？
● 是否对某个价格设定最低或者最高停留天数的限制？

要找到这些问题的正确答案并不容易。正确的答案能有效提高饭店的收益，而建立在错误的假设的基础上的答案会使饭店损失很多收益。

15. 价格策略（应该把最高公共价格确定在哪个等级）

使用价格策略的功能，首先需要设置一系列的价格策略，每个策略对应某种价格和某种预订和需求的情形。最初，这个系统执行随机校的基本规则，也可称为静态的规则。动态的规则也在系统中被定义，并根据需求变化的情况被激活生效。这个动态的方式极大地提高了饭店价格策略的灵活性，使其能根据已经获得的预订的情况和未来市场需求变化的趋势自动调整价格策略。

无论是在需求量大还是在需求疲软的情况下，该系统都能最大限度优化饭店的收益。例如，当需求量很大，饭店的房间将能全部销售出去时，收益管理的重点是要控制好市场组合，尽量把房间多销售给平均房价高的细分市场，控制和减少销售给平均价格低的细分市场的房间的数量。换句话来说，就是要尽量把房间"保护"或"预留"给平均房价高的细分市场，否则如果有限的客房给低价的细分市场预订了，价格高的细分市场拿不到订房，饭店会遭受损失。所以，此时，收益管理系统将建议提高最高公共价格，关掉低值的价格种类，或者给它们设置销售限制条件，例如最低或最高停留天数，或者停止入住（Close to Arrival or CTA）等等，减少它们的销售量。

与此相反，当需求疲软，饭店的房间不能全部销售出去时，收益管理的重点是要尽量多地销售客房，提高饭店客房出租率，所以，此时应当开放尽量多的价格种类来销售，减少销售限制，加快销售的速度和提高整体销售数量。由于饭店的房间不可能达到100%的出租率，一般情况下不需要"保护"或"预留"一定数量的客房给金额较高的价格销售。艾玛迪斯收益管理系统每日计算这些最优化的组合，通过计算现有的预订能够变现的情况以及可能获得的新预订的数量，例如，从现在到预测的那日之间能获得的新预订。为此，这个系统查看这些预订的入住日期和退房日期，以此确定停留的天数，然后接受那些能够提高饭店利润率的预订，拒绝那些利润率低的预订。

16. 日历功能

艾玛迪斯收益管理系统还有一个日历管理功能和界面，使用者能在此查到任何一日该系统提供的该日无限制市场需求数量、影响市场变化的主要事件、已经获得的预订数量、可能获得的新的预订的数量、可能被取消的预订数量、可能出现的No-show的数量、现有的市场组合的情况（按照各种价格预订的房间数量、团体和散客的数量等等）以及预订进度的曲线等等，这些信息无疑能有效帮助饭店收益管理人员作出正确的决策。

使用人员可以任意点击要查看的日子，显示任何月份的日历，逐日分析该月每天的情况。如果某天的市场需求量很大，无限制市场需求量超过饭店的容量，在日历上这一天就显示为红色，这种情况常称为关键的日期。关键的日期通常至少具备三个特征之一，即市场需求很大，饭店需要采取价格、房间类型或销售限制条件等收益管理策略；饭店需要进行超额预订或者调整超额预订策略；饭店需要调整团队报价策略等等。收益管理系统自行更改这些方面的建议，用红色显示出来，提醒收益管理人员注意。

17. 团体预订分析功能

除了上述对散客的需求情况进行分析提出价格策略的功能外，此系统还具备团体报价分析的功能，帮助饭店决定是否要把部分或全部房间卖给团队客，应该收取什么价格等等。团体报价的模块通过对每日需求的研究，提供即时的团体的分析和报价，例如一次性的团体、旅行社的团体、航空公司的飞行员和乘务员的团体、政府部门的团体、公司的团体等等。能回答诸如要对某个特定的团体预订报什么样的价格？按照那个价格，应该预留多少房间给这个团体？这个团体安排在别的时段入住是否更好？这个模块的报价基本上取决于几个因素：团体入住的时间的市场需求情况，团体入住的具体时间和停留天数，团体是否有除客房之外的贡献——即是否要使用会议设施，是否在餐饮和宴会等方面消费，饭店的收支平衡点（Breakeven Point），饭店各类空房的数量，团队是否会降低饭店的收入，如折扣的团队取代了支付全额或更高价格的散客的房间。如果团队入住和停留的时间有灵活性，饭店应当建议团队在需求较低的时段入住，这样可以避免团队在市场需求高时取代高价散客，造成饭店的收益损失，同时还可以提高淡季的客房出租率。

18. 系统的安装、调试和使用培训

在饭店购买了艾玛迪斯公司的收益管理系统后，该公司会提供系统的安装、调试和使用培训服务。首先，要对饭店所有的价格进行编码、分析和归类。市场特性相似、价格金额相近和限制条件相同的价格将被归为一类。在进行管理时，按照价格的种类进行管理，例如，同时关闭或开启同一类型的价格，并根据细分市场或者价格编码来查找该价格实际带来的销售额和销售收入。其次，在收益管理系统第一次从饭店管理信息系统调用数据之前，一些基本的参数也需要被定义，例如，房间类型、影响市场需求的特殊事件、能够带来营业收入的部门的确定、已经获得的预订的情况以及拒绝接受的预订的类型（Denial Types）等等。

收益系统安装之后，该公司每年将派员到饭店检查系统使用情况两次，确保设置和操作程序等都正常，并根据饭店的实际需要对系统功能和设置进行适当的修改，并对有关人员进行适当的培训。例如，饭店决定要改变市场组合和价格的策略时，供应商可以帮助作出这些决定并确保系统设置准确无误。

为了帮助用户熟练掌握这个系统的使用方法，以最大限度发挥其作用，艾玛迪斯公司还为饭店组织培训和专题研讨，这些培训和研讨通常具有这些特点：

● 采用案例分析的方法，使饭店的管理人员能够熟悉并掌握收益管理的概念和方法。

● 推行交互式的培训，以识别饭店在收益管理的特殊需要，以及理顺收益管理、市场销售、服务质量等之间的关系。

● 手把手的培训，提高使用人员的实际动手能力。例如，手把手的培训，使预订部门懂得使用团体报价的功能进行团体预订的分析，准确适当地报价。手把手的培训，使得收益管理人员懂得如何备份数据。

要点回顾

1. 收益管理系统是一种计算机软件和辅助工具，它能收集、整理、储存有关的数据和资料，生成各种图表，进行预测和提出调整价格、控制产品和服务以及销售渠道，更改销售限制条件等方面的建议，供收益管理人员决策时参考。

2. 收益管理系统的数据和信息来源于饭店管理信息系统和中央预订系统。要提高工作效率，收益管理系统应该与饭店管理信息系统和中央预订系统兼容，实现双向沟通，甚至一体化。

3. 近年，收益管理系统发展的主要方向是集成兼容和自动化、远程集中管理及远程提取和保存数据。

4. 越来越多的收益管理系统可以通过互联网远程调用一家或多家饭店的收益管理数据和图表，进行收益管理工作。有的系统甚至还能根据收益管理人员预先设定的指令或系统优化分析的结果，自动修改中央预订系统和饭店管理信息系统的价格、销售限制条件以及各类房间分配给不同细分市场的数量，从而节省了手工修改的时间和劳力，提高了效率。

5. 收益管理最基本的思想是差异化、预测和优化。收益管理系统也是按照差异化、预测和优化的思路来设计的。

6. 收益管理系统的功能多种多样，但可概括为三大基本功能，即数据收集、整理和分析的功能，预测的功能以及优化的功能。

7. 接受收益管理的思想和策略，投资购买和使用收益管理系统，将给饭店带来可观的投资回报。饭店要结合自己的实际需要合理选购收益管理系统。

8. 收益管理系统只是一种工具。使用收益管理系统时，既要信赖它，又要发挥人的主观能动性。只有做好培训工作，创造良好的实施收益管理策略的文化氛围，做好数据收集整理的工作，建立符合饭店实际情况并与市场环境相吻合的价格体系，并能根据市场需求的变化决定各等级价格的销售策略，合理使用销售限制条件，提高预测准确率，并在收益管理策略实施的过程中根据市场的反应及时地调整，才能最大限度发挥收益管理系统的作用，实现收益最大化的目的。

第六章

收益管理策略与市场营销策略的关系及饭店营业收入预算的制定

导读

　　收益管理策略和市场营销策略都是饭店经营管理策略的重要组成部分,两者既有区别,又紧密联系。收益管理策略确定饭店整体收益的目标,如饭店年度营业收入、平均房价、平均客房出租率、市场占有率等,并指明实现这些目标所需的途径,如应该采取的价格策略、细分市场和销售渠道组合策略等等。市场营销策略则是围绕收益管理制定的目标,在品牌管理、公共关系、广告、市场推广、客户关系、销售和促销等方面具体组织饭店的人、财、物、时间、空间和信息等资源,提高饭店品牌的知名度和美誉度,提高顾客的忠诚度,维护原有的客源和销售渠道,并开拓新的客源和销售渠道,实现团队和散客的营业收入目标。收益管理策略和市场营销策略常常难以分割,既有区别,但是更要互相支持和配合。

　　营业收入预算体现了业主、饭店管理公司和饭店经营管理者对未来的看法和期待,也代表了各方的利益。制定营业收入预算是每家饭店例行之要事。但是,如何制定一个准确反映社会经济发展水平和市场供需关系变化,并最大限度促使饭店经营管理水平提高的切实可行的营业收入预算却不容易。

　　制定营业收入预算要进行饭店外部和内部经营环境的分析。外部环境的分析是对社会经济发展、市场供需关系变化以及市场竞争状况的分析。内部环境是指对饭店产品和服务以及可资利用的资源的分析。环境分析的目的是清楚认识饭店将面临的机遇和威胁,以及在竞争中的优势和劣势,以扬长避短,利用机会和战胜威胁。笔者在本章将以案例分析的形式详细介绍饭店营业收入预算、收益管理策略和市场营销策略的制定过程和方法,尤其是SWOT分析法。

一、收益管理策略与市场营销策略既有区别，又有紧密联系

本书在介绍收益管理时，花了很多篇幅谈价格、市场细分和销售渠道。读者也许会说，这些都是市场营销学的内容。那么，收益管理是市场营销的一部分吗？如果不是，两者到底是什么关系？

笔者认为，收益管理与市场营销是两种不同的概念和方法，收益管理策略和市场营销策略既有明显的区别，又有紧密联系。饭店的经营管理人员只有正确了解两者之间的区别和联系，才不至于把收益管理与市场营销混淆或等同，才能合理制定收益管理策略和市场营销策略，并把两者有机地结合在一起，充分发挥它们各自的优势，使之互相协调配合，实现饭店收益最大化的目的。

（一）收益管理策略的重点与市场营销策略的重点不同，收益管理人员工作的内容与市场营销人员工作的内容也不同

收益管理策略和市场营销策略都是饭店经营管理策略的重要组成部分，两者既有区别，又紧密联系。收益管理策略主要在反映社会经济发展状况、市场供需情况的变化以及饭店实际营业情况的统计数据的基础上进行分析和预测，推测各种可能出现的情况，提出相应的对策，并经过反复的分析和比较，选择和确定最可行、实施效果最好的方案，以此确立饭店的经营目标，如年度平均房价、客房出租率、平均每房收入以及总体营业额和增长率等等。而这些目标的实现，从收益管理的角度来说是通过在准确把握社会经济发展和市场供需关系的变化，以及消费者购买行为和消费行为的变化情况的基础上，及时、准确地捕捉和利用其中隐含的机遇，规避风险，适当调整饭店产品和服务的价格、市场细分和销售渠道的组合来实现。由此可见，收益管理人员要对未来有非常清晰的、准确的看法，要能把握大局，指引方向，要能指导所有销售饭店产品和服务的人员开展工作，如前台、预订部、预订中心和市场销售的人员，向什么方向努力，该如何用力以及要达到什么目的。另外，收益管理人员要有很强的统计分析的能力和使用计算机系统的能力。很明显，这是因为他们要管理很多电脑系统和网站，要善于从枯燥和繁多的数据中发现机遇和挑战，并能引导饭店所有销售人员成功应对。

第六章 收益管理策略与市场营销策略的关系及饭店营业收入预算的制定

饭店的市场营销策略，重点则放在饭店的市场定位、品牌的管理、广告宣传、促销、客户关系管理以及谈判并落实每一笔具体业务上。具体地说，市场定位，是确认目标市场，并根据目标市场的需要重新设计和包装饭店的产品和服务的过程。例如，饭店将餐厅重新设计和装修，将饭店的餐具、菜单、标志、员工的制服、服务的程序等等通通改变，以使饭店能够提高档次，满足档次较高的客源市场的需要。品牌管理，则是根据市场的定位，设计制作相应的识别标志和宣传品，并开展各种公关宣传活动，在现有的市场、潜在的市场树立饭店的形象，提高知名度和美誉度。广告宣传则是将饭店的信息通过媒体传递给客源市场，以达到提升饭店知名度和促销的目的，例如通过各种媒体向市场宣传饭店升档装修的餐厅、介绍餐厅的新厨师、新菜单以及特价美食等等。促销，顾名思义，是要采取各种手段迅速将饭店的产品和服务销售出去，提高销售额和销售收入。促销包括折价销售、包价销售、抽奖、买一送一等等。客户关系管理，是指如何保有现有的客户，同时开拓新的客户，进一步优化客户的组合。具体的工作包括建立客户资料数据库，定期或不定期拜访重要的客户，举办各种客户联谊活动，编制并向客户发放饭店的新闻简报（News Letters），制定和实施具有奖励色彩的忠诚顾客计划（Loyalty Programs），参加、组织或赞助各种行业的会议或展览，培育潜在的市场，招徕新的客户等等。一个市场营销策略是否成功，关键是在实施之后能否给饭店带来实际的可以量化的好处。例如，通过开展上述市场定位、品牌的管理、广告宣传、促销、客户关系管理等一系列工作之后，市场营销人员是否能拉到并谈判落实每一笔具体业务，例如，是否能拉到一个新的公司客户，并签订商务散客或团体客价格协议；是否能与旅行社和网络营销商签订销售协议；是否能拉到一定数量的团队接待业务；是否能与会议组织者签订协议；等等。市场营销人员在拉到这些业务后，一项重要的工作是与饭店一线生产和服务部门的人员密切配合，落实接待工作的每个具体的细节。相比之下，收益管理人员花较少时间去做这些具体的工作，他们的时间放在分析、预测和管理未来的风险之上更有意义。

（二）收益管理策略的制定和实施离不开市场营销人员的参与和努力

通过前述的比较，可以看出收益管理策略确定了市场销售策略的基调，因为收益管理策略决定饭店的各种经济指标，以及完成这些指标的具体做法，例如，收益管理确定饭店年份客人平均出租率和客房收入要达到多少，其中公共散客、商务散客、政府散客、商务团体客、政府团体客、旅行社团体客以及其他团体客的比例各占多少，平均价格是多少等等。市场营销策略需要围绕这些指标，合理分配饭店的人、财、物、时间、空间（如有限的会议室面积或展厅面积）、信息等资源，采取具体细致的措施，逐项去落实，以确保收益管理目标的实现。

但是，收益管理策略并不是收益管理人员专断的结果，而是收益管理人员综合各种渠道的信息，广泛征求意见，并通过评估审核后确定的。为了提高收益管理策略的准确性，收益管理人员要广泛听取饭店公司总部人员、业主、饭店市场销售人员、饭店总经理、饭店一线生产和服务部门的管理人员、第三者顾问公司人员、行业管理部门人员等等的意见，并广泛收集来自于饭店集团与公司内部及外部的数据和资料，如购买一些专业公司的预测报告或者订阅行业杂志等等。其中，来自饭店和饭店所属的集团公司的市场营销人员的意见非常重要，因为他们经常参加各种行业的会议、展览和其他交流活动，并在一线与饭店的客户和潜在的客户接触，所以他们能提供有价值的活生生的第一手资料。

并且，在收益管理策略实施的过程中，如果市场情况发生变化，如一个大型团体客临时取消订房，需要把空出来的房间销售给别的细分市场；或者竞争对手削价竞争，以争取公司的商务散客的业务，为了不失去这笔业务，需要重新考虑报价等等，市场营销人员要及时反映给收益管理人员，双方共同研究对策，及时调整收益管理策略。

另外，收益管理人员和市场销售人员具有不同的专长，通力合作，优势互补，才能使收益管理的策略更准确，实施起来更有实效。一方面，收益管理人员掌握统计数据以及收益管理系统、中央预订系统、饭店管理信息系统等工具，还拥有很多关于市场供求关系变化的资料，如各种行业的报纸、网站、期刊和新闻简讯，对战略性的大局和趋势把握较准，但是由于他们较少直接同客户接触，相对而言缺少从市场上得来的活生生的第一手资料，所以，在一些微观的、具体的决策上需要营销人员的帮助。另一方面，市场销售人员经常拜访客户，参加各种会议，招徕客户，谈成并落实每笔具体的业务，所以常常能感觉市场变化的脉搏，掌握第一手材料，在战术上比较有优势。但是，由于其他方面的限制，容易变得本位主义，只见树木不见森林。收益管理人员与市场营销人员如果配合默契，显然能取长补短，发挥合力优势。可见，收益管理策略的制定和实施离不开市场营销人员。

（三）收益管理策略有时难免与市场营销部门的目标发生冲突，在处理时要以大局为重

由于收益管理人员和市场营销人员工作成绩的考评标准不同，有时，收益管理策略和市场营销策略在具体实施时难免发生矛盾和冲突。例如，为了最大限度提高房价和收益，收益管理人员会保留一些房间等到离预计达到的日期仅剩两周时出售，因为此时通常预订量猛增，正好可以提高销售价格，把房价销售给短期内定房的散客。这样的想法固然好，但是当然存在风险，因为如果预测出现偏差，预留房间过多，饭店将被迫在最后几天削价销售，甚至出现空房。

第六章　收益管理策略与市场营销策略的关系及饭店营业收入预算的制定

另一方面，市场销售人员希望能把这部分房间提前销售给较早预订的团队，虽然平均房价可能会低一些，但是这些团队也许能给餐厅、宴会和会议部门带来营业额，而且这些收入计入销售人员的营业额指标，影响到他们的奖金。在这种情况下，收益管理人员和市场营销人员会发生争执，应该采取哪种策略，需要共同分析研究，从大局出发，找出最佳的方案。

二、收益管理策略和市场营销策略的稳定性与灵活性

收益管理的全部过程就是分析饭店内部和外部环境，制定策略，组织实施，控制实施的过程。饭店的内部环境相对稳定，但是外部环境受经济周期的影响以及随机事件的影响，如石油价格变化、恶劣天气、金融风暴、突发政治经济事件等等处于经常的变动之中，所以，收益管理策略在大方向确定之后，在实施的过程中还要根据实际情况进行调整，并不是一劳永逸的。在一段较长的时间内（如同样的经济周期时段），某地区的市场情况是相对稳定的，但是，如果把它分割到具体的每周或每天，情况将会不同。所以，收益管理策略在制定和实施的过程中，既要保持一定的连续性和稳定性，又要能紧跟市场的变化，即时进行动态调整。

例如，成功饭店原来决定某月只把 3,000 间客房卖给团队，以便有足够多的客房出售给出价较高的商务散客和公共散客。但是，由于某大型会议因故从一个地区转到本地区，使得本地的团体房需求量和价格上升。另外，最新的预测显示成功饭店的饮食收入、会议室和会议设施的出租收入落后于预算。此时，成功饭店也许应该调整收益管理策略，多接收一些团体订房，因为该饭店虽然可能因为多收团队而在平均房价上有些损失，但是，它会从饮食和会议出租方面得到补偿，如果补偿大于损失，就可以考虑。又如，成功饭店本月收益管理策略的重点是提高平均房价，但是下周入住的 200 间团体订房突然因故被取消，按团体订房协议，成功饭店可以收到一半的房费，但是，取消订房的费用将被划入杂项收入，并不算饭店的客房收入，客房的收入无疑会出现缺口。由于剩下的时间不多了，要把这些房间按照原来预算的价格全部出租已不可能，饭店收益管理人员通过研究，计算出能够迅速将尚未订房的客人从竞争对手处争取过来的"激发点价格"（Trigger Point Price），适当降低房价，尤其是降低一

些不透明的销售渠道（如 Prince.com，Hotwire.com，以及其他网站的包价销售渠道），迅速增加饭店客房的销售量，把多出来的房间分配给一些原来并不在计划之内的销售渠道和细分市场，减少客房空置，增加收入。

三、收益管理策略和市场营销策略的实施需要生产和服务部门的支持

　　每家饭店的生产能力是有限的，因为它的客房数量、餐位数量、会议场所面积、康乐设施容量等等都是有限的，所以，要最大限度提高饭店的收益，一方面要最大限度使用饭店的容量（即生产的能力），另一方面是要提高单位设施设备的平均价格。但是，我们时刻要牢记，客人的满意程度是最重要的，采取任何措施都不能以降低顾客的满意程度为代价。按照价值与价格成正比的规律，饭店收取较高的价格，就要能提供较高的产品和服务；客人支付较高的价格，就期待得到较好的服务。根据这个规律，在旺季，如果饭店收取比淡季高的价格，就应当提供比淡季多的好处给客人，或者提供客人在淡季得不到的优惠或便利，如在旺季免费提供的优质矿泉水、免费早餐、免费咖啡或茶点、免费使用互联网、限量免费干洗、免费延迟退房、房间类型免费升档等等，这能有效平衡淡季和旺季都来住店的客人的心理落差。当然，具体提供什么样的好处、优惠或便利，要根据饭店客人的需求、饭店所在的市场竞争对手的做法等等来决定，不能一概而论。反之，如果客人支付了较高的费用，却没有得到期望的服务，甚至服务项目还打折扣，服务水平还下降了，他们的满意程度就会降低，会影响到饭店的长远利益。可见，离开饭店的产品和服务的品质来谈收益管理和市场营销的策略是愚蠢的。

　　一些把收益管理策略简单地理解为根据市场需求的变化随意操纵价格的观点是不正确的，至少是不全面的。商品的价格是其价值的集中体现，从长远来说商品的价格不能背离其价值，或者说不能与其价值相差得太远。所以，离开了价值去谈价格是没有意义的。所以，收益管理的工作核心从表面上看是价格问题，其实从本质来看，是饭店的产品和服务的价值的问题。这是因为价格离不开饭店的产品和服务本身的价值，这些价值具体体现在饭店产品和服务本身的使用价值，如客房的面积大小，装修的舒适和豪华程度，免费的用品的多少和质量的高低，饮食产品的营养价值和口味等等，还包括饭店产品和服务的抽

第六章　收益管理策略与市场营销策略的关系及饭店营业收入预算的制定

象的价值和无形的价值，如饭店的地点、饭店的品牌和知名度、饭店的服务以及整个消费过程给客人的总体感受和体验等。所以，收益管理和市场营销策略的实施是离不开生产和提供这些产品和服务的一线部门的支持和配合的。

总而言之，收益管理和市场营销的任务是以适当的方式把饭店的产品和服务介绍给客人，以适当价格把它们销售出去，拉来客源，收回成本和实现利润。其他部门的任务是提供好产品和服务，令客人得到良好的体验，感到物有所值，成为回头客。如果这些任务能够很好的完成，饭店的产品和服务的生产、提供和宣传与客人的购买和消费就会形成良性的互动循环。反之，如果上述任何一个环节出现问题，不管是收益管理还是市场营销策略不正确，如价格、销售渠道、市场定位等等不恰当，或者饭店的产品和服务质量不好，客人消费一次后不满意，永远不再回头，饭店的经营管理就出现困难，更谈不上可持续发展。可见，收益管理策略和市场营销策略的成功与否，是离不开生产和服务部门的支持的，收益管理部门、市场营销部门以及各个生产和服务部门一定要搞好沟通，紧密协调配合。

四、收益管理策略由长期、中期和短期等不同层次的策略构成

收益管理策略按照实施时间长短、投入多少、影响时间长短以及覆盖范围的大小分为长期、中期和短期等策略。这些长期、中期和短期的策略从整体上看，是互相支持配合的。

（一）长期收益管理策略

长期收益管理策略是指覆盖时间和影响在一年或者一年以上的策略。长期收益管理策略通常需要比较长时间的策划，需要较多人、财、物力的投入，实施起来也比较复杂，涉及面较广，影响较深远。例如，决定把公司协议价由固定价格改为浮动价格，把餐厅或洗涤部外包，把客房重新设计和装修，使用新的饭店管理信息系统或收益管理系统，增加一名销售经理，专门负责节假日和周末的销售，把接受散客电话预订的任务从中央预订中心重新转移到饭店所在地的订房部，以提高效率并更好地提供个性化的服务，为了提高饭店竞争力和增加会议市场的收入，将部分内部办公场所改为可出租的会议室，等等。长期

收益管理策略的实施要能使饭店在较长时间内保持整体的竞争优势,实现饭店的长期目标。

(二)中期收益管理策略

中期收益管理策略是指覆盖时间和影响在三个月至一年之间的策略。中期策略需要的资源投入和实施的时间介于长期策略和短期策略之间。例如,随着旺季即将到来,某饭店决定增加一名临时工帮助预订部接听电话预订,旺季结束后,不再需要这名临时工。又如,第四季度是某饭店的淡季,为了提高这个季度的客房出租率和营业收入,该饭店决定提前两个月推出包价优惠,并利用电台、电视、杂志和电子邮件等广泛宣传。

(三)短期收益管理策略

短期收益管理策略是指覆盖时间和影响在三个月以下的策略。这些策略是战术性的策略,是对市场变化的情况迅速作出反应,以实现短期的目标,具有灵活性、暂时性和时间的敏感性。这些策略包括短期的升价或降价,短期的增加附加价值促销,如在房价内包括免费早餐、交通服务、上网服务等等。制定和实施短期市场战略的目的是要达到一些短期目标,如某个月或者某天的销售任务或预算指标等。例如,由于市场的变化和收益管理策略的偏差,某饭店的预订进度不尽如人意,如果不马上采取措施,12月份将难以完成营业指标,预计客房营业收入比预算少20万美元。为了保证预算指标的完成,该饭店通知所有合作的旅行社,如果他们在12月份安排团队或散客到该饭店入住,他们的回扣将比平时增加5%,而且这些团队或散客将得到VIP待遇。事实证明此措施的确有效,该饭店12月的客房销售增幅很大,实现了营业收入预算指标。

五、饭店年度营业收入预算的制定

饭店年度营业收入预算的制定是一项十分重要的工作,同时也是一项难度较大的工作。它之所以重要,首先是因为饭店的营业收入预算是制定其他预算,如成本费用预算、工资福利预算、更新改造资金预算、利润预算等等的依据。如果营业收入预算做得太高或太低,其他方面的预算就会出现偏差,从而影响到整个年度的经营管理及其最终结果。其次,营业收入预算与饭店业主、饭店管理公司、饭店各级管理人员的切身利益息息相关。业主的投资回报直接来源

第六章 收益管理策略与市场营销策略的关系及饭店营业收入预算的制定

于营业收入。饭店管理公司是否能够继续拥有管理权,是否能获得管理费用和分配到饭店赚取的利润很大程度取决于营业收入预算的完成情况。饭店各级管理人员的工资直接来源于营业收入,其奖金也直接与营业收入挂钩。可见,营业收入预算制定得太高或者太低都会影响以上各方的利益。良好的营业收入预算不仅要能准确反映市场的变化情况,又能满足业主、饭店管理公司和饭店各级人员的期望。可见,做好饭店年度营业收入预算的工作十分重要。

饭店营业收入预算的制定同时还是一项难度较大的工作。其原因主要有两点。其一,营业收入预算建立在对未来情况的预测的基础之上,这项工作从本质上来说是对未来风险的管理。由于没有谁能百分之百地准确预测未来的情况,无论营业收入预算做得多好,或多或少都存在一定误差。营业收入预算描绘的是未来的图景和努力方向。这个图景是否明晰,是否贴近事实,不仅取决于制定预算的人员对宏观和微观的社会经济状况判断的准确程度,对市场供需关系变化情况把握的程度,还取决于他们的知识和经验。没有谁手上有个能够准确展现未来情况的水晶球,营业收入预算是建立在一系列假设的基础上的。这些假设是否准确?社会经济和市场发展状况是否会改变?有关策略是否切实可行?各项预算指标是否恰到好处?预算是否能满足业主、饭店管理公司和饭店各级经营管理人员的需要?这些都是收益管理人员必须面对的问题。负责预算工作的人责任很大,当然压力也很大。其二,营业收入预算从开始构思、讨论、草拟、修改到最后的审批通常是一个漫长而复杂的过程。因为营业收入预算关系到上述各方面的切身利益,所以备受关注,各方面积极参与,施加影响力,使预算对自己更有利。营业收入预算必须能充分满足各方的需要,平衡各方的利益,并通过各方的审查才能确定。制定营业收入预算的工作从开始到结束需要的时间通常很长。预算工作通常从每年8、9月份开始,通过反复报批、讨论和修改,往往要到12月才能最后确认并通过。

尽管制定一个好的营业收入预算存在相当的难度,尤其是在近年世界政治和经济局势变动较频繁,市场环境变化较快的年代,但这项工作还是可以尽量做好的,预算的各项指标也能够尽量贴近现实情况,减少误差。宏观社会经济状况,如全国社会经济发展的状况,全国旅游和饭店行业发展的状况,社会经济发展的周期,以及旅游市场发展的周期,如高峰期、衰退期、低谷期还是发展期等等,都是有一定规律可循的。此外,微观社会经济状况,如本市、本地区乃至直接参与本饭店竞争的所有饭店所在的小区域的经济发展情况和市场竞争状况也是有迹可循的。只要制定预算的收益管理人员工作深入实际,触觉敏锐,掌握一手全面可靠的关于宏观和微观环境状况的资料,正确理解本饭店的市场形象、竞争力以及与竞争对手相比的优劣势,结合应得的市场份额和历年来在竞争中取得的成绩和变化的趋势,是可以把营业收入预算做好的。

最后，营业收入预算目标的实现要靠收益管理和市场营销策略的支持。在预算实施过程中，要经常比较和分析预算与实际情况的偏差情况，找出偏差的原因，及时调整收益管理和市场营销策略，只有这样才能保证预算目标的实现。

六、案例分析：成功饭店营业收入预算、收益管理策略和市场营销策略的制定

在下面的篇幅，笔者将以成功饭店 2008 年营业收入预算为例，说明如何分析饭店内部和外部的营业环境，确定饭店营业收入预算目标，以及如何采取适当的收益管理策略和市场营销策略确保此目标的实现。

> 读者在阅读的时候，请注意思考上面几节介绍的思想方法，看它们在成功饭店的案例中是如何运用的。请思考，如果我是成功饭店的收益管理人员，我是否同意该饭店案例所制定的预算和策略？如果不同意，我将如何改进该饭店的营业收入预算及收益管理策略和市场营销策略？我将如何运用所学到的思想方法去制定我所管理的饭店的营业收入预算以及收益管理和市场营销的策略？

成功饭店 2008 年营业收入预算、收益管理策略及市场营销策略的制定

假设现在是 2007 年 8 月份，2007 年财政年度很快过去，新的一个财政年度很快来临。成功饭店的总经理、收益管理总监、市场营销总监、房务部总监、餐饮部总监和财务总监等主要的管理人员召开会议，研究如何制定该饭店 2008 年的营业收入预算，以及采取什么样的收益管理策略和市场营销策略以确保营业收入预算目标的实现。

制定年度营业收入预算是一项十分重要的工作，受到饭店的业主、饭店管理公司总部以及饭店的各级人员的高度重视。预算的制定是个相当长的过程，需要投入相当多的时间和精力。根据总公司的部署，成功饭店要在 9 月底拿出营业收入预算初稿，上报总公司。10 月上旬，总公司将审阅并提出修改意见。10 月中旬，成功饭店将预算按照总公司的修改意见进行修改，再次上报总公司，总公司将其递交代表业主的资产管理公司审批。资产管理公司在 11 月上旬提出修改意见，成功饭店将继续修改并再次上报总公司和业主。11 月下旬，饭店总

第六章 收益管理策略与市场营销策略的关系及饭店营业收入预算的制定

经理、收益管理总监和市场营销总监将前往总公司，当面向总公司领导和业主代表作营业收入预算报告，并回答他们提出的问题。只有得到业主和总公司的认可，营业收入预算才算完成。此后，成功饭店将根据营业收入预算制定 2008 年度成本、费用和利润的预算。如果营业收入预算报告得不到批准，成功饭店还得再次修改和报批，直到最后批准通过。

制定营业收入预算，要进行饭店内部和外部经营环境的分析，确认饭店面临的机遇和挑战，并提出应对的策略。在营业收入预算目标的确认，以及相应的收益管理和市场营销策略制定的过程中，成功饭店的总经理、收益管理总监和市场营销总监必须思考并回答以下几个问题：

- 明年全国和本地区的社会经济前景如何？处于经济发展的哪个时期？
- 本市饭店市场供需关系有何变化？有哪些有利因素和不利因素？
- 明年本饭店整体营业收入是不变、增长还是减少？增长或减少的百分比是多少？为什么？
- 本饭店各个营业部门（如客房、餐厅、酒吧、宴会和会议服务，以及其他部分）的营业收入是不变、增长还是减少？增长或减少的百分比是多少？为什么？
- 本饭店各个细分市场的营业收入是不变、增长还是减少？增长或减少的百分比是多少？为什么？
- 本饭店总营业收入预算和各营业部门的收入预算细分到每个月的情况如何？与去年同期相比是增加还是减少？为什么？
- 明年本饭店的客房出租率、平均房价和平均每房收入的市场占有率目标是多少？
- 保证营业收入预算指标顺利完成的关键是什么？
- 为了实现营业收入预算目标，本饭店应采取什么样的收益管理和市场营销策略？

下面是成功饭店的营业收入预算的基本情况以及相应的收益管理策略和市场营销策略制定的过程，请读者仔细阅读，看看能否帮成功饭店找出上列问题的答案。

（一）2008 年成功饭店营业收入预算目标、收益管理策略和市场营销策略综述

成功饭店处于美国十大旅游城市之一的哥伦比亚特区华盛顿市中心。该饭店距离总统府白宫不到两街区的距离，饭店周围政府部门林立，知名律师事务所和公关公司很多，还有很多国际知名非营利性组织，地理位置十分优越。

195

收益管理——有效实现饭店收入的最大化

成功饭店开业四年来，营业收入每年高速度增长。2007年，在市场增长放慢的情况下，该饭店的收入与2006年相比预计还能增长9%。来自各种渠道的报告表明，美国的经济发展速度在2008年将进一步减慢，预计增长率只有1.2%；旅游和饭店需求的增长速度也将减慢，预计全国饭店平均每间可出租客房收入增长2.5%。但是，成功饭店的管理人员通过分析和研究认为，该饭店营业收入增长的空间和潜力比竞争对手的大，通过投资更新和改造部分设施和设备，提升该饭店产品的质量和服务的水平，并采取适当的收益管理和市场营销策略，可以增加饭店客房、餐厅以及其他所有营业部门的收入。根据该饭店的营业收入预算，在2008年，该饭店的营业总收入可增加$2,016,712，比2007年增长7.1%。其中，客房收入将增加$1,282,560，增长率达到6.0%，平均每间可供出租客房的收入也将增长6.0%。餐厅和酒吧的营业收入将增加$640,200，增长率达到15%。宴会和会议的营业收入将增加$102,845，增长率达到5.0%。其他收入（包括所有其他部门产品和服务的销售收入，如电话收入、互联网收入、洗衣服务收入、室内点播电影收入、停车场收费、小卖部收入等等）将增加$37,107，增长率达到3.0%。详情请见"成功饭店2008年营业收入预算表"。

表6-1 成功饭店2008年营业收入预算表

	2007年预计实际完成	2008年预算	2008年比2007年增加数量	2008年比2007年增减百分比
可供出租房间数	109,500	109,500	—	
销售房间数	81,196	82,390	1,194	1.5%
客房出租率	74.2%	75.2%	1.1%	1.5%
平均房价	$263.70	$275.45	$11.75	4.5%
平均每房收入	$195.54	$207.25	$11.71	6.0%
客房收入	$21,411,530	$22,694,090	$1,282,560	6.0%
餐厅和酒吧收入	$4,268,000	$4,908,200	$640,200	15.0%
宴会和会议收入	$2,056,893	$2,159,738	$102,845	5.0%
其他收入	$1,236,900	$1,274,007	$37,107	3.0%
营业总收入	$28,973,323	$31,036,035	$2,062,712	7.1%

从成功饭店2008年预算营业收入的构成与2007年营业收入构成来看，该饭店计划在2008年将餐厅和酒吧的营业收入在饭店总营业收入中的比例从14.7%提高到15.8%，增加1.1%，增长率为7.4%。其他部分的比例随着餐厅和酒吧营业收入的比例的增加略有下降，但是幅度很小，可以说比例基本不变。详情请见"成功饭店2008年预算营业收入与2007年营业收入构成比较表"。

表 6-2 成功饭店 2008 年预算营业收入与 2007 年营业收入构成比较表

	2007年预计实际完成	2008年预算	2008年比2007年增加数量	2008年比2007年增减百分比
客房收入	73.9%	73.1%	−0.8%	−1.1%
餐厅和酒吧收入	14.7%	15.8%	1.1%	7.4%
宴会和会议收入	7.1%	7.0%	−0.1%	−2.0%
其他收入	4.3%	4.1%	−0.2%	−3.8%
营业总收入	100.0%	100.0%	0.0%	0.0%

从上面两个表格以及相关的分析可以看到，成功饭店 2008 年的营业收入预算相当大胆和激进，因为其预算营业总收入与去年同期相比增长的幅度相当大，而且客房、餐厅和酒吧、宴会和会议以及其他所有收入都要以较高的速度增长，整体增长速度超过市场的预测很多。那么，这样的营业收入预算是否太过乐观？是否现实？其依据是什么？应该采取什么措施才能保证各项预算指标的实现？在本章后面的部分读者将能找到答案。

（二）成功饭店 2008 年经营管理环境分析

笔者在本书第三章"竞争环境分析——如何评估饭店的比较竞争优势和弱势"中介绍了与竞争对手比较优劣强弱的方法。在第四章"收益管理的分析和预测方法"，介绍过对市场供求变化情况、竞争对手价格变化趋势、市场的整体变化趋势、季节性和周期性以及影响本地旅游市场供求关系的重大事件等进行分析和预测的方法。在制定 2008 年营业收入预算时，成功饭店的管理人员也运用了这些思想和方法。不过，从总体来看，成功饭店的管理人员重点采用了ＳＷＯＴ分析法。

那么，什么是ＳＷＯＴ分析法？这是一种制定战略计划的方法，用来分析在开展某项业务或者某个企业在发展中遇到的优势（Strengths）、劣势（Weaknesses）、机会（Opportunities）和威胁（Threats）等情况，以便确定这项业务或企业发展的目标，并制定相应策略，扬长避短，把握机遇，战胜挑战，使战略目标能够顺利实现。这种方法是美国斯坦福大学的 Albert Humphrey 教授在上世纪六七十年代对财富五百强企业的数据进行分析研究时首创。使用ＳＷＯＴ分析法，首先要明确这项业务或这个企业所要实现的目标和达到的目的，然后要分析和确认内部和外部环境中哪些因素对完成这项任务或实现这些目标有利，哪些不利，有什么机遇，存在什么威胁或挑战，最后要制定出如何利用有利条件，抓住机遇，加强创新，变不利为有利，战胜威胁，最终实现既定目标。

那么,什么是优势、劣势、机会和威胁呢?具体说来,它们的含义是——

- **优势**:指企业本身具备的有助于实现企业目标的特性。
- **劣势**:指企业本身存在的阻碍企业目标实现的特性。
- **机会**:指有助于企业目标实现的外在条件或外部环境。
- **威胁**:指阻碍企业目标实现的外在条件或外部环境。

请参见下面的"SWOT(优势、劣势、机会和威胁)分析图"。

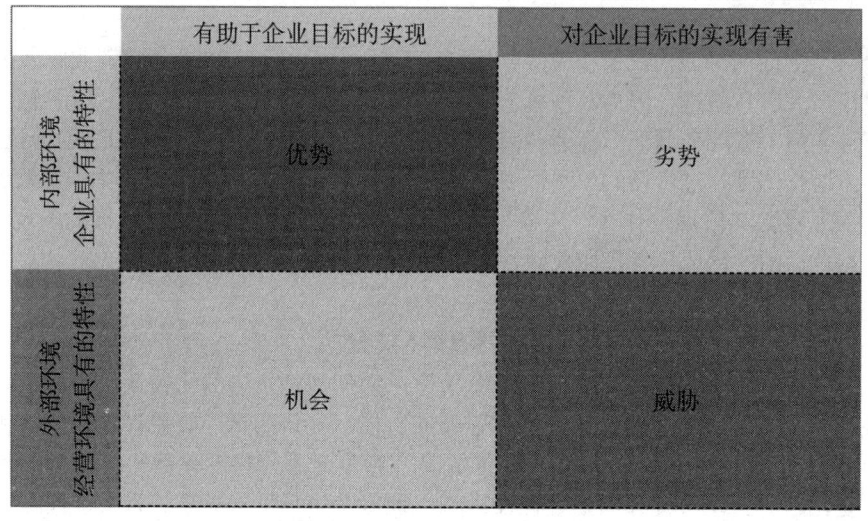

图6-1 SWOT(优势、劣势、机会和威胁)分析图

对外部环境的描述大致分为四种:

- 机会多,风险小。
- 机会多,风险大。
- 机会不多,风险也不大。
- 机会不多,风险大。

辨别和确认企业的优势、劣势、机会和威胁十分重要,因为这项工作能帮助企业管理者分析企业的目标是否现实,是否需要进行必要的调整。另外,企业的优势、劣势、机会和威胁等情况的分析有助于企业确定实现目标需采取的措施和步骤。这些措施和步骤来源于对下列问题的思考。

第六章 收益管理策略与市场营销策略的关系及饭店营业收入预算的制定

- 企业应该如何发挥自己的优势和利用自己的长处?
- 企业应该如何改进自己的劣势和如何在竞争中避开自己的短处?
- 企业如何充分利用外在环境中有利于企业目标实现的机会?
- 企业如何有效应对外在环境中存在的威胁?

在进行 SWOT 分析的时候,最理想的状况是要跨部门的管理人员的参与。例如,在制定营业收入预算和收益管理以及市场营销策略时,最好要有饭店总经理、收益管理总监、市场营销总监、房务总监、餐饮总监、财务总监和工程总监的参与,因为他们能从不同角度,如市场和竞争的角度、财务的角度、生产和服务的角度,更新改造资金的使用的角度等等审查饭店的优势、劣势、机会和威胁,从不同角度提出意见和建议,从而使得营业收入预算制定得更好,收益管理和市场营销策略更加准确和全面。

请读者仔细阅读下文,思考 SWOT 分析法在成功饭店 2008 年营业收入预算的制定、相应的收益管理和市场营销策略的分析和确定中,是如何应用的。

1. 2008 年美国经济及饭店市场发展状况展望分析

成功饭店的管理人员首先从宏观经济的角度分析 2008 年美国饭店市场的大气候。为了准确把握宏观经济发展的动向,他们查阅了内外部很多资料。根据美国旅游饭店行业著名的 PP 顾问公司的预测,美国旅游饭店业的营业收入的增长速度在 2008 年将减慢,受次级贷款市场出现的危机的影响,平均客房出租率将下降 7%,但平均房价将增长 5.3%,其结果是平均每间可供出租客房收入(RevPAR)增长 4.5%。这一增长是自 2001 年美国纽约市遭受恐怖袭击到 2003 年整个饭店行业经历萧条之后最低的增长。与 PP 顾问公司齐名的 SS 公司的预测情况与 PP 顾问公司大致相同,SS 公司也预测平均客房出租率的下降和平均房价的增长。不同的是 SS 公司预测 2008 年平均每间可供出租客房收入只增长 3.4%,比 PP 公司的预测低 1.1%。SS 公司认为饭店行业具有较强的周期性特点,美国饭店业在经历 2001 年的低谷之后,于 2004 年回升,2006 年达到高峰,2007 年增长速度开始减慢,2008 年增长速度下跌是预料中的事。SS 公司认为次级贷款市场出现的危机会对休闲度假的客源市场产生较大影响,使这个市场在 2008 年夏季的消费减少,但是,美国企业的盈利状况将继续支撑商务活动对饭店的需求。

另外,根据对在建饭店情况的统计,SS 公司预计 2008 年全美国饭店的供应量将增长 2.6%,新增加的饭店客房总数为 115,000 间,是 2000 年以来增幅最大的一年,但是仍然低于 1998 年和 1999 年的增长率。当时新增加的客房总数为 150,000 间。另外,从市场细分来看,新增加的饭店客房主要分布在有限服务类型的中高档饭店,这些饭店大多数只有客房,没有餐厅和酒吧。与此对应,SS 公司预测全美国饭店的需求量将增长 1%。从整体上来看,2008 年饭店市场供给将大于需求,市场竞争将加剧。

在房价方面,SS 公司的分析报告认为,饭店平均房价能否增长关系到明年饭店收入能否增加。这是因为从整个行业的情况来看,所有细分市场在 2008 年的客房出租率都预计为持平或略有下降,饭店收入或平均每房收入的增长依靠平均房价的增长。从饭店的档次来看,豪华饭店的平均房价将增长 6.6%,在所有类型的饭店中增长率最高。其原因是豪华饭店的客源相对稳定,价格敏感度较低。紧跟其后是没有餐饮服务的中档饭店(6.0%)以及高档饭店(5.5%)。没有餐饮服务的中档饭店的平均房价相对于有饮食餐厅服务的中档饭店增长幅度较大,这是因为这类饭店比较受对价格敏感的中档商务和休闲散客市场的欢迎,在价格上有较大幅度的上升空间。有饮食餐厅服务的中档饭店平均房价增长率为 3.8%,低档或经济型饭店将增长 2.9%。

SS 公司预测美国所有地区的饭店的平均可供出租客房收入将在 2008 年继续增长,但是,各个地区的增长幅度未必相同。例如,得克萨斯州的奥斯汀,以及堪萨斯州的盐湖城平均房价增长率将超过 7.5%,主要原因是新开张和加入市场竞争的饭店的数量很少,平均房价的增长将使得这两个城市的平均可出租房间收入增长 8.0%。与此相反,纽约州的长岛、华盛顿特区和加利福尼亚州的萨卡拉满都市的饭店客房收入的增长速度预计只有 3%~4%,因为这些地区的市场需求的增长幅度不大,而饭店的供给的增加相对来说较大。

SS 公司还预测在 2008 年美国饭店行业的平均利润增长率仍然可以获得 8.5% 的增长率。值得注意的是饭店经营成本的增加。在整个行业平均收入预测增长 5.3% 的情况下,饭店的经营成本预计增长 4.0%,接近通货膨胀的两倍。对大多数饭店来说,劳动力成本占经营费用的 45%。全国较低的失业率将对劳动工资成本产生压力,使劳动招工变得困难。所以,该公司预计饭店管理方难以控制的费用增加将出现在员工福利、能源、饭店财产税、保险费等方面。

总之,随着 2008 年的来临,相当一部分经济学家和政府官员开始流露出对美国明年经济发展情况的悲观情绪。另外,饭店业的行家都知道饭店业是一个周期性强的行业,好的经营形势不可能永远保持,由于经济形势低迷和投资市场不景气,加上饭店供应量增加,竞争加剧,美国的饭店经营管理人员在 2008 年必须比过去四年更加努力。随着经济发展速度变慢,旅游者对价格的敏感度比过去几年高了很多,因而对饭店的管理水平和服务质量的要求更高。因此,饭店的经营管理者面临的问题是如何提高管理水平和服务质量,合理定价,并控制好成本,以获得足够的客源,确保饭店营业收入和利润的提高。

2. 2008年华盛顿地区饭店市场发展状况分析

在分析了全美国2008年饭店市场的大气候之后,成功饭店的管理人员还分析了该饭店所在的华盛顿地区的饭店市场的小气候,因为不同地区的市场环境通常会有某些独特的地方。从下面"华盛顿地区饭店供需情况变化趋势图"可看出,该地区饭店市场需求的变化是有一定周期性的,需求从低谷期到发展期、高峰期,最后经衰退期回到低谷期大致四五年一个周期,与全美国的总体情况大致吻合。从图中可以看出,2003年到2007年需求的变化曲线展现了一个完整的周期。另外,华盛顿地区饭店的供给也有起伏,有时供给增长的速度超过需求增长的速度,有时需求增长的速度超过供给的增长的速度。从2004年以来,饭店的供给量呈缓慢的上升趋势,到2008年稍有回落。在2003年到2006年前期,该地区需求增长的速度超过供给增长的速度,但是从2006年后期起,市场出现供给大于需求的状况。

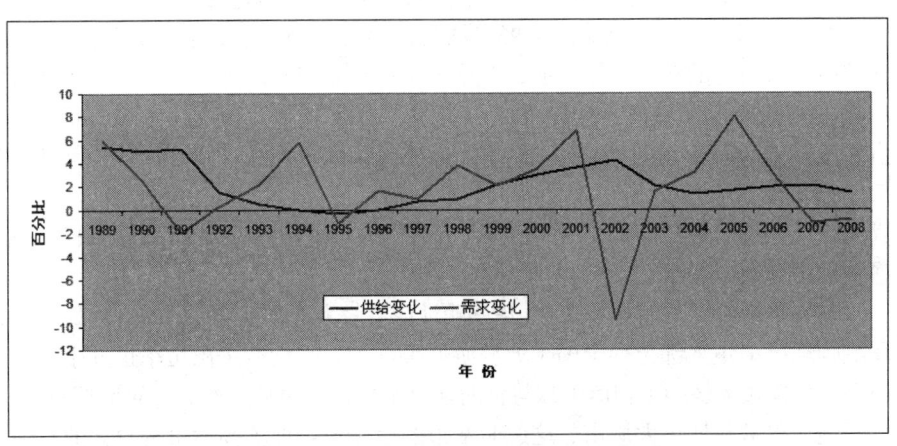

图6-2 华盛顿地区饭店供需情况变化趋势图

成功饭店收集到的一些其他的统计数据显示,华盛顿地区饭店市场的需求在2005年达到高峰,此时供求基本平衡,此后,供给逐渐大于需求。其中一个典型的例子是到2008年4月份,这一地区将有一间大型会议展览饭店开业,它将拥有2,000间客房,总面积为470,000平方英尺的会议展览场地,还有多个餐厅和占地面积相当大的零售店。这家饭店距离市中心仅有30分钟车程。它的投入使用将有助于提高本地区在全国会议展览市场的竞争力,为本地区吸引来一些大型的会议展览。会议展览的增多,或许能促进市中心的饭店瞄准消费能力较高的散客,有利于整个市场房价的提高。但是,它的出现可能会给市中心的一些饭店的业务造成冲击。例如,它可能会把一些本来可以在位于市中心的饭店举行的中型的会议展览拉走，使一些以接待中型会议展览为主要业务的饭店面临保持客房出租率的压力，并为此被迫与别的饭店争抢散客，使市场竞争更加激烈。由于成功饭店与这家会议展览饭店不是同一类型的饭店，所以，这家饭店的存在对成功饭店的业务并没有直接的影响。成功饭店的管理人员分析认为，由于饭店性质、规模和地点的差异，该会议展览饭店对成功饭店的影响是间接和有限的。相比之下，一些在地理位置、设备设施和服务项目方面等与成功饭店很相似的饭店完成更新改造，重新投入使用，对成功饭店的业务的潜在影响更大。这些饭店停业一段时间进行重新装修和改造之后重新进入市场，很可能抢走一部分客源，同时使得邻近地区的平均客房出租率降低，但是，它们经过更新和改造之后，必将收取较高房价以收回成本。它们的价格的提高有助于推动这个小区域平均房价的增长。

一个地区大型会议的预订情况通常可以作为该地区饭店市场需求情况的晴雨表。在分析 2008 年华盛顿地区饭店市场的需求情况时，还要研究该地区大型会议的预订情况。华盛顿旅游会展发展公司是华盛顿地区旅游和饭店行业的管理部门，该公司的统计数据表明，目前该地区已经获得的 2008 年大型会议的订单比去年同期多了 20% 或 120,000 个房晚。由此来看，从现在看来 2008 年华盛顿地区的会议市场的前景还是不错的。会议活动的增加将促进本地区饭店客房、会议设施和餐饮服务的需求和收入的增加。另外，大型会议给饭店市场的供应带来压力，有助于提高平均房价。因此，从大型会议的预订情况来看，华盛顿地区 2008 年的饭店市场前景还是不错的。

从平均房价增长的空间来看，华盛顿地区有较大的增长空间。统计数据表明，华盛顿地区多年来都位列全国十大旅游城市前列，平均客房出租率也处于前列，但是，华盛顿地区的平均房价却与它的地位不相称，而且平均房价的增长率远远低于绝大多数其他十大城市。这说明本市的饭店业争取更高房价有较大的余地。另外，预计明年通货膨胀是 3%，所以，成功饭店的管理人员预计即使 2008 年本市饭店的客房出租率不变或者略有下降，平均房价仍有增长的余地。通过优化细分市场的构成和销售渠道的组合，成功饭店的平均房价增长率可以达到 5%。

从华盛顿地区的社会和经济结构来看，成功饭店收益管理人员认为 2008 年整个地区市场的需求预计将稍有增长，其中一个表现指标是客房出租率增加 1.5%。其原因是本地区旅游市场处于全国十大旅游市场之一，而且华盛顿市是美国的首都，是政治文化的中心。该地区政府机构、律师楼和行业协会以及各种外交机构和军事机构众多，这些机构的运作和预算受经济周期的影响较小。另外，2008 年将是总统选举年，各种竞选活动将增加本地区的人流，对市场需求增长有一定的促进作用。该地区 2008 年的就业率预计将增长 2.5%，高于全国大部分地区。该地区商用楼宇的出租率也很高，位居全国前列，空置率大大地低于全国的

第六章 收益管理策略与市场营销策略的关系及饭店营业收入预算的制定

平均水平，这表明本地区的商务活动仍然很活跃。所以，成功饭店的管理人员相信，即使明年全国的经济将出现萧条，该地区的经济还能保持相对稳定。

特别要指出的是，与本饭店隔街相望，有一幢楼房正在改造成高档公寓，将有189套公寓供购买或出租，工程将在2008年第一季度完成。这个公寓的开业，将会给成功饭店带来积极的影响。例如，如果公寓住满了人，住客及其朋友可能会成为成功饭店的餐厅和酒吧的潜在顾客。另外，有一家律师行将租用这幢大楼的一层作为办公室，供100多个律师使用，这些律师以及他们的客户很有可能成为饭店客房、餐厅和酒吧等等的潜在市场。所以，成功饭店要尽快派人去宣传，捷足先登，抢到业务。

通过上述的分析和展望，结合成功饭店的实际情况，成功饭店的管理人员认为该饭店的客房出租率在2008年预计可增长2%，其增长主要来自通过提高产品和服务的质量、合理定价和积极采取措施促销，努力提高节假日和淡季（如周末、法定或传统的节假日，以及1月、2月、7月和8月整个月，以及11月和12月后半个月）的客房出租率和市场份额来实现。另外，通过进一步提高收益管理水平，例如，进一步搞好旺季和客房出租率接近或达到100%的日期的市场组合，平均房价能比2007年提高8%。如果客房出租率和平均房价的增长目标能够顺利实现，该饭店的客房收入将增长6%，或者增加1,280,000多美元。

3. 2008年成功饭店市场需求季节变化情况分析

在完成了2008年市场发展情况的整体分析之后，成功饭店的管理人员还进行2008年市场需求季节变化情况的分析和预测。市场需求季节变化情况的分析和预测，是根据市场需求的强弱，将2008年各个月份划分为需求高的季节、中等的季节或低的季节，在此过程中深入研究各阶段和各个月份影响需求变化的因素，寻找增加营业收入的机会，制定并实施充分利用这些机会的收益管理和市场营销策略，以最大限度提高各个阶段的营业收入。

要准确把握2008年市场需求季节变化的规律，首先必须分析过去几年各个月份市场需求的季节性变化规律，即所谓共性，然后，还要研究2008年市场需求呈现的独特的特点，即个性，两者综合起来，才能准确确定各个月属于需求高的季节、中等的季节还是低的季节，为制定收益管理和市场营销策略提供依据。

从成功饭店2005年到2007年的经营情况来看，该饭店的市场需求呈现明显的季节性变化。虽然单一的标准，如客房出租率、平均房价或平均每间可出租客房的平均收入的高低来划分各个月份所属的季节，少数月份得到的结论不一样，但是从整体和综合的角度来看，11月、12月、1月、2月、7月和8月属于市场需求低的季节（Low Season），3月、6月和9月属于市场需求中等的季节（Shoulder Season）；4月、5月和10月属于市场需求高的季节（High Season）。详情请见下列图表。

表 6-3 成功饭店 2005 ~ 2007 年客房出租率、
平均房价和平均每间可供出租客房收入表

月份、项目	客房出租率			平均房价			平均每间房可出租客房收入		
	2005年	2006年	2007年	2005年	2006年	2007年	2005年	2006年	2007年
一月	50%	56%	56%	$287	$223	$209	$144	$125	$174
二月	67%	56%	73%	$221	$233	$239	$147	$130	$174
三月	71%	85%	82%	$221	$256	$264	$157	$219	$217
四月	86%	86%	81%	$241	$241	$263	$207	$207	$213
五月	77%	84%	79%	$239	$258	$287	$185	$216	$226
六月	75%	76%	80%	$229	$266	$295	$172	$201	$235
七月	67%	67%	70%	$195	$205	$210	$131	$137	$147
八月	69%	62%	69%	$190	$190	$215	$131	$118	$149
九月	68%	81%	80%	$281	$190	$302	$192	$154	$241
十月	84%	81%	81%	$255	$267	$292	$214	$218	$236
十一月	69%	72%	72%	$238	$252	$245	$163	$181	$175
十二月	61%	54%	63%	$206	$225	$217	$126	$121	$136
总 计	70%	73%	74%	$234	$245	$256	$165	$179	$189

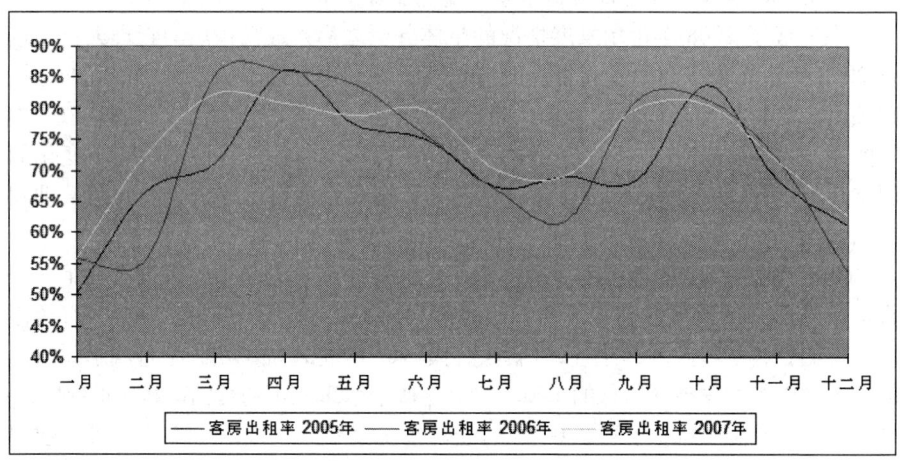

图 6-3 成功饭店 2005 ~ 2007 年客房出租率季节差异图

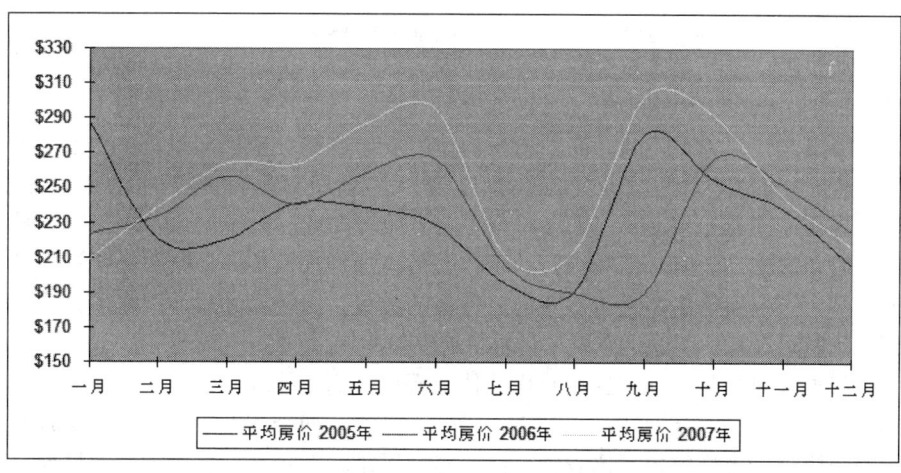

图6-4 成功饭店2005～2007年平均房价季节差异图

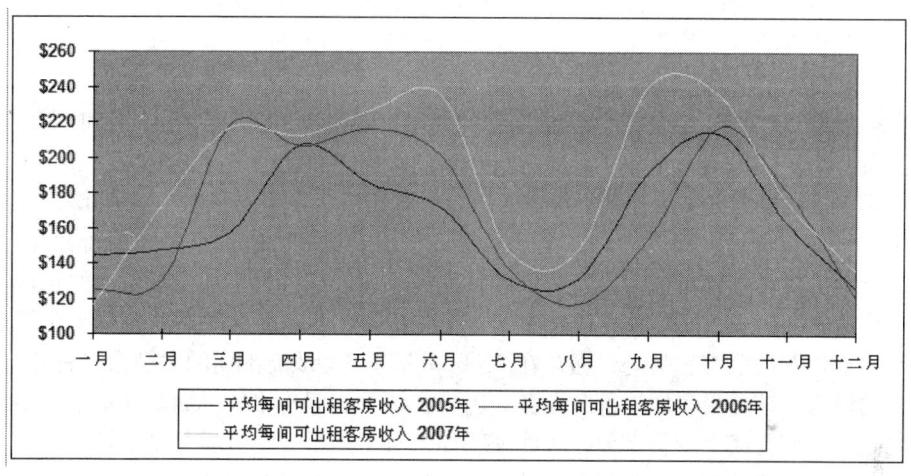

图6-5 成功饭店2005～2007年平均每间可出租客房收入季节差异图

(1) 市场需求水平低的季节（Low Season）

11月、12月、1月、2月、7月和8月是成功饭店所在地区市场需求低迷的季节。这些月份的共通特征是天气不好，节假日较多，市场需求较低，客房平均价格、客房出租率和平均每房收入都处于全年的最低水平。其中一个主要原因是天气情况的影响——在头四个月中，华盛顿市天气寒冷，多阴雨，时有冰雪，且夜长昼短，出行不方便，而在7、8月，华盛顿市的夏季天气炎热而潮湿，不利于出行。另外，在此期间各种假日不少，对旅游市场的需求也产生相当的影响。例如,11月有老兵日和感恩节,12月有圣诞节,1月有元旦和马丁·路德·金日，以及7月有美国的国庆节（独立日）等等。通常在节日期间或前后几天商务活动锐减，尤其是感恩节和圣诞节，因为这两个节日对美国人来说是家人团聚的日子，很少人外出公干。在这两个节日当日以及前后约一个星期，很少有人因公出差，商务客锐减。探亲访友的休闲度假客相对增加，但是由于饭店都在抢这部分生意以填补商务客的不足，在整个市场，所有饭店的客房价格都很低，客房出租率也很低。此外，12月、1月、7月和8月，大多数大、中、小学校放寒假和暑假，政府部门和银行的工作人员也通常在此期间休年假，带家人外出旅游，影响到来华盛顿市出差的公务客的数量。由于上述原因，很多会议避免在此期间召开，所以，会议市场的需求也很疲软。

值得注意的是，即使这些月份总体上看市场需求疲软，但是，在每个月中某些天的市场需求相对较高，如11月和12月的头两个星期以及1月和7月的后两个星期，市场需求还比较强，商务客的需求相对较高，在此期间的星期一到星期四，成功饭店的客房出租率通常能接近或达到100%，平均房价也高于其他日期很多。所以，要合理定价，做好细分市场和销售渠道的组合，将这些需求相对较高的日子的收益最大化，避免随意降价，使饭店本来应该得到的收益不经意丧失了。

展望2008年，上述市场需求变化的规律总的来说不会变。在11月和12月的头两个星期以及1月和7月的后两个星期，需求可能会较强，成功饭店的策略重点是做好细分市场和销售渠道的组合，既让饭店客房出租率达到100%，又要将平均房价最大限度提高。至于其他日子，成功饭店的重点是发掘新客源，充分利用各种销售渠道，以及采取各种促销手段，如各种增加附加价值的包价和住店时间越长、平均价格越优惠等等措施尽量招徕各种公共散客和休闲度假及探亲访友的散客。另外，通常在7、8月份有一些政府部门的大型会议召开，成功饭店应该尽量争取这部分业务，因为在淡季，因价格较低而在旺季不重要的政府业务在淡季变得重要，实践证明如果有了这部分业务做基础，饭店就可以较高的价格把剩下的房间销售给别的细分市场，成功饭店的客房出租率和平均房价就会高出没有得到这部分业务的饭店很多，成功饭店的市场竞争指数的表现也就好得多。

必须指出的是——2005年1月的平均房价异乎寻常地高于其他年份的同月份平均房价，是因为美国总统小布什在2004年的总统选举中争取连任获胜，于2005年1月20日举行连任仪式，很多他的支持者和共和党的支持者特地从外地赶来华盛顿市参加庆祝活动，导致该日前后几天市场需求激增，几乎所有饭店的客房都销售告罄，客房销售价也超出平时水平多倍。另外，2008年是美国总统选举年。11月4日是选举投票日，很多人为了投票选总统而不愿外出旅行，所以，这天前后一两天市场需求很可能比其他年份同期低。

第六章　收益管理策略与市场营销策略的关系及饭店营业收入预算的制定

(2) 市场需求水平中等的季节 (Shoulder Season)

历史资料表明，3月、6月和9月是成功饭店所在地区市场需求水平中等的季节。这些月份的共性是天气较好，节假日较少，商务活动较活跃，各种大中型会议也较多，市场需求相当高。饭店可以因此获得较高的平均房价和客房出租率。除此共性之外，3月和9月还有一些特性。

3月份春暖花开，华盛顿市一年一度的樱花节在3月底到4月初举行，为期三个星期。此时，华盛顿市的3,000多株樱花树竞相绽放，十分美丽，很多游客慕名而来赏花旅游，使得休闲度假的散客和团体客增加。饭店可以充分利用樱花节招徕旅游观光客。除樱花节之外，复活节可能会影响3月的经营情况。复活节是美国一个重要的假日，是每年春分月圆之后第一个星期日。复活节有时是在3月，有时是在4月。复活节落在哪个月，哪个月复活节当天和前后三四天的时间客房出租率和平均房价就会减少，主要是因为那时商务活动、会议活动减少。此时，饭店应该以比较优惠的价格吸引复活节期间探亲访友的公共散客。

6月份由于没有任何节假日的影响，所以商务活动、会议活动都很多，市场需求比3月和9月都强。此时，成功饭店应该尽量提高公司散客和公众散客的订房数量和收入，减少不必要的价格折扣。

9月份也有一些值得注意的特点。大部分大、中、小学校在9月份开学，很多政府和公司的人员度完假回来上班，商务活动和会议活动增加了，饭店市场需求相当强，客房出租率和平均房价都较高。9月的第一个星期一是美国劳动节，其所在的一周商务活动和会议活动通常都不多，市场需求不高，但是休闲度假的需求会有所增加，所以成功饭店应该采取措施吸引休闲度假客源，以提高饭店客房出租率和收入。

(3) 市场需求水平高的季节 (High Season)

4、5、10月是成功饭店所在地区市场需求水平最高的季节。这些月份的共同特点是，天气较好，节假日较少，商务活动繁忙，大中型会议和商业展览很多，尤其是每年一度的大中型会议和商业展览很多，它们通常需要6,000到30,000间客房，会议时间长达三至四天。由于这些会议和展览规模大，会期长，对饭店客房、会议和宴会设施和服务的需求量很大，给该地区的饭店供应带来压力，所以，饭店的客房出租率和平均房价通常在这些月份达到全年最高。

这些大中型会议包括4月的民主党和共和党两大党派的年会、美国神经外科协会的年会、美国实验生物学协会的年会、全美数学教师年会和全美电缆和电信协会的商业展览会等等。5月的大中型会议包括美国癌症研究协会年会、全美地产商协会商业展示会、美国肠胃病协会的年会、北美放射学会年会等等。10月份的世界银行的秋季年会（每隔一年在华盛顿市召开），一年一度的大型会议包括美国微生物协会的年会、美国心血管研究基金会的年会、美国军事协会的年会、美国小儿科协会以及美国胸外科手术协会博览会等等，这些会议通常需要大量客房、会议和宴会服务，对华盛顿地区来说是追求最高客房出租率和平均房价的极好机会。

当然，除了共性之外，这三个月也存在一定的差异性。例如，前文已叙述，如果复活节落在4月，该月将会有大概一周的市场需求受影响而减少，使整个月份的客房出租率和平均房价降低。每年一次的世界银行春季年会通常在4月召开，也给市场带来很大好处。如果复活节落在3月份，那么4月的经营情况将更好。5月的最后一个星期一是阵亡将士纪念日，10月份的第二个星期一是哥伦比亚日，这些天学校、银行和众多政府部门休息，从而使星期一，甚至星期二的市场需求量减少。

在市场需求强的情况下，成功饭店需要采取高客房出租率和高平均价格的策略，即在周末或节假日提供很有竞争力的价格，大力吸收各种细分市场的客人，将客房出租率提高到85%以上。在市场需求特别强的周日，努力搞好细分市场的组合，尽量吸收支付能力高的细分市场的订房，关闭或控制一些价格较低的销售渠道，以阻止支付能力低的细分市场订到房间，造成价格损失。另外，控制好预订总量并积极进行超额预订，使得周日的平均客房出租率达到96%，几乎每个周日都住满。这个策略使得饭店在10月的平均出租率达到94%，平均房价为\$316，是饭店全年最高，也就是饭店开业6年的最高纪录。

4. 成功饭店的硬件和软件与竞争对手饭店相比存在的优势和劣势

常言道，"知己知彼，百战不殆"。饭店要对自己和竞争对手的强弱高低了如指掌，在竞争中才能扬长避短，求得生存和发展。成功饭店的管理人员在分析全国和本地区的经济形势之后，还研究了自己饭店的硬件（设施和设备）以及软件（产品和服务）与竞争对手对比的情况，找出设备设施和产品及服务的优势和劣势，进行必要的改进，提高其吸引力和竞争力。

预计本地区明年3月份将有两家规模在200多间客房的四星级饭店新装修后重新开业，进入市场。10月份将有一家由三星级饭店改造为四星级的饭店开业投入使用。这些供给量的变化必将给本饭店的客源造成一定的冲击。那家升级新开业的四星级饭店离成功饭店仅有两个街区，给本饭店的竞争压力尤其大。所以，成功饭店市场销售部必须努力保持原有的客源，防止他们的流失；另外，还必须努力拉到更多的新客户，尤其是公司账号客户。

进行市场分析，与机会相对立的是威胁，具体来说，就是由于环境的变化，企业面临的将是企业的市场份额和利润减少，甚至完全失去的挑战。例如，在同一地区新饭店开张，现有饭店很可能会失去部分的客源。这是一种威胁。

（1）成功饭店的优势

> 优越的地理位置：饭店位于华盛顿特区商务活动活跃、办公楼林立的市中心，离白宫仅有3个街区。
>
> 饭店的硬件保养不错，建筑设计和装修风格具有独特的韵味，比较吸引顾客。
>
> 饭店员工来源自四十多个国家和地区，多元化的员工队伍提供了一种开放的、轻松愉快的、具有欧陆的特色的服务风格。
>
> 顾客满意程度较高，评价较高，吸引了大一批回头客。该饭店在多家全国性著名旅游杂志和网站顾客问卷调查满意程度多年高居华盛顿特区高级饭店前三名，排名甚至领先多家五星级饭店。
>
> 酒吧和餐厅进行了一定程度的重新装修，餐厅的概念变得更为时尚。紧跟其后的公关活动将能提高酒吧和餐厅的知名度，使它们进一步成为本市时尚白领聚会的地方，同时也能提高饭店的知名度和吸引力。

（2）成功饭店的劣势

> 饭店客房数量较少，缺乏举办大型会议和宴会的场所，限制了饭店接待团体客的能力。
>
> 饭店拥有两张双人床的房间的数量太少，影响招徕接待自费旅行的休闲度假客源市场，尤其是在周末和节假日来本市度假或访问亲友的家庭散客。
>
> 本饭店的品牌虽然在欧洲和其他地区知名度较高，但是由于在北美市场的数量有限，规模有限，知名度不如美国品牌的饭店知名度高，不利于吸引新的客户。
>
> 同样由于品牌在北美的规模的原因，本饭店缺乏具有吸引力的能吸引经常前来入住的回头客的奖励项目，不利于招徕和保持这部分客源。
>
> 会议设施开始老化，略显陈旧。

（3）市场机会

> 市场分析报告指出本市明年还将获得饭店平均房价的增长，而且本地区两家新开业的高档饭店将能推动本地区饭店的房价的增长。
>
> 本市的就业率预计将继续领先于全国的平均水平，显示本市的经济在明年将保持相对的稳定。
>
> 离本饭店仅一街区的写字楼的开业和新公司的迁入将给本饭店提供新的公司客源，增加饭店的公司协议价账户。

(4) 市场威胁

全国性的房屋次级贷款危机、信用危机和贬值的美国货币将影响到美国的经济，从而影响到本市的旅游业。

石油价格持续居高不下，分薄了企业的利润，使得企业会减少旅游开支。另外，汽油价格居高不下，减弱了人们外出休闲度假的愿望。

明年本市饭店市场的供给量将大于需求量的增长，新饭店和重新装修的饭店明年将进入市场，供大于求的局面将使本市的饭店市场竞争加剧。

本饭店增加房价的目标是建立在竞争对手不降价的假设基础上。这个假设是否成立还待验证。

根据这个思路，为了便于分析和研究，成功饭店的管理人员还列表分析了竞争范围内的各个饭店的优劣势情况，包括自己的饭店的情况，具体情况请见下文。

表 6-4 本饭店（成功饭店）比较竞争优势分析表

饭店基本情况	
饭店名称	成功饭店
地址	略
电话号码	略
传真号码	略
开业年份	2003 年 12 月开业
顾客总体评价（5 为满分）	4.8
饭店星级 / 档次	四星级，高档饭店
客房情况	
客房数量	300
双人房	265
套房数量	35
饭店地理位置	
地理位置属性（度假村、会展中心、机场，还是市中心）	市中心
地理位置与本饭店比较优劣情况	该饭店位于总统府北面两个街区，附近政府机构和公司办公楼林立，地理位置十分优越。
与本饭店的距离（英里 / 分钟）	略

续表

客房	
客房的特点	房间内有保险柜、收音和叫醒机、电烫斗和烫板,有线和无线互联网服务。饭店由一幢历史悠久的办公楼改造而成,装修时髦新颖,房间面积大,很舒适。
各类房间价格	豪华套房 $3000,普通套房 $1300,标准双人房 $220 ~ $650
周末价格	$220 ~ $460
周日价格	$220 ~ $650
预计明年平均价格增长率	6.0%
取消订房的规定	不同的价格有不同取消订房的规定,最高价格允许入住当日取消订房,优惠的价格允许入住前三日取消订房,最优惠的价格要求客人预付房费,不能取消,也不能退回预付房费。团体预订要求提前一天取消。
最近装修时间及情况	饭店开业以来没有进行过大规模装修,去年底更换了所有房间地毯、楼层走廊地毯和大堂地毯,还更换了酒吧所有的台子和椅子,今年第一季度计划将餐厅重新定位和装修。
员工数与房间数的比率	1:1.6
特别楼层或服务	无
康乐设施和设备	
健身房	24 小时开放,仅供住客使用。
美容或水疗中心	无
其他辅助设施或服务	
设有礼宾部以及 24 小时代客泊车。24 小时免费小型商务中心。	
会议设施和服务	
会议场地总面积	6500 平方英尺
会议室的数量	8 个
最大的会议室面积	4000 平方英尺
会议设施和设备的质量	良好
现场的视听设施和服务	承包给别的公司管理
饮食服务	
饮食服务项目	1 间餐厅,1 个酒吧
饮食服务获奖情况	4 星级
其他	无
客源和收入构成情况	
团体客的比例	31%
散客的比例	69%
公司客占散客的比例	45%
客房收入占总收入的比例	76%

续表

销售人员配置情况	
商务散客销售经理	1人
商务团体客销售经理	2人
其他团体客销售经理（政府、协会、体育等）	1人
餐饮和宴会销售经理	2人
客人对饭店设施的总体印象	
饭店设施新潮独特，时尚优雅，具有欧陆风格。	
本饭店对该饭店的总体评价	
优势：这家饭店是本地市场饭店服务质量的领导者，以高效、热情和具有欧陆风格的服务著称。在一家知名度很高的旅游网站的年度顾客意见调查中，服务质量多年名列第一。该饭店地理位置靠近总统府、商用和政府用办公楼，吸引很多中高档公务旅游客。 该饭店由一家欧洲最大的饭店集团公司管理，品牌在欧陆知名度很高，但是由于在美国挂该品牌的饭店数量不多，品牌认知度不高，对招徕顾客有一定负面影响。但是，该饭店依靠良好的服务和回头客，吸引新的市场，保持原有客源。 劣势：该饭店会议室面积不够大，不利于接待大型会议。另外饭店的双人床数量太少，不利于招徕对价格敏感的自费旅游者。	

表6-5 威廉斯饭店比较竞争优势分析表

饭店基本情况	
饭店名称	威廉斯饭店
地址	略
电话号码	略
传真号码	略
开业年份	1963年
顾客总体评价（5为满分）	4.3
饭店星级／档次	高档饭店，四星级
客房情况	
客房数量	380
双人房	350
套房数量	30
饭店地理位置	
地理位置属性（度假村、会展中心、机场、还是市中心）	市中心
地理位置与本饭店比较优劣情况	该饭店位于本饭店以北四个街区餐厅、酒吧、夜总会较多的地段，附近也有一些办公楼。治安状况比较复杂，时有治安案件发生。对高档商务客来说，其地理位置略次于本饭店。

第六章　收益管理策略与市场营销策略的关系及饭店营业收入预算的制定

续表

与本饭店的距离（英里/分钟）	5 个街区，步行要 8 分钟。
客房	
客房的特点	房间内有保险柜、CD 播放机、小酒吧、电烫斗和烫板，免费提供互联网服务。卫生间的免费客用易耗品专门设计，很有特色。
各类房间价格	套房 $850，标准双人房 $150–$450
周末价格	$150–$280
周日价格	$230–$450
预计明年平均价格增长率	5.5%
取消订房的规定	散客预订在入住当日饭店本地时间下午六时前可取消。团体预订要提前 3 天取消。
最近装修时间及情况	该饭店在 2006 年 10 月完成全面更新改造，使得饭店的设施和风格于本饭店很接近，尤其是客房。
员工数与房间数的比率	1∶2
特别楼层或服务	设一楼层专门安排带宠物的客人入住。
康乐设施和设备	
健身房	24 小时开放，仅供住客使用。有蒸气房。
美容或水疗中心（SPA）	有
其他辅助设施或服务	
设有礼宾部以及 24 小时代客泊车。24 小时自助式免费商务中心。24 小时送餐服务。有小型精品店。提供晚上开床服务（TURN DOWN SERVICE），免费提供客人喜爱的饮料。免费报纸，免费隔夜擦鞋服务，免费房间咖啡。	
会议设施和服务	
会议场地总面积	13000 平方英尺
会议室的数量	9 个
最大的会议室面积	4000 平方英尺
会议设施和设备的质量	良好
现场的视听设施和服务	自行管理
饮食服务	
饮食服务项目	1 间餐厅，1 个酒吧
饮食服务获奖情况	4 星级
其他	无
客源和收入构成情况	
团体客的比例	60%
散客的比例	40%
公司客占散客的比例	40%
客房收入占总收入的比例	80%

续表

销售人员配置情况	
商务散客销售经理	2人
商务团体客销售经理	3人
其他团体客销售经理（政府、协会、体育等）	2人
餐饮和宴会销售经理	1人
客人对饭店设施的总体印象	
历史相对较长。饭店重新装修后，显得比较时新和高档。在饭店从独立经营管理的饭店改为连锁饭店后，饭店的软件有所提高。	
本饭店对该饭店的总体评价	
优势：这家饭店开业时间较早，有相当的知名度和稳定的客源。该饭店的客房数量较多，会议场地较大，在接待团体客方面比本店有优势。该饭店过去一直独立经营管理，叫麦迪逊饭店。2006年初加盟有名的世纪饭店集团公司。该公司拥有此饭店25%的股份并取得为期三十年的管理权。加盟后，饭店进行了装模改造，并改名威廉斯饭店。加入连锁店并改挂连锁品牌，使得该饭店在开拓客源和提高服务质量上获益匪浅。该饭店的平均价格与本饭店仍有一定的差距，但是，可以看出这个差距在缩小，在客房价格上该饭店经常尾随本饭店。 劣势：该饭店为提高会议设施的使用率，经常压低房价。另外，地理位置在吸引高档商务客方面没有本饭店有利。	

表6-6 凯丽饭店比较竞争优势分析表

饭店基本情况	
饭店名称	凯丽饭店
地址	略
电话号码	略
传真号码	略
开业年份	1928年
顾客总体评价（5为满分）	5
饭店星级／档次	五星级，豪华饭店，世界一流饭店组织成员
客房情况	
客房数量	150
双人房	130
套房数量	20
饭店地理位置	
地理位置属性（度假村、会展中心、机场、还是市中心）	市中心
地理位置与本饭店比较优劣情况	该饭店位于政府机构和高档办公楼林立的市中心，与总统府正门隔街相望，地理位置独一无二，十分优越。
与本饭店的距离（英里／分钟）	5个街区，步行要五分钟。

续表

客房	
客房的特点	房间内有保险柜、CD播放机、咖啡机、多种茶叶、电烫斗和烫板，免费提供互联网服务。本地电话免费。每间房间都提供品牌浴袍和雨伞。部分房间装有无绳电话、组合音响、先进的电子控制抽水马桶以及妇女卫生洁具。计划明年初所有房间装上平面数码电视机。
各类房间价格	商务套房$2200，标准套房$1800，标准双人房$280–$780
周末价格	$280–$460
周日价格	$300–$780
预计明年平均价格增长率	4.5%
取消订房的规定	入住当日饭店本地时间中午12点前可取消。
最近装修时间及情况	2005到2006年逐步进行了更新改造，工程已经全部完成。
员工数与房间数的比率	1.8∶1
特别楼层或服务	无
康乐设施和设备	
健身房	无健身房。但与邻近一家四星级的饭店达成协议，客人可使用该饭店的健身设施。
美容或水疗中心	有美容或水疗中心。但与邻近一家四星级的饭店达成协议，客人可使用该饭店的美容和水疗中心。
其他辅助设施或服务	
设有礼宾部以及24小时代客泊车。免费提供本地交通（限时）。有商务中心和小型精品礼物店。	
会议设施和服务	
会议场地总面积	4000平方英尺。另外，饭店楼顶天台可以举行宴会或派对。从楼顶可以看到总统府。
会议室的数量	不算天台，共有3个会议室。
最大的会议室面积	2600平方英尺
会议设施和设备的质量	良好，当时从2001年到现在没有更新过。
现场的视听设施和服务	自行管理
饮食服务	
饮食服务项目	1间餐厅，1个酒吧。酒吧很有名气，很多政界和商界人士下班后前来光顾。
饮食服务获奖情况	4星级
其他	无
客源和收入构成情况	
团体客的比例	30%
散客的比例	70%
公司客占散客的比例	70%
客房收入占总收入的比例	80%

续表

销售人员配置情况	
商务散客销售经理	1人
商务团体客销售经理	1人
其他团体客销售经理（政府、协会、体育等）	0人
餐饮和宴会销售经理	1人
客人对饭店设施的总体印象	
软件和硬件很好，饭店新颖、时尚、独特。	
本饭店对该饭店的总体评价	
优势：该饭店是本饭店所在区域唯一的一家五星级饭店。该饭店的地理位置、实施和服务均为一流。该饭店历史悠久，但因经常进行维修保养和更新换代，设施和设备是传统与现代的良好结合，在本地有很高的声誉。另外，高劳动力投入，使得其服务很深入细致。该饭店是世界一流饭店组织成员之一，无疑在市场营销和保持饭店产品和服务的质量方面从该组织获益匪浅。 劣势：饭店规模太小，限制其生产力。	

表6-7 天籁饭店比较竞争优势分析表

饭店基本情况	
饭店名称	天籁饭店
地址	略
电话号码	略
传真号码	略
开业年份	2002年
顾客总体评价（5为满分）	4.5
饭店星级／档次	高档饭店，还没有正式评上星级，但是目标是四星级
客房情况	
客房数量	160
双人房	145
套房数量	15
饭店地理位置	
地理位置属性（度假村、会展中心、机场、还是市中心）	市中心
地理位置与本饭店比较优劣情况	该饭店位于本市市中心新兴的商业闹市区，交通很便利，餐厅和酒吧林立，有很多时尚的商店，另外还有电影院、保龄球馆等等娱乐场所。此外，还靠近本市一个中型体育馆，那里经常进行体育比赛和演唱会，夜生活丰富多彩。附近几个街区之外，也有不少办公楼，地理位置十分优越。
与本饭店的距离（英里／分钟）	8个街区，步行要15分钟。

续表

客房	
客房的特点	房间内有保险柜、CD 播放机、咖啡机、电烫斗和烫板，免费提供互联网服务。饭店大楼以前是个邮局，建造古色古香，很有特点。房间天花板很高，舒适，无压抑感。客人的 iPod 可连接到电视机和 CD 播放机。每间房间提供品牌浴袍，卫生间的马桶、浴缸和洗手盆都是用很时尚的品牌。每层楼的客房装修和设计风格独具特色，很有新潮感。
各类房间价格	商务套房 $1800，标准套房 $900，标准双人房 $190–$660
周末价格	$190–$360
周日价格	$240–$600
预计明年平均价格增长率	5.5%
取消订房的规定	散客预订在入住当日饭店本地时间下午六时前可取消。团体预订要提前 3 天取消。
最近装修时间及情况	开业以来没有装修过。有的楼层和大堂的公共地方已经出现磨损比较严重的情况，急需维修和保养。该饭店计划 2007 年底所有房间的电视机更换为平面数码电视机。
员工数与房间数的比率	1∶1
特别楼层或服务	无
康乐设施和设备	
健身房	24 小时开放，仅供住客使用。无蒸气房。
美容或水疗中心	无
其他辅助设施或服务	
设有礼宾部以及 24 小时代客泊车。24 小时自助式商务中心。上网免费，打印、复印和传真客人要以信用卡自行支付费用。	
会议设施和服务	
会议场地总面积	5500 平方英尺
会议室的数量	3 个
最大的会议室面积	3000 平方英尺
会议设施和设备的质量	良好
现场的视听设施和服务	承包给别的公司管理。
饮食服务	
饮食服务项目	1 间餐厅，1 个酒吧
饮食服务获奖情况	4 星级
其他	无
客源和收入构成情况	
团体客的比例	35%
散客的比例	65%
公司客占散客的比例	60%
客房收入占总收入的比例	73%

续表

销售人员配置情况	
商务散客销售经理	2人
商务团体客销售经理	2人
其他团体客销售经理（政府、协会、体育等）	1人
餐饮和宴会销售经理	1人
客人对饭店设施的总体印象	
软件和硬件良好，饭店新颖、时尚，位置独特，但服务质量不稳定。	
本饭店对该饭店的总体评价	
优势：这家饭店八年前成立，现在为发展速度很快的海龙精品饭店公司拥有很管理。该公司以主流城市的商业繁华地段建设和管理中小型高档和豪华饭店著称。其属下饭店地理位置优越，客房数量仅有100到200间。饭店装修设计很下功夫，以新潮时尚为特点。每间饭店的设计风格独特，饭店结合当地地理和历史命名，各不相同。该公司成立以来，发展迅速，已经在美国和加拿大拥有并管理超过200家饭店，在比较年青的消费群体中颇受欢迎。在以本市为中心的30英里半径，包括相邻两个州的范围内，该公司拥有6家饭店。天籁饭店是本饭店强劲的竞争对手。它具有品牌和地理位置的优势。它的地理位置比较吸引休闲度假客，所以，在周末或别的节假日天籁饭店也能保持较高的平均房价和出租率。由于规模较小，天籁饭店也不适合接待大型会议或宴会，但是同一地区的海龙饭店可以互相推荐客户，尤其是团体客。例，在一家饭店接待不下时，可以推荐另一家。这有利于保持客房出租率和提高价格。该饭店是本饭店在价格方面的主要竞争对手。 劣势：该饭店需要对设备和设施进行更新改造，另外饭店的服务质量不稳定，与本店相比很有距离。	

表6-8 伯爵永道饭店比较竞争优势分析表

饭店基本情况	
饭店名称	伯爵永道饭店
地址	略
电话号码	略
传真号码	略
开业年份	首次开业在1904年，1950年停业改为他用，1969年重新营业。
饭店星级/档次	四星级，高档饭店
客房情况	
客房数量	480
双人房	425
套房数量	55
饭店地理位置	
地理位置属性（度假村、会展中心、机场、还是市中心）	市中心

第六章 收益管理策略与市场营销策略的关系及饭店营业收入预算的制定

续表

地理位置与本饭店比较优劣情况	该饭店位于总统府西面两个街区，附近政府机构和公司办公楼林立，地理位置十分优越。
与本饭店的距离（英里/分钟）	3个街区，步行要5分钟。
客房	
客房的特点	房间内有保险柜、收音和叫醒机、咖啡机、茶叶、电烫斗和烫板，免费提供互联网服务。饭店古色古香，装修为古典风格，房间面积大，天花板高，比较舒适。部分房间设有无绳电话和组合音响。
各类房间价格	豪华套房$2500，普通套房$1500，标准双人房$240–$690
周末价格	$240–$460
周日价格	$280–$690
预计明年平均价格增长率	4.0%
取消订房的规定	散客预订在入住当日饭店本地时间下午六时前可取消。团体预订要提前2天取消。
最近装修时间及情况	长时间没有重新装修，客房总体印象比价陈旧。部分楼层和公共地方出现明显的磨损痕迹。
员工数与房间数的比率	1.4∶1
特别楼层或服务	无
康乐设施和设备	
健身房	24小时开放，仅供住客使用。有蒸气房。
美容或水疗中心	有完整齐全的设施和服务。
其他辅助设施或服务	
设有礼宾部以及24小时代客泊车。24小时商务中心。	
会议设施和服务	
会议场地总面积	22000平方英尺
会议室的数量	18个
最大的会议室面积	4900平方英尺
会议设施和设备的质量	良好，但是部分会议设施显得陈旧。
现场的视听设施和服务	自行管理。
饮食服务	
饮食服务项目	3间餐厅，1个酒吧
饮食服务获奖情况	4星级
其他	无
客源和收入构成情况	
团体客的比例	55%
散客的比例	45%
公司客占散客的比例	45%
客房收入占总收入的比例	70%

续表

销售人员配置情况	
商务散客销售经理	1人
商务团体客销售经理	3人
其他团体客销售经理（政府、协会、体育等）	1人
餐饮和宴会销售经理	1人
客人对饭店设施的总体印象	
饭店很有名气，设施很气派，风格古典，服务良好。	
本饭店对该饭店的总体评价	
优势：这家饭店是本地市场饭店房价的主要领导者，虽然它不是五星级饭店，却能收取接近五星级饭店的价格。这得益于该饭店的悠久历史和盛名。因其地理位置靠近总统府，很多世界政要和社会名流下榻于此。本国政府的很多商务或外交活动，包括本国总统的一些活动经常安排于此。因此该饭店很有名气。另外，永道是世界著名的连锁饭店的品牌之一，无疑对此饭店吸引客源有很大帮助。此外，本饭店的众多餐饮设施、客房和会议设施使其能接待规模较大的会议。	
劣势：该饭店设施和设备比较陈旧，需要进行更新改造，以使其产品和价格相称。	

表6-9 皇冠饭店比较竞争优势分析表

饭店基本情况	
饭店名称	皇冠饭店
地址	略
电话号码	略
传真号码	略
开业年份	1993年
顾客总体评价（5为满分）	4.2
饭店星级／档次	中档，三星级
客房情况	
客房数量	330
双人房	305
套房数量	25
饭店地理位置	
地理位置属性（度假村、会展中心、机场、还是市中心）	市中心
地理位置与本饭店比较优劣情况	该饭店位于本市市中心的商务活动繁忙，交通便利，写字楼林立的地段。同本饭店一样具有极佳的地理位置。
与本饭店的距离（英里／分钟）	两个街区，步行只需5分钟。
客房	
客房的特点	房间内有保险柜、CD播放机、咖啡机、茶叶、电烫斗和烫板，有线或无线的互联网服务。

续表

各类房间价格	商务套房 $750，普通套房 $400，标准双人房 $99–$490
周末价格	$299–$230
周日价格	$230–$490
预计明年平均价格增长率	3.5%
取消订房的规定	散客预订在入住当日饭店本地时间下午六时前可取消。团体预订要提前2天取消。
最近装修时间及情况	2006年7月会议室重新装修过：更换了地毯、墙纸以及家具。所有客房楼层的走廊重新装修过。健身房重新装修并更换了所有健身器材和设备。
员工数与房间数的比率	1∶1.5
特别楼层或服务	设有两层商务楼层，提供专门的礼宾服务。另外还有一层楼专门供女性旅客使用。
康乐设施和设备	
健身房	24小时开放，仅供住客使用。无蒸气房。
美容或水疗中心	无
其他辅助设施或服务	
设有礼宾部以及24小时代客泊车。饭店有门面出租给星巴克咖啡馆，方便客人购买咖啡。	
会议设施和服务	
会议场地总面积	6700平方英尺
会议室的数量	6个
最大的会议室面积	2300平方英尺
会议设施和设备的质量	良好
现场的视听设施和服务	自行管理。
饮食服务	
饮食服务项目	1间餐厅，1个酒廊
饮食服务获奖情况	3星级
其他	无
客源和收入构成情况	
团体客的比例	40%
散客的比例	40%
公司客占散客的比例	60%
客房收入占总收入的比例	75%
销售人员配置情况	
商务散客销售经理	1人
商务团体客销售经理	1人
其他团体客销售经理（政府、协会、体育等）	1人
餐饮和宴会销售经理	1人

续表

客人对饭店设施的总体印象
软件和硬件良好，地理优越，服务不够高档。

本饭店对该饭店的总体评价
优势：该饭店是本市一家口碑良好的中高档饭店，由于历史悠久，地理位置优越，吸引不少对价格比较敏感的公共散客和预算较紧的公司客户。多年来该饭店努力提高软件和硬件，向高档饭店靠拢，以提高其平均房价和增加收入。因其规模和地点，本饭店把它列为主要竞争对手之一。本饭店与该饭店的竞争主要集中在团体接待和淡季。
劣势：该饭店所挂的品牌属于三星级品牌，即使该饭店重新装修，在消费者心中也是三星级，如果不更换品牌，更改服务标准和流程，加强员工培训，难以赶上本区域其他高档饭店。与本饭店相比，该饭店硬件缺乏个性，服务不够细致和深入。由于规模较大，该饭店为了提高客房出租率，经常采取低价策略。无论淡季或旺季，其平均价与本饭店有相当距离。

5. 成功饭店 2008 年收益管理和市场营销策略

通过前面的种种分析，可以看到成功饭店是一家四星级的高档饭店，它的服务水准一直在努力向五星级饭店看齐，在本市的同星级饭店中有相当好的声誉和相当高的地位，在竞争中凭借占有优势的独特的欧洲法国服务风格以及优越的地理位置，吸引了相当稳定的商务和非商务旅游者，使得它能在平均价格上与本市一些很有名的豪华饭店比肩。在未来，该饭店的努力方向是继续保持并进一步提高饭店的服务质量，开拓消费能力较高的细分市场，吸引并保持它们，在商务客为主的周日，进一步拉近平均每间可出租客房收入与五星级饭店之间的距离；而在周末，由于商务散客数量减少，提高饭店收入需要依靠对房价较为敏感的旅游休闲散客，所以，饭店的目标是努力开发客源，提高细分市场的广度，提高客房出租率，争取在平均每间可出租客房收入方面能与本市场四星级饭店持平或者超过它们。

但是，该饭店开业六年以来，没有进行过大规模的改造和更新，部分设施设备相对显得陈旧，而且与该饭店直接竞争的很多饭店已经完成或者即将完成客房或餐厅的更新改造。成功饭店要保持竞争力，提高房价，必须要进行更新改造，使得硬件更好更有竞争力。因此成功饭店的管理人员建议业主投入资金进行必要的更新和改造。业主很快同意了他们的意见。从 2007 年底，成功饭店便实施更新改造计划——更换饭店所有客房、餐厅、会议室以及其他公共区域的地毯，并把所有客房的电视机换成平面数码电视机，把所有房间的音响设备更换为新的款式。另外，餐厅和酒吧也进行适当的装修，使它们看上去更新潮、更具有吸引力。这些工作将利用淡季和周末进行，饭店不需要停业，尽量不影响营业。

展望 2008 年，这是一个"机会少，风险多"的年份。机会少，是因为经济处于衰退期，经济发展速度在减慢，市场需求在减少，市场没有给饭店提供

第六章　收益管理策略与市场营销策略的关系及饭店营业收入预算的制定

多少发展的机会。风险多，是因为成功饭店投入一定资金对客房、餐厅和酒吧，以及会议设施等进行改造和装修，另外，成功饭店的营业收入预算增长率相当高，而实现这些目标，主要是靠饭店内部环境的调整，如在不同季节采取不同策略，但是总的来说，高度重视细分市场组合和销售渠道的组合，通过优化细分市场和销售渠道的组合，能使饭店在出租率大体上没有变化时提高饭店的收入。

所以，成功饭店2008年的收益管理策略和市场营销策略，概括起来就是："保持信心，主动出击，优化市场组合，提高产品和服务质量。"

(1) 饭店产品和服务策略

在产品和服务方面，由于成功饭店开业五年来没有大的装修和改造，有的硬件已略显陈旧。为了保证与新装修的饭店相比在硬件竞争方面仍有优势，或者至少差距不要太大，成功饭店将进行小规模的更新和改造。更新改造的项目包括更换所有客房室内和楼层走廊的地毯，更换所有会议室的地毯，把所有房间的电视机换成平面高清晰度数码电视，把房间的音响设备更换成时髦的更高档的设备。

为了增加餐厅的收入，饭店还要对餐厅进行重新设计和装修。成功饭店的餐厅过去是正规、严肃的法式餐厅，是那种要穿西装和晚礼服的比较隆重的餐厅。这样的餐厅适合一些高级的宴请以及特殊的日子前往消费，如结婚周年纪念日、生日等等。但是，由于时尚的变迁，人们更喜欢那些比较现代的、快节奏和轻松的餐厅，这种隆重和拘束的餐厅客源越来越少。所以成功饭店决定将这个餐厅改为迎合市场潮流的格调高雅、装修现代，但是气氛轻松欢快、随和的小酒馆式的餐厅，目的是要招徕饭店附近的律师楼、公司办公楼以及政府机构三十多到四十多岁的"优皮"一族。这些"优皮"通常喜欢在下班后摘掉领带，脱下西装，以半休闲的装束前来喝上一杯，点上两个小菜，在轻松愉快的气氛中与朋友小聚聊天。新设计的餐厅将能更好地满足他们的需要。为了满足市场的需要，饭店还对餐厅的菜单重新设计，把价格适当下调，食品更多样化、大众化和制作简捷化，另外还增加了鸡尾酒、啤酒和葡萄酒的种类，并在餐厅安装了一个风格别致的葡萄酒展示柜，目的是使葡萄酒变成新的卖点和收入增长点。另外，通过葡萄酒展示柜和屏风，在餐厅内侧隔出一个小区域，增加了隐私性，可供小规模的私人宴会或聚会使用。餐厅的座位也由原来色彩沉闷，大而厚重的椅子变成线条简单、色彩鲜艳明快、占用空间少的现代家具。这样既能有效衬托整个餐厅的概念和气氛，又能节约空间，增加餐位数和收入。

由于饭店会议面积有限，接待超过200人的宴会和会议有困难，规模配合客房团体销售的策略，宴会部的重点是加强对小规模的婚宴和节假日公司团体聚会的促销，旨在以比较优惠的客房价格吸引客人来入住，并在饭店举行婚礼仪式、聚会或宴会。为达到这个目的，宴会销售人员积极与本地专业婚礼和宴会服务机构联系，寻找合作机会，另外还参加本地的各种饮食竞赛和社区活动，增加饭店餐饮宴会设施和服务的曝光率和知名度。由于这些活动的目标市场是在周末和节假日的活动，所以，饭店将宴会部经理的上班时间调整为星期一、星期二休息，星期六和星期日上班。

(2) 客房营业收入策略

从表6-1和表6-2可以看到，在2007年的预计年营业收入和2008年预算营业收入中，成功饭店的客房收入在总营业收入的比重都超过七成。可见，确保客房收入预算目标的完成对实现饭店总体预算目标具有十分重要的意义。而且，从饭店2008年营业收入预算表可以看出，客房营业收入的增加同时来源于客房出租率的增长和平均房价的增长。通过2008年细分市场和销售渠道与2007年的比较，读者就会发现，该饭店预算客房出租率和平均房价的增长来源于细分市场和销售渠道的组合（或构成）的优化。

① 细分市场组合策略

从成功饭店2008年客房细分市场预算表可以看出，该饭店客房出租率的增长主要来源于支付全价的公共散客、公司散客和团体客的增长，其他细分市场，如政府客和其他客人的出租率在下降。要实现这个目标，成功饭店要在2008年需求的高峰期，如一年中大部分的星期二和星期三，此时客房可以全部出售，尽量减少卖给政府客和其他客人的客房的数量，将这部分客房卖给有需要并愿意支付全价的公共散客及支付较高价格的公司散客和团体客，过去这方面的工作做得不好，改进的余地很大。另外，在饭店客房出租率不能达到100%的市场需求较低的时间，如节假日和周末以及每周的星期一、星期四和星期五，尽量招徕各种团体业务，如休闲度假旅行团、婚礼和喜庆团体等等，同时还要通过各种折扣价、包价和促销价，利用各种渠道提高这段时间其他客人的预订量。

表6-10 成功饭店2008年客房细分市场预算表

	房晚数	占总体房晚数的百分比	客房收入	占总体客房收入的百分比	平均房价	平均每天出租房间数
支付全价的公共散客	24,900	30.2%	$8,017,800	35.3%	$322.00	68
公司散客	15,500	18.8%	$4,619,000	20.4%	$298.00	42
团体客	26,450	32.1%	$6,903,450	30.4%	$261.00	72
政府客	6,750	8.2%	$1,431,000	6.3%	$212.00	18
其他客人	8,750	10.7%	$1,722,840	7.6%	$196.00	24
总数	82,390	100.0%	$22,694,090	100%	$275.45	226

第六章 收益管理策略与市场营销策略的关系及饭店营业收入预算的制定

2007年预计实际收入

	房晚数	占总体房晚数的百分比	客房收入	占总体客房收入的百分比	平均房价	平均每天出租房间数
支付全价的公共散客	24,000	29.1%	$7,320,000	32.3%	$305.00	66
公司散客	14,920	18.1%	$4,326,800	19.1%	$290.00	44
团体客	25,326	30.7%	$6,458,130	28.5%	$255.00	69
政府客	7,500	9.1%	$1,530,000	6.7%	$204.00	21
其他客人	9,450	11.5%	$1,775,600	7.8%	$188.00	26
总数	81,196	98.6%	$21,411,530	94.3%	$263.70	222

2008年客房收入预算与2007年预计实际收入的差别

	房晚数	占总体房晚数的百分比	客房收入	占总体客房收入的百分比	平均房价	平均每天出租房间数
支付全价的公共散客	900	3.8%	$697,800	9.5%	$17.00	2
公司散客	580	3.9%	$292,200	6.8%	$8.00	2
团体客	1,124	4.4%	$445,320	6.9%	$6.00	3
政府客	(750)	−10.0%	−$99,000	−6.5%	$8.00	(2)
其他客人	(660)	−7.0%	−$53,600	−3.0%	$8.00	(2)
总数	1,194	1.5%	$1,282,560	6.0%	$11.75	3

	2008年客房预算	2007年预计实际收入	2008年比2007年增加值	2008年比2007年增长百分比
销售房间数	82,390	81,196	1,194	1.5%
客房出租率	75.2%	74.2%	1.1%	1.5%
平均房价	$275.45	$263.70	$11.75	4.5%
客房收入	$22,694,090	$21,411,530	$1,282,560	6.0%
平均每房收入	$207.25	$195.54	$11.71	6.0%

注：**支付全价的公共散客**是指那些按照饭店提供的最高公共价格原价预订的客人。最高公共价格可能会因限制条件的不同而不是只有一种。一般情况下至少有两种，一种是最迟可以在入住日期前一天饭店当地时间傍晚6时前取消或修改预订而不需要支付任何费用的价格。另一种是在预订客房时要马上支付房费，而且一旦预订，就不能取消或修改预订，并且无论什么原因要取消预订，预付金不能返还的价格。显然第一种价格对客人来说具有最大的灵活性，第二种价格对客人来说则没有任何灵活性。后者通常比前者便宜很多，而且要求提前一定天数预订，例如成功饭店要求至少提前两个星期预订才有可能得到这个预付房费的价格，如果提前不到两个星期，这个价格就被关闭，不能预订。

公司散客是指按照协议价预订客房的与饭店签有协议价的公司的散客。

团体客是指所有一次性预订的房间的数量超过10间的客户，它包括所有的团体客，例如公司团体客、政府团体客、旅游观光团体客以及各种社会活动为目的的团体客。

政府客是指按照政府协议价预订的客人。

其他客人是指除上述各类客人之外的所有客人，例如，按照各种折扣价、包价、促销价预订的客人以及通过第三者网络公司的网站预订的客人。

为了配合饭店努力提高平均房价的策略，饭店客房方面收入的增加主要来自于房价的增加。预计房价将增加 7%。因市场增长缓慢，客房出租率的增长将预计只有 0.75%。为了达到提高房价的目的，饭店严格控制好市场组合。在供大于求的旺季，或者是每周的星期二和星期三，饭店将严格控制获得折扣价团体客的数量，总量不能超过 80 间房晚，以免团体房取代肯出更高价的商务散客和公共散客，因为如果团体客太多，饭店就没有房间出售给愿意出比团体客价高的散客。这样会造成损失。另一方面，努力销售和拉客，增加淡季包括周末和星期一、星期四等平时都住不满的日子的出租率。这样做的好处是保证淡季的客流量，以确保饭店客房获得足够的市场份额，确保饭店平均可出租客房的收入指数不低于 100，另外还能增加会议和宴会，以及餐厅和酒吧的营业收入。

在商务散客方面，饭店将提供个性化的服务争取拉到本地区消费能力最高的——将带来最高的平均房价——十大商务账号，并争取能够拉到它们在本地区的消费的 75%。管理商务散客账号的销售经理将定期与他们举行联谊活动，总经理和市场销售总监也参与。当商务客户到达入住时，销售部派员到场迎接，确保他们入住得到贵宾接待的待遇。因为只有他们满意，才能实现这个既定的战略目标。

在团体客方面，由于饭店控制供大于求时的团体房的总量，在旺季，团体销售经理的重点将集中在把有限的房间卖给愿意出最高价的团体。如果超过 80 间团体房后仍有团体想要客房入住，此时便可不给折扣，向团体客收取公共价，或者要求团体客的餐饮或宴会消费达到一定的限额，总体上能最大限度提高饭店的总体收入才能接受这样的团队预订。另外，团队经理还要重点控制避免把团队安排到旺季，或者是星期二、星期三。给予灵活的价格折扣鼓励他们在星期一、星期四，甚至周末入住，避开高峰期，以免争抢散客的房，鼓励他们在高峰期之外的日子入住，可以弥补那些时期客源的不足，提高开房率，以及客房以外的收入。

在政府客方面，要控制政府价订房。在本市，政府部门每年与本地饭店业协商决定一个统一的提供给政府部门的优惠房价，供政府部门工作人员出差或者接待客人时使用，饭店是否开放这个价格完全由饭店自己根据需要决定。通常政府价格只相当于本饭店全年平均价格的 65%，这是一个相当大的折扣。在市场需求疲软的时候，把客房按照政府价格出租给政府部门的人员，可帮助饭店提高客房出租率和市场份额。但是，如果市场需求比较大，能以高于政府价格的房价出租客房并能使饭店客房出租率达到 100%，就不要开放政府价格，不接受政府价格的订房，否则饭店就会遭受经济上的损失。为了做好这项工作，成功饭店收益管理人员需要准确预测每天的需求情况和最佳市场组合情况，准确及时地开放或关闭政府价格。从成功饭店 2008 年细分市场预算表 6-10 中可

第六章 收益管理策略与市场营销策略的关系及饭店营业收入预算的制定

以看到，该饭店平均房价较高的细分市场，如支付全价的公共散客、公司散客和团体客的客房销售量和出租率增加，而且平均房价较低的政府客和其他客人的客房销售量和出租率在减少，即使总体销售量和客房出租率不变，客房收入和平均房价都会增加，何况平均房价高的细分市场的总量在 2008 年的预算中超过了 2007 年的数量。

② 销售渠道的组合策略

前文已指出 2008 年预算平均房价的增长还来源于销售渠道的组合或结构变化。从下列"成功饭店 2008 年客房销售渠道表"（表 6-11）可以看出，成功饭店计划在 2008 年尽量增加直接销售渠道（如该饭店自己的网站、团体销售部、预订部和前厅部）的客房销售量和销售收入，以及它们在客房销售总量和销售总收入中的比例，同时减少间接销售渠道（如旅行社的全球分销系统和第三者网络营销公司的网站等）的客房销售量和销售收入，以及它们在客房销售总量和销售总收入中的比例。这样做的原因是直接销售渠道的销售成本较小，饭店获得的利润较高，而间接销售渠道的销售成本较大（如要支付佣金或回扣），饭店获得的利润较低——这些可以从两者之间平均价格的差异中看出。应当指出的是，与细分市场组合的策略相似，减少间接销售渠道的销售量，并不是简单地减少每天它们的销售量，而是根据需求的变化来调整。如成功饭店要在 2008 年市场需求量大、客房可以全部出租的时候，如一年中大部分的星期二和星期三，尽量增加直接销售渠道的销售量，减少间接销售渠道的销售量。另外，在市场需求低、饭店客房将有较多空余的时候，如节假日和周末以及每周的星期一、星期四和星期五等等时候，尽量利用各种渠道，包括间接销售渠道来提高这些时间的客房出租率。

表 6-11 成功饭店 2008 年客房销售渠道表

	2007年预计实际客房数量	2008年预算客房数量	2008年比2007年增加值	2008年比2007年增加百分比
成功饭店预订部/前厅部	13,398	14,000	602	4.5%
成功饭店的团体销售部	25,326	26,450	1,124	4.4%
成功饭店自己的网站	14,117	15,000	883	6.3%
旅行社的全球分销系统	18,601	17,919	(682)	−3.7%
网络营销公司的网站（如Expedia.com, Hotels.com, Princeline.com, Hotwire.com等等）	9,754	9,021	(733)	−7.5%
客房总收入	81,196	82,390	1,194	1.5%

	2007年预计平均房价	2008年预算平均房价	2008年比2007年增加值	2008年比2007年增加百分比
成功饭店预订部/前厅部	$300.00	$310.00	$10.00	3.3%
成功饭店的团体销售部	$264.00	$276.00	$12.00	4.5%
成功饭店自己的网站	$304.00	$318.00	$14.00	4.6%
旅行社的全球分销系统	$262.52	$270.00	$7.48	2.8%
网络营销公司的网站（如Expedia.com, Hotels.com, Princeline.com, Hotwire.com等等）	$157.00	$160.25	$3.25	2.1%
平均房价	$263.70	$275.45	$11.74	4.5%

	2007年预计平均销售房间数	2008年预算平均销售房间数	2008年比2007年增加值	2008年比2007年增加百分比
成功饭店预订部/前厅部	$4,019,277	$4,340,000	$320,723	8.0%
成功饭店的团体销售部	$6,686,064	$7,300,200	$614,136	9.2%
成功饭店自己的网站	$4,291,595	$4,770,000	$478,405	11.1%
旅行社的全球分销系统	$4,883,215	$4,838,237	($44,978)	−0.9%
网络营销公司的网站（如Expedia.com, Hotels.com, Princeline.com, Hotwire.com等等）	$1,531,378	$1,445,651	($85,727)	−5.6%
平均房价	$21,411,530	$22,694,089	$1,282,559	6.0%

　　过去一年的经验教训表明，如果饭店能够把以公共价出租的房间数提高到容量的35%，或者每天能把105间客房按公共价出租给公共散客将有效提高饭店的收益。这里说的公共价是指任何人都可以买的房价，有别于公司协议价、团体折扣价、包价，或者某些特殊销售渠道的折扣价等等。公共价格是指饭店的最高价格，只要饭店有房价出售，饭店就会开放的价格。在前面的章节中笔者已经介绍，公共价格并不只有一个价格，它可能是具有不同的取消订房和更改订房，或者要求提前支付房费的不同价格的组合。这些价格通常不给折扣，或者给的折扣不超过最高价格的10%。所以，按照公共价格销售的房间的平均价格是高于其他价格的。所以，如果能提高公共价格的销售额在总营业收入中的比例，无疑能提高饭店的客房收入和饭店的平均每房收入指标。

　　要做到这点，首先，公共价格要定得恰到好处，不能太低，也不能太高。其次，要掌握好公共散客预订的行为模式。通常商务散客订房的时间在入住前21天到7天。也就是说是提前一周到三周订房。那么，在这段时间内，公共价格的设置是十分关键的。另外，也要保证到此时，饭店还有足够的房间满足公共散客的需要。如果饭店在三周前已经把很多房间卖给了团体客，

第六章　收益管理策略与市场营销策略的关系及饭店营业收入预算的制定

> 或者因为担心饭店客房不能住满，把很多房间通过打折的销售渠道，或者较低的折扣价销售出去，没有房间给公共散客，这叫做房间卖得太早，价格太低了。如果饭店能准确预测在这三周内，将能以较高的公共价把105间房卖出去，那么，饭店就会限制或停止在那些打折较大的销售渠道销售，同时，如果有团体客要预订，饭店可以不给折扣，要求它们付全价。因为此时，折扣的细分市场对饭店来说不但没有价值，接受他们反而会使饭店遭受损失。
>
> 可以说，这样做能使饭店得到高回报，但是也存在风险。如果最后的第二和第三周饭店只租出40间房，在剩下的一周内还有65间空房，预计按原来的设想不能全部卖掉怎么办？只有要重新开放特殊价格的渠道，进行大甩卖。出现这样的情况是很不好的。可见这样的策略存在一定的风险。

但是通常回报与风险成正比。在实施这个策略的过程中，收益管理人员首先要提高预测的准确性，其次还要加强对预订情况的监控，根据预订接受情况的变化随时进行必要的调整，以减少风险，增加胜算。可见，2008年成功饭店客房收益管理的策略将是合理定价，控制好销售渠道和预订进度，改善市场的结构或组合，这些举措是实现成功饭店客房预算目标的关键。

通过以上策略，成功饭店要达到的目的是提高市场占有率。不管市场如何变化，以及这些变化是使饭店的客房出租率、平均房价和客房收入增加还是减少，成功饭店至少应当获得其应得的市场份额（Market Fair Share）。由于成功饭店在市场竞争中处于领先的地位，它的实际市场份额通常超过应得的市场份额。成功饭店的管理人员在做预算时，还研究了竞争对手的情况，对市场份额和有关指数也进行预算。请参见表6-12。

表6-12　成功饭店2008年市场竞争指数预算目标表

		散客				团体客			
		2008年预算	2007年实际情况	2008年预算与2007年实际情况比较值	2008年预算与2007年实际情况比较(%)	2008年预算	2007年实际情况	2008年预算与2007年实际情况比较值	2008年预算与2007年实际情况比较(%)
客房出租率	成功饭店	51.1%	51.0%	0.1%	0.1%	24.2%	23.1%	1.0%	4.4%
	竞争对手	48.0%	49.0%	−1.0%	−2.0%	26.0%	25.0%	1.0%	4.0%
	市场指数	106.43	104.13	2.30	2.2%	92.90	92.52	0.39	0.4%
平均房价	成功饭店	282.28	267.65	$14.63	5.5%	261.00	255.00	$6.00	2.4%
	竞争对手	$273.00	$260.00	$13.00	5.0%	$255.00	$250.00	$5.00	2.0%
	市场指数	103.40	102.94	0.46	0.4%	102.35	102.00	0.35	0.3%
平均每间可出租房收入	成功饭店	$144.21	$136.56	$7.65	5.6%	$63.05	$58.98	$4.07	6.9%
	竞争对手	$131.04	$127.40	$3.64	2.9%	$66.30	$62.50	$3.80	6.1%
	市场指数	110.05	107.19	2.86	2.7%	95.09	94.37	0.73	0.8%

续表

总体			
2008年预算	2007年实际情况	2008年预算与2007年实际情况比较值	2008年预算与2007年实际情况比较(%)
75.2%	74.2%	1.1%	1.5%
74.0%	74.0%	0.0%	0.0%
101.68	100.20	1.47	1.5%
275.45	$263.70	$11.75	4.5%
$266.68	$256.62	$10.05	3.9%
103.29	102.76	0.53	0.5%
$207.25	$195.54	$11.71	6.0%
$197.34	$189.90	$7.44	−3.9%
105.02	102.97	2.05	2.0%

(3) 餐厅和酒吧营业收入策略

餐厅和酒吧营业收入在 2008 年成功饭店总体营业收入预算中占有相当大的比例，餐厅和酒吧营业收入的增长率在饭店各个收入中心中最高。这个增长率的实现与餐厅和酒吧重新进行市场定位、改变经营理念和重新装修改造息息相关。请参阅"成功饭店 2008 年客房细分市场预算表"(表 6-10)。

成功饭店现在的餐厅有 70 个餐位，其酒吧有 40 个餐位。该餐厅和酒吧给人的形象是过于高档和严肃的。在顾客的眼里，它是那种要穿西装革履和晚礼服才能前往的地方，只适合一些比较正式的庆典或宴请，如正式的商务宴请，订婚仪式或者结婚周年纪念等等。该餐厅和酒吧还给人价格很贵的感觉。这些情况都影响到它们的客流量。因此，成功饭店要改变餐厅和酒吧的经营管理理念和形象。具体的做法如下。

餐厅的策略：

在 2008 年 1 月和 2 月利用淡季把餐厅重新装修和改造，改变它的名称、菜单、服务程序、餐具、家具、背景音乐，以及整体的色调和氛围，建立一个新潮、高雅、随和和轻快的形象。以改变餐厅的客源结构,吸引本地客前来消费。

将传统的厚重的餐桌和餐椅改为现代轻快舒适的餐桌和餐椅，既配合了餐厅整体形象的改变，又增加了 15 个餐位，有利于增加收入。

把餐厅经理更换为一个相对年青，熟悉本地餐饮市场，经营过类似新潮、高雅、随和和轻快的餐厅，能够全面理解餐厅新理念的人。

请本地公关公司开展一系列宣传攻势，提高新餐厅的知名度和吸引力。

餐厅厨师和经理积极参加本地饮食业的活动，提高曝光率和知名度。

把餐厅菜谱改为制作工序相对简单，用料相对便宜的菜谱。使菜式和价格大众化。

在市场需求较低的时段，如节假日和周末，推出特别菜式吸引客人。

用设计精美的葡萄酒架和屏风分隔出一个具有相对隐私性的用餐间，以招徕小型宴会或私人派对。

利用酒架陈列和展示优质葡萄酒，培训员工推销葡萄酒的技巧。

设置餐厅最低包场价，准许客人包下整个餐厅。

酒吧的策略：

对酒吧的家具和布局、背景音乐、灯光、墙壁的颜色、服务的流程等进行调整，使酒吧的氛围与餐厅一致，变得经营过类似新潮、高雅、随和和轻快，吸引本地客下班后与朋友前来聚会小酌。

更改餐位的排列，更换部分餐位和餐椅，使客人之间的距离拉近，更为亲密，同时也增加了 10 个餐位，有利于增加收入。

通过公关活动，提高酒吧在本地市场的知名度。

酒吧也提供菜谱供客人点用早餐、午餐和晚餐。

餐厅与酒吧互相配合，让客人感觉到它们是一体，可在两者之间来回走动，延长停留时间，另外，当餐厅满座时可以把客人分流到酒吧，当酒吧满座时可以把客人分流到餐厅。

(4) 会议和宴会服务策略

会议和宴会服务与团体预订的控制密切相关。团体销售的重点是要招徕那些住店时间较长，既使用饭店的客房，又使用会议和餐饮服务的团体，因为这类团体给饭店带来的总体收入最多。对团体进行收益管理时，要是控制好它们占用的房间的总量、销售价格以及入住的天数和日期，还有它们使用会议和宴会设施和服务的情况。是否接受一个团体预订，往往不只考虑客房或者会议或宴会的收入，而是要把它们的总收入和总利润。

会议和宴会服务的策略：

积极主动地联系竞争对手的客户，想办法把他们拉过来。

联系本地区专门经营婚宴或婚礼业务的公司，介绍本饭店的产品和服务，与它们建立良好的合作关系，使它们向潜在的客户推荐本饭店，并吸引他们到本饭店举行婚宴或婚礼。

增加本地客的数量，尤其是那些前来饭店举行同学会、同乡会、生日派对、公司员工晚会、寿宴、家庭聚会等等社会活动的客源。

在淡季提供优惠价格，鼓励前来预订客房的团体使用会议设施和服务以及举行宴会。

收益管理——有效实现饭店收入的最大化

> 管理好客户资料档案，研究过去拒绝的会议和宴会服务的预订及其被拒的原因，发掘机会。
>
> 鼓励客人多消费酒水饮料，以及增加在食品以及会议视听器材方面的开支。
>
> 与本地区其他饭店联系，请其将接待不了的会议或宴会业务介绍给本饭店，本饭店将给他们适当的回扣。

要点回顾

1. 收益管理策略和市场营销策略都是饭店经营管理策略的重要组成部分，两者既有区别，又紧密联系。收益管理策略制定饭店整体收益的目标，而且这些目标的实现和策略的落实，离不开市场营销策略的支持和配合。

2. 实施收益管理和市场营销策略不能以降低顾客的满意程度为代价。离开饭店的产品和服务的质量来谈收益管理和市场营销是愚蠢的。

3. 收益管理的策略有时与市场营销的策略会发生冲突。处理这些冲突的原则是看何者对饭店的整体收益和大局有利。

4. 把收益管理策略简单地理解为根据市场需求的变化随意操纵价格的观点是不正确的。商品的价格是其价值的集中体现，从长远来说商品的价格不能背离其价值，或者说不能与其价值相差得太远。所以，离开了价值去谈价格是没有意义的。所以，收益管理的工作核心从表面上看是价格问题，其实从本质来看，是饭店的产品和服务的价值的问题。

5. 收益管理和市场营销策略的顺利实施离不开生产和提供饭店产品和服务的一线部门的支持和配合。

6. 营业收入预算的制定建立在对未来情况的预测的基础之上，是对未来风险的管理。营业收入预算必须能满足业主、饭店管理公司和饭店各级经营管理人员的需要，与宏观和微观的经济环境和社会环境发展变化的趋势相吻合，切实可行，并体现收益最大化的精神。

7. 要学会利用SWOT分析法来分析饭店所处的经营环境，对市场出现的机会和威胁以及自己的饭店在竞争中拥有的优势和劣势了如指掌，然后制定策略，扬长避短，把握机会，利用机会，迎接挑战。

8. 为了提高饭店营业收入预算，饭店应该根据对市场环境的分析，对自己的产品和服务（Product and Service）、价格（Price）、细分市场的组合（People）和销售渠道的组合（Place）等进行必要的调整，也就是对收益管理和市场营销策略的核心问题（四个P）和基本问题做出正确的选择。

第七章
收益管理实战技巧

导读

　　饭店客房收益管理的基本目的是降低客房空置率并提高平均房价,以提高整体收益。要达到这个目的,从战略上来说,饭店要对市场需求进行研究,确定目标市场,做好市场定位和市场组合,并改进产品和服务,建立合理的价格体系,选择好销售渠道,并根据市场需求的变化开展动态价格管理。那么,在每天的具体工作中,有哪些实用的战术技巧和方法可以帮助收益管理人员在短期内有效提高饭店的整体收益呢?

　　在本章,笔者将介绍容量控制法、超额订房法、住宿天数控制法、房间类型差异法、升(降)档销售法、触发点价格控制法、附加价值法、住房天数折扣法、包价促销法、创利规定明细法以及团队市场替换分析法等十一种这类的战术技巧和方法。

收益管理——有效实现饭店收入的最大化

本书前面几章一直在强调饭店收益管理的一个核心战略思想，即进行市场细分，根据不同细分市场的支付能力、行为特点，如提前订房的天数、入住的日期和住宿的天数等，确定细分市场，给不同的细分市场设定不同的价格，建立起饭店的价格等级和体系，将不同的价格和产品提供给不同的细分市场。饭店收益管理经理要对市场的总需求和各细分市场的需求进行预测，如果市场需求高，那么，就停止将客房出售给价格低的细分市场，只卖给价格高的细分市场，以提高客房平均销售价格和客房毛利率。如果市场需求疲软，就要开放所有的价格，把客房卖给所有的细分市场，以求尽量多卖房，减少客房空置，提高客房占用率，达到提高客房整体收入的目的。

那么，在日复一日的具体实际工作中，有哪些战术性的技巧和方法来配合上述战略的实施呢？这些技巧和方法包括容量控制法、超额订房法、住宿天数控制法、房间类型差异法、升（降）档销售法、触发点价格控制法、附加价值法、住房天数折扣法、包价促销法、创利规定明细法以及团队市场替换分析法等十一种策略和方法。

一、容量控制法

建造一家饭店，或者在饭店已经建成后要增加客房的数量，需要较大的投入，而且需要较长的时间。所以，在一定时期内，饭店的产品数量是相对固定的，不能增加。以成功饭店为例，它拥有 300 间客房，那么它的产品最高数量就是 300 间客房。它的最高生产力就是这 300 间客房全部出租时能带来的收入，即销售了的 300 间客房乘以平均每房销售价格。可见，在一定时期内要提高成功饭店的生产力（Productivity），只有两条路，一是尽量争取把所有的房间都卖掉，尽量减少客房空置率；二是争取获得最高的平均销售价格。要达到这些目的，成功饭店的收益管理人员必须要提高预测水平，控制好客房销售的时机，掌握好销售的节奏，将适当的客房，在适当的时间，以适当的价格，卖给适当的细分市场，不要把产品卖错了（例如，本来有个客人住得起高价的套房，但是，饭店没有向他介绍套房，他住到价格较低的普通客房。两者之间的价格差就是饭店的损失），价格定得过高或过低，或者客房卖得太早或太迟了。

这种预留一定数量的客房，在特定的时间，以特定的价格销售的做法叫做容量控制法（Capacity Control）。容量控制法的思想是**把握好客房销售的时机和节奏**。为了提高客房出租率，很多饭店急于尽快把客房销售出去，尽可能多地预订客房，甚至很早就将某一特定时期的客房预订一空，并引以为豪。其实，这样做未必好，有时会失去很多潜在的收益。因为在市场需求比较大，客房比较紧俏的情况下，比较晚才订房的客人由于时间的紧迫以及迫切需要获得客房的心理压力，愿意支付比很早就预订的客人高得多的价格。提早预订的客人由于没有上述的压力，所以对价格比较挑剔，常常货比三家，挑挑拣拣，不愿出较高的价格。如果饭店把所有的客房早早地预订出去，无疑损失了获得更高价格的机会，从而减少了饭店的收益。为了取得最大收益，饭店应该预测不同细分市场的需求，根据各细分市场提早订房的习惯来决定提前多少天，以什么价格，把多少间客房卖给度假休闲客、商务散客、政府客、商务团体客以及旅游团体客，甚至要预留一定的客房卖给较晚才来订房的客人（如提前一周预订的客人），以使一部分客房取得最高的销售价格。读者可以参阅第四章介绍的逐日按细分市场预测销售数量和价格的表格来理解这种方法。

  容量控制法要取得成功，取决于两方面工作，一是预测是否准确，即预留的房间数量和预期的销售价格是否准确。对这点相信读者容易理解，不再赘述。二是是否严格控制各细分市场的客房销售价格和数量，这点对于我国的饭店管理人员来说比较具有挑战性，这是因为我国的顾客和饭店人员比较注重人情和关系，常常会碍于人情和关系违背这个原则。例如，某团队与成功饭店签订协议，以 200 美元的价格预订 50 间客房，根据协议，该团队在离入住还有 10 天前增加或减少需要的房间数。但是，由于团队组织者本身的原因，在离入住日期还有 7 天的时候，该团队临时要求增加 5 间房，而饭店总共只剩下 10 间房，完全能以 300 美元的散客价出售给最后 7 天才来订房的散客。在这种情况下，成功饭店有三个选择，一是将 10 间房全部卖给散客；二是 5 间以散客价卖给该团队；三是将 5 间以协议价卖给该团队。如果是在美国，按合同办事的思想深入人心，按市场规律办事的做法也很平常，成功饭店肯定选择第二项，这种选择对该饭店最有利，团队多付 500 美元，通常也不会不高兴，因为合同只同意按照 200 美元的单价提供 50 间房。但是，如果在中国，由于人情关系，成功饭店很可能选择第三项，这种选择团队高兴，但是成功饭店本来可以多赚的 500 美元就化成泡影了。

  在同样的情况下，如果该团队多要了 5 间房，在美国，成功饭店的收益管理经理肯定只会把剩下的 5 间房卖给出价高的客人，如果政府客或关系户想要这 5 间房，成功饭店也肯定要求他们出散客价而不是政府价或者折扣价，政府客和关系户也会理解和接受。但是如果在中国，成功饭店的收益管理经理如果这样做，肯定会遭受来自饭店内部和外部的压力，很可能牺牲饭店的利益，把那些房间低价销售给政府客或关系户。可见，容量控制法在市场经济比较成熟的环境下实行起来要容易得多，成功得多。所以，要想在中国成功推行收益管理，

收益管理——有效实现饭店收入的最大化

从宏观社会环境来看,必须教育本行业从业人员和市场,营建按照市场规律和按合同办事的氛围。从微观的饭店环境来看,要注意合同的签订和履行,同时,饭店各级管理人员,从总经理到各级经理,要支持收益管理人员的工作,不要干扰他们,让他们按照市场规则来管理饭店的价格和容量,以便为饭店争取最大的收益。

二、超额预订法

超额预订(Overbooking)是指在饭店客房已经订满的情况下,再适当增加订房数量。例如,假设成功饭店有200间客房已经住了客人,剩余100间空房可以出售,成功饭店实际接受了115间订房,比实有的空房多预订了15间,换句话说,就是超额预订了15间房。饭店为什么要实施超额预订?实行超额预订有何利弊?下面将具体解答这些问题。

(一)延迟入住、没有入住、临时取消订房和提前退房给饭店客房收入造成的损失

饭店经常会遇到延迟入住、没有入住、临时取消订房和提前退房等情况。为减少因这些情况给饭店造成的损失,饭店要实行超额预订。如果客人预订了客房,但比预计到达的时间晚了一两天才入住,这种情况称为**延迟入住**(Delayed Check-in)。如果客人订了房,但没有来入住,也没有取消订房,这种情况简称为**没有入住**(No-show)。如果客人在预计抵达日当天或预计抵达日前一两天临时取消订房,简称为**临时取消订房**(Short-notice Cancellation)。如果客人本来预订要住若干天,但临时改变主意提前退房,这种情况称为**提前退房**(Early Check-out)。

在现实生活中,由于客人的旅行计划受到多种因素的制约,如自己或家庭成员身体不适,或者公司工作安排改变,以及恶劣天气的影响等等,客人会延迟入住、没有入住、临时取消订房和提前退房等等,这些情况是不可避免的。这些情况会导致饭店空房增多,收入减少。如果不采取措施防范,让其长年累月反复发生,饭店将遭受很大的损失。下面举例说明。

成功饭店的统计资料表明,一年52个星期中,该饭店有45个星期二住房率为95%,38个星期三的住房率为96%,25个星期四的住房率为

95%，20个星期一的住房率为96%。该饭店仅有300间客房，以上出租率离100%很接近，饭店只要多出售12至15间房，便可住满。根据该饭店的市场条件，它是完全有条件做到的，可是为什么这些天客房出租率没有达到100%呢？

通过进一步研究发现，其实上述日子成功饭店的客房全部被预订了，客房出租率没有达到100%，部分客房出现空置其实是因为一些客人没有来住、推迟来住，或者临时取消订房等等。这些客房的空置在一年内给成功饭店收入造成多少损失呢？通过计算，成功饭店客房收入因此减少了500,000美元！详情请见表7-1。

表7-1 成功饭店2006年客房收入损失分析表

	星期一	星期二	星期三	星期四
平均客房出租率	96%	95$	96%	95%
平均损失的客房入住率	4%	5%	4%	5%
平均每周客房空置数量	12	15	12	15
一年中客房空置的周数	22	45	38	25
一年中客房空置总数	264	675	456	375
需求最高时平均房价	$266	$292	$283	$276
一年中损失的客房收入	$70,353	$197,100	$129,048	$103,500
一年中客房空置浪费数量	1,770			
一年中损失的客房收入合计	$500,001			

成功饭店该年的客房收入大约是1,000,000美元，因为一些客人没有来住、推迟来住或者临时取消订房等等原因，使该饭店损失了500,000美元，相当于总收入的5%，这个数字不是小数，值得注意。更应该考虑的是，如果类似情况年复一年出现，损失就不是小数了。对一个拥有10个，甚至20个、30个类似成功饭店那样的饭店集团公司来说，每年的损失将是500,000美元的10倍、20倍、30倍，那绝对不是小数！遗憾的是很多饭店并不知道进行类似的分析，饭店经营管理者常抱怨饭店客房收入不理想，却不知道漏洞原来是在这里！

通过上述事例，饭店应该意识到采取弥补漏洞措施的必要性。如何才能将因延迟入住、没有入住、临时取消订房及提前退房等情况而造成的损失降到最低呢？有效措施之一是实施超额预订。

（二）超额预订能有效减少延迟入住、没有入住、临时取消订房和提前退房等给客房收入造成的损失

超额预订就是在可供出租的客房已被订满的情况下，适当增加订房数量。例如，成功饭店某天只剩下 20 间空房，但是该饭店接受了 30 间房的预订，超额预订了 10 间。进行超额预订可以有效地减少因上述原因造成的客房空置的浪费，增加饭店的收益。例如，成功饭店超额预订 10 间客房后，有 6 间预订被临时取消了，4 间没有入住，超额预订刚好弥补了临时取消预订和没有入住空出来的房间，避免了客房收入的损失。从前文的成功饭店 2006 年客房收入损失分析表可以看到，如果成功饭店在星期一到星期四超额预订 12 到 14 间客房，当年就可多挣 500,000 美元。

但是，我们也应该看到超额预订是有一定风险，需要付出一定代价的。例如，如果成功饭店超额预订 10 间客房后，如果仅有 4 间客房被临时取消，2 间客房没有来入住，该饭店将不得不把这 4 间客房的客人安排到别的饭店住。按照惯例，成功饭店要负责客人的往返本饭店的交通费和一晚上的住宿费等。

（三）如何确定超额预订数量

实施超额预订的关键是如何准确预测并确定超额预订的房间数量。超额预订的房间数可通过以下公式计算：

> 超额预订房间数 = 临时取消预订的房间数 + 没有入住的房间数 + 提前退房的房间数 − 延长住宿的房间数

确定超额预订的房间数，要考虑几个因素，即临时取消预订的房间数、没有入住的房间数、提前入住的房间数、有多少订房将被取消、有多少客人延长住宿时间、有多少客人提前退房等，然后代入公式计算。

例如，如果某天成功饭店预计将有 8 间订房被取消，另有 4 间没有来入住，还有 4 间房提前退房，2 间延长住宿，那么，成功饭店这天应该超额预订 14 间客房。

> 成功饭店超额订房数 =8+4+4−2=14

为了提高超额预订的准确性，还要考虑其他因素，适当调整上述数字。如果头一天取消的订房或者没有入住的客人的预订是两个或者两个晚上以上，这些取消或没有来住的客人的房间必然影响第二天的超额预订数，超额预订数应该相应增加。

如果团体客的比例较大，可适当调高上述超额订房数量；相反，如果散客比例较大，可适当调低超额预订的数量。如果当天入住的房间数量很大，如超

过100间,可以适当调高超额预订数量;相反,如果当天入住的房间数量比较小,如只有50间,可适当调低上述数量。如果整个市场的客房供应都很紧张,就应当适当调低超额预订房数,因为如果不这样,超额预订数量太大,成功饭店需要送部分客人到别的饭店住,恐怕在别的饭店也难以找到客房,而且别的饭店要价也会更高。万一超额预订不足,成功饭店真出现有空房,该饭店有可能收到别的饭店因超额预订送来的客人!

此外,饭店还可以参考饭店业超额预订的经验决定自己饭店的超额订房数。按照行业经验,被预订但是客人不来住宿的房间数通常占被预订的房间总数的3%~5%,临时被取消的预订房间数通常占被预订的房间总数的5%~10%。汇总这两大因素,超额预订的房间数应当占饭店预订总数的8%~15%。

(四)如何妥善处理因超额预订而把客人安排到别的饭店住的情况

饭店如果超额预订过多,就要为此付出代价。为此要付出的有形经济成本是安排那些订了房却得不到房的客人到别的饭店入住,英文称这种情况为Walk,按照惯例,饭店要承担送客人前往别的饭店的交通费,一晚的住宿费,一个长途电话费(如果客人需要通知亲朋好友住宿的饭店更改)。如果第二天客人选择回来住宿,饭店还要承担返回的交通费。有时,饭店还要承担一定的餐费,因为从一个饭店挪到另外一个饭店很费时,可能会耽误客人用餐,或者客人很不高兴。除经济成本外,饭店还可能付出一些无形的成本,大部分客人对被安排到别的饭店住会不高兴,因此可能在转宿其他饭店后,再也不会回来了,饭店从此永远失去了这位客人,还有的客人会把对饭店的抱怨和不满告诉他人,从而影响到饭店声誉。无形的代价还可能出现在饭店内部。通常被安排到别的饭店住宿的客人是最晚到达的客人,处理walk情况的人员是饭店前厅夜班经理或前厅职员,他们直接面对来自客人的投诉和压力,会使他们工作不开心,因此他们对超额预订会有抵触情绪,甚至会抱怨收益管理部门采取超额预订策略,这些会造成两个部门之间的矛盾。

但是,超额预订是必须服用的一剂苦口良药。从整体和长远来看,利大于弊,饭店各部门,各级管理人员,尤其是总经理要理解和支持收益管理部门超额预订的决策,共同承担风险和享受收益。从收益管理部门的角度来看,该部门要提高超额预订预测的准确性,将Walk的情况控制在合理的范围内。

那么,前厅部如果需要把有预订的客人安排到别的饭店入住,应该怎样操作才能将饭店付出的经济成本和无形成本降到最低呢?下面四种措施可以做到这点。

1. 做好安排有预订的客人到别的饭店住宿的准备工作

这些工作包括要提前一两天考虑是否要与附近的饭店沟通,在它们那里预订一定数量的客房,以备安排客人到那里入住之需。如果是淡季,要在别的饭店找到备用房是不难的,如果是旺季,整个市场的住房都紧张,那么找到备用房则比较困难,可能得安排客人到较远的别的区的饭店去住。为了做好这项工作,饭店前厅部经理或收益管理经理应当与一些饭店建立良好的合作关系,互相支持,双方把一部分房间以优惠价格提供给对方,彼此协助对方解决超额预订的客人住宿的问题。

2. 选择容易安排到别的饭店住宿的客人

应该明白其实有些客人对被免费安排到别的饭店入住是感到开心的,因为他们可以节省一晚的住宿费,有时还有餐费。这类客人通常是单身和自己付费的客人,他们通常没有时间压力或者时间压力较小,如第二天要赶去开会,或者要赶飞机等等。如果客人拖家带口,行动不便,行李很多,而且时间压力很大,或者公司付账,身份较高,那么,他们通常对被安排到别的饭店入住很不开心,很抵触。所以,前厅部在决定要 Walk 哪个客人时,要考虑到这点。通常不要 Walk 饭店的贵宾和贵宾卡持有人、上年纪的客人、行动不变的客人,以及主要协议公司的客户等等。

3. 寻找愿意到别的饭店住宿的自愿者

从前文可以看到,有的客人对被安排到别的饭店可以节省开支感到高兴。前厅部可以在客人入住登记时,告诉他们如果饭店出现超额预订的情况,需要将部分客人安排到别的饭店住宿,问他们愿不愿意到别的饭店住宿,饭店负责有关费用。如果客人说愿意,那就好办得多了。自愿到别的饭店住宿与被迫到别的饭店住宿,两者之间的差别是显而易见的。其实,航空公司很早就采用了这种办法。当航班出现超额预订时,工作人员就会告诉乘客,本次航班出现超额预订,座位不够,需要寻找自愿者乘坐下一个航班,航空公司将退回他们的机票钱。实践证明这个办法是行之有效的。

4. 要将饭店超额预订的做法广而告之,让市场有心理准备

这些措施包括在饭店的网站、宣传小册子、协议以及广告等注明和讲清楚,使市场在还没有订房或者订房的时候就知道如果饭店出现超额预订,他们可能会被安排到别的饭店入住,使他们有思想准备。一旦他们有了思想准备,安排他们到别的饭店住就容易得多。否则他们可能会告饭店欺诈,不对消费者履行承诺,使饭店惹上官司。其实,在欧美国家,饭店进行超额预订比较普遍,消费者也比较清楚,所以要 Walk 他们,难度不太大。在中国,由于超额预订不太常见,所以,多进行宣传和市场教育是很必要的。

(五) 控制延迟入住、没有入住、临时取消订房和提前退房等的其他措施

除超额订房外,饭店还可以采取其他一些辅助措施来控制延迟入住、没有

入住、临时取消订房和提前退房等情况的出现，减少它们给饭店造成的损失。

1. 设立不同层次的具有不同限制条件的价格，广泛采用收取保证金或要求信用卡担保，明确取消订房的条件

如果客人不在规定的时间内通知饭店取消订房，饭店就收取他们预订的房间一晚的房费；如果他们订了房，不取消订房，也不来入住，饭店将收取全额费用；如果客人的预订是住两天或两天以上，他们第二天才来入住，饭店也要收取他们第一天的费用。这样就将风险转移给了客人，可以有效防止饭店收益的损失。

在第二章中，已经介绍了几种价格，如公共价格1，公共价格2和公共价格3。公共价格2可允许客人提前一天取消订房，这样饭店在客人取消订房后，至少还有一天的时间将空出来的客房卖出去。公共价格3给予客人较大优惠，但是要求客人提前支付所有房费，而且不可取消、更改预订，也不可退回房费，这样无论客人是否来入住，何时来入住，以及是否取消订房，饭店都能收到房费。公共价格1给予客人最大的灵活性，他们可以最迟在入住当天取消订房，但是公共价格1比任何价格都高，而且如果客人忘记取消订房，饭店仍可收取一天的房费。这些不同限制条件的价格其实既给予客人不同的选择，也能最大限度维护饭店的利益。

2. 签订团体协议时要设置限制性条款

在一般情况下，团体客订房越多，越容易出现临时取消订房、推迟入住或者不来入住的情况。这些情况比散客更难预测和把握，因为很多团体客组织者为了自己的便利，喜欢要求饭店给予较多客房，以保证他们的所有客人都能得到饭店客房。另外，有的团体的组织很松散，团体组织者在同饭店谈判，获得一定的客房和价格承诺时，通知他们的客人自行到饭店订房，离店时自行付费，而且这些客人来自不同的省市，甚至连团体组织者自己也搞不清楚到底需要使用多少客房。因此，很可能会出现该团体要求饭店预留100间客房，但是实际只有80间客房被使用，有15间房在入住前两三天被取消了，另外还有5间没有取消也没有人入住。如果出现在离入住日还有两三天的时候，饭店是很难把15间房都重新卖出去的，这一切无疑会给饭店造成损失。为了减少饭店的损失，饭店管理销售人员在与团体组织者签订协议时，应该要求他们提前支付至少50%的押金，另外规定抵达日期前某天给团体预留的房数就是最后的计费房数，此后，如果团体的实际入住人数少于这天的预留房数，团体要支付90%费用。例如成功饭店与团体组织者达成一致，在入住前第7天给该团体预留100间房，但是7天后该团体只使用了85间房，按照协议，该团体向成功饭店支付那15间没有被使用的房间的总费用的90%。

收益管理——有效实现饭店收入的最大化

3. 要经常核对预订名单，纠正错误的订房和重复的订房

有些客人提前很长时间就预订了客房，在入住前的这段时间内，会有一些客人因为种种原因而无法按期抵达或者取消了旅行。他们越早通知饭店预订更改的情况，对饭店越有利，因为饭店有充足的时间将空出来的房间卖给别人。然而，并不是所有的客人都会这样做，相反，他们通常都拖到最后才告诉饭店。那么，饭店要把空出来的房间卖出去就比较困难了。另外，由于种种原因，可能会出现预订时把客人的姓名拼错，或者住店和离店的日期弄错，以及重复订房，尤其是在团体客较多的情况下更易发生此类问题。所以，收益管理人员要经常核对客人订房名单和订房情况，如果有疑问，及时与客人沟通，尽量提前发现和解决这些问题，防止或减少不必要的损失。

三、住宿天数控制法

住宿天数控制（Duration control）是有效管理市场需求，提高饭店客房收入的一种重要的收益管理方法。为了提高客房占用率，减少空置率，饭店应当努力提高客人住宿的天数。我们在前面的章节中讲过，饭店通常有两个有效的杠杆来控制市场需求，一是饭店的定价（Pricing），二是顾客消费时间的长短(Duration)。

（一）价格控制

价格控制，是通过价格杠杆，如将价格调高或调低，放宽或加强价格限制，如是否要提前支付房费，是否允许取消订房，提前几天取消订房等，饭店可以吸引需要的细分市场，把不需要的细分市场排斥在外。关于饭店的价格控制内容请读者阅读第二章。

（二）客人消费时间的长短控制

客人消费时间的长短是指客人使用或享受一种产品或者服务所用的时间，如客人在餐厅吃饭用了多少分钟，在电影院看电影看了多少小时，以及客人在饭店住宿几晚等等。为了取得最高营业额，不同情况，对消费时间长短的控制有不同的需要。例如，对以客流量大小取胜的快餐店来说，必须尽量缩短客人用餐的时间，提高餐位周转率。对中高档餐厅来说，如果需求不很高，有座位空余，控制的重点是提高客人消费的时间，因为客人在餐厅停留的时间越长，消费的食品和酒水饮料也会越多。当然，在需求很高，很多人要排队等座位的情况下，餐厅要尽量减少客人吃饭的时间，以提高座位周转率。对电影院来说，由于每部电影的时间长短相对固定，电影院对时间无能为力，控制的重点变成多卖票，减少座位空置。

通过对入住天数的控制，饭店可以使需求强与不强的整个时段均达到收益的最大化，而不只是需求大的时段。如果收益管理经理想增加对入住时间长短的控制，他们要能设定入住时间要多少天，并减少客人到达时间及停留时间的不确定性。同时，还要减少客人入住间隔的时间。

对饭店客房产品来说，是鼓励客人延长还是缩短住宿的天数，考虑的因素更复杂，不仅要考虑需求的情况，还要考虑价格的情况。有时饭店要设最低入住天数限制，有时要设置最高入住时间限制。下面分别给出详细分析。

1. 最低入住天数限制

需要设置最低入住天数限制的情况大致有两种，一是在淡季或需求处于低谷或者肩膀的位置的时候，饭店推出特价以填补住房率的不足，这些特价要求获得一定的销售量才能发挥最大效用，那么饭店就会要求客人至少住两晚才可享受这个特价。例如，成功饭店推出周末150美元一间房的家庭特价，为了提高星期五和星期六两天的出租率，饭店规定客人至少住两天才能享受这个特价。

需要设置最低入住天数限制的另一种情况是在旺季或需求处于高峰的时候。例如，成功饭店在某个星期四只剩下最后10间客房，预计市场的需求远远超过这个数，而第二天是星期五，饭店只预订了60%的房间。这时，如果成功饭店对星期四不设最低住房天数限制，那时客房很可能被只住星期四一晚的客人买去，从而使那些想住星期四、星期五两晚的客人订不到房，影响了星期五的出租率。相反，如果成功饭店要求星期四入住的客人至少要住两晚，那么只住一晚的客人将订不到房，只有订两晚或者两晚以上的客人才能订到房。由于市场需求很大，成功饭店并不难找到这样的客人。可见此时最低住房天数的限制起到一箭双雕的作用：既能使星期四的房间卖完，还能提高星期五的住房率。

从经营成本的角度来说，多一些住宿时间长的客人，将能节省饭店客房的开支。因为这意味着减少了客人更换的时间，减少了客人入住登记和结账的数量，从而减少了前台的工作量；减少了住房转成空房，需要更换所有用过的易耗品、毛巾和床单等等的次数和数量，从而节约了客房的物品和劳动力成本。这一点在旺季时尤为重要。

2. 最高入住天数限制

最高入住天数的限制主要是用于避免一些低价的客人住宿的时间过长，占用了本来可以出售给高价的细分市场的客人的情况。例如，为了提高淡季或低谷期的业务量和收入，饭店有时会推出一些特价赠券，给予客人五折优惠的赠券。如果不控制这些赠券使用的天数，客人在饭店旺季或高峰期的时候也使用，饭店本来可以收全价而只能收到半价，无疑很不合算。所以，为了防止这些特价赠券被滥用而造成饭店收入流失，饭店应当在这些赠券上注明此赠券只适用于某日至某日以及客人住宿的最高天数。

四、房间类型差异法

客房类型差异法的本质是本书前面章节提到的产品差异化策略的体现。由于不同细分市场对产品有不同需要，而且有不同的支付能力，为此，增加客房产品的类型，拉开价格的差距，能提高客房的总收入。

举个极端的例子，假设成功饭店的 300 间客房从设施、设备、面积和装修情况来看完全一样，如果成功饭店将这些客房定为普通房，每间定价为 230 美元，那么所有来住宿的客人都会支付同样的价格。在该饭店客房出租率为 100% 时，该饭店得到的客房总收入为 69,000 美元，平均每房收入为 230 美元。请见表 7-2。

表 7-2 成功饭店单一客房收益情况表

名称\项目	单一房间类型（普通房）
价格	$230
客房销售间数	300
客房销售收入	$69,000
平均每房收入	$230

如果成功饭店把 140 间处于高楼层、有窗户、风景比较好的房间定为豪华房，其余 160 间客房定为普通房，把普通房的价格降低 10 美元，豪华房的价格定为 260 美元，当该饭店的所有客房全部出租时，将获得 71,600 美元的总收入。见表 7-3。此时，成功饭店的平均房价、平均每间可出租房的日收入等指标都比单一房间类型高。在这种情况下，饭店多付出了什么？什么也没有。也就是说成功饭店只不过增加了一种客房类型，只改变了名称，便取得了更好的结果。

表 7-3 成功饭店两种客房收益情况表

增加豪华房			
名称\项目	普通房	豪华房	合计/平均
价格	$220	$260	$239
客房销售间数	160	140	300
客房销售收入	$35,200	$36,400	$71,600
平均每房收入	$117	$121	$239

其实，成功饭店若再增加套房这种类型的房间，将取得更好的效果。如果该饭店把10间普通房和20间豪华房打通，两间变成一间套房，重新装修，将获得15间套房。如果每间套房的租金订为520美元，当该饭店的所有普通房、豪华房和套房等全部出租时，将获得72,000美元的总收入，平均房价、平均每房收入等指标都比只有一种类型和拥有两种类型的时候高。请见表7-4。这种做法稍微复杂一点，因为要把两间客房改造为一间。但是从收益情况来看是值得去做的。

表 7-4 成功饭店三种客房收益情况表

增加豪华房和套房				
名称\项目	普通房	豪华房	套房	合计/平均
价格	$220	$260	$520	$253
客房销售间数	150	120	15	285
客房销售收入	$33,000	$31,200	$7,800	$72,000
平均每房收入	$110	$104	$26	$253

可见，为了提高饭店的客房收益，饭店要认真分析和研究细分市场的需求和支付能力，合理增加客房产品类型，拉大房价差异。当然，为了使产品和价格差异化的策略能够成功，不同类型的客房之间的差异除了上述因楼层和风景的不同而能满足客人心理的需要外，还应当有一些具体的、可见的物理方面的差别，如房间的免费易耗品，如洗浴液、拖鞋、浴衣、茶叶、报纸和杂志的多少和档次，床上用品的档次，房间的装修等。这些差别能强化产品之间的不同，支持收取不同的价格，使得多付了钱的客人感到物有所值。

五、升档销售法和降档销售法

升（降）档销售法是通过产品的高卖（Up-selling）或者低卖（Down-selling）**提高饭店收益的策略**，高卖或者低卖体现在把顾客升级或者降级来操纵需求，使之与饭店的生产能力（供应能力）相吻合。虽然升级不是一种特定的生产组合的方法，但是它能使得一个公司改善不当的生产组合的影响。例如，航空公司可以把经济舱的顾客升级到头等舱，然后把空出来的经济舱卖给别的顾客。这种办法发挥积极作用的前提是，对某种供给（产品）有额外的需求，而另外一种供给（产品）有剩余。显然，在本例子中，经济舱的需求有剩余，而头等舱的供给有剩余。这样的策略也可以推广到汽车出租、饭店、餐厅、豪华邮轮等行业。降级与升级相反，是把一个顾客从一个较高档的产品和服务降到低于此档次的产品或服务。有时通过降级的办法也可以调节需求，但是，由于降级有使顾客心理上不舒服的潜在问题，影响到他们的满意程度，所以较少使用。一个降级的例子是，某位顾客A订房时，饭店仅剩下一间套房，所以他只好要了这个套房。后来有客人取消预订，一间标准房空了出来，这时，如果有顾客B想要一间套房，可以与顾客A商量，请他把套房降级为标准房，把套房给顾客B。如果顾客A同意，会皆大欢喜。因顾客A节约了钱，顾客B得到了套房，饭店得到两间房出租的收入。但是，如果顾客A是被迫让出套房的，可想而知他不会舒服的。

升档销售法其实是在房间类型差异化的基础上，提高高档客房的销售量，从而提高饭店客房总体收入的方法。升档销售法也是收益管理常用的一种提高收益的方法。升档销售就是在客房产品差异化与客房价格差异化的基础上，尽量引导客人购买饭店中价格较高的高档客房。要以此达到提高饭店客房收入的目的，关键在于如何才能把价格较高的客房产品销售出去。以下方法可以帮助饭店达到这个目的。

（一）合理确定套房、豪华客房以及普通客房的比例以及它们之间的价格差异

不同类型的客房的比例要按照市场的需求情况来订，要做调查和研究。不同类型的客房之间的价格差异也要进行专门测试，也要适中，不能太大，也不能太小。

（二）暂停普通客房的销售，优先推销套房和豪华客房

当市场需求量很大时，饭店可选择适当的时机，暂停普通客房的销售，优先推销套房和豪华客房。当这两种房销售所剩无几时，可提高普通客房的房价，开放普通客房的销售。

（三）以普通房价格销售部分套房或豪华房，降低客房空置率

当市场需求量不大，套房或豪华房还有剩余房间，而普通房预订不足时，可以拿出一部分无法售出的套房或豪华房以普通房的价格出售。对客人来说，以普通房的价格可以住到豪华房或套房，无形中升了档，他们会很高兴。这种办法能减少客房空置率。

（四）加强对预订部和前厅部员工销售技巧的培训

这些部门员工的销售技巧直接影响到各类客房的销售量和销售收入。他们应该掌握的销售技巧之一是报价时要从高往低报价，而且努力把价格高的客房销售出去。例如，当客人询问饭店的价格是多少时，他们应该介绍饭店最好的房间类型是豪华房，豪华房的好处以及价格等等。如果客人不要订豪华房，才介绍普通房和普通房的价格。因为如果先介绍价格较低的普通房，没有等到听介绍价格较高的豪华房的情况，大部分客人就作出购买普通房的决定了。

另外，还要培养前台员工在客人入住时利用各种机会向客人介绍豪华房和套房，劝说他们从普通房转到豪华房或套房。例如，如果一位客人原来订的是普通房，他提前到达办理入住登记，但此时普通房还没有清洁好，需要等一小时。如果此时豪华房有已经清洁好的空房，可以向客人介绍豪华房的好处，建议客人多付几十元差价住到豪华房。如果客人是公司付费，而且他要赶时间不想等待，很可能他就会同意多付费用住到豪华房。又如，如果一对夫妇带着两三个小孩入住，如果他们预订的是普通房，需要加床，就可向他们介绍套房，因为套房比较宽敞，适合放加床，有较宽敞的地方供小孩玩耍，也方便他们照顾小孩。如果他们对价格比较敏感，可对套房给予适当的折扣，他们很可能会同意住到套房。这些技巧其实不但不复杂，反而还简单易学，长期坚持做下去，必能收到很显著的效果。例如，一家饭店的前台人员经过培训后，利用这些技巧进行升档销售，一个月内平均每人为该饭店多增加了 3,000 美元收入。如果按照年来计算，再乘以前台职员的人数，增加的收入是很可观的！需要提醒的是，为了提高预订中心员工和前台员工升档销售的积极性，饭店应该根据他们升档销售的业绩给予一定的奖励。这样，能促使他们在接受预订和办理入住登记时，多说几句话，多花几分钟，为饭店创造更多价值。

六、触发点价格控制法

触发点价格控制法（Trigger points and price levels）中的触发点是指某项指标的特定的值，如预订的客房出租率或者平均每房收入。根据触发点进行价格控制管理，就是要根据预测设定客房出租率或平均每房收入的目标，然后开放或关掉某个等级的价格——当需求高于某个触发点时，要关掉某些等级的价格；当需求低于某个触发点时，要开放某些等级的价格。触发点的确定是主观的，它可以建立在客房出租率的基础上，也可以建立在平均每房收入的基础上。表 7-5 与表 7-6 分别是成功饭店建立在平均每房收入和客房出租率基础上的触发点控制表。

表 7-5 成功饭店平均每间可售房日收入（RevPAR）触发点控制表

目标平均每房收入	实际平均每房收入	占目标平均每房收入百分比	最低价格	开放或关掉的价格等级
$117	$—	0%	$160	开放所有等级的价格，最低价格为$160
$117	$59	50%	$220	开放等于或高于$220的价格等级，关掉小于$220的价格等级
$117	$82	70%	$280	开放等于或高于$280的价格等级，关掉小于$280的价格等级
$117	$94	80%	$340	开放等于或高于$340的价格等级，关掉小于$340的价格等级
$117	$110	90%	$380	开放等于或高于$380的价格等级，关掉小于$380的价格等级

表 7-6 成功饭店客房出租率触发点控制表

客房出租率	最低价格	开放或关掉的价格等级
0%	$160	开放所有等级的价格，最低价格为$160
60%	$220	开放等于或高于$220的价格等级，关掉小于$220的价格等级
70%	$280	开放等于或高于$280的价格等级，关掉小于$280的价格等级
80%	$340	开放等于或高于$340的价格等级，关掉小于$340的价格等级
90%	$380	开放等于或高于$380的价格等级，关掉小于$380的价格等级

我们介绍过饭店要进行市场细分，建立价格结构，实行价格等级管理。价格结构建立起来后，何时开放和关闭这些价格，取决于预订的客房出租率和平均每房收入是否达到既定的目标。设定触发点控制价格的思想是收益管理软件进行价格管理、推荐要设定的价格的主要理论基础。当已经获得的预订和实际客房销售量和销售收入达到预订的目标，这些软件就会自动建议软件使用者把价格调高，升到上一等级。

必须指出的是，客房出租率和平均每房收入的确定完全是主观的，所以触发点的确定也是主观的。此外，由于饭店业务受季节性的影响，这些指标在不同季节也应当是不同的。

七、附加价值法

直接对客房售价打折扣促销虽然能提高销售量，但其代价是饭店损失了被折扣掉的那部分营业收入。既要保持饭店的营业收入，又要提高销售量，吸引更多消费者的一项有效措施是不打折，但给予客人更多的好处，换句话说，就是客人付同样多的钱，但是能获得更多的价值。这种方法叫做附加价值法（Value Added Method）。例如，成功饭店星期五和星期六的客房全价是每间标准房是250美元，豪华房的价格是300美元。如果采用打折促销，给予20%的折扣，那么每卖一间标准房，成功饭店的客房收入就减少50美元；每卖一间豪华房，成功饭店的客房收入就减少60美元。可见，该饭店的客房收入减少了。另外一方面，饭店客房收入减少的部分，其实是客人节约的部分。客人节约下来的钱很可能拿到饭店之外的地方消费，饭店一点好处也没得到。为了使饭店的收入不至于减少，成功饭店采取价值附加法促销，告诉客人只要出标准房的价格就可以免费升档住到豪华房，或者得到价值50美元的免费早餐供两人享用；如果出豪华房的价格，不仅可以得到价值50美元的免费早餐供两人享用，还能得到价值10美元的一晚免费停车。另外，出全价的所有客人都能自动得到提前入住和延迟退房的服务。这样的做法，无疑给予客人附加的好处，使他们出与平时一样多的钱时得到更多的好处和价值，同时能保证为他们节约的房钱通过餐厅和停车服务重新回到饭店的钱袋，不会"肥水流入外人田"。其实，当饭店提供早餐服务和停车服务时，那些回笼的钱不会全部都是成本和费用，或多或少还有利润。可见，这种价值附加的办法比纯属打折的办法更能增加饭店的收入和保持饭店的利润。

八、住宿天数折扣法

提高客房入住率和整体收入的一个有效措施是鼓励客人多住几天或吸引住宿天数长的客人入住,根据住宿天数长短给予一定的折扣能帮饭店有效达到这个目的。例如,成功饭店是个商务客为主的饭店,星期一到星期四客房出租率相当高,但是星期五住房率开始下降,因为大部分商务客在星期四退房,赶回家同家人团聚过周末。为了提高星期五、星期六和星期日的客房出租率,成功饭店决定:从星期四到星期日,客人如果住宿两晚,第二晚给予20%的折扣;如果住宿三晚,除第二晚得到20%的折扣外,第三晚得到半价的优惠;如果住宿四晚,除第二、三晚的折扣外,第四晚只收30%的房费。这一措施有效提高了星期四到星期日的客房出租率和客房收入。由于住店的客人多了,成功饭店其他部门的业务量也随之增多了,如餐饮营业额增加了20%。这种根据入住天数给予折扣的促销办法在淡季,尤其是节假日十分有效。当然,在需求很高的时候,饭店应该停止这种促销。

九、包价促销法

包价促销(Packaging)的根本思想是将一种客房和饭店其他产品或服务组合在一起,以一个价格向客人销售。在国内有人把它称为搭配销售、捆绑销售、组合销售或者打包销售。这种做法的好处是能够提高饭店的总体销售量和销售收入。

包价促销法有两种形式,即内部包价促销和外部包价促销。如果包价里的内容是饭店自己提供的产品和服务,这种包价促销法就是内部包价法。例如,成功饭店在旺季时客房十分畅销,供不应求,相对而言,餐厅经营情况不理想。为了提高餐厅的业务量,该饭店在客房价格的基础上增加80美元早餐和晚餐的费用,形成一个包价,同时关闭仅含客房的价格,使得要来该饭店住宿的客人必须在该饭店的餐厅用餐,从而提高了餐厅的业务量。这是畅销产品和不那么畅销的产品组合在一起,提高整体销售量和收入的典型例子。

另外，在淡季时，成功饭店的客房、餐饮和娱乐等所有产品和服务都不那么畅销，该饭店采取了把不同产品和服务组合在一起，提高整体吸引力，刺激高价位细分市场的购买欲，提高整体销售量和销售收入的策略。例如，该饭店在情人节将客房同早餐、Spa理疗、停车服务、玫瑰花、法国香槟酒、法式草莓巧克力甜点等组合在一起，形成一个包价产品，客人只需一次性购买和付费就可以享受所有这些产品和服务，比逐项去购买和支付要省力省事很多，而且通过包价获得这些产品和服务，比分开逐项单独购买节省很多钱，所以对客人来说比较有吸引力。这是把所有不畅销的产品和服务组合在一起，使整体的吸引力上升，从而提高整体销售量和收入的典型例子。

以上两个例子都立足于饭店自身的产品和服务，采用的方法是内部包价法。

饭店还可以采取外部包价法，把自己饭店的产品和服务与别的公司的产品和服务结合起来，形成新的包价，以套票形式出售。这种做法其实是横向联合，资源共享，优势互补，能形成比较有吸引力的包价产品，使每个合作者都受益。例如，成功饭店处于城市的中心和闹市区，附近有很多戏院、博物馆、商场和公园。该饭店与它们合作，取得价格优惠的入场券以及购物券，然后与饭店的客房、早餐、晚餐、停车服务、提早入住和推迟退房等产品和服务组合在一起，形成一个包价产品，叫做周末逍遥一日游，在附近城市推出，吸引了很多客人。购买这个包价产品后，他们可在星期六上午驾车来到成功饭店入住，下午去逛博物馆和购物，晚上享用丰盛的晚餐后去看一场精彩的演出，第二天早上睡个懒觉，然后悠悠闲闲地吃完早餐，到附近的公园游览，之后在下午退房，开车回家。很多客人很喜欢这个包价产品，这个产品的推出提高了成功饭店周末的业务量。

外部包价法的另外一个例子是饭店在网络营销商家网站上以包价的形式销售客房。除饭店外，航空公司、租车公司和博物馆等也在这些网站上卖它们的产品或服务。这些网站通常允许顾客逐项预订客房和机票、租用车子和购买博物馆参观券，也允许顾客在网站的包价栏里向在餐厅里点菜一样自由选择这些产品和服务，以包价的价格一次性支付费用。这其实是通过网站形成的外部包价产品。推出这个产品的根本目的是通过方便顾客购买，并提供给他们优惠于逐项购买的价格，从而刺激他们的消费，以增加销售额。饭店如果想通过网站的包价提高客房销售额，必须要提供足够大的折扣，因为购买包价的客人通常都希望比逐项购买能节省比较多的钱。在淡季的时候，饭店如果能很好利用网站的包价功能，能迅速提高客房出租率。

十、创利规定明细法

客房的一些附加服务如果管理得好，能为饭店带来额外收入。例如，一间普通客房通常是按两个人共用来设计和布置的，其价格也是按照两个人来订的。不管客房是一个人住还是两个人住，价格都一样 ①。但是，如果一间客房有三个人，甚至四个人住时该如何呢？人数越多，使用客房的易耗品的数量会越多，消耗的水电等也越多，客房的磨损也越大。可见，如果不对超过第三和第四个客人收费，饭店是吃亏的。所以，饭店要明确对第三个人和第四个人的收费。通常的做法是，饭店在宣传册、广告和网站中明确说明，饭店的房价是按照两个人住宿收费的（Based on double occupancy），房间最多能住四个人，对第三个人与第四个人每人要另外加收 30 美元。如果是小孩怎么办？通常的做法是如果小孩超过 12 周岁，就要按照成年人的标准收费。因为大部分 12 岁的小孩个头已经很高，需要单独睡一张床。如果小孩不到 12 岁，就免费。另外，如果客人要加床，每个增加的床要收 40 美元。不过要求增加婴儿床不收费。这些规定便于客人理解和接受，其实也能增加饭店的收入。

十一、团队市场替换分析法

团队替换分析（Displacement Analysis）是细分市场替换分析的一部分，目的是研究和计算接受某个团队的订房是否会比接受别的团体客的订房，或者是把客房留下来卖给散客更有利。团体客是饭店的主要客源之一。虽然团体客带来的收入占客房总收入的比例因饭店类型和市场的不同而不同，但是一般来说，这个比例是相当大的，通常处于 30% 到 50% 之间。另外，由于饭店的客房总数有限，如果收益管理经理错误地将部分客房以折扣价卖给团体客，丧失将这部分客房以更高的零售价卖给散客的机会，或者错误地拒绝将部分客房按折扣价卖给团体客，但却又不能如愿将它们的大部分或全部以较

---

① 在欧洲是例外。欧洲的饭店客房通常按照人数设置，按人数收费，如设有单人房、双人房、三人房等等，分别按一人、两人和三人收费。

高价格卖给散客,以致客房空置,都会造成饭店的损失。此外,团体客通常还会使用会议室,租用会议设施,还会在餐厅消费,给相关的部门带来收益,所以,饭店对团体客的报价和是否接受团体客的预订决策是十分重要的,团队替换分析因此变得很重要。

例如,如果一个竞争对手饭店向一个团队提供特别低的价格,而你的饭店想要获得这个团体的业务,也许需要把价格降到与该饭店的价格相当的水平。在这种情况下,需要计算以折扣价接受这批团体订房后将增加的收入,如果接受这批团体订房后,由于饭店客房数量有限,需要拒绝部分别的客人的订房,则要计算因不接受这部分订房而失去的收入,通过比较增加的收入以及失去的收入的差异,弄清楚按折扣价接受这批团体订房在总体上对饭店收入的影响。有的饭店常常在以低价接受一个团体订房之后,发现饭店实际上损失了收入,其原因是因为能把这批团体客的房间以更高的价格卖给别的细分市场。一些饭店,一个价格可以被几个价格取代,其中每个价格对应着不同的服务选项和出租选项或者购买的限制条件。在另外一些饭店,团体价格的确定要通过讨价还价的谈判。谈判时,对于一些散客市场需求很强,不需要以折扣价把房间卖给团体客的日子,不再向团体客提供折扣价。团体客要拿到房间,必须要按照散客价支付。如果团体客要得到折扣价,必须在餐饮、宴会或会议等部门消费够一定的金额。另外,还可以提供比较大的团体折扣价,建议和吸引市场把团体客住店时间安排在饭店散客需求较低,饭店不能住满的时候。这样,能够有效避免在饭店需求高时,团体客取代散客,会造成饭店损失,又可以在市场需求低的时候,通过安排散客入住,提高饭店的营业收入。

在实际工作中,收益管理经理常常被市场销售部的团体经理问类似的问题:

> 本饭店要参加旅行社联合体(通常是指规模很大的旅行社或旅行社的联合体)发起的年度报价活动(Request for Proposal,简称 RFP)[①]。现有接到一个全市性的大型会议组织者的报价要求,该会议明年某月某日到某月某日每天需要租用 150 间客房,此外还要租用会场和会议设施,平均每人每天的餐费是 80 美元,本饭店能给出的最低客房价格是多少?
>
> 一个体育代表团两个月后的某个周末需要 200 间客房,他们的预算是每人每天 150 美元,包括房费、早餐和市内交通。本饭店是否能接受这个团队的预订?
>
> 一对在饭店举行婚宴的新人要求本饭店以每间客房 130 美元的价格提供

[①] 在国际旅游市场中,很多大型旅游公司和旅行社每年会联合起来,发通告给饭店,告诉饭店将有多少会议活动要在某地举行,大概需要多少客房或别的设施及服务,要求饭店报价。饭店根据自己的营业计划和已经获得的订房的情况,决定是否接待以及能够给出怎样的报价。这些旅游公司和旅行社得到报价后,将进行比较,选择综合条件最好的饭店,与之细谈并签订协议。

收益管理——有效实现饭店收入的最大化

> 50间客房给前来参加婚礼的亲朋好友，本饭店是否同意？
>
> ——个航空公司想明年每天安排一些机组人员到本饭店来住宿，每天需要12间房，本饭店是否接受？若接受，房价是多少？
>
> ——家全国性公司明年将安排公司职员和接待的客户到本饭店来住宿，大概全年需要800个房晚，要求与本饭店签订协议合同，提供协议价。本饭店是否应该接受？若接受，协议价是多少？

要回答这些问题，收益管理人员必须要进行团队市场替换分析。如何进行团队市场替换分析？我们可以按照以下四个步骤进行。

第一，要逐日预测未来某段时期（如未来一年或者两年，或若干个月、若干个星期或者若干天，取决于团队住宿的时间）各个细分市场的需求情况和可能的最佳组合，包括各个细分市场的房间数和平均房价等等，从而计算出每天的客房收入、客房出租率、平均房价和平均每房收入等指标。必须指出的是，这些预测必须建立在有效的历史数据分析和市场情况分析的基础上，是饭店认为最有可能做到的，而不是凭空想象。

第二，计算如果接受团队的订房要求，团队占用的房间是否要取代某些细分市场的占用房。如果要取代某些细分市场的占用房，那么这些细分市场是什么，要取代的潜在收入，包括客房以及饭店其他部门的潜在收入是多少。

第三，如果知道团队愿意支付的价格，计算接受这个团队能为饭店的客房和其他部门获得多少潜在的收入，饭店是否要付出额外的成本和费用。如果是，扣除成本费用之后饭店的净收入是多少。

第四，如果不知道团队愿意支付的价格，计算饭店至少要按什么价格收费才能抵偿被替代的细分市场能带来的潜在收入。这个价格就是饭店对这个团队的最低报价，也就是接收这个团队的保本点的收费价格。

通过上述步骤的精心计算，饭店收益管理经理定会清楚是否要接受某个团体预订，应该按照什么价格收费等等。下面是成功饭店团体市场替换分析的实例。

成功饭店接到一家航空公司来函咨询，该公司希望今年12月每天安排20位机组人员到成功饭店中转过夜，该航空公司愿意支付的价格是每间客房75美元。该饭店的收益管理经理按照上述步骤，逐日预测了该月份各细分市场的需求情况与平均房价，并计算了接受该航空公司的客人后客房被替换的情况，客房总收入减少还是增加的情况，平均房价、平均每房收入以及客房出租率等情况。最后得出结论，虽然接待这个航空公司的团体订房要求，成功饭店的平均房价和平均每房收入有所下降，但是客房出租率增加了6%，客房收入增加了43,860美元，这对于处于需求低谷的

12月份来说很重要。另外,住宿的机组人员通常会在饭店餐厅和酒吧消费,增加了它们的收益。因此,成功饭店决定接受该航空公司的团体订房。成功饭店关于机组团队的市场替换分析请见表7-7。至于成功饭店的平均房价和平均每房收入下降的情况,请读者自行计算。

表7-7 成功饭店团队市场替换分析表

周日的平均客房价格	$165
周末的平均客房价格	$95
饭店总房数	300

航空公司协议价
$75

星期	日期	不接航空公司客人时预计能出售的房间数	客房出租率	空置的客房数	被航空公司客人替换的房间数	航空公司客人需要的房间数	接收航空公司客人入住实际赚还是亏的收入	接收航空公司客人后出售的房间数	接收航空公司客人后客房出租率
星期六	12/1/07	233	78%	67	20	20	$1,500	253	84%
星期日	12/2/07	215	72%	85	20	20	$1,500	235	78%
星期一	12/3/07	255	85%	45	20	20	$1,500	75	92%
星期二	12/4/07	285	95%	15	(5)	20	$675	281	94%
星期三	12/5/07	271	90%	29	20	20	$1,500	291	97%
星期四	12/6/07	261	87%	39	20	20	$1,500	281	94%
星期五	12/7/07	211	70%	89	20	20	$1,500	231	77%
星期六	12/8/07	221	74%	79	20	20	$1,500	241	80%
星期日	12/9/07	198	66%	102	20	20	$1,500	218	73%
星期一	12/10/07	281	94%	19	(1)	20	$1,335	281	94%
星期二	12/11/07	286	95%	14	(6)	20	$510	281	94%
星期三	12/12/07	245	82%	55	20	20	$1,500	265	88%
星期四	12/13/07	210	70%	90	20	20	$1,500	230	77%
星期五	12/14/07	198	66%	102	20	20	$1,500	218	73%
星期六	12/15/07	202	67%	98	20	20	$1,500	222	74%
星期日	12/16/07	189	63%	111	20	20	$1,500	209	70%
星期一	12/17/07	251	84%	49	20	20	$1,500	271	90%
星期二	12/18/07	284	95%	16	(4)	20	$840	281	94%
星期三	12/19/07	261	87%	39	20	20	$1,500	281	94%
星期四	12/20/07	235	78%	65	20	20	$1,500	255	85%

续表

星期五	12/21/07	203	68%	97	20	20	$1,500	223	74%
星期六	12/22/07	210	70%	90	20	20	$1,500	230	77%
星期日	12/23/07	195	65%	105	20	20	$1,500	215	72%
星期一	12/24/07	128	43%	172	20	20	$1,500	148	49%
星期二	12/25/07	187	62%	113	20	20	$1,500	207	69%
星期三	12/26/07	149	50%	151	20	20	$1,500	169	56%
星期四	12/27/07	173	58%	127	20	20	$1,500	193	64%
星期五	12/28/07	172	57%	128	20	20	$1,500	192	64%
星期六	12/29/07	152	51%	148	20	20	$1,500	172	57%
星期日	12/30/07	142	47%	158	20	20	$1,500	162	54%
星期一	12/31/07	143	48%	157	20	20	$1,500	163	54%
总计		6,646	71%	2,654	524	620	$43,860	7,174	77%

那么，在使用团体市场替换分析法时，要注意哪些问题呢？

第一，在使用团体市场替换分析法时，有时会发现收益管理的目标与团体销售的目标不一致，导致收益管理人员与团体销售人员出现一些冲突。例如，从饭店整体利益的角度来看，收益管理人员要拒绝一个团队的预订，以把房间以更高的价格出租给散客。但是，团体销售人员需要这个团队，因为他们的任务指标尚未完成。只要使他们认识到双方的关系是合作伙伴的关系，认真做好沟通和协调工作，从饭店的大局出发，加上必要的互相妥协，冲突是可以避免的。

第二，在考虑是否要接待一个团队时，要从饭店整体收益的角度（包括客房、宴会、会议等部门的整体收益）去评估，而不是只考虑某方面的收益。分析团队的整体收益，如果通过团队管理软件，如DELPHI，或者收益管理软件去做，比传统的手工方式更加准确有效。事实上，绝大多数饭店还没有安装和使用团体管理的软件。常听到人们说宴会收入不重要，因为宴会的成本较高，甚至不如以较低价格出售的客房。其实，客房通过各种渠道销售，其销售成本也不可忽略，宴会的收入不能忽视。销售经理现在不仅要向顾客或安排和组织会议的人销售，还要说服收益管理人员每一笔拉来的业务的重要性。这一贯很重要，但是，更重要的是销售人员要真正领会收益管理策略的意图和在销售的整个过程中如何去实现。所以，收益管理经理不只是重视客房的收入，还要重视并努力提高所有营业部门的收入。如果饭店没有收益管理电脑软件，可以按照一个简单的原则来评估是否要接受团体预订——如果团体的房价比收益管理预测分析后预期的房价低，团体订房应该要能带来别的收入，如餐饮、宴会、会议等等。

第三，要分析过去饭店的收入情况。要把过去两年所有营业部门，包括客房、宴会、餐饮、康乐设施和会议设施设备出租等的收入资料调出来分析研究，问自己团体业务多的时候，对这些收入是否有影响？这个团体的过去的价格是多少，共消费了多少钱？现在这个团体与过去的团体比较，收入是增加还是减少？这个团体现在的预算是多少？是否可以建议它们改变达到的时间，避开需求高峰期或者团体太多的时期？例如它们是否可以把入住和退房的时间从星期二和星期三，改为星期四和星期五，或者是否可以推迟到月底进行？当饭店不想失去某个团体业务，但是，又不想让这个团体在某个特定的时间来入住时，饭店可以告诉他们，如果他们提前或推迟到达，在饭店建议的时段入住和消费，饭店可以提供优惠价格。

第四，要理解每个营业中心营业收入的目标。收益管理人员要理解每个营业中心都有预算的营业收入目标，每个营业中心的经理都面临实现预期目标的压力。所以，要能搞好协调安排，使这些营业中心能一起挣钱。帮助这些部门去挣钱，也等于帮助自己去挣钱。

第五，要想方设法获得团体的历史资料。大多数顾客知道他们要消费多少金额，因为他们对花费多少钱在饭店客房、餐厅和酒吧、会议和宴会、娱乐等等通常有个计划。如果他们的消费的历史与告诉你的不同，那么就要亮出红旗，警觉起来，问他们为何这次与以前不同。

查看团体是否够格享有某种优惠价格。团体的价格通常比散客价格低，是因为团体消费的规模。但这并不意味着一定得给团体客打折，因为在需求很大，供应不足的情况下，如果饭店可以把剩余的客房以散客价销售给散客，就没有必要给团体客折扣，除非团体可在餐饮、会议或娱乐等部门有额外的贡献。对团体客报价和决定是否接受团体客时，一定要研究未来市场的供需情况，设定接受团体客的标准。在分析各个团体时，看它们是否符合这些标准。另外还要小心，有些奸猾的顾客会要求你提供100间团体房，当你按照100间房报价，给予他们相当的优惠价，他们最后只要10间客房。要防止出现这种情况给饭店造成的损失，饭店就要与他们签订团体订房协议，明确他们需要的客房数目，以及如果达不到商定的数目时应当如何处理等等。

第六，要合理制定评价团体销售人员工作绩效的标准。聪明的销售人员喜欢招徕业务，但是，必须要处理好报价以及他们的奖金的问题。如果放弃一笔与饭店的收益管理策略相左的业务越快，你转移到下一笔业务的速度也越快。另外，如果销售人员的奖励或者奖励制度与收益管理的策略不一致，销售行为与收益管理策略不一致，那么将使销售人员更不情愿放弃那笔业务。**销售经理的奖励计划应该用销售收入来做衡量的标准，而不是销售的房间数**。而且，在淡季得到的团队应该比旺季得到的团队更重要，这是因为在旺季，团体订房需求量高，不需要多少力气便可得到团队的预订。而在淡季，团体订房的需求低，团体订房业务的竞争比较激烈，销售人员要得到这些团队，得花比较大的功夫，当然，如果能得到这些团体预订，其价值更大。所以，如果奖励由订房数量来决定，而不是客房收入，销售人员很可能不在意销售价格，只追求数量，把客房出租得太便宜，从而使饭店本来应该得到的收入丢掉了。这种做法与收益管理的基本目的是背道而驰的！

在本章最后笔者要强调的是，**唯有加强对市场和竞争对手情况的调查研究，提高预测的准确率，才能保证上述策略和方法发挥作用**。要提高饭店的收益，根本的出路是加强对市场和竞争对手情况的调查研究，持续研究细分市场，提高预测的精确程度。收益管理工作要求管理人员加大预测工作的频率和提高预测的深度，是因为市场随时在变化，收益管理是动态管理的过程，不论是用收益管理软件和计算机辅助进行预测分析还是用手工和电子表格进行预测分析，都要不断更新各种数据和反映市场变动的指标。动态管理是动态决策的过程。决策要建立在知识的基础上，而不是猜想。要保证决策的科学性，必须跟踪顾客是如何知晓饭店产品和服务的，以及他们是通过什么渠道来订房间的，以便收益管理经理分析各个细分市场提早多少天订房。要获得这些知识，收益管理经理必须要开展一些关键的调查和研究分析，而不能依赖猜想。猜想是建立在个别事件、偶然、巧合甚至是偏见的基础上，是非常不可靠的。例如，每天早上你提早点上班，到饭店前台同办理离店手续的客人聊天所获得的信息比你从员工口里获得的二手信息要准确和重要得多。因为如果一个员工比别的员工更喜欢表达意见或善于表达意见，他的意见往往能比别人的意见突出或获得更多重视，但并不意味着他的意见真的最重要或他反映的情况最准确或最具有代表性。所以，要多听，不要偏听。要从正式与非正式的两种渠道获取信息。收益管理经理要高度重视对数据的收集积累，如饭店做广告或发出促销券时，要跟踪它们的效果和回收率，并据此调整收益管理的策略。

提高预测准确率，要明确决策是建立在经验和预测的基础上的。预测其实是对未来情况的假设和看法。收益管理的策略建立在这个假设和看法之上。如果假设错误，必然导致策略错误，最终只会产生消极的结果。如果假设正确，策略正确，必然会取得积极的结果。笔者工作的饭店集团高度重视预测的准确性。公司规定，收益管理经理年度每房收入预测的误差绝对值不能超过3%。也就是说预测的每房收入不能高于实际每房收入的3%，也不低于实际每房收入的3%。否则，收益管理经理的奖金就受到影响。

作为收益管理经理，要不断重新评估提高收益的机会。因为市场是不断变化的，收益管理是个动态的过程。由此，收益管理的策略要及时调整，随市场的变动而变动。要及时地更新已获得的预订数、空房数以及市场需求的情况，并藉此不停更新房价和优惠折扣的幅度。

第七章　收益管理实战技巧

要点回顾

1. 常见的在短期内能迅速提高饭店收益的战术技巧和方法包括容量控制法、超额订房法、住宿天数控制法、房间类型差异法、升（降）档销售法、触发点价格控制法、附加价值法、住房天数折扣法、包价促销法、创利规定明细法以及团队市场替换分析法等十一种。

2. 预留一定数量的客房，等到特定的时间到来时以特定的价格出售的做法叫做容量控制法。容量控制法的关键是要做好预测，把握好客房销售的时机和节奏，不要卖得太早、太快、太便宜。

3. 超额订房法是根据对临时被取消的预订房间数、预订后没有客人来入住的房间数、因客人提前离店而空出来的客房的间数、因客人推迟退房而减少的房间数等的预测，确定需要超出饭店容量多预订多少间客房，其目的是最大限度利用饭店的容量，防止客房空置。

4. 住宿天数控制法是限制客人住宿的最高或最低天数。其目的是在特定的时间和市场环境下，选择那些对饭店最有价值的客人，即对整体收入贡献最大的客人，排除那些价值较低，贡献不大的客人。

5. 房间类型差异法的实质是产品差异化。由于不同细分市场需要不同的产品，而且愿意支付的价格不同，增加客房的类型能有效满足市场的需要，拉开价格的差距，提高饭店的整体收入。

6. 在特定的条件下，可以采取升档销售或降档销售的方法来提高饭店的收入。升档销售是限制低档而低价的产品的销售，把高档而高价的产品优先销售给顾客。降档销售法则是在高档产品供不应求时，采取措施把低档和低价的产品优先销售给客人。从本质上来看，这两种方法都是通过提高或降低顾客可能得到的产品的档次来操纵需求，使之与饭店的生产和供应能力相吻合。

7. 触发点价格控制指预先设定某项指标，当这项指标达到一定的数值时，就采取新的价格策略。例如，当某日饭店的客房出租率达到预定的70%的目标时，就要关掉某些等级的价格，并给开放的价格设置最低停留2天的限制。

8. 附加价值法是指顾客支付同样的价格，却得到比平时多的价值。换句话说，就是饭店不打折，但同样的价格，给客人更多的实惠，这些实惠包括如免费洗衣、免费升档到套房、免费早餐或免费使用互联网等等。这个方法要达到的目的是留住客人，把收入维持在一定的水平。

9. 住房天数折扣法是当客人住店达到一定的天数时可以享有一定的折扣。例如，预订两晚，第三晚可获得 50% 的折扣；预订三晚，第四晚免费等。这种方法能有效提高饭店的市场占有率。

10. 包价促销法也称为搭配销售、捆绑销售、组合销售或者打包销售。它是将一种客房和饭店其他产品或服务组合在一起，以一个价格向客人销售，客人只需购买一次，便可获得所有相关产品和服务。

11. 创利规定明细法是研究饭店各种潜在的创造收入的机会，制定详细的规定，尽量利用这些机会来多创收。

12. 团队市场替换分析法是分析和研究接受某个团队的业务，是否会挤掉别的潜在的业务，是否能从整体上给饭店带来更多好处，如是否能使饭店得到包括客房收入、餐饮收入、宴会和会议收入等等在内的更多收入。

第八章

收益管理策略的实施

导读

通过阅读本书前面章节的内容，相信读者对收益管理的概念、理论和方法有了比较清楚的认识。但是，常言道，知易行难。懂得一些道理比较容易，但按照这些道理去做把事情做成则比较难。为解决这个问题，本章将介绍如何把前面介绍的收益管理的理论应用到日常的工作中去，做出实际效果来。本章将从建设一个有助于开展收益管理工作的企业文化开始，介绍收益管理工作组织结构和岗位的设置，人员的甄选和应用，收益管理会议的召开，以及收益管理决策过程的细节等等，帮助读者懂得如何实施收益管理。如果前面的章节给读者提供了一张捕鱼的网，本章将教会读者如何撒网捕鱼。

收益管理——有效实现饭店收入的最大化

不同饭店对收益管理的认识不同，收益管理工作的具体实施情况各不相同。由于收益管理工作的主要内容之一是定价，定价关系重大，涉及很多部门，所以，为了提高收益管理决策的准确性，减少误差，并保证决策能为有关部门理解、接受并贯彻执行，饭店通常设立收益管理总监的职务，授予收益管理总监定价和控制房间数量和决定销售策略的权利。为了加强集体领导，有的饭店还成立一个收益管理委员会或者收益管理小组，由饭店总经理亲自挂帅，成员包括收益管理总监和市场销售总监等。收益管理委员会根据工作的需要定期召开会议，共同讨论和决定收益管理的策略。此外，收益管理委员会有时还会根据需要邀请前台部经理、预订部经理、销售经理以及财务部经理等参加收益管理会议，听取他们的意见或者向他们介绍饭店的收益管理情况和将采取的策略。当然，也有饭店只设收益管理经理的职务，将收益管理部门并入销售部，收益管理经理向销售总监报告。

由于收益管理理念及其一些具体操作，如动态定价法在饭店行业相对是一个新事物，并不是很多人都真正了解它。所以，饭店还要花一定的时间和精力向全体员工，尤其直接与客人打交道的前厅部、销售部、订房部的员工介绍收益管理的概念和策略。有时甚至还要对饭店的业主或者代表业主监管饭店经营情况的资产管理人员介绍收益管理，帮助他们理解和接受收益管理，从而便于顺利开展收益管理工作。

必须指出的是，有些饭店不了解甚至误解收益管理的真正内涵。在这些饭店看来，收益管理同预订工作没有什么两样，收益管理总监的工作同订房部经理的工作也没有什么两样，如果有什么不同，只不过是称呼不同而已。由于这些饭店已经将订房部的大部分工作，包括传统的电话预订和传真预订，转由饭店集团公司管理或第三者管理的中央订房中心负责，所以，在它们看来，收益管理总监（或经理）的主要责任变成处理饭店本部收到的一些预订，如团体预订、饭店的中央预订系统、饭店的网站以及与饭店签约的一些网络营销商网站。所以，收益管理只是增加了一点网络管理的新内容，另外改变了头衔，此外没有什么特别的。如果阅读并理解本书前面章节的内容，读者应该认识到这些看法是狭隘、不全面和很有害的。这些看法如果得不到纠正，那么收益管理策略的实施将遭受挫折，收益管理的效果将大打折扣。

一、收益管理实施的全过程

收益管理的实施可概括为六个步骤。

（一）收益管理实施的六个步骤

本书的前面章节介绍了收益管理的各个环节。但是没有集中到一起讲解。现在把这些环节连贯起来，放在一起讲解，帮助读者全面、系统地理解收益管理。

1. 分析市场总需求的情况

分析工作要具体深入到什么程度取决于饭店的规模、饭店的市场和饭店的管理公司。市场需求分析是饭店用来调控内部和外部资源以取得最高收益的工具。这个最高收益的结果当与饭店在市场竞争中的地位相称。为此，饭店应当鼓励各个相对独立的管理部门精诚合作，作为一个团队互相密切配合，追求实现整体收益最大化的目标，而不是独立的单个的目标。

市场需求的分析包括：

> 汇总基本数据资料，包括饭店的地理位置，当地社会经济情况，饭店所在社区的情况，消费者的社会学和人口统计学的特征，交通设施和交通网络，等等。
>
> 确认潜在的推动本地旅游市场需求的动力，并把这些需求的情况尽量数量化，如量化为消费的房晚数，使用的会议或展览场地的平方米（或平方英尺），预计消费的金额，等等。
>
> 分辨和确认本饭店的竞争对手，并逐个分析它们的比较优势。
>
> 选定一个最重要的竞争对手，按照细分市场分析本饭店与这个饭店在各个细分市场中竞争的优势和劣势。
>
> 分析主要的细分市场，如团体和散客的差别，理解他们的不同特征。
>
> 预测对本饭店的市场需求，可使用经济和非经济的标准。经济的标准指消费的金额，非经济的标准指消费的数量。
>
> 不断回顾评价上述分析和建立在这些分析基础上的决策，并予以必要的调整。

此处要再次强调的是，听取全体员工的意见能有效提高市场分析的准确性。

在分析市场需求的时候,仅听经理等管理人员的意见是不够的,还要多听一线员工的意见。因为他们处于服务的一线,直接接触客人,能获得第一手客人的反馈意见。另外,很多一线的员工在本地长期生活,在本地饭店行业工作了几十年,他们的亲朋好友也许也在为本饭店或别的饭店工作,包括竞争对手的饭店,他们能亲身体会本地市场的变化,别的饭店的变化以及本饭店与其他饭店相比的优劣势。他们在日常生活和工作中还阅读本地的报纸、看本地的电视节目,因此他们的意见是较全面的,较鲜活的,比为数不多的几个经理的意见更全面,是非常有价值的。

2. 确定价格和价值的关系,定位产品和服务

研究发现,饭店经营管理者从自己认识的主观角度出发制定的饭店产品和服务的价格,与市场和消费者从自身需要和感受出发所认知的价值及其价格往往是不同的。这些不同有时是令人吃惊的。所以,饭店必须从消费者的角度去评估饭店产品的价值。通过传统的市场调研方法或者非正式的对顾客的访谈可以了解消费者对饭店产品和服务的价值与价格的预期。另外,饭店还要调查与竞争对手相比,本饭店的价格和提供的价值在市场竞争中所处的地位。常用的方法是制作一个图表,列出一些比较项目,例如饭店的地理位置,停车设施,市场营销的投入,团体接待的设施和设备,如会场的大小、设备和设施的先进性、宴会场地的大小、餐厅和饮食设施的大小以及康乐设施的多寡等等。这样的全面分析过程,需要饭店不同部门的参与,如前厅部、宴会部的员工以及其他部门的一线员工,他们能提供竞争对手的饭店情况,能具体说出竞争对手饭店相对于自己饭店的优劣和强弱。这种确定产品和服务定位的工作方式有助于形成饭店全体重视收益管理的文化氛围。

3. 合理进行市场细分

市场细分是建立在上述详尽地分析市场消费者的情况和竞争对手情况的基础上的。市场细分的目的是要区分和认定不同类别的消费者的不同特征,然后根据这些特征来辨别一年之中不同的时候不同细分市场的需求情况,从而使预测不同细分市场所消费的客房的数量和金额成为可能。这样,当总需求超过总供给时,准确的预测能使饭店保证平均消费水平较高的细分市场不被平均消费水平较低的细分市场取代。

市场细分的过程并不是简单地停留在确定合理的细分市场的比例和结构,并争取实现总体的平均销售价格达到最高。它还包括分析和理解各细分市场的消费行为的特点,包括通常提前多少天订房(Lead Time);通过什么渠道订房;消费的季节性特征,如哪些月份来入住较多,哪些月份入住较少等等;入住和退房的特征,例如通常在星期几入住,住多少天,在星期几退房等等;是否会使用除客房以外的设施和服务,如宴会服务和会议室等。有经验的前台服务员

能相当准确地说出一些客人的行为特点,例如他们喜欢什么样的房间,常在什么时候入住,什么时候退房等等。如果收益管理经理能合理划分细分市场,并准确掌握细分市场的需求和消费行为的特点,就能在满足细分市场的需要和饭店的需要之间找到最佳的平衡点,实现两者的双赢。

4. 分析需求变动的规律

需求变动规律的分析是指饭店对需求是如何产生的分析和预测。有些细分市场的需求变动比较有规律,因而比别的细分市场容易分析、理解和预测。例如,从总体上来看,团体客的需求和消费行为规律就比散客容易理解和预测;商务散客的需求和行为规律也比旅游度假散客容易预测。

不要忘记不同饭店因所处的地理位置和社会经济环境的差异,而使市场的需求呈现季节性变化和日期性变化的特点。典型的例子是交通时间表的变化,本地或地区性旅游活动的变化,特殊的假期或假日的变化,本地或地区性的主要会议的变化,不寻常的天气变化等等。再次强调饭店一线员工对本地社会经济文化的认识和体会能帮助收益管理人员得到一幅比较立体和全景式的图画,远比单从少数几个经理那里得到的情况周全和准确得多。

任何分析都不应该把注意力仅集中在单独的每一天,而应该把若干天之间的相互影响和作用结合在一起考虑。例如,如果某天很早就预订满了,而紧跟其后的一天却又有较强的订房需求。如果把这两天结合起来考虑,就不应该那么早将这天的房间预订满,而是在接受这天的预订时,考虑如何设置最低入住天数,如何选择细分市场,如何开放或关闭一些价格,以帮助紧随其后的一天或数天的住房率能提高,能实现这些天整体最大的收益,而不只是这天的最大收益。

所以,当市场需求很高时,至少有三方面要考虑:

限制或取消价格低的房间类型的销售和价格低廉的组合价或包价的销售。

设置最低入住要求。例如,要求星期二入住的客人至少要住两晚,以帮助提高星期三的销售。试想,如果不设最低入住天数要求,星期二的房间很快卖完,其后一些想在星期二入住星期四离店的客人就订不到房,因此,会影响星期三的销售。

减少或取消团体折扣价。如果团体要入住,必须按照散客价或接近散客价的高价付费。此外,还要考虑他们是否能增加其他部门的收益,如餐厅和会议等部门。

相应地，当市场需求较低时，至少有三方面要考虑：

> 寻找价格敏感性高的团体客生意。这意味着给出适当的折扣，吸引价格敏感的团体客来入住，以提高饭店客房出租率和收入。
>
> 推出促销价，吸引那些不愿意支付正常价格的客人。为了增强促销效果，又不至于丢失太多正常价格的客人，促销价往往带有附加条件，例如规定要住几天，星期几入住，星期几退房，以及适用于的时间段等。如果不设置这些限制条件，那么原本会以正常价格订房的客人也会按促销价订房，由此会使饭店的收入受损。
>
> 推出针对散客的价格优惠的包价。
>
> 减少房间类型、房价种类的限制条件，开放所有的房间类型和所有的价格，最大限度吸引和捕捉所有细分市场的需求。

5. 跟踪被饭店拒绝的订房要求和拒绝订饭店客房的需求情况

在进行预测的时候，如果只使用被占用的房间的数据，会得出不全面不准确的结论，因为没有看到饭店有多少业务被推掉，或者有多少订房客人没有来入住。饭店要跟踪记录这些情况，在分析和预测时要考虑进去。由此我们再次看到前台和预订部普通员工参与的必要性和重要性。这些数据是由他们记录和输入的。如果他们不积极参与，记录的数据就不全面不准确，输入的数据自然也有问题，那么收益管理人员就会得出误导的结论。

预订了房间但是没有来入住的情况对于决定超额订房的措施和程序以及超额预订的房间数量和比例是很重要的。值得注意的是在有的国家和地区，超额预订是法律不准许的。但是，在大多数的国家和地区，超额预订是收益管理策略中必要的和重要的组成部分。当然，由于超额预订存在一定风险，例如，如果预测不准确，饭店被迫免费安排一些客人到别的饭店住宿，即使饭店出了钱，这些客人或许还不满意，从而影响饭店的声誉和形象。所以，一些在市场上处于高端地位的饭店不愿意实施超额预订，因为这些饭店的经营管理者认为，超额预订得到的好处比不上使客人开心，维持他们对饭店的忠诚度的好处。

记录客人预订被拒绝的情况，有助于在房间空出来时与他们联系，让他们来住。这样会改变客人对饭店的印象。

大部分客人持这样的观点：

> 饭店有标准房，它们的价格是相对固定的。
> 客人可以通过谈判得到一定的折扣。

然而收益管理的思想却与此不同。收益管理认为客人购买的不只是客房产品，而是一种经历。这种经历是由很多因素决定的。例如订房的时间、入住的时间、天气、饭店所在地的社会活动等。这样，订房人员要会用这样的语言来拒绝客人的订房："对不起，你所需要的价格在这个时间不能提供。"这样有助于潜在的顾客理解他们还有以下选择：

如果他们非要在那天入住，他们需要支付比那个价格多的钱；
如果他们非要按照那个价格支付，他们可以改天入住；
他们还可以改在其他日期入住，以得到比那个价格低的价格。

如果饭店收益管理的氛围好，或者收益管理的企业文化建设得好，饭店员工回答问题的水平就会提高。为了取得最大的效果，饭店应该加强员工谈判技巧的培训。实践表明，加强谈判技巧培训的饭店收益管理的文化和氛围得到提高和加强，结果能够获得比没有进行谈判培训的饭店更高的客房出租率和平均房价。另外，员工工作满意的程度也提高了。

6. 评估和改进收益管理体系

所有的系统都需要经常性的评估，以保证这个系统的每个构成部分的作用能正常发挥，并与系统的其他部分配合协调。由于收益管理的目标每日都在变化（有时强调客房出租率，有时强调平均房价，有时两者都强调），所以这样的检查回顾和评估也要每天进行。要问以下问题：

细分市场是否按照计划为饭店带来业务和收入；
市场需求的变化是否与预测吻合；
是否有一些新的、独特的事件发生，它们是否影响市场的变化；
在收益管理遇到挑战的时候，员工是否能作出有效反应。

基于对上述问题的回答，对员工薪酬是如何支付的以及员工是如何受到奖励的也需要评估和分析。饭店应该制定必要的奖励计划。这些奖励可以是精神上的，也可以是物质上的，如奖金或奖品。例如预订部员工可能得到一定的提成，如果他们能超额完成一定的预订指标。表现特别优秀的员工可以获得奖励带薪假期。另外，对淡季订了最多房间的员工还能得到季度或年度的奖金等等。

总之，一个成功的收益管理系统应当既依靠技术手段，又依靠人的参与和支持。饭店的各级人员，从总经理到普通员工在这个过程中都可以作出贡献，都有不同的作用。他们的参与和贡献应该得到认可甚至奖励。饭店非常有必要建立收益管理的奖励体系，以有效的激励制度鼓励饭店的各级人员支持收益管理工作。参与的人越多，数据、信息、分析、预测、制定策略、实施这些策略等工作的质量越高。

（二）收益管理工作要以人为本

实施收益管理，是以人为本还是以技术为本？在此笔者要强调的是，营建良好的收益管理的文化的关键是要坚持以人为本的观念，要认识到发挥人的作用比有一个好的收益管理系统更重要。

收益管理常见的一些手段，如打折销售和超额订房在饭店行业已经不是什么新鲜做法，很多饭店都知道要这样做。但是，如何有效利用现有的科技手段去进行收益管理，则需要工作程序的变革。当今，科技的进步提供了很多复杂的手段支持预订部门和前台部门的工作。信息科技提高了饭店储存数据和使用数据的能力，结果是这些技术的运用提高了饭店的经营管理水平，同时这些技术本身也得到了普及与发展。由此，收益管理在饭店业越来越深入人心。但是，在笔者看来，饭店业还没有将收益管理的功能发挥到它所能发挥的最大限度。是因为收益管理的技术发展太快？还是收益管理的概念和手段本身更新得太快呢？笔者认为都不是，收益管理的功能是否得以充分发挥，关键在于能否建立一种健康的积极的收益管理的氛围，真正做到以人为本，发挥人的主动性，使每个能够对发挥收益管理功效有帮助的人都参加到收益管理的过程中去。

一些饭店经理不同程度地使用收益管理的系统，把新的管理技术手段引进到经营管理工作中去，为此还相应调整了折价销售、预订和超额订房的做法。他们利用这些技术手段记录订房信息，如由于客房卖完了而拒绝客人的订房要求；或者由于客人支付的价格不够高或者入住的天数不够多，而拒绝把房间卖给客人的情况；或者因饭店要价太高，或者要求客人居住一定天数，而客人拒绝订房的情况。很多饭店进行更深入细致的市场细分，并研究市场需求的规律，如是周日还是周末需求高，以及需求随季节变化的情况。还有些饭店开始研究饭店的价格与提供的价值之间的关系，试图在价格和价值之间找到新的平衡点。但是鲜有饭店认识到或者尝试在饭店内部营建收益管理的氛围，使各部门和全体员工认识到收益管理工作的重要性，从而积极支持和配合收益管理工作的开展。

在调查中，当问到在工作中出现的主要问题是什么时，大部分收益管理经理都说是与人有关联的问题。一些人抱怨说，前台部员工不清楚收益管理部门的工作是什么。另外一些人抱怨饭店拒绝客人订房和客人拒绝订饭店的有关数据不够准确，因为负责记录的员工有时不认真做好记录工作。预订部门有时在做超额预订时，超额预订的细分市场不准确，有时把超额预订的房间卖给了房价很低的细分市场，如政府客。此外，一个主要的问题是预测的问题，很多人感到预测工作做得不好,好像除了围绕饭店的牌价和预算转,预测工作就没有什么新的内容了。

收益管理做的工作是使用一系列系统和程序最大限度提高某种产品或服务的销售收入,这些产品和服务通常数量有限,而且随时间的流逝而消失。在饭店业,收益管理要做到这点,必须在需求大于供给时,努力提高平均房价。相反,在供给大于需求的时候,要努力提高客房出租率,减少客房空置率。然而,笔者在调查中发现,新的收益管理技术和技巧的运用会产生两个主要矛盾。

第一,饭店管理人员存在一种把注意力过多地集中在收益管理的细枝末节的问题上,而没有完全理解收益管理的概念,照顾收益管理的全局的倾向。这就是常说的"只见树木不见森林"。这种情况的出现是可以理解的。因为一些单个支持收益管理系统的技术很复杂,需要花费很多时间去掌握。同样,在收益管理系统市场上最有效的是能照顾这些细节的系统。这导致了第二个问题的出现。

第二,过于强调信息科技和收益管理软件的重要性和复杂性而忽略了人在收益管理中的作用和重要性。实际上,一个好的收益管理软件和系统固然重要,但是,如果离开了拥有专门技能的人员,计算机系统就不能发挥作用。

这些过于强调细节而看不见大局和过于强调科技而忽视人的作用的结果只能是使饭店蒙受损失。例如,一些饭店管理者为他们有了复杂的功能齐全的收益管理系统而感到高兴,但是他们却没有认识到要使这个系统发挥其最大的作用,还有很多工作要做。同样,如果过分强调收益管理系统的重要性,将注意力放在系统本身,而不注意搞好内部的沟通和培训,将出现部门之间发生冲突,工作人员过度紧张,员工满意程度下降,服务水准降低,员工流失等等问题,即便饭店看似取得了短期的利益而丧失的确是长期的利益。

毫无疑问,现代信息技术和收益管理软件的进步使数据的收集、整理、分析和运用变得相对快捷、方便和容易多了。例如大部分饭店信息管理系统能随时更新数据,生成收益管理需要的各种报表,大部分收益管理软件也能迅速获取和分享饭店管理信息系统的数据,生成各种帮助收益管理决策的图表,甚至提出提高或降低价格,或者超额预订的建议。但是,计算机和收益管理软件始终是一种工具,它们只会按照预先设定的标准筛选数据,按照预先设定的公式或程序运算,提出建议,对于标准之外的数据,预先设定的公式或程序之外的可能性就欠缺考虑。而且,历史数据虽然能帮助预测未来,但是,过去发生的事情未必会原原本本地在将来发生。而且,市场的变化是动态的,影响市场变化的因素极多,没有任何一个计算机系统或者收益管理软件能全部把握和考虑到,所以,对未来的预测和决策最终还是落在人的身上,即饭店的收益管理委员会成员的身上。提高预测的准确性和决策的正确性的最好方法是鼓励各级与收益管理有关的人员充分发表意见,听取他们的建议。

收益管理——有效实现饭店收入的最大化

这要求饭店要建立一种以人为本的收益管理的体系，这个体系强调人在收益管理中的作用。保证收益管理涉及到的部门，如预订部、市场销售部、前台部、财务部、客房部、工程部等部门的每个员工都了解收益管理是什么，因为只有当他们真正认识到收益管理的含义和重要性，他们才能主动参与到收益管理的实际工作中来，支持收益管理的有关策略。这里提到的每个员工，指的是所有那些在收益管理过程中会涉及到的管理人员和普通工作人员。如果不重视人的工作，只重视收益管理的计算机软件和相关技术，收益管理的策略是不能得到很好的落实的。

（三）建立良好的收益管理的文化氛围

收益管理工作既是科学也是艺术，它不是收益管理总监一个人或者收益管理一个部门的事情，它涉及饭店的很多部门，如市场销售部、预订部、前台部以及财务部等。除饭店这些部门的有关人员外，收益管理水平还直接影响到客人的消费需求与客人对饭店的评价。所以，收益管理的涉及面很广，要保证收益管理工作能顺利进行，饭店要建设一种良好的收益管理的文化氛围，使饭店内部人员都能参与进来，理解和支持收益管理的工作。

首先，建立良好的收益管理的氛围，在组织机构设置上要抓好以下事项：

认真选择具备一定信息科技知识和技能并有良好的分析能力的人负责收益管理工作。
使用收益管理工作的标准来考核饭店的表现。
收益管理负责人的工作描述中应当包括预测和收益管理的内容。
成立一个收益管理委员会，成员包括客房部、预订部、前台部、市场销售部、饮食部、宴会部等。
根据收益管理的实际效果适当调整员工的报酬和薪金。
重视非正式组织的作用。非正式组织与正式组织同等重要，甚至有时非正式组织更为重要。

其次，在组织保障有力的基础上，通过实施以下具体措施，可以帮助饭店形成良好的收益管理的氛围。

在饭店组织机构中强调收益管理的重要性，并加强收益管理的工作。
接受和容忍在实行收益管理初期可能出现的错误。
把所有实行收益管理的过程中会涉及到的人都考虑在内，让他们都来参与收益管理。这些人不只包括饭店的经理,还包括一般员工,如前台部的接待员、预订部的职员、礼宾处服务员、账务处职员等。

在介绍收益管理的概念和有关的原理和方法时,要尽量使用简单易懂的语言,避免使用抽象难懂的术语和琐碎复杂的推导,尤其是要避免使用收益管理软件和电脑系统中的术语,因为它们只会起到反作用,使人困惑和望而生畏。

对使用收益管理的新技术以及提出新建议的人给予一定的奖励。这些奖励包括升职加薪,发给奖金、奖章和奖品等。这些都是对参与收益管理工作人员的认可和激励。

要支持收益管理总监的工作,给收益管理总监配备适当的工具和创造良好的工作环境。例如,购买收益管理软件,提供较好的计算机和软件,提供相对安静的办公场所等。因为收益管理总监大部分时间要使用电脑进行数据分析处理,性能好的电脑和软件,安静而干扰少的场所有利于他们集中注意力思考,提高工作效率。

第三,要真正认识到收益管理是公司对市场的变化的即时反应。只有真正是市场导向的公司才能真正理解收益管理的精髓,才能使收益管理真正发挥作用。把收益管理当做死板的复杂的一种控制价格和客房存量的工具的饭店是不能真正形成一种良好的收益管理的文化,不能取得成就的。

(四)必须选择称职的收益管理人员

收益管理人员在建设饭店良好的收益管理的氛围中起到关键的作用。为此,对收益管理总监有较高的要求。

(1)收益管理总监应该有明确的权限和报告对象,并赋予他们决定收益管理的策略和执行的权力。收益管理总监应当处于与销售总监平级,直接对总经理负责的位置,以强调收益管理工作的重要性。收益管理能否顺利进行,其中一项重要的保证是收益管理总监制定的策略能够被理解和贯彻执行。例如,在未来几天,收益管理总监认为应当停止销售普通客房,只销售豪华客房和套房,停止把房间以低于一定水准卖给客人。这些规定都应该得到尊重和履行才能生效。

(2)鼓励收益管理总监与饭店各部门的负责人的沟通和交流,有选择地参加对方的会议。收益管理总监应当定期或不定期邀请客房部、预订部、前台部、市场销售部、饮食部、宴会部等部门的人员参加收益管理的会议。当然,收益管理经理也要适时参加这些部门的会议。

(3) 收益管理总监要努力提高他们的演示和表达能力。由于收益管理的工作过程使用了很多数据、抽象的数理统计概念和方法，以及晦涩难懂的计算机系统和网络营销的知识，没有受过培训的人，包括业主、总经理、市场销售总监以及其他部门的负责人，比较难理解收益管理工作；比较擅长形象思维的人，也许不擅长抽象思维，由此，他们对收益管理的抽象的概念和琐碎的数据可能会感到乏味，会产生畏惧或者厌烦的情绪。因此，收益管理总监只有具有较强的演示和表达能力，能用简单形象的方法把收益管理的问题和策略说清楚，才能取得他们的理解和支持。为了方便收益管理总监在收益管理会议上演示有关数据和图表，帮助饭店总经理、市场销售部总监以及其他参加会议的人员理解收益决策，饭店应该为收益总监配备会议室、投影仪、写字板等现代的会议设施。

(4) 在饭店营建一种创新和开放的氛围，对收益管理的新思想和新办法采取欢迎的态度，而不是抵制。这与市场环境、收益管理的技术环境的变化有关系。收益管理总监必须认识到，市场环境因素之多和变化之快，是收益管理总监不能全面掌握的。所以，收益管理总监要善于听取别人的意见，集思广益，以提高预测的准确性。

(5) 对饭店的业主或股东进行收益管理的教育和培训，帮助他们理解和接受收益管理的概念和方法。他们的理解和支持对建设收益管理的良好氛围起着关键的作用。如果业主不理解收益管理的概念和方法，他们就难以理解饭店的一些具体措施，如超额订房和价格的上升和降低。

(6) 收益管理总监要善于学习，不断提高工作水平。收益管理总监应当有选择地参加一些专业培训课，参加饭店行业收益管理的研讨会议以及参加饭店收益管理的一些组织及其活动，与其他饭店的收益管理总监建立良好的关系，以便及时了解收益管理的最新动态，从而不断提高收益管理水平。

二、收益管理组织机构和管理团队的建立

人力资源是管理实施的要素之一。要进行收益管理，必须设置一定的工作岗位，配备一定的人员，建立组织机构，明确这个组织机构在饭店中的位置以及有关人员的工作职责。

越来越多的饭店管理人员认识到收益管理工作的重要性，因为他们看到了饭店的利润和平均每房收入在实行收益管理前后的显著差异。同时，他们也看到收益管理发展成为饭店管理的一个重要领域，形成了新的部门和职位——收

益管理部门和收益管理总监。从整个饭店行业来看，包括收益管理运用最早和最成熟的美国饭店业，对收益管理人才的需求还是很大，出现供不应求的局面，尤其是高素质的收益管理专业人员。

对于中国饭店行业来说，收益管理是个较新的领域，整个行业包括饭店管理部门与从事饭店教育的大专院校应当尽快进行这方面的研究，设置相应的课程，招收学生，培养收益管理工作的人才。在初期可以引进外国的专家和人才，向他们学习，然后培养自己的人才，使收益管理工作能够与本地实际情况相结合，实现收益管理人才的本地化，尽快与国际接轨。

（一）收益管理部门在饭店组织机构中的位置

收益管理部门与饭店餐饮部、房务部以及市场销售部等主要部门处于同级，直接归饭店总经理管理。收益管理部的负责人是收益管理总监，直接向总经理汇报，与市场销售部总监，房务总监以及餐饮部总监等大部门的负责人平级。见图8-1。当然，有些规模较小的饭店不设收益管理总监，改设收益管理经理，向饭店的市场销售总监汇报，而收益管理部门也并入市场销售部。

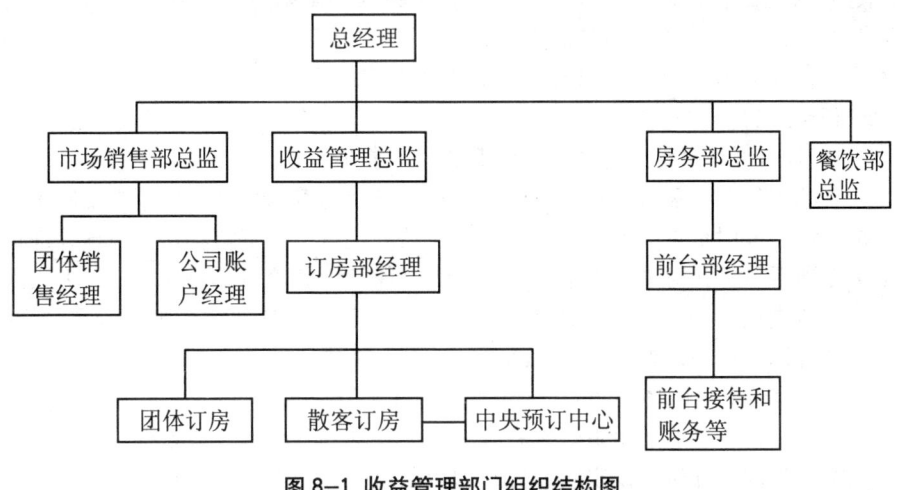

图8-1 收益管理部门组织结构图

越来越多饭店十分重视收益管理工作，把这项工作提到很高的地位，成立专门的收益管理部门，让这个部门全权决定饭店的销售价格和策略，预订部和销售部要在收益管理部门的指导下接受预订和进行销售。在这些饭店里，收益管理部门的负责人通常被授予总监的职务，与饭店的主要负责人，如市场营销总监、房务总监、餐饮总监、财务总监和人力资源总监等平级，直接归总经理管理，向总经理报告。为了加强收益管理工作，有的饭店还成立由饭店总经理

收益管理——有效实现饭店收入的最大化

挂帅，成员包括饭店收益管理总监和市场营销总监的收益管理委员会，每周召开若干次会议，研究市场的变化，共同讨论和决定收益管理策略。有时，当市场环境发生重大变化，或者收益管理策略或实施手段发生重大变化时，收益管理委员会还会召开扩大会议，邀请预订部经理、前厅部经理、团体销售部经理、商务销售经理以及宴会销售经理等出席。

（二）收益管理团队的工作职责、任职资格和工作考评

在饭店业中，收益管理工作的负责人通常称为收益管理总监，在规模较小的饭店，如果下面没有中间环节，如预订部经理，则一般设收益管理经理，不论是收益管理经理还是收益管理总监，他们在最大限度提高饭店的收益中扮演着重要的角色。是否能选择合适的收益管理专业人员负责这项工作，直接关系到收益管理工作的成败，甚至决定饭店的资产能否增值和饭店的业务能否成功。

收益管理是一项需要团队合作的工作。虽然收益管理总监是收益管理的核心人物，很多日常的工作由其负责，主要的收益管理策略和措施由他决定，但是应该让饭店其他一些部门的关键人物参与到收益管理工作中来，如饭店的总经理、销售总监、市场总监、前台部经理及预订部经理等。他们的参与和贡献，能有效提高收益管理策略的准确性和实施的有效性，从而保证收益管理获得成功。

1. 收益管理总监（或经理）的主要工作职责

总的来说，收益管理总监或经理负责管理饭店客房预订工作，主要职责包括指导预订部门日常工作，保证预订工作顺利进行；负责招收和补充预订部员工；培训新员工和对老员工进行在职培训，保持服务水准；管理饭店中央预订系统，负责饭店中央预订系统的价格调整，控制饭店房间的销售数量和种类；管理各种销售渠道，如饭店自己的网站，第三者网络营销商的网站；指导团体预订的工作，保证团体客能得到预留的房间和团体客的订房能够顺利进行等等。此外，收益管理总监还负责管理和维护收益管理的各种软件和系统，负责数据的收集、整理和分析，制定收益管理的策略，并保证能顺利实施。以下是这些工作的要点。

> 负责对饭店收益管理全过程的控制，并对最终结果负责。
> 根据对市场需求的预测确定饭店的房价，确定客房在不同销售渠道和以不同销售价格销售的种类和数量，尽量捕捉每一个能够提高饭店收入的机会，使饭店的收入最大化。

第八章 收益管理策略的实施

通过分析经营管理的历史数据和收集市场变化的信息，把握市场变化的情况，进行准确的需求预测。

对饭店的市场进行细分，理解谁是饭店的客人，以及他们是何时购买饭店的产品和服务，如何购买饭店的产品服务，以及何时消费这些产品和服务的——对客房来说是何时入住以及何时退房。懂得根据细分市场的特点来定价和销售。

懂得如何建立与细分市场直接沟通的渠道，尽量把产品和服务直接销售给他们，减少中间环节，以提高饭店的收益。

管理饭店的各种直接的和间接的销售渠道与数量，管理饭店的各类收益管理工具，包括收益管理软件、中央预订系统、饭店管理信息系统、团体客管理系统等等。

制定饭店价格、存量控制、销售渠道控制等决策，并保证决策能得到贯彻落实。

及时更新各种渠道的数据（如价格和存量等），以保证不同渠道上价格的一致性与存量的准确性，并能及时利用市场的机会。

除管理散客外，还积极参与团体客的定价和报价、会议场地的报价和场地管理等决策，帮助团体和会议销售部门取得最佳的效果。

积极参与市场营销部的工作，协助该部门的广告促销、营业推广和品牌管理等方面的工作，以提高饭店的整体形象，从而推进收益管理策略的制定和实施。

全程参与团体销售，保证团体销售预算的顺利完成，提高团体报价的准确性和团体客业务的总体收益。

监管团体预订工作，以及客人到达前的准备工作，如订房确认，收取定金，核对预订名单等。

负责预订部门工作人员的排班。

招聘预订部员工，并负责该部门的员工培训，以保证服务水准。

负责销售渠道的管理工作，包括在有关的网站上出售客房，向全球销售系统的网络预订公司提供帮助，管理和更新各个销售渠道的价格和空房余量。

必要时顶替预订人员接电话和处理预订。

主持各种收益管理会议，将收益管理的策略告知有关部门和人员，并保证收益管理策略的实施。

2. 收益管理总监的任职资格

优秀的收益管理总监，通常要具备以下职业素质。

收益管理——有效实现饭店收入的最大化

自律意识。饭店很多时候要给收益管理总监独立的时间和空间,让其不受干扰从事分析和研究工作。收益管理总监要有高度的责任感和自律意识,在不需要督促的情况下也能够努力做好工作。

分析能力。收益管理总监很多时候同数据打交道,一方面他要有很强的数理分析能力,读者在阅读第四章《收益管理的分析和预测方法》时可以体会到这点,这里不再赘述。另一方面,收益管理总监必须有很强的抽象思维能力,能透过现象看出本质,善于从纷乱繁杂的数据和现象中总结规律和捕捉机会。

组织能力。收益管理总监不仅要能制定策略,还要能确保收益策略的每个步骤和整个过程得以贯彻执行。也就是说,不仅要能想,还要能实施,把有价值的想法变成可行的收益管理的策略和方法,并能跟踪检查它们的实际效果。凡事不做则已,一做就要跟进到底。

竞争意识。在市场经济的环境下,饭店能否生存和发展,取决于它与竞争对手比较是否有比较竞争优势。收益管理总监制定饭店的价格、销售渠道和市场细分策略,必须具有很强的竞争意识和职业的敏锐性。

沟通能力。收益管理总监要能够很好地与其他人和其他部门沟通。这个能力常不被人重视。收益管理总监从某些角度来看是技术人员,因为他经常一个人在管理和使用各种电脑系统,分析各种数据和图表,似乎生活在他自己的空间里,很少同人打交道。实际上,收益管理总监必须是个善于沟通的人,因为他要从别人那里吸取有益的信息和意见,还要将自己的收益管理策略和方法告诉其他部门的人员,当他们不理解不支持时,要善于解释和说服他们,当他们的意见正确时,要善于妥协,以开放的姿态接受他们的意见。如果不善于同其他人或部门沟通,仅会处理数据和管理使用电脑系统,是做不好收益管理工作的。

时间管理能力。收益管理的工作时间性很强,内容头绪很多,收益管理总监必须有优异的时间管理能力,善于利用时间。在收益管理这个领域,收益管理总监最常见的最大的抱怨是什么?是时间不够。为什么这样?这是因为收益管理总监的工作内容是跟着市场的变化而变化的。在市场需求低迷时,收益管理总监要想各种办法促销,提高饭店的出租率;当市场的需求很强的时候,收益管理总监要控制好价格和客房销售的进度,努力提高每间客房的售价。这些工作都是具有很强的时间性的。错过时间,就是错过了收益。同时,收益管理总监还要直接管理本部门的人员,负有组织管理的职能。此外,还有收益管理的例会要主持,也有很多行政会议要参加,收益管理总监更是有很多的电脑系统、很多的销售渠道要管理,如果没有很强的时间管理能力,工作必然丢三落四，顾此失彼。收益管理总监必须要一职多能，可以在不同时间做不同的事。收益管理总监的工作繁杂，头绪众多，工作任务变化很快，为此，他必须要适应能力强，能在干扰下工作。

决策能力。收益管理的工作其实也可以看作风险管理工作，收益管理的决定都是直接与收益相关，决策的本身就有很强的风险性。例如，价格定得太高或太低当报表一出来，马上能显见，不能隐瞒谁。收益管理总监必须能够善于权衡利弊，敢于和善于决策。

数据搜集和整理的能力。数据资料为收益管理决策的基础，收益管理总监必须要具备出色的资料收集和整理能力。例如，搜集整理安排到别的饭店入住的客人的数据，收集和整理拒绝订房和后悔拒绝订房的数据，超额预订的资料，影响市场需求的主要事件，市场变化的趋势，竞争对手的情况等等。

在压力下工作的能力。由于收益管理工作的时间性很强，且有一定的风险性，所以收益管理总监要有承受风险的心理准备。饭店与饭店之间的竞争很激烈，收益管理好坏是没有办法隐瞒的，因为各种数据和报表一出来，结果马上出来，无法回避和隐瞒。收益管理总监的职责要求他确保饭店预订目标能够顺利实现，饭店的各项业务指标能与竞争对手持平甚至超过竞争对手，所以，收益管理总监总处于竞争的第一线，在风口浪尖上过日子，压力是很大的。此外，收益管理总监时常要根据业务的情况加班工作，要求能长时间保持旺盛的斗志和精力。在饭店经营情况较好的情况下，收益管理总监的日子自然好过。但是，没有人能保证饭店任何时间都比竞争对手强。所以，在市场低迷，收益情况不很好的情况下，收益管理总监的压力特别大，因为要面对来自饭店总经理、各业务部、业主或股东的质询甚至怀疑，面临巨大的压力。所以，收益管理经理要能抵抗得住压力，能在压力下保持清醒和镇静，应当如弹簧一样，压力越大，反弹力和张力越强，而不是在压力面前乱了方寸，没有主张。

表达能力强。收益管理总监要能用语言或文字清晰地表达自己的想法。

3. 收益管理总监的工资、奖金以及工作绩效评定

由于收益管理的工作是如此重要，所以，收益管理总监的基本工资通常不会少于饭店重要部门的总监，如市场销售总监和财务总监等的基本工资。为了提高收益管理总监的工作热情和积极性，饭店通常还设有奖励机制，根据饭店完成预算收入指标和利润指标的情况给予收益管理总监提成奖励，这些奖励的标准因饭店的规模和经营情况而异，一般相当于收益管理总监基本工资的10%～30%。

收益管理——有效实现饭店收入的最大化

从本质上看，收益管理总监的奖金是建立在他对潜在市场的机会的捕获能力的基础上。本书前面章节已经介绍过，饭店的收益管理能否取得好成绩，关键看收益管理总监对市场需求变化的预测准确程度。预算是预测的一种，但是只依靠能否完成预算来评估收益管理总监的工作表现是不正确的。因为饭店通常是在上一个年度的9月份或者10月份根据当时所掌握的情况和一些主观的假设预测下一年度的情况，从而确定下一年度的预算。所以，饭店要求收益管理总监每个月重新预测下一个月的市场情况，并根据预测更新下个月收益管理目标（它可能大于预算，也可能小于或等于预算）。必须看到，随着时间的变化，市场情况发生了变化，制定预算时的一些假设未必正确。如果以完成预算为目标，根据预算来制定收益管理的策略，并以此考评收益管理总监的工作业绩，显然是不妥当的。

由于预测工作的准确性如此重要，在确定给予收益管理总监多少奖励时，通常要考察其年度营业收入预测的准确性。预测越准确，饭店的收益管理策略越正确，错过的收益机会也越少。预测的误差按月记录。年度的累积预测误差的绝对值通常要求小于3%。

此外，考察收益管理总监的工作绩效，不应只看饭店经营结果与预算相比及与饭店历年情况比较的表现，还要看与竞争对手比较的情况。这就是要看饭店的市场各种比较指数，如平均每房收入、平均房价以及平均客房出租率指数等是否能达到100。在这些指数中，平均每房收入的指数最为重要，一般饭店都要求这一指数能达到100，因为平均每房收入等于平均房价乘以平均客房出租率，它集中反映了平均每间可出租的饭店客房创收的能力。当平均每房收入指数为100时，表明饭店在客房收入方面获得了应得的市场份额。如果超过100，表明饭店客房收入所得超过其市场份额。但是其小于100时，表明饭店客房收入低于市场份额，换句话说，就是有部分生意给竞争对手抢走，输给了竞争对手。

收益管理工作是项十分重要的工作，同时也是一份压力非常大的工作。在饭店面临激烈的市场竞争和市场环境发生重大变化，饭店的经营困难比较大，难以完成预算指标的时候，收益管理总监的压力更大。因为此时，很多人不一定了解市场竞争和市场环境的变化，而将饭店的经营困境归咎于收益管理总监工作不力。所以，对收益管理总监来说，最重要的是要得到饭店总经理的信任、理解和支持。此外，饭店总经理要加强学习，积极参与到收益管理的过程中来，以提高对收益管理总监工作绩效评价的客观性。从整个行业的情况来看，饭店员工的流动率是很高的。收益管理总监的职位是个相对新的职位，市场对优秀的收益管理总监的需求很大。如果不能公正评价他们的工作，就无法留住好的收益管理人员。另外，要能长期留住优秀的收益管理人才，饭店和饭店集团公司要能为他们提供良好的发展机会，比如饭店不断扩展，给他们提供向上升的机会，由管理一家饭店的收益管理工作变成管理地区性很多家饭店的收益管理工作，或者当他们在一家饭店工作的时间太长，产生职业的疲劳感时，能通过饭店集团公司业务的拓展，提供他们到外地或姊妹饭店工作的机会。

4. 订房部（预订部）经理的选拔培养

预订部经理是收益管理总监的助手，协助收益管理总监开展工作。规模较小的饭店一般只设预订部主管，直接向收益管理经理负责。饭店应当培养预订部经理作为收益管理总监的后备人选，因为不同的饭店和饭店公司通常使用不同的中央预订系统、饭店管理信息系统以及收益管理系统，如果收益管理总监离职后，不能在同一个饭店或饭店公司内招到新的收益管理总监而是从其他饭店或饭店公司招到，新的收益管理人员想学会并能熟练使用这些系统，至少需要培训半年。另外，培训新人员熟悉饭店的市场情况和内部各种情况也需要很长时间。所以，从招聘到新的收益管理人员直至他能有效地开展工作，至少需要 6 个月到 10 个月的时间。在这期间，饭店无疑承担着收益管理工作不能有效开展，饭店收益蒙受损失的风险。

饭店的预订部经理在日常的工作中通常已经能熟练使用饭店的管理信息系统和中央预订系统，唯一需要学习的是收益管理系统。如果饭店有意识地培养预订部经理作为收益管理总监的接班人，平时让他参加到收益管理的会议中来，学习收益管理的方法和理念，了解收益管理的全过程，同时也适当地培训其如何使用收益管理系统，一旦收益管理总监离职，预订部经理便能顶上，接手收益管理的工作。这比起从饭店外部招聘收益管理人员要快捷得多，可以使饭店的收益管理工作不中断，能延续下去。

当然，值得注意的是，收益管理的工作不是人人都能做好的。收益管理人员的培养和选拔，要能发掘真正具有从事收益管理工作素质的人。如果预订部经理的素质达不到要求，还是要从饭店其他部门，如销售部或前台部选拔，甚至从饭店外部招聘有经验的人从事收益管理工作。

5. 订房部经理或主管的主要工作职责

管理和维护预留给不同细分市场的团体客和散客的客房的数量。控制好需求。

建立、监督和调整销售渠道和价格，以最大限度提高总收益。

对客房的历史销售情况进行分析，对未来客房的销售情况和市场的需求进行预测。

每月预测一次饭店的客房收入和客房出租率。

建立和实施价格策略。

管理客房的价格，根据情况的变化及时调整价格。
最大限度地提高客房平均房价和最大限度减少空房。
管理团体客预订的情况和销售的情况，努力实现既定目标。
合理分配饭店客房在不同渠道的销售数量。
分析影响本地区的市场需求的因素，并能分析这些因素发展变化的方向和影响。
分析各细分市场的消费行为，包括何时订房，何时入住，住多久等。
分析不同细分市场的客人的住店史，找出可以提高饭店销售额的机会。
监督价格策略的实施。
追踪竞争对手的价格变动的情况以及经营情况。
分析宏观和微观的社会经济环境，追踪发展动向。
审核每日预计入住的团体客和散客的名单，保证没有错漏或重复。
负责同中央预订中心的沟通，帮助他们理解饭店产品和服务的特性以及收益管理的策略。跟踪监控中央预订中心每月接听客人的电话的数量和质量，记录电话没人接听的数量，以及被接听的电话转化成预订的比率等。
协助收益管理总监编制一些饭店总公司、饭店总经理或者收益管理总监需要的日常性的报表。
负责核对和支付旅行社或团体客机构的佣金或回扣。
处理与订房有关的客人投诉和咨询。
协助财务部处理客人关于房费或旅行社回扣的争议。
负责收取预订了客房但没有来入住，也没有取消订房的客人的订房保证金。这是饭店的重要收入来源之一，不可忽视。

6. 饭店对订房部经理或主管的任职要求

有从事住宿业收益管理的经验，或者是从事饭店业，担任过订房部、销售部的管理人员的经历。
熟练使用微软的常用办公软件，包括电子表格、文档处理、展示软件（Powerpoint）、小型数据库处理以及电子邮件等等。
具备数据统计分析的能力，包括利用软件系统生成和制作的电子表格、工作表、图表，以及对现有的数据进行分析。
有能力预测饭店的销售房间数以及收入。
必须理解第三方销售渠道的运作，及其对饭店累积收入的影响。
懂得如何建立团队的预留房，能保证它们最大限度地增加饭店收入。

具备使用饭店预订系统以及饭店信息管理系统的经验。

具备很强的战略思考与数据分析的技能,以及很强的书面和口头沟通的能力。

领导能力突出。

工作注意细节,能够在规定的时间内完成工作任务。工作结果准确。

能够以间接和有条理的方式进行展示沟通。

具有很强的学习能力,通过短期培训能迅速掌握工作内容。

7. 团体订房协调员的工作职责和任职要求

团体订房协调员负责在饭店预订系统建立团体预留房(Group Blocks),输入团体订房名单,接受团体订房,回答团体客提出的问题。下面是美国加利福尼亚州圣地亚哥市市中心一家拥有330间客房四星级的饭店对团体预订协调员的要求。

——团体订房协调员的工作职责

参加每周、每月例会,参加团体预订的策略的制定,跟踪团体订房的进展,参加接待团体客人的内部准备会议,给团体接待和服务提供支持。

负责生成、打印和核查每日的预订清单。

接听客人的电话,回答客人的问题,尽量满足客人的要求。

负责为团队客人订房,以及修改或取消预订。

建立团体客的账号,转账,协助财务部收取有关费用。

协助订房部核对旅行社或团体客的回扣(或佣金),保证准确、及时地支付回扣。

协助订房部经理收取订了房但没有来住的客人的费用。

协助订房部经理解决客人对收费和价格的争议。

负责建立团体客的回扣清单,备预订部经理审阅后支付。

——团体订房协调员的任职要求

熟悉饭店的订房业务,包括团体订房和散客订房。

熟练使用从事这项工作的各种电脑系统,如中央预订系统、饭店管理信息系统和全球分销系统等等。

熟悉饭店使用的其他团体预订工具,如 Passkey,Delphie 或 SalesPro,

以及电话留言信箱等。

熟练使用微软的常用办公软件，包括电子表格、文档处理以及电子邮件等等。

能够阅读团体接待日程表，并据此作出工作安排和决策。

掌握获得信用卡收费授权的步骤，以便收取订房押金、房费以及其他有关费用。

熟悉饭店周边的情况，如餐厅、市政设施、旅游景点、交通、康乐设施等等，以便能随时回答客人提出的问题。

熟知饭店客房的数量、种类和特点，熟悉每个楼层各种客房的分布情况。

工作认真细致，重视细节。

适应性强，可以做多种不同类型的工作。

8. 中央预订中心的工作职责与管理

饭店中央预订中心既有属于外包的第三方公司的，也有属于饭店集团公司的。不管怎样，饭店的中央预订中心是个自成系统的单位。不管饭店的管理结构如何，中央预订中心的人员设置、功能和工作要求基本一致。

中央预订中心的主要功能是负责电话预订，将从第三方网站上得到的电子预订，如电子邮件、电传预订信息等，输入饭店预订系统。有的中央预订系统还能处理通过与饭店谈判而得到一定预留房间的团体订房要求，在这种情况下，相应的饭店不再设团体订房协调员的职位。

要发挥好中央预订中心的作用，首先要做好沟通协调工作。由于中央预订中心通常远离饭店所在的位置，预订中心的人员不太了解饭店的物理特性。所以，经常的沟通协调工作变得十分重要。很多饭店在淡季邀请预订中心的人员到饭店所在的城市来旅游，住在饭店里，以有效地帮助他们了解饭店的产品特性。饭店收益管理经理还按季度拜访中央预订中心，向他们介绍饭店的新情况和饭店收益管理的新举措。

此外，饭店还要对中央预订中心人员做销售技巧方面的培训，其目的是提高饭店的预订比率，并减少回扣。

为了保证中央预订中心人员的工作效果，饭店集团公司还自行或者请第三方公司负责监控中央预订中心接收电话订房的情况，检查他们是否按照程序去做，是否熟悉饭店的产品，是否具备必要的销售技巧和沟通技巧，以确认是否要对他们提出建议，或者安排培训。

三、如何召开有成效的饭店收益管理会议

收益管理策略的制定是通过收益管理会议来决定的。收益管理会议应当每日召开一次，每次时间可长可短，视实际情况而定，但是一般来说，每次会议的时间应当不超过半小时。参加收益管理例会的人员是收益管理委员会的成员，包括收益管理总监、饭店总经理、市场销售总监和房务总监等。特殊情况下如果需要召开扩大会议，还会邀请前台部经理、市场销售部负责团体接待和公司协议账户的销售经理、预订部经理、会议和宴会等部门的负责人参加。

收益管理总监是这个会议的主持人，负责确定会议的议程，收集整理各种数据和资料，在会上向其他人员介绍收益管理的策略和方法，接受与会人员的提问和质询。收益管理人员要认真听取他们的意见，必要时对收益策略进行调整，最后大家达成共识。会后，收益管理人员向下属的预订人员包括中央预订中心通报会议决定，并根据会议的决定更新饭店中央预订系统、饭店网站以及其他网络营销公司网站上的销售价格和空房的数量，确保会议决定能贯彻落实。

收益管理的会议通常分大会和小会。大会每周召开一次，时间为一小时到一个半小时。除了收益管理委员会的成员外，通常还要求团体接待经理、公司协议账号经理、预订部经理以及前台部参加。这个会议的主要目的是回顾近期的经营情况，展望未来两到三个月的经营情况以及确定收益管理的策略，尤其是团体市场的策略。由于团体客通常提前两到三个月，甚至更长时间预订，所以，这个会议对制定团体市场的销售策略很重要。大会分析和讨论的内容很多，主要包括现已获得的预订的情况，已获得的预订与去年同期获得的预订以及今年的预算相比较的情况，去年同期的经营情况，上月的经营情况，近期与竞争对手比较经营指数的情况，未来两到三个月的市场变化情况，竞争对手的价格情况等等。通过与竞争对手情况、去年同期情况以及预算情况的比较，收益管理委员会可以清楚未来两到三个月的经营情况。例如，如果与竞争对手情况、去年同期情况以及预算情况比较，饭店都处于较有利的地位，那么未来两到三个月的策略重点将放在提高饭店的平均房价上，饭店应该采取升价的策略；反之，饭店应该把重点放在提高市场份额上，因而价格应该不能太高，应该比较灵活，以获得更多的预订，提高饭店的每房收入。

小会通常根据需要隔天或者每天召开一次，每次不超过 30 分钟。目的是把握饭店获得的预订情况，掌握预订的进度，紧盯竞争对手的价格，根据市场的

变化迅速及时地进行价格的调整。该会议要讨论的对象通常是未来两周到30天的情况,主要解决短期的散客的收益管理策略。

无论是大会还是小会,饭店收益管理总监会前都要进行精心的准备,收集、整理和分析所有要讨论的事项,准备好有关的表格和资料。准备得越充分,越能提高会议的效率和决策的准确性。会后,收益管理总监和销售部经理要根据会议的决定调整价格,把有关策略付诸实践。

四、收益管理部门如何与其他部门顺畅沟通

收益管理部门必须要做好与其他部门的沟通工作,如果不能做到顺畅沟通,就会发生冲突。冲突的具体原因可能会是收益管理部门制定的实现饭店收益最大化的策略不为其他部门理解和接受,或者收益管理部门对未来的看法与其他部门的看法不同。

(一)前厅部

前厅部是与收益管理部门关系最为密切的部门之一。收益管理部门负责制定饭店客房的销售策略、价格等,并从不同渠道收到客人的预订。饭店的前厅部负责接待客人入住登记,并收取费用。在客人入住登记时,入住后,退房时,以及退房后涉及的一些与价格和费用有关的问题,前厅部需要同收益管理部门沟通解决。即使在饭店已经将预订功能转给中央预订中心,或者互联网公司,还是有相当的一部客人喜欢直接到前厅订房。

前厅部还需要收益管理部门的培训,以有效地实施超额预订策略。超额预订可以提高饭店的收益,但是,超额预订数量过多,则需要饭店出钱安置部分客人到别的饭店住宿。收益管理总监通常根据预订被取消的可能性和数量,以及客人定了房间但不来入住(No-show)的数量来决定超额预订的数量。但是,还应该考虑入住的房间数量的多少。例如,如果某天预订有120间房要入住,收益管理总监决定超额预订10间房,即超额预订的比例占预订入住的房间的8.3%,这也许是个正确的决定,因为或许会有5间房预订被取消,另外5间成为No-show。但是,如果这天预计只有45间房间要入住,超额预订10间房,即超额预订的比例占预计入住的房间的22.2%,超额预订也许过多了。另外,超额预订的数量还与饭店所在市场的住房紧张情况有关系。例如,如果这天整个城市因大型会议所有饭店都爆满,如果该饭店要安排3个超额预订的客人到

别的饭店住，前厅部也许找不到可以接受这些客人住宿的饭店。所以，收益管理总监要同前台部经理保持良好的沟通，确定好超额预订的数量。如果收益管理总监与前台部没有沟通，超额预订过多，会给前台部的工作带来很大的不便和压力，从而影响两个部门的关系。

收益管理部门与前台部沟通的必要性还表现在两者要密切配合，尽量满足一些客人的特殊要求上，如贵宾卡持有者，身体有特殊状况者，熟客，以及重要客户等等。在接受客人预订时，收益管理部门通常获悉客人的特殊身份和状况，这些信息应该适时告诉前台部门，以便前台部门提供适当的房间和适当的款待。

（二）市场销售部门

市场销售部同收益管理部是关系最为密切的两个部门，收益管理总监和市场销售总监（市场营销总监）是饭店收益管理策略的制定和实施的关键人物。从某种程度来说，两者能否互相配合，两者的专业知识和经验是否能互补，关系饭店收益管理工作的成败。

1. 收益管理总监同市场销售总监应当优势互补，紧密合作

收益管理总监的优势在于懂得使用各种系统和工具，懂得分析历史资料和数据，以及活生生的市场的数据和资料，在此基础上进行预测，优化产品组合和决策。但是，收益管理总监由于工作时间和职责的限制，比较少面对面地接触客户，缺少第一手的市场信息和资料。市场销售总监的优势在于能直接和间接取得关于市场变化的第一手资料。这是因为市场销售总监经常参加各种会议，除自己直接接触客户，获得第一手资料外，还能通过市场销售部的公司协议账户销售经理、团体客户销售经理、会议和宴会销售经理等获得第一手资料和信息。如果市场销售总监来自于饭店所在的市场，他更能了解本地市场的历史、现状和发展趋势。但是，同样因为分工和职责的不同，市场销售总监对各种数据和信息缺乏像收益管理总监那样专业系统的理性的分析。此外，也不会使用同样的系统和工具，直接实施收益管理的策略。为此，如果两者能取长补短，互相配合，就能使收益管理的决策建立在更坚实可靠的基础上，收益管理策略实施起来就更有成效。例如，收益管理总监可以通过技术手段对市场变化的方向进行理性的分析和预测，市场销售总监则可以提供鲜活的市场信息和感性的认识，对收益管理总监的分析和预测进行适当的补充和修改，使得分析和预测更接近真实。

2. 以大局为重，解决因目标不同而引发的冲突

虽然收益管理部门同市场销售部门都在在为提高饭店的总体收益作努力，但是由于这两个部门之间存在一定的相对独立的部门目标，故有时两者之间不可避免存在一定的矛盾冲突。例如，团体销售经理有完成团体接待预算营业指标的压力,如有时团体接待经理要求按照一定价格接受某个团体预订的时候,收益管理部门却认为将房间销售给散客更有利。又如,某些时候收益管理部门认为将剩下的为数不多的客房以较高价格销售给散客能获取更多收入,但是负责公司协议账户管理的销售经理却要求将其以低于散客价的协议价把这些客房卖给某些公司协议客户,因为销售经理想与客户维持良好的关系。在处理这些矛盾和冲突时,应当以饭店的大局为重,以维护饭店的长远利益为重。只要两个部门加强沟通和协调,是可以解决这些矛盾的。

3. 加强沟通,市场销售部邀请收益管理总监参与该部门决策

市场销售部应当让收益管理总监参加到市场营销部接待团体客人预订以及公司协议价谈判的决策过程中去,并听取他的意见。

一般来说,团体客和公司协议客的消费占饭店总收入相当大的比例。以成功饭店为例,这家位于闹市中心,以商务客为主的饭店,团体客带来的收入占客房总收入的35%,公司协议账户带来的收入占25%。可见,这两部分的定价是否准确对饭店的收入影响很大。另外,大概有30%收入来源于直接打电话到饭店的预订中心订房的散客或者直接到饭店的网站上订房的散客,剩下的10%的收入来源于通过第三方网站订房的散客。从平均房价来看,直接打电话到预订中心或直接到饭店网站订房的散客价最高,为325美元;公司协议账号的居于第二位,为289美元;团体客的平均房价处于第三位,为275美元;通过第三方而来自于网络预订的散客的平均房价最低,仅有235美元。从收益最优化的角度来看,饭店应当尽量提高平均价格高的细分市场的销售量,如直接预订的散客和公司协议客,避免把有限的本来可以更高价格出售的客房产品以低价出售给平均价格相对较低的细分市场,如团体客和通过第三方预订的散客。但是,由于不同时候市场需求的高低不一样,有时不能保证仅依靠把客房卖给直接预订的散客和公司协议客而达到理想的客房出租率。有时为了客房住满客人,防止空房出现,饭店需要把客房卖给团体客和通过第三方的网站卖给部分散客,但是,可能会因此失去卖给更高价格的细分市场的机会。可见,市场销售部应该与收益管理部密切合作,共同研究市场需求变化的情况以及顾客消费的行为规律,认真计算和合理决定各细分市场的接待时机、接待价格和接待数量,防止因缺乏分析而出现的低价低产出的细分市场顶掉高价高产出的细分市场而造成的损失。可见,收益管理总监的介入和意见,对团体接待和公司协议客接待的决策是很有帮助的。

(三)饮食和宴会部

在设计包价产品时,由于客房的毛利率高,营业额大,有时为了提高客房出租率,把餐饮部门的产品和服务作为客房包价的一部分,从包价中分配给餐

饮部门的收入不能太多。因为从饭店的整体利益来看，客房部更重要，包价的收入应该多划给客房部门。为了提高整个包价的吸引力，餐饮的毛利不能打得太高，有时甚至要压低。例如一个包价产品，客人支付 299 美元，将能得到一间豪华客房，周末可住一晚。另外还可以得到一次供两人使用的免费早餐和一瓶香槟酒，半打玫瑰花。一次性购买的费用比分开单独购买的费用要低才有吸引力。所以，饭店的包价不能把价钱定得太高，不能把餐厅的毛利打得太高，否则没有吸引力。但是餐饮部也许不高兴。因为作为一个独立核算的部门，该部门需要尽量提高收入。餐厅部可能会感到为客房部做嫁衣了，而不愿意配合或者不开心，而没有看到这样做带给整个饭店的好处。

为了减少类似的摩擦，收益管理人员应该做好与餐饮部门的沟通协调工作，以饭店的大局和整体利益来说服他们。另外，也采取措施帮助餐饮部门多做促销。

（四）中央预订中心

总的来说，整个饭店行业的销售渠道越来越多，但是我们要看到使用间接的销售渠道，如第三方的网站、全球分销系统、旅行社等，由于饭店要支付佣金或给予对方折扣，饭店的销售成本一直在上升，实际上摊薄了饭店的利润。所以，饭店销售未来发展的方向是鼓励客人使用饭店的直接的销售渠道，如电话预订中心和饭店自己的网站等等。从这个角度出发，饭店通常希望能提高中央预订中心的生产能力，即得到更多的预订。为达到这个目的，收益管理部门要加强与中央预订中心的沟通和联系，协助预订中心培训其员工，使他们理解饭店产品和服务的特性，理解饭店价格的构成以及收益管理的概念、动态定价法和存量保护等概念，从而能够按照收益管理的策略来销售。因为预订中心的员工直接与客人交谈，处于接待工作的第一线，如果不提高他们的销售技巧和服务水平，如果他们不理解或不执行收益管理的决定，那么收益管理的效果就会大打折扣。

（五）财务部

收益管理部门与财务部的关系主要表现在要互相培训，一起处理关于收取客人预订金，取消订房的罚款，没有取消订房而且没有来入住的罚款，旅行社的佣金的支付等等问题，以及因此产生的一些纠纷。另外，收益管理部门还要经常审查入住的客人支付的价格，看是否存在一些不符合既定的价格策略的情况。如果存在这些情况，要查明原因，堵塞漏洞。

（六）饭店集团公司收益管理部

如果饭店属于连锁集团，在集团公司总部，通常设有负责销售和收益管理的部门，通常任命一位副总裁负责饭店集团的市场营销和收益管理工作。在副总裁的手下，通常设有负责市场营销的小组与收益管理的小组。收益管理小组根据集团公司饭店数量的多寡设立集团公司收益管理总监。如果饭店数量不多，只需要设立一个集团公司收益管理总监；如果数量很多，则要按地区设立若干个集团公司收益管理总监，每个总监负责一定区域若干饭店的收益管理工作。总的来说，该副总裁以及其手下的集团公司收益管理总监的主要职责是负责饭店集团的收益管理工作，负责制定整个集团的收益管理的战略目标，指导属下饭店的收益管理工作，负责招聘和培训下属饭店的收益管理总监，给予他们策略上和技术上的指导和支持，以及考察下属饭店收益管理总监的工作绩效。可见，集团公司收益管理部与饭店的收益管理部的关系是领导与被领导的关系。集团公司这方面的管理职能依靠下属饭店收益管理人员提供的周报表、月报表和年报表，按季度和年度到饭店来检查收益管理工作，组织饭店的收益管理经理召开每周或每月的电话会议，以及举办讲座和培训等途径得以实现。

总而言之，每个饭店要总结出最适合收益管理部门同其他部门沟通合作的方式，进行有效的沟通和协调，才能保证收益管理工作的顺利进行。

第八章 收益管理策略的实施

附：收益管理自我评估关键点

1. 判断你能否成功地做好收益管理工作，请给出以下事项的重要程度：

制定策略使收入和客房入住率最大化
分析和确定市场变化的趋势
管理团体预留房间的情况
主持召开经营情况回顾的会议
进行每周和每月客房入住率和收入情况的预测
管理和监控互联网收益管理策略在不同饭店实施的一贯性

2. 确认你是否需要以下培训以及培训的重要程度：

对预订部和前厅员工进行收益管理策略的培训和督导
分析财务报表和市场数据
制作并主持有效的演示
有效管理团体间以及人际间的冲突
把散客的需要、团体客的需要以及饭店的需要有机结合起来
能分析市场变化趋势对本饭店的影响
能制定并实施收益管理的策略
能维护饭店自己的网站
能向业主和雇主有效展示收益管理的策略
能够通过价格和收益管理的策略影响饭店的领导层
能够在饭店管理决策层建立对收益管理的信心
能与销售总监密切配合，从价格和房间存量管理的角度决定团体预订短期和长期策略

3．以下因素对收益管理人员能否有效实施收益管理策略很重要，请按照重要程度逐个打分：

能否有效同销售人员沟通

能否在收益管理会议上解释和确认增加收益的机会和策略

能否与管理公司账户的销售经理密切合作，追踪公司的消费情况并依此合理制定协议价格

能否与第三方合建立密切的合作伙伴关系，如第三方的网站销售渠道

能否显示出在口头上辩论收益管理战略和战术的灵活性

能否通过口头或者书面方式简明扼要地讲清复杂的收益管理策略

能否按时完成各种收益管理需要的报表

能否做出准确可靠的预测

是否真正懂得使用各种工具和报告

能否为散客和团体客制定长期的分销渠道和房间数量控制的策略

能否最大限度发挥互联网的销售作用

4．关于你的工作的信息——在你的工作职责中，收益管理的工作占多大比重？请确定以下事项各占的百分比，记住总和为百分之百：

研究和推出各种产品，如各种促销价格和报价组合

管理你的客房存量：如设置限制，更改价格等

与其他部门的经理互动，打交道

评估收益管理行动的效果

管理客户关系

预测出租率和收入

参加各种与收益管理有关的会议

研究策略

其他方面

以上收益管理的事项贯穿于收益管理工作始终，请读者根据各自饭店的情况确定好工作的重点。

第八章 收益管理策略的实施

要点回顾

1. 实施收益管理的六个步骤包括：分析市场总需求的情况，确定价格和价值的关系并定位产品和服务，合理进行市场细分，分析需求变动的规律，跟踪被饭店拒绝的订房要求和拒绝订饭店客房的需求情况，以及评估和改进收益管理体系。

2. 收益管理工作要以人为本。要建立良好的收益管理的文化氛围。

3. 饭店要高度重视收益管理的工作，要成立包括饭店总经理、收益管理总监、市场销售总监等主要人物在内的收益管理委员会，定期召开收益管理会议，制定饭店收益管理策略。

4. 要建立收益管理例会制度。收益管理例会包括每周一次的大例会和每天或隔天的小例会。召开大例会的目的是回顾近期的经营情况，展望未来两到三个月，甚至更长远的市场需求情况和预订情况，确定中期和长期的策略，尤其是团队业务的策略。召开小例会的目的是分析饭店已经获得的未来两周到四周的预订情况，分析此期间市场需求和竞争对手的变化情况，及时调整战术，实现短期目标。

5. 无论是大例会还是小例会，都要进行精心的准备，收集好会议的议题，准备好有关的表格和资料，控制好会议的进度。会议开得越有效，收益管理的决策越好，收益管理策略实施的效果也越好。

6. 收益管理总监是饭店收益管理工作的具体负责人，他负责制定并实施饭店的收益管理策略，控制饭店收益管理全过程，并对收益管理的最终结果负责。

7. 收益管理人员的选拔、招聘和任用对收益管理工作是否能富有成效地开展至关重要。饭店要根据收益管理人员的职责和资格要求严格挑选。

8. 收益管理工作是一项压力比较大的工作，人员的流动性比较大。为了留住优秀的收益管理人员，饭店要制定合理的奖励机制并做好他们的工作表现的评估工作。

9. 收益管理部门其他人员，如预订部经理、团体接待协调员、散客预订人员和中央预订中心工作员等等，是收益管理策略的具体执行者。要明确他们的职责，做好招聘和培训工作，才能保证收益管理策略的顺利实施。

10. 收益管理部门要协调好与饭店其他部门的关系，尤其是前厅部、市场营销部、预订中心、财务部和集团总公司的收益管理部之间的关系，搞好沟通和协调，齐心合力，才能搞好收益管理工作。

第九章

饭店全面收益管理

导读

本书前面的章节主要介绍了收益管理在饭店客房销售中的应用。其实，收益管理的原理和方法还可以推广到客房以外的其他部门，包括餐厅、高尔夫球会、汽车租赁等等，以全面提高饭店的收益。由于各个部门具有不同的特点，收益管理策略的运用随之也有不同的重点，例如，餐厅要提高每餐位单位时间平均收入，高尔夫球要提高每球道单位时间平均收入，汽车出租要提高每辆车单位时间平均收入。但是，从本质上来说，都要加强对市场需求的预测以及对顾客的消费行为规律的分析，以此为依据灵活调整价格，优化细分市场组合和销售渠道组合，采取适当的市场销售策略，合理安排生产和服务，最大限度提高设施和设备的使用率和产品及服务的销售率，最大限度满足市场的需要，把生产能力发挥到最大极限，从而最大限度全面提高饭店收益。

一、饭店的大部分营业部门都可以使用收益管理策略来提高收益

饭店全面收益管理的理念是指按照收益管理的基本思想和基本方法，在饭店具备实施收益管理策略条件的所有部门予以推行，包括客房部、餐厅、酒吧、宴会服务、会议和展览服务、高尔夫球会所、汽车租赁部、康乐部（包括网球场、保龄球场、卡拉 OK 厅、美容美发室、水疗室等等），以求最大限度提高它们的使用率或出租率，提高它们的产品和服务的销售量和单位销售单价，从而达到最大限度全面提高饭店整体收益的目的。

本书第一章讲过适合实施收益管理策略的行业的特点，如果一个行业具备这些特点，就可以实施收益管理，现重温如下。

可以实施收益管理策略的行业的特点：

> **存货时效性强**：这些行业的产品和服务的生产和消费具有很强的时效性，甚至同时进行，一过保质期或某段时间就不存在，同时通过销售产品获得收益的机会也随之永远的消失了。
>
> **需求随时间而变化**：市场需求在一天中不同时间、一周中不同日期、一年中不同季节呈现高低起伏的变化。
>
> **相对固定的生产能力**：作为供应方的企业生产力的资源，如设施和设备等相对固定，生产、接待和服务能力有限，短期内无法改变。
>
> **固定成本高，变动成本低**：企业的固定资产投资巨大，相对固定，但是每额外销售一单位产品的变动成本却很小，所以，在达到盈亏平衡点的销售量后，每额外销售一个单位产品得到的收入绝大部分贡献于利润。
>
> **价格具有相当的弹性**：市场的需求对价格的变化也相当敏感，即随价格的变化而变化，从而使得企业可以通过调高或调低产品的价格来影响市场的需求，实现企业的不同目标，如提高利润率或者销售量。
>
> **市场可以细分**：可以根据市场对产品特性的需要的特点、消费行为的规律以及对价格的敏感度等，对市场进行分类，从而可以对各细分市场的需求进行预测，以选择不同的销售渠道、销售策略和价格来满足他们的需要。
>
> **产品或服务可以提前预订**：市场提前预订产品和服务，使得企业能够预测需求的变化情况，安排生产和服务，以及调整价格。

收益管理——有效实现饭店收入的最大化

由于饭店的大部分营业部门的产品和服务都具备上述特征，因此都可以采用收益管理的策略来提高收益。这些部门包括客房、餐厅、酒吧、宴会服务、会议展览服务、高尔夫球会所、汽车租赁部、康乐服务——包括网球场、保龄球场、卡拉OK厅、美容美发室、水疗室等等。当每个营业部门的收益都能最大化，饭店的整体收益也自然能达到最大化，从而实现全面收益管理的目的。

本书前面的章节主要介绍了收益管理策略在饭店客房销售方面的应用。那么，如何在客房之外的部门或者行业运用收益管理策略，增加营业收入呢？常言道，"万变不离其宗"，其实，无论在哪个部门或哪个行业实施收益管理，指导思想是基本一致的，即根据市场购买行为和消费行为的规律，以及消费能力进行市场细分，并据此建立合理的价格体系和销售渠道，然后预测各个细分市场的需求量以及各个销售渠道的销售量，根据市场供求关系的变化合理定价，以价格作为调节市场需求的杠杆，优化细分市场、销售渠道和销售价格的优化组合，做到在适当的时候，把适当的产品和服务，按照适当的价格，销售给适当的客人。收益管理的基本步骤也是一致的，即收集和整理数据，分析和预测，决策和实施，最后是评估实施效果等等。

不过，不同的部门和行业存在不同的特性，因此收益管理策略的实施还需要懂得变通。如果读者真正理解了本书前面章节讲到的收益管理策略在客房部的应用的指导思想和实际操作技巧，举一反三，就不难找到在其他部门或行业实施收益管理策略的思路。鉴于篇幅的限制，以及考虑到餐厅、高尔夫球会所以及汽车租赁等业务是客房收入之外饭店收入的主要组成部分，笔者在本章将重点介绍收益管理在这些部门和行业的应用，希望起到抛砖引玉的作用。

二、实施全面收益管理必须树立正确的指导思想

思想引导行动，行动决定实效。所以，实施全面收益管理，首先要有正确的思想观念。收益管理是一种比较新的独特的理念，但它并不排斥其他一些传统的良好的经营管理观念，如成本控制观、时间效率观、产品质量观、顾客意识观等等。其实，收益管理思想不但不排斥这些理念，还与它们相辅相成，存在很多交集，即以市场为中心，按照需求变化合理安排生产和销售，提高资源利用率和生产率，以最少投入取得最大产出等等。概括起来，在不同部门或行

业推行收益管理策略，笔者认为经营管理者必须树立下列六种思想观念。

（一）所有营业部门必须盈利或者至少做到收支平衡

由于饭店的客房收入通常占总收入的70%以上，而且客房出租的利润也占总利润的大部分，因此，一些饭店经营管理者不够重视客房以外的其他营业部门（如餐厅、酒吧、娱乐等部门）的收入，甚至认为只要客房收入较好，这些部门亏损不要紧，可以用客房收入填补；或者认为餐厅、酒吧、娱乐等设施是附属的配套设施，其主要功能是满足住店客人的需要或是吸引客人住店，所以，为了提高客房出租率，或者拉到一些团体客，饭店通常牺牲这些部门的利润，折价或免费供客人使用或消费。其实，这种思想是很有害的，与全面收益管理的思想背道而驰。在实施全面收益管理的时候，饭店经营管理者应当认识到饭店的每个有营业收入的部门都应当独立核算，有独立的收入和利润指标，如果它们不能获取利润，就要至少做到收支平衡。因为，对一家饭店来说，个别营业部门亏本经营而饭店总体能盈利固然好，但是每个营业部门不论大小都盈利则更好。因为经济规律告诉我们，如果一个营业部门亏损，它将成为别的部门的包袱，从长远来看，对饭店的生存和发展有极大的影响。所以，饭店的每个营业部门都应该努力创收，千方百计做到盈利或者收支平衡。如果达不到这个要求，就应该考虑取消这些部门，或者将其租赁给第三者经营。

（二）必须提高服务设施和设备的使用率和出租率，减少空置

由于饭店的产品和服务大多具有存货时效性较强，生产和消费同时进行的特点，如果服务设施和设备在一定的时间内空置，饭店的生产能力在这段时间内就被空置和浪费了。所以，实施收益管理必须要做到尽量提高产品的产量和销售量，为此必须提高服务设施和设备的使用率和出租率。对于客房来说，是要提高客房出租率；对于餐厅来说，是要提高翻台率或餐桌使用率；对会议设施来说，是提高场地出租率；对高尔夫球场来说，是提高球场出租率；对出租车队来说，是提高车辆的出租率、里程数以及出车次数等等。收益管理人员应该对这些比率的行业标准以及本饭店的历史和现在的数据了如指掌，清楚本饭店的这些比率在竞争市场中是处于领先、中间还是居下的地位，以便明确努力的方向。饭店的经营管理者应当经常自我检查，并自问饭店的设施和设备的使用率和出租率是否够高，哪个时段、哪个部门还有提高的必要性和潜力，以及如何提高这些比率和防止空置浪费。

（三）"开源"与"节流"两手都要硬

饭店的利润主要是由收入和成本费用两大因素决定的。收益管理的最终目的是使饭店的利润最大化。如果仅重视提高营业收入而不控制好成本费用，营业收入提高的同时，饭店的成本也增加了，甚至增加的速度快于收入增长的速度，如此则饭店的利润是难以提高的。如果成本控制得很严而收入不见增加，饭店的利润也是很难实现的。所以，饭店既要千方百计提高营业收入，同时还要加强对成本费用的控制。增加营业收入，需要提高产品和服务的销售量和价格，即人们常说的"开源"；控制成本费用，需要科学安排人、财、物等资源，减少不必要的开支，也就是人们常说的"节流"，只有两手都硬，才能真正达到全面提高饭店整体收益的目的。不过，节流不要走到极端，不能因节流降低产品或服务的质量和规格，损害顾客的利益，这是得不偿失之举。

（四）加强市场需求预测工作，根据预测结果，合理安排和使用饭店的各种资源

本书前面一些章节讲到，收益管理是对未来风险的管理。加强预测工作，提高预测准确率，是风险管理的基础。安排企业生产经营活动，包括人、财、物等各种资料的使用要根据预测的结果来进行。遗憾的是，在现实生活中，很多饭店经营管理者并不重视预测工作，或者把预测工作简单地等同于在历史数据的基础上简单加上或减去一定的百分比，缺乏提高预测准确性的技术手段，不懂得预测需要对宏观和微观的市场环境，对各细分市场的消费行为规律和需求的变化进行深入细致的分析研究，需要把历史、现在和将来等各个片段组合起来，以得到一幅较准确和全面的图景。

笔者的工作经验和调查研究表明，越重视预测工作的饭店，对市场需求的变动把握得越准确，收益管理的决策越准确，成效越大。相反，不重视预测工作的饭店，就不能准确把握市场需求的变动情况，收益管理的各种策略必然建立在主观臆断的基础上，难以产生实效。例如，提高价格或者降低价格，开放或关闭某些销售渠道，接受或者拒绝某些细分市场的预订等，每个决定都要有预测的分析和数据为依据，不能主观臆断。因此，如果读者意识到自己工作的饭店或部门预测工作做得不好，就应该想办法改进这些工作：如果缺乏懂得预测技术的人才，就要设法引进人才；如果缺乏预测的技术手段，就要投资购买。

加强市场需求预测工作，还能有效提高饭店资源使用率，防止和减少资源浪费。按照市场需求的情况合理安排饭店的人力、财力和物力，组织生产和服务，在进行成本和费用控制的时候，收益管理思想如何体现呢？劳动力、水、电、气等能源开支以及客房易耗品和饮食部门的食品及原材料等等，是饭店成本费

用的主要构成部分。如果能根据预测的业务量情况来安排上班人数和班次，控制能源的消耗以及易耗品和食品及原材料的采购和库存情况，就能有效节约开支，提高饭店的利润率。

首先谈人力资源的合理使用和控制。服务行业是劳动密集型产业，饭店用于招聘、培训的费用，以及工资、福利、劳动保护以及保险方面的费用通常占饭店总体经营成本费用的30%到40%。如果能够科学合理地使用劳动力，节约人力资源成本和费用，无疑能提高饭店的利润率和整体收益。收益管理的实施，对市场的需求情况和饭店销售情况的预测，使饭店各个部门根据业务量进行人力资源调配成为可能。如果饭店能根据预测情况安排班次、补休、放假、培训，以及各班次的时间和上班人数等等，就能充分提高人力资源的利用率，避免出现人力安排不足，服务质量和工作效率下降的情况，也能防止出现人力过多，人浮于事，浪费人力资源的情况。

1. 利用对业务量的预测，进行人力资源调配，节省劳动力开支

下面将以成功饭店的做法为例，介绍如何编制收益管理业务量预测表，以及如何使用这个报表提供的数据安排人力资源。

为了帮助各部门掌握未来业务量的情况，为排班和调派劳动力提供依据，成功饭店收益管理部每周编制一份未来十日客房出租情况预测表，于星期三发送各部门。收到这份预测表的部门，根据预测的业务量情况安排下一周上班人数和班次。请见表9-1。

表9-1 成功饭店未来十天客房业务量情况预测表

	星期五 5月2日	星期六 5月3日	星期日 5月4日	星期一 5月5日	星期二 5月6日	星期三 5月7日	星期四 5月8日	星期五 5月9日	星期六 5月10日	星期日 5月11日
已经确定团体订房数量	120	120	60	140	130	130	130	63	63	90
已预留但尚待确定的团体订房数量	6	6	6	20	20	15	10	12	10	12
团体房间总数	126	126	66	160	150	145	140	75	73	102
已经确定的散客订房数量	58	63	64	70	90	129	110	90	88	97
预计将获得的新散客预订房间数量	20	25	33	45	60	26	50	35	40	50
散客房间总数	78	88	97	115	150	155	160	125	128	147
预计出租房间总数	204	214	163	275	300	300	300	200	201	249
预计空房总数	96	86	137	25	0	0	0	100	99	51
预计客房出租率	68%	71%	54%	92%	100%	100%	100%	67%	67%	83%

续表

预计住店客人总数（包括成人和小孩）	280	295	230	371	410	400	355	265	280	350
预计到达入住房间数	49	115	96	137	113	108	90	80	56	66
预计退房离店房间数	120	105	147	25	88	108	90	180	55	18
预计平均房价	$252	$255	$273	$315	$322	$326	$296	$248	$238	$263
预计客房收入（税收不计在内）	$51,408	$54,570	$44,499	$86,625	$96,600	$97,800	$88,800	$49,600	$47,838	$65,487

预计平均每天客房出租率	80%
预计平均房价	$284
预计未来十日客房总收入	$683,227

团体预订情况	平均房价	星期五 5月2日	星期六 5月3日	星期日 5月4日	星期一 5月5日	星期二 5月6日	星期三 5月7日	星期四 5月8日	星期五 5月9日	星期六 5月10日	星期日 5月11日
梅森/怀特联婚招待会	$185	15	15	9							
IBM公司北美经理培训	$345				10	20	20				
乔治城大学校董季度会议	$250							20	20		
第一国民银行投资分析会议	$315						35	35			
美洲银行经济形势研讨会	$330					20	20	20			
爱得生保险公司新业务推介会	$330	10	20	20							
美伦食品公司新产品展示会	$195				10						
尼尔逊医药研发会	$295			7	20	20					
凯文莫里森房地产展示会	$275								24	33	50
李斯特投资战略研讨会	$295							11	11	20	32
联邦储备局汇率与石油价格研讨会	$215							20	20	20	20
亨特立与李察森婚礼招待会	$195	50	40	10							
复兴旅游公司东部游	$325	51	51								
博伦特石油钻井公司投资咨询会	$320			10	24						
安达特会计公司项目开放会	$310				29	29					
墨西哥农业部代表团	$250			10	19	20	30	20			
阿里三生物化学项目研讨	$250				8	41	40	14			
团体房平均房价与订房数	$275	126	126	66	160	150	145	140	75	73	102

从此表可得到未来十天每天的客房出租率、团体订房总数、散客订房总数、入住房间总数、离店房间总数、住店客人总数等等重要数据。客房

部可根据这些情况，计算每天各个班次实际需要的清洁工人数。前厅部能计算出每天个别班次需要安排多少员工办理咨询、接待入住、退房等业务。餐厅和酒吧可根据客房出租率、住店人数、团队人数等预测前来消费的客人的总数，合理安排班次和上班人数。会议和宴会服务部也可以根据住店团体的数目、会议和宴会的预订情况安排班次和上班的人数。饭店的车队也可以根据这些数据安排司机的人数、班次和出车人次等等。这样，就能把人力资源的调配建立在业务量的基础上，使之随业务量的变化而变化，在业务量大的时候多安排人力，以保证工作效率和服务质量；在业务量小的时候减少上班人数，并安排员工补休、休假或培训。可见，收益管理的信息能帮助提高劳动力的使用效率。

2. 利用对业务量的预测，合理安排物料采购，提高资金使用效率

成功饭店的未来十天客房业务量情况预测表还可以帮助饭店管理者控制物品和原材料的采购和库存数量，减少浪费，提高资金周转率。为什么这么说呢？因为饭店的物品和原材料的使用量与业务量存在相对稳定的比例关系。例如，住店客人总数与客房的香皂、洗浴液、纸巾、茶叶、拖鞋、小毛巾、文具、纸张等易耗品的消耗量等存在一定的比例关系。在客房出租率高，住店客人多的时候多采购易耗品，反之，少采购易耗品。住店客人总数还与到餐厅或酒吧消费的人数，以及由此产生的食品和原材料的消耗数量存在一定的比例关系。这些比例关系是可以通过分析历史数据计算出来的。因此，只要知道住店人数和这些比率，就可以算出各种物品的消耗量，可以其为依据，安排客房易耗品、餐厅和酒吧的食品和饮料的采购量和库存量。当饭店客房出租率较高和住店客人较多的时候，饭店就应该提前采购客房易耗品，以及餐厅和酒吧的食品饮料，增加它们的采购量和库存的数量；反之，就要相对减少采购量和库存量。如果能坚持这样做，就能防止过度采购和物品积压，以免影响流动资金的周转，节约财力。此外，这样做还能有很多别的好处，例如，如果采购过多，需要人去清点和保管，浪费人力。食品和饮料通常还需要放到雪库里冷藏，耗用电力，增加能源开支。如果放置时间过长，还会过期或腐坏，造成浪费。所以，准确预测业务量并据此安排生产和服务能提高饭店的资金使用效率。

3. 利用对业务量的预测，安排维修保养和进行能源控制，节省能源开支

成功饭店的未来十天客房业务量情况预测表还能帮助工程设备管理部门制定控制能源消耗的计划，减少能源开支。例如，如果在客房出租率低的时候，这个部门可以与前厅部和预订部协商，将客人集中安排在某些楼层，别的楼层不安排入住，可以关掉或者减少这部分楼层的灯光和冷气或暖气，节约能源。在能源价格日益上涨，人们环保意识日益增强的今天，节能措施无疑对提高饭

店的整体经济效益和社会效益起到积极的作用。

可见，加强预测工作不仅对饭店销售产品和服务有用，而且对饭店控制成本费用也起到很大的作用。读者可参考上表，结合自己饭店的实际情况制订出类似的销售情况预测表，供饭店各部门安排人力、物力和控制能源时参考。

（五）根据市场需求和顾客购买与消费行为的规律定价，采用价格杠杆引导市场需求

价格是调节市场需求和供给的一个杠杆，也是引导需求流向的一个重要手段。进行全面收益管理，要求饭店收益管理人员能够准确预测市场供需变动的情况，善于根据需求水平的高低以及饭店经营目标的侧重点不同（有时侧重于提高房价，有时侧重于提高客房出租率），及时调整和操纵销售价格，运用价格杠杆来影响市场需求，引导其向自己需要的方向发展。例如，在饭店预订情况良好，饭店客房很可能全部出租出去的情况下，通过提高产品和服务的销售价格，把支付能力低、对利润率贡献较小的细分市场的需求排斥在外，只接受支付能力高、对实现既定利润目标有利的细分市场的预订，能有效提高饭店的利润水平。相反，市场需求不高，市场竞争激烈，饭店可能出现很多空置房间或者空置餐位的情况下，要适当降低饭店产品和服务的销售价格，或者在价格不变的情况下，增加服务的项目和内容，从而使顾客能得到更多的价值，有利于把顾客从竞争对手那里抢过来，提高市场占有率，减少产品和服务的积压以及设施和设备的空置率，提高饭店的收入。影响价格变动的因素很多，但最重要的是市场供需变化的情况。优秀的收益管理人员能够审时度势，知道什么时候该升价，什么时候该降价，什么时候该保持价格不变。

（六）建立有利于收益管理策略实施的奖励制度

《孙子兵法》曰："上下同欲者胜。"全面收益管理策略能否得到顺利实施，是否会成功，取决于上至饭店集团公司高层管理人员、饭店总经理、总监和各级经理，下到主管、领班和一线普通员工等等对收益管理的认识水平、参与和支持的程度。

饭店首先要对各部门和各级人员进行收益管理理念的培训。当然，根据实际工作的需要，培训的内容、深度可以不同，但是最起码的是要在全体员工脑海中树立收益管理的意识。除了要做好相应的培训工作，还要明确各部门、各级人员在全面收益管理过程中的角色、责任和作用，并把收益管理方面的工作表现纳入他们的奖励计划中去，激励各级人员积极参与和支持全面收益管理的实施，并使他们能因表现突出得到奖励。

第九章　饭店全面收益管理

对于直接参与收益管理工作，或者对收益管理工作的成效有直接影响的人员来说，合理的奖励制度就尤为重要。这些人员包括收益管理总监、收益管理经理、预订部经理和普通员工、前厅部经理和普通员工，以及销售部各级销售人员等等。通常，饭店可以根据预测的准确率、饭店的预算营业指标完成的情况，如总营业收入、客房营业收入、平均房价、平均每间可出租客房销售收入、市场占有率等等指标，按比例对他们进行奖励。例如，有的饭店规定如果饭店刚好实现预测的客房收入，预订部的员工就能获得相当于他们基本工资 10% 的奖金。如果客房实际收入低于预测客房收入，他们将得不到奖金。如果客房实际收入超过预测的客房收入一定百分比，他们将得到相当于他们基本工资的 10% 加上这个百分比的奖金。例如，如果实际客房收入比预测客房收入高 5%，他们将得到相当于基本工资 15% 的奖金。这些奖金逐月计算和发放。这项措施有力促进了预订人员对收益管理的参与，提升了他们对客房收入的关注程度，提高了他们进行升档销售的积极性和主动性，使他们接受顾客预订时更加耐心和细致，尽量把房间卖出去，以增加客房收入。

有的饭店为了促进全面收入管理的实施，把收益管理总监、销售总监以及销售经理的奖励计划做了改进，增加了许多与全面收益管理有关的考核标准，以使奖励制度更为全面和有效。很多饭店的奖励计划原来只考虑客房营业收入、平均房价、平均每间可出租客房销售收入等指标的完成情况，为了推动全面收益管理的实施，增加了饭店总收入和总体利润完成情况的指标。如果饭店总体营业收入完成预算的 100%，他们将得到相当于基本工资 15%～20% 的奖金。如果饭店总体营业收入只完成预算的 95%，他们本来应得的奖金将被扣掉 5%；如果饭店总体营业收入超过预算的 5%，那么他们应得的奖金将增加 5%。如果利润指标不完成，即使营业收入指标实现了，他们也将被扣掉一部分奖金。这些措施有力促进了全面收益管理策略的实施，使得这些管理人员更加积极关注客房收入之外的部门的收入，如会议和宴会、饮食、高尔夫球会、汽车出租服务等等的收入，并采取措施增加这些部门的销售收入。另外，还使得他们不仅关注收入，还注意关注成本和费用的控制，以提高利润结果。

三、实施全面收益管理必须纠正的一些常见错误思想

由于收益管理的理念是一个相对较新的概念,很多人对其不甚了解,甚至存在不少误解。这些误解无疑是饭店实施全面收益管理策略的障碍。因此,有必要纠正这些错误的认识。美国收益管理专家 Warren H. Lieberman 在其《揭穿收益管理的神话》一文中指出,饭店业对收益管理在行业中的角色和作用的误解主要表现为十种情况,现在将其主要观点,结合笔者在实际工作中的体会具体介绍如下。

(一) 误认为收益管理是电脑软件的工作

美国收益管理专家 Lieberman 指出,当饭店的经营者与所谓的收益管理专家谈到收益管理的时候,通常话题很快就会转到收益管理软件或者工具的话题上。在讨论收益管理时,计算机系统或软件以及它们的预测功能,优化房间类型的组合,控制房间的销售数量,设置限制条件,折价销售的控制等等,将不可避免地成为讨论的话题,使人感到好像如果没有收益管理电脑系统或软件,就不能进行收益管理。其实不然。为什么呢?因为收益管理实际上既不是一个电脑系统,也不是在一组数学公式基础上写成的电脑软件,而是根据市场需求的实际情况采取的一种策略和应对方法,是一个分析、决策、实施和反馈的管理过程,是一个饭店销售产品和服务,市场消费这些产品和服务的管理过程。电脑系统或软件只是一个工具,它能预测市场需求的高低,预测可能出现的预订被取消以及客人订房后既不取消,也不来住的情况等等,帮助收益管理人员决定何时设置或取消销售限制条件,如最低住店天数、最高住店天数、停止当日到达入住(英语为 Close to Arrival,意思是规定某日的客房只供早于该日入住的客人顺延使用,不接受到达日期为该日的新预订),计算接收一个团队预订是否会影响散客预订和降低整体收入,以及根据住宿日期的不同决定不同的价格等等。但是,它的作用也仅仅局限在参谋上面,它不能取代人去作决定,也不能贯彻落实每项具体的收益管理策略,尤其是涉及到其他部门参与的决定。并且,虽然收益管理提出的建议主要靠内置的复杂的数学模型和电脑软件来支持,但是,这些模型和软件并不能满足所有的需要,很多收益管理的行为和过

程不需要电脑系统也可以进行，例如升档销售，设计饭店的产品和服务，或者把产品和服务进行组合，进行包价销售，培训预订人员和销售人员的沟通技巧和销售技巧，制定合理的工作程序、工作绩效评估标准以及员工激励制度等等。

一些饭店收益管理实施的效果比别的饭店好，是因为它们的收益管理人员不但善于利用收益管理系统这个工具来辅助决策，还善于观察收益管理策略实施过程中每个环节员工的工作表现，消费者的购买行为的特点，以及市场对这些策略的反应等等，善于发现问题和及时解决问题，如及时对员工进行督导和培训，指导他们根据顾客的特点进行销售，及时根据市场的反应调整策略等等。

由此可见，收益管理电脑软件并不是收益管理的全部。

那么，如果饭店没有收益管理电脑系统或软件，是否就不能进行收益管理工作？答案是否定的。如果饭店因预算或者别的原因没有购买和安装收益管理电脑软件和系统，仍然可以根据收益管理的基本原则和方法实施收益管理，只不过收益管理系统和软件能做的许多工作需要别的手段来完成，如数据的收集、整理和图表的制作和分析等。没有电脑系统或软件，饭店需要通过人工从饭店管理信息系统或者餐厅销售终端下载有关数据资料，通过人力输入电子表格或别的数据库软件（如 EXCEL 及 ACCESS），分析加工，生成收益管理所需要的各种图表，供收益管理者进行预测和决策所用。没有收益管理系统或软件，收益工作的效率也许降低了，但是，这项工作通过人工还是可以进行的。事实上，很多独立经营，不属于任何集团公司的饭店，或者财力较小，饭店规模较小，房间数低于 50 间的小型饭店并不愿意购买收益管理系统，但是只要他们的经营管理人员学会了收益管理的理念、原则和基本方法，通过人工也可以实施收益管理策略，提高饭店的收益。

（二）误认为收益管理系统剥夺饭店管理人员的决策权和控制权

Lieberman 还指出，在收益管理的一次讨论中，一个豪华邮轮的经理说："我们没有什么收益管理的计算机系统，我们的价格基本是根据需求的季节变化和邮轮的容量来决定，这些工作是电脑不能做到的。"他的话并不能准确说明收益管理系统的功能，因为收益管理的各种系统并不能代替人的决策本身。收益管理系统能完成一些公司人员日常性的工作，如数据收集整理和图表生成等等，向收益管理人员提供信息，帮助他们作出更好的决策，但是，收益管理系统并不能取代人的管理决策和组织实施的这些职责。一些比较复杂的收益管理软件具有一些功能，能根据建议采取某些具体的行动，如建议停止接受某个折扣价格的预订，或者在某天按照某个折扣价格进行销售，或者拒绝某个团队的订房，因为房价太低了等等，但是，是否接受这些建议，是否忽略并改写覆盖这些建议，采取不同的行动的决定权和责任最终还是落在饭店管理人员的肩上。

另外，收益管理系统帮助饭店管理人员把决策建立在信息的基础之上，还能监控决策的结果，帮助他们在决策的过程中学习和提高，使决策错误出现的几率越来越低，正确决策的几率越来越高。可见，收益管理系统并没有剥夺饭店管理人员的决策权和控制权。

收益管理要成功，要能把重点集中在对同一个产品能根据市场需求的变化提供多种价格，另外，还能通过增加某些服务或者免费的小用品，或者是不同的购买行为，不同的取消订房或不同的支付定金的条件，提供不同的价格拐点，把这些价格区分开来。许多饭店推行收益管理策略困难重重，效果很不好，主要是因为它们不能适当调整产品价格。通常，顾客好像希望每个产品只有一种价格，例如，当你走进一家商店，一个商品只有一种价格，你能做的决定就变得简单了，不外乎有两种——买还是不买。其实不然，如果消费者能够对商品的价格进行选择或者讨价还价，他们的满意程度将提高。一个有趣的例子是许多美国的汽车推销员发现随着价格种类的增多，顾客的满意程度增加了，因为他们能在一定范围内选择自己满意的价格，给他们的感觉是他们对同一商品能够讨价还价。相反，如果只提供单一的不能协商的价格会降低他们的满意程度。

基于这些认识，一些饭店集团开始使用同样的机制，拉开价格的差异，提供消费者讨价还价的价格。例如，当你打电话给一些饭店，他们向你报价。如果太高，你不满意，他们将报另外一些相对较低的价格。其实，房间也许还是同样的房间，不同的是不同的价格包括了不同的服务内容和选项，相对低的价格的服务项目明显要比高的少。

航空公司在实施收益管理策略时，常根据购买和服务的一些限制条件来区分他们的产品，拉开价格档次，例如是否可以退票或者是否可以退回购票款，是否要提前若干天购票，是否要在指定的日子或者时间乘坐飞机，如星期六上午6点之前或者晚上11点之后等等。有的饭店模仿航空公司的做法，对同样的客房产品设置不同的限制条件，如提前多少天订房、是否要预先支付费用、提前多少天可以取消或更改预订、是否可以退回定金等等，建立不同的价格，拉开价格档次，满足不同细分市场的需求，收到良好的效果。

公司制定的各种政策和程序必须能够鼓励提高营业收入。一些经理认识到如果接收的预订超过了饭店的空房数，将会有客人得不到客房而要被安排到别的饭店入住，由此饭店要负责有关费用，但是他们却没有看到超额预订能给饭店增加多少收入。超额预订的潜在的坏处是降低客人满意程度，但是，这并不一定会发生，不过，更多的超额预订必将导致服务水平的降低倒是必然的。在后面的篇幅将有解释。

（三）误认为收益管理的策略只能在供不应求时起作用

一些饭店管理人员认为，按照收益管理的原则，在供不应求时，要控制细分市场和销售渠道，对一些销售成本、回扣或者折价较高的细分市场和销售渠道要设定销售限制条件，减少甚至停止把产品和服务提供给它们。但是，在供大于求时，即使饭店把产品和服务提供给所有的细分市场和销售渠道，都还有剩余，此时，控制细分市场和销售渠道就没有必要了。另外，收益管理的超额预订和折扣价格控制的策略在供不应求时能起到很好的作用，但是，对大部分饭店来说，每年出现客房出租率达到百分之百的天数不多，可见，饭店在大部分时间并不需要超额预订和折扣价格控制，收益管理起的作用很有限。所以，收益管理只能在供不应求时起作用。笔者认为，这个观点是错误的，因为持该观点的不懂得在市场疲软，供大于求时如何发挥收益管理策略中细分市场、销售渠道细分和控制的作用。

那么，在淡季或市场疲软的情况下，如何发挥收益管理策略的作用呢？在需求低迷的情况下，如果饭店能对细分市场和销售渠道的情况进行深入细致的分析，就能制定出针对性强、切实可行的促销策略，避免盲目进行削价竞争。在淡季，很多饭店自觉或不自觉地采取削价竞争的策略，试图通过削减价格，刺激市场需求，并从竞争对手处拉来客源。那么，降低价格是否真的能够刺激市场消费，增加市场需求？自己的饭店降低价格，竞争对手也随之降低价格，那么，真的能够把客源从竞争对手那里拉过来吗？降价的幅度应该多大？哪些天需要降价，哪些天不要降价？哪些细分市场和消费渠道的要降价，哪些不要？如果没有认真思考这些问题，找出这些问题的答案，盲目降价，是十分有害的。

> 笔者一直强调，分析并预测各细分市场和销售渠道的需求，针对不同的细分市场和销售渠道采取不同的价格策略和控制方法，达到细分市场和销售渠道的最佳组合，是收益管理策略的一项重要的思想和方法，它不仅在旺季发挥作用，在淡季同样起到良好的作用。因为通过分析和预测各细分市场和销售渠道的需求的特点和对价格的敏感度，能帮助饭店确认未来需求疲软的时段，预测各细分市场和销售渠道的需求量和购买价格，从而采取针对性极强的措施去刺激和影响需求，实现各个细分市场和销售渠道销售收益最大化，使饭店在客房出租率没有达到百分之百时销售量和价格要能最大化。下面以成功饭店利用收益管理策略提高淡季客房收益的做法为例，说明如何具体开展这些工作。

收益管理——有效实现饭店收入的最大化

每年的七、八月是美国首都华盛顿饭店市场的淡季。此时天气热而潮湿,中小学和大学都在放假,很过政府部门和公司的职员也在放年假,市内也缺少大型会议和展览活动。市中心的四星级饭店这两个月的平均房价分别只有$185和$170,平均客房出租率只有65%和60%。成功饭店是城市商业中心的四星级饭店中业绩最好的饭店之一,但是,它在这两个月内仅在七月份有三天客房出租率达到100%。

受美国房地产市场不景气和美国金融系统次级贷款危机的影响,今年上半年,华盛顿饭店客房出租率预计比去年同期降低3%,客房收入虽然比去年同期增长1.5%,但扣除通货膨胀的因素,实际收入在下降。展望七、八月份,市场情景同样不容乐观。因为美国金融危机愈演愈烈,失业率增高,普通老百姓的实际收入在减少,消费能力降低。另外,汽油和飞机燃油的价格大幅度上升,居高不下,严重影响人们自驾车或乘飞机外出旅游的意愿。因为,汽油价格上升使得自驾车旅游汽油费用增加,飞机燃油价格上升迫使航空公司减少航线,提高票价,并对乘客的随身行李进行收费,使乘飞机旅游的费用大幅度增加。所以,全美国饭店市场的需求呈现出停滞甚至下滑的趋势。

有鉴于此,华盛顿的一些饭店决定采取折价促销的策略。它们在七、八月份暑假到来之前,在五、六月就采取了很多措施,例如,给住店时间超过两个晚上的顾客的房价打八折,超过三个晚上的房价打七折,超过四个晚上的,最后一晚免收房费。此外,还免费提供能供两人享用的自助早餐、免费保管汽车、免费干洗衣服,以及在客房内免费上网等优惠。捷讯及其他一些大型网络营销商为了鼓励顾客在它们的网站上预订饭店,还给所有住店时间超过三个晚上的顾客提供相当于50美元的汽油赠券。有的饭店还推出特别低的优惠价格,想把一部分顾客从三星级饭店抢过来,以提高饭店收入和市场份额。

这些措施是否真的有效?成功饭店是否也要这么做?事实证明,成功饭店没有跟风,却取得了比绝大多数同行好得多的经营成果。那么,成功饭店具体是怎么做的呢?

首先,该饭店的收益管理人员研究了七、八月份华盛顿市饭店市场需求变化的趋势。通过分析饭店市场的历史数据和未来几个月该市社会和经济总体发展状况,发现今年七、八月份该市的饭店客房出租率将略有下降,客房价格将略有增长,市场整体收入将基本不变。但是,细分市场的构成将发生变化。具体来说,商务散客和团体客的数量基本不变,政府散客和团体客数量基本不变,但是,会议展览等方面的团体客数量将较大幅度降低，国内休闲度假客数量将略有下降，而国际商务散客和休闲度假客数量将上升。

其次，成功饭店的收益管理人员还分析了该饭店的细分市场构成以及它们的需求变化情况。从历史情况来看，该饭店20%的业务来自支付公司协议价的商务散客，20%的业务来自从各种销售渠道订房、支付全价的散客（包括没有签约的商务散客以及休闲度假散客），25%的业务来自支付折扣价（包括政府团体客、商务团体客以及其他团体客），20%的业务来自通过销售渠道预订，支付折扣价——包括包价和回扣价的散客（通过饭店的网站、第三者网络营销公司的网站、旅行社等预订的商务散客和休闲度假散客），剩下的15%的业务来自按照政府协议价支付的政府散客。根据经济情况预测，这些细分市场的构成可能会发生如下的变化：

支付公司协议价的商务散客：在七、八月份来成功饭店住宿的商务散客的数量在过去几年保持相对稳定，不受经济周期的影响（历年来在这两个月内要出差的公司散客一定会出差，不在这两个月内出差的不会突然在这两个月出差），所以，已经签约的商务散客要消费的房晚数预计保持不变。进一步细分发现，商务散客中一半按照固定的折扣价支付（一年中无论哪一天来入住，他们的价格都相同），另一半按照低于公共价格20%的浮动价格支付（即如果公共价格升高，他们的价格也升高；如果公共价格降低，他们的价格也降低。无论怎样，他们的价格始终低于没有协议的公众支付价格的20%）。由于商务散客固定折扣价在去年续约时提高了6%，因此在消费房晚数不变的前提下，来自于以此价付费的商务散客的收入将增加。按照浮动价格支付的商务散客的房晚数将有所增加，这是因为去年的公共价格较高，今年如果把公共价格降低10%，本饭店的浮动协议价将低于竞争对手$15，能把部分业务从竞争对手处抢过来（因为有的公司既与成功饭店签有协议，也与其竞争对手饭店签有协议），使销售量提高15%，所以预计这个细分市场的收入将略有增加。综合看来，商务散客的总收入将有所增加。

支付全价的散客：国内自费旅游的散客数量将有所减少，但国际散客的增加将基本能弥补减少的部分。受汽油价格和飞机票价增长的影响，从美国国内到华盛顿来旅游的长途游客将减少，但从临近的州、县来旅游的游客将增加，因为旅游费用升高导致很多人会把长途旅游改为短途旅游。客房收入预计保持不变，但餐厅、酒吧等其他部门的收入因客人消费更谨慎，可能会减少。另一方面，由于美元贬值，欧元、加元、日元、中国人民币等升值，来自欧洲、加拿大和亚洲的国际旅客将增加。此外，华盛顿国际机场从去年起新开通的几条直达亚洲和欧洲一些主要城市的国际航线，无疑有助于给华盛顿地区带来部分旅客。今年如果把公共价格降低10%，预计支付全价的散客的销售量将提高18%，所以预计这个细分市场的收入将有所增加。

支付折扣价的团体客：受市场情况的影响，本地区的大型会议减少，团体客的房间数将减少，但价格基本不变，整体收入将减少。

支付包价或折扣价的散客：房晚数将略有下降，因为市场需求减少，因价格不变，这部分收入将减少。

支付政府协议价的政府散客：在本地区，政府部门每年与饭店行业协商下一年度的政府协议价，所有同星级的饭店的政府协议价都相同。今年的政府协议价比去年增加了5%。受经济不景气影响，政府散客需要的房晚数量将略有下降，但因价格增加，整体收入将保持不变。

基于上述分析，成功饭店的收益管理人员决定把七、八月份的工作重点放在稳定原有的细分市场和销售渠道，开拓和吸引新的细分市场和销售渠道上。在价格方面，公共价格下调10%，目的是提高国内和国际公共散客以及使用浮动协议价的公司散客的销售量，而不是盲目地削价大甩卖。

在稳定原有的细分市场和销售渠道方面，成功饭店派销售人员加强了与原有的会议团体客、政府团体客、公司商务散客等的沟通，请其预订的人员到饭店来聚会，带他们参观饭店的房间、餐厅和会议室等，让他们看到饭店已经换上了新地毯、新高清晰度平面数字电视、新的高档音响设备、更新换代的浴液、洗发液等易耗品，餐厅也进行了更新改造，变得更漂亮和典雅，使他们认识到饭店的产品和服务变得更好。另外，销售人员还向他们介绍饭店新推出的一个预订奖励计划——如果他们在七、八月份预订成功饭店的房晚数达到一定标准，他们将得到饭店的奖励，奖品包括免费到饭店吃住，以及免费到外地旅游等等，鼓励他们多安排客人来本饭店消费。后来实践证明这些措施有效地促进预订人员预订成功饭店的热情，使得这些细分市场的业务能保留在成功饭店。

在开拓和吸引新的细分市场和销售渠道方面，成功饭店的重点是在开发欧洲、加拿大和亚洲自费旅游的散客，利用成功饭店所在的集团公司总部设在欧洲，其品牌在欧洲和加拿大知名度很高的优势，加大对欧洲和加拿大客源市场的宣传，加强与负责欧洲和加拿大市场的旅行社的联络，并给它们提高比平时高5%的回扣，鼓励它们预订本饭店。另外，与航空公司合作，它们的客户如果住在成功饭店将得到免费的航空里程数，这些里程数累积到一定数量，将能够转换成免费的飞机票。最后，还增加了几个在欧洲知名度较高，市场占有率较高的网络营销商，利用它们的网站销售成功饭店的客房。最后，还推出特价套房，向五星级饭店的客户推销，使他们以相当于或低于五星级饭店的价格在成功饭店获得更好的客房和更多的服务，使他们能够以低于五星级饭店套房价格或者标准房的价格住到成功饭店的豪华套房，并享受很多优惠服务。"特价套房"帮助成功饭店从五星级饭店那里"偷到"一部分业务，从而提高自己的价格和市场份额。

在价格方面，公共价格下调10%后，国内和国际公共散客，以及使用浮动协议价的公司散客的销售量得到提高，达到了预期的目的。

实践证明，以上三项措施使得成功饭店在七、八月份的经营情况超过了竞争对手，如它的客房出租率、平均房价和平均每房收入的绝对值及相对于去年的增长率都比大部分竞争对手高。虽然有的竞争对手在客房出租率方面领先，但是付出的代价是很低的平均房价和平均每房收入，其原因是它们的房价折扣太大，以及免费赠送也太多，当然，它们的利润率也由此受到影响。

可见，收益管理策略在市场需求较低的情况下如果运用得当，也能发挥积极的作用。在淡季，如果不懂得运用收益管理的策略进行市场细分和销售渠道的管理和控制的工作，饭店要么无所作为，消极等待，要么就会被竞争对手牵着鼻子走，陷入削价竞争的怪圈，在竞争中落败。

（四）误认为收益管理等于削价竞争

"实行收益管理就是要打折，就是要削价竞争"。这是很多人对收益管理的误解。他们只看到了收益管理降低价格的策略，没有看到提高价格的策略。从降价的方面来看，当市场需求不高的时候，如在大多数周末和节假日，华盛顿特区的很多饭店通过打折，或者通过提高佣金或回扣鼓励旅行社或网络营销公司多销售，以提高饭店客房出租率和收入。或者在离入住日期只有两、三天，饭店还有很多空房时，为了降低客房空置的损失，它们会临时把房价降低到略为高于保本点的程度，以把顾客从竞争对手那里抢过来，吸引大量的短期市场的预订，达到提高市场份额和保本之目的。此时，它们的价格通常只有正常价格的50%至60%。从提高价格的方面来看，当市场需求高的时候，如商务客多的周日，或者所在城市有大型会议、展览或文体活动，华盛顿特区的多数饭店提高销售价格，关闭价格较低的销售渠道，不再提供打折或者少打折，以充分利用市场需求增加给供给造成压力的时机提高平均房价和客房利润率。可见，不能片面地把收益管理策略等同于降价。

> 于此必须指出的是，无论是降低价格还是提高价格，决策前必须进行需求的价格弹性的分析，即必须分析各细分市场和销售渠道的需求的价格弹性（Price Elasticity of Demand）。需求的价格弹性在经济学中一般用来衡量需求的数量随商品的价格的变动而变动的情况。

一般情况下，价格的变动会引起需求量的变动，例如电影院提高电影票价，看电影的人会减少；航空公司降低飞机票价，乘飞机旅行的人会增加等等。但是，不同的商品的需求量对价格变动的反应是不同的。当价格在一定范围内变动时，有的商品需求量不会发生变动。例如，香烟的价格上升一定的幅度，香烟的需求量并不会减少，因为上瘾的烟客需要购买香烟，能容忍价格的提高。有的商品哪怕价格只轻微变动，需求量的变动就会很大。例如在一些大学城的酒吧，啤酒的价格稍微提高，消费啤酒的学生数量就会大大地减少，因为大多数学生没有多少钱，对价格的变化很敏感。这家酒吧的啤酒价格升高了，他们就会跑到另一家便宜些的酒吧消费。有的商品哪怕价格大幅度变动，需求量的变动也很小。例如，在以大米为主食的国家和地区，哪怕大米的价格升高的幅度很大，对大米的需求也不会降低很多，因为人们为了生存还得购买和消费大米。另外，即使大米的价格降低幅度很大，大米的购买量也不会怎么变化，因为人们对大米的消费量是相对稳定的，所以，有时粮食丰收时，农民的收入反而减少了，因为此时粮食供应增加了，对粮食的需求并没有增加，竞争使得粮食的价格会下降，农民的收入就减少了。

需求的价格弹性用弹性系数来衡量，它等于需求量变动的比率除以价格的变动比率，即：

> 需求价格弹性的弹性系数＝需求量变动的比率÷价格变动的比率

用公式表示为：

> $Ed = (\triangle Q \div Q) / (\triangle P \div P) = [(Q_2 - Q_1) / Q_1] \div [(P_2 - P_1) / P_1]$

需求的价格弹性反映了商品需求量对其价格变动反应的灵敏程度。它所表明的是：当价格上升1%时，需求量所减少的百分数，或者当价格下降1%时，需求量所增加的百分数。当｜Ed｜<1时，称需求是缺乏弹性的。此时，需求量变动的幅度小于价格变动的幅度；当｜Ed｜>1时，称需求是富有弹性的，此时，需求量变动的幅度大于价格变动的幅度。

研究分析每个细分市场的需求弹性，要弄清楚如果价格发生变化，每个细分市场的需求是否也发生变化，以及如何变化，对总体收益的影响如何。例如，在某段时间饭店如果降低房价，公司协议散客的需求是否会增加？休闲度假客的需求是否会增加？如果都增加，增加的幅度是多少？如果提高房价，公司协议散客的需求是否会降低？休闲度假客的需求是否会降低？如果减少，减少的幅度是多少？笔者在实际工作中体会到，有时候降低价格，休闲度假客的预订量会增加，但是，商务散客和团体客的数量却相对不变。由于商务散客和团体客的需求量相对稳定，降价其实减少了这部分细分市场的收入和利润率，如果从休闲散客这个细分市场增加的收入不能补偿商务散客和团体客因降价减少的收入，这个降价的策略是失败的，是不应该实施的。

（五）误认为收益管理与优质产品和服务不能同时存在

有人认为实施收益管理策略将不可避免地采用浮动价格，有时降价，有时升价，价格的不稳定，使饭店客人感到困惑，影响对饭店服务质量的观感和评价。这种观点有一定的道理，因为它反映了保持饭店价格相对稳定的重要性。其实，实行收益管理并不排斥价格的相对稳定性。如果一个收益管理人员不懂得回头顾客对饭店长期利益的重要性，只顾短期利益而简单机械地提高饭店价格，很可能令回头客失望，失去长期获得他们的业务的机会。所以，实施收益管理策略时，要照顾到回头客或长期客户的利益，具体情况具体分析，对他们的价格给予特殊的处理。例如，即使未来某些日期市场需求很大，饭店也不应该简单拒绝他们按照一贯支付的折扣价格支付房费的要求。但是，饭店也不应该因要保持价格的相对稳定性而对采取建立在市场供求关系基础上的浮动价格有负罪感，因为供求关系决定交换价格是一条无处不在的规律，试想经济社会中有哪个行业的商品的价格是一成不变的？食品、汽油、水、电、衣服、交通、体育比赛等的价格，哪一个是一成不变的？所以，实施浮动价格策略的关键是要把握好度，并要处理好长期利益与短期利益的关系，不论是升价和降价都要有根据（即供求关系的变化），能够说服人和让人接受。

有的饭店管理人员还认为，实施收益管理策略要进行超额预订，当饭店承担风险进行超额预订以获得更多收入和利润时，不一定能够给所有有预订的客人提供房间，此举容易激怒那些有预订而不能获得客房的客人，从而影响客人对服务质量的评价。笔者承认超额预订与顾客满意程度存在一定的矛盾和冲突，但是，这个矛盾和冲突是可以尽量解决得完美一点的。当饭店出现超额预订要将部分顾客安排到别的饭店的时候（英文称 Relocate 或 Walk），收益管理部门要与顾客服务部门密切联系和沟通，提早作出安排，在邻近地区同等级的饭店找好后备用房，还要准备送客人前往入住的交通工具以及饮食安排。第二天如果本饭店有空房，客人愿意回来入住时，要尽量满足他们的需要，提供交通和饮食的便利。作为收益管理策略的一部分，在超额预订时，应当避免 Walk 熟客或者重要的客人，而是把那些临时决定来饭店入住，没有在饭店住过的过境

收益管理——有效实现饭店收入的最大化

客安排到别的饭店入住。有的饭店还模仿航空公司的做法在顾客中寻找自愿被安排到别的饭店住宿的顾客，代价是提供免费房或者饮食，或者外加一定价值的赠券供该顾客日后来饭店使用。这些措施使得处理超额预订更为顺当。其实，越来越多的旅行者已经知道航空公司和饭店会采取超额预订的策略，也明白如果航班或饭店出现超额预订时会有什么安排。超额预订越来越不是一种稀奇的现象，所以，航空公司和饭店与顾客的冲突也越来越少。

下面是一个著名的大众喜欢的滑雪场地的度假饭店处理超额预订的案例，供读者参考。

在美国，很多位于滑雪胜地的度假饭店的市场需求有很强的季节性，天气的变化直接影响市场需求。这些饭店在非滑雪季节生意很清淡，主要收入来自滑雪季节。所以，为了尽量多挣钱，这些饭店必须进行超额预订，避免旺季出现客房闲置。当到达的客人比饭店能容纳的客人多时，饭店必须为多出来的有预订的客人安排别的住处。虽然能收到各种不同的补偿，如免交住宿费，免费安排交通甚至食宿，很多被安排到别的地方住宿的客人还会很生气，因为他们原来预订的饭店的地理位置是他们来滑雪最喜欢的，被安排到别的地方住宿改变了他们的计划，给他们带来不便。

为了提高顾客满意程度，这些饭店采取了一项新措施，即当饭店出现超额预订时，饭店管理人员认真查看当天要入住和要退房的客人的资料，挑出那些第二天上午 8 点钟前要退房的客人，因为他们很可能要赶乘早班机回去，然后与这些客人联系，告诉他们如果他们愿意提前一天退房，改到机场附近的一家豪华饭店住最后一晚，饭店将为他们支付那晚的房费。这样的建议通常能被客人接受，因为客人选择到机场饭店住最后一晚是出于自愿，而且是滑完雪之后的最后一晚，况且第二天直接在机场等机，免除了一大早要起床赶往机场的奔波之苦。所以，饭店就能腾出空房，供当天入住的客人使用。这项措施提高了饭店的顾客满意程度，饭店的长期利益也因此得到保证。

（六）误认为收益管理太复杂了，难以掌握和实施

事实上，收益管理系统和策略并不像想象的那么难。它之所以让人感觉较难，是因为熟悉它和懂得它的人不多，如同中国现代饭店业兴起初期，人们对饭店管理信息系统的感觉一样。但是，学习多了，使用多了，就不会感觉难了。况且，现在中国的饭店管理和商业管理的教育已经有长足的进步，在劳动力市场上不难找到学习过统计学、经济学和市场营销学，同时又对数字比较敏感，喜欢进

行数据分析的人，可培养他们从事收益管理的工作。此外，购买了收益管理系统之后，供应商一定会对使用人员进行培训。而且，在市场上还有不少咨询顾问公司能够提供收益管理方面的专业培训。只要收益管理系统的选定能与饭店的实际情况相结合，选择适当的人员从事这方面的工作，搞好培训工作，循序渐进地开展这项工作，收益管理的技能是可以学习和掌握的，所以没有必要有畏难情绪。

（七）误认为收益管理对某些饭店不适用，因为饭店的情况和面临的问题很独特

当有的饭店管理者称收益管理对自己的饭店不适用时，他们的脑海里往往只有收益管理在别的饭店实施的情况，而没有考虑到自己饭店的情况。其实，在收益管理和收益管理系统等这些概念出现之前，饭店行业已经在不自觉地或多或少地实施某些收益管理的策略。例如，当某个特定的日子，饭店停止打折，或者停止销售标准房，只销售豪华房和套房；或者饭店把周末的价格调整为低于周日价格20%；或者饭店将按照低于牌价25%的价格把一间客房出租给一位要在饭店住半年的长住客。这些其实都是收益管理策略的体现。很少有一个饭店完全不实施收益管理策略。

正由于不同饭店和不同市场面临的情况不同，饭店才能根据自己的特性，从不用的角度去实施收益管理策略。例如，一位饭店销售总监认为自己的饭店不能实施收益管理策略，因为该饭店只有一种价格。但事实上，这个饭店至少有团体价和公司协议价两种价格，那么，收益管理至少可以被用于帮助销售经理谈判和确定团体价以及公司协议价格，体现在如何把握团体客和公司协议客的购买和消费行为习惯和特点，并利用它们来确定饭店的销售策略和签订合理的协议和合同。又如，一年之中，任何饭店都会或多或少出现若干天客房供不应求的情况。那么，此时收益管理策略的作用将体现在饭店分析和预测细分市场的需求，以此为基础制定这些天的销售策略，把客房销售给贡献最大的细分市场（这些贡献包括客房收入、餐厅收入、会议收入以及别的收入），搞好细分市场的组合，最大限度提高这些天的营业收入。

（八）误认为收益管理系统能自动提高饭店的收益

收益管理系统再好，功能再全面技术再先进，充其量只不过是一种工具，不能取代人的工作，就如有了一支画笔，并不能保证就一定能画出一幅杰作来一样。收益管理系统的主要贡献是指出控制价格和可供出租的房间数量和类型的重要性，帮助饭店管理者根据不同的市场需求状况以及竞争状况使用不同策略，但是，它并不能保证一定能为饭店带来很多收入。事实上，也有的饭店使

收益管理——有效实现饭店收入的最大化

用收益管理系统后,并没有获得成功,反而还降低了顾客的满意程度,并且收入减少。一个收益管理系统能否给饭店带来实际的好处,受到很多因素的制约,除了系统本身的功能和特性外,还受到使用它的管理人员对收益管理理念的理解情况和实际工作经验,以及饭店有关制度和人员的配合和协调等等的影响。

一个饭店拥有收益管理系统不是最重要的,重要的是如何量化评估使用这个收益系统和实施收益管理策略取得的实效以及今后如何改进工作,争取更好的成绩。衡量和评估收益管理的实效的方法很多,其中一种方法是衡量饭店缺乏考虑就拒绝或接受某些预订而失去的收入。通常饭店在预订房间数达到一定水平时,会停止接受新的预订,但是部分客人取消订房,或者预订房间后不来入住,也没有取消订房,使饭店出现一些空置的房间,这些现象在很多饭店都会出现。这些空房的价值因空置而被"糟蹋"了。饭店可以通过多接受一些预订,或称"超额预订(Overbooking)"防止它们变成空房。这些增加的预订给饭店增加的收入是可以追踪衡量的。超额预订不仅能增加饭店的收入,还能使一部分客人能够住到他们喜欢的饭店,从而提高顾客的满意程度。

另外,还可以使用饭店被拒绝的预订(Denials)的资料,模拟采用别的存量控制方法和价格策略的时候饭店的实际收入变化的情况。这种方法,也被称为"倒推法",能帮助饭店极为有效地估算收益管理决策能够给它们带来多少好处,以及应该如何改进收益管理策略。

(九)误认为实施收益管理策略是收益管理部门的事,其他部门与之关系不大

这个观点显然是错误的。本书在谈到收益管理与市场营销的关系时已经指出,收益管理和市场营销密切相关,应当互相支持和配合。收益管理策略的具体实施,还需要饭店其他营运部门的支持和配合,这些部门包括前厅部、财务部、客房部、饮食部、会议和宴会部等等。在每推出一项新的收益管理策略时,饭店收益管理人员都要与相关的部门进行沟通,做好解释、说明和培训工作;而相关的部门要根据收益管理的策略适当改变经营管理观念和调整操作程序,以保证收益管理策略的顺利实施。例如,成功饭店为了增加圣诞节淡季的整体收入和提高平均房价,推出圣诞期间特别包价,在去年平均房价的基础上多收\$50,包价包括一间免费升档的豪华客房、免费无线上网、免费两人早餐以及一顿可供两人享用的三道菜的晚餐。要使这个包价促销能够成功,收益管理部门事先需要与财务、餐饮、前台等部门商讨,确定有关的成本和费用以及收入在饭店内部的分摊以及有关预订、推广、接待、账务和服务输送等等具体的实施细节。可见收益管理策略的实施是离不开其他部门的支持和配合的。

（十）误认为某些市场不适合实施收益管理策略，或者认为如果竞争对手不实行收益管理策略，自己的饭店就不必实施收益管理策略

实行收益管理的一个前提条件是市场供求关系的变化。无论是从长期还是短期来看，市场的供求关系其实总是在变化的，没有任何一个饭店所处的市场的供求关系是一成不变的，因此，饭店总可以利用这些变化产生的机会，采取相应的收益管理策略去争取更高的客房出租率或平均房价。另外，除极个别的饭店(如规模非常小和房间类型单一的饭店)以及特定的时间(如某天或数天)外，从普遍的情况来看，无论是什么类型的饭店，其市场、价格和销售渠道都不是单一的，都可以进行细分和优化组合，所以，总存在收益管理策略应用的空间。所以，认为某些市场不适合实施收益管理策略的观点是站不住脚的。

有人认为如果竞争对手不实行收益管理，自己的饭店就不能实施收益管理。这个观点也是站不住脚的。因为，在当今的饭店市场上，根本不存在一点也不实行收益管理的饭店。前文已指出，无论饭店的规模大小、设施和服务的档次高低，以及所处的地理位置如何不同，它们都不会只有一种价格，一个细分市场，也不仅有一种销售渠道。例如，每个饭店至少都有团体客和散客两种细分市场，复杂一点的还可在团体客和散客细分市场内部进一步细分，因此每个饭店至少都有团体价和散客价两种价格，甚至还可将团体价和散客价进一步细分。另外，随着需求的季节变化，饭店还有不同的季节价，如淡季价和旺季价。如今，随着科技的进步，饭店的销售渠道越来越多，越来越复杂。除传统的前台职员向临时走进来入住的客人直销，预订部接收电话或传真预订，销售部外出拜访客户获得订单，以及通过旅行社代理销售外，饭店还可以建立自己的网站，在自己的网站上接收预订，或者通过捷迅之类的第三者网络营销商的网站，以及所在城市或者所在行业的窗口网站进行销售。可以说，每家饭店至少有两到三种销售渠道。所以，如何充分发挥这些渠道的作用，如何开拓新的销售渠道，并对各种销售渠道进行优化组合，成为饭店必须面对的问题。可见，饭店或多或少都在使用差异化的收益管理的策略去优化它们的价格体系、细分市场组合和销售渠道的组合，以谋求更好的结果。饭店之间的差异，不是是否实施收益管理的差异，准确地说，而是收益管理策略实施的范围、程度和水平，以及技术手段的差异（如是否使用收益管理系统来辅助收益管理）。

当然，笔者从不否认收益管理策略的制定以及措施的效果还要取决于市场的差异以及竞争的状况。因此，饭店的经营管理者要善于因地制宜，善于制定切实可行的收益管理策略，发挥收益管理的作用。实践证明，主动实施收益管理，而且收益管理实施的范围广、程度深、技术手段先进的饭店比被动实施收益管理，而且收益管理实施的范围不广、程度不深、技术手段落后的饭店在竞争中处于

更有利的地位，更容易获得成功。

四、如何利用收益管理提高餐厅的营业收入

对于住宿、饮食、会议和娱乐等配套设施和服务齐全的饭店来说，餐厅营业收入通常占饭店总营业收入的10%到30%。如果通过收益管理能提高餐厅的收入，无疑对增加饭店的总体营业收入有重要的意义。对于营业收入百分之百来自餐饮食品和服务销售收入的餐饮业来说，使用收益管理策略无疑对其生存和发展产生重要的影响。

实践证明，虽然收益管理在餐饮业的应用还没有普及，但收益管理的基本思想、原则和方法完全可以运用到餐饮行业，帮助这个行业提高营业收入。其原因是，餐厅传统上具备实施收益管理策略的条件，例如，餐厅的餐位数相对固定，厨房的大小和生产及服务人员的人数相对固定，其生产能力相对固定，餐厅的食品也不容易保存，比较容易腐坏，餐厅的需求量也随时间的变化而变化（如季节性、人们用餐的时间等），成本与营业收入基本成正比，以及市场可以细分等等。另外，如果把餐厅的消费单位定为客人消费的时间，而不只是客人消费的食品本身，那么收益管理的基本原则也可以应用到餐饮业。

餐厅收益管理要回答以下具体问题：

> 什么是餐厅的收益管理？
> 为什么要选择每餐位单位时间平均收入作为衡量餐厅经营管理水平的标准？如何计算这一标准？
> 如何改善餐厅菜单（或称菜谱）的设计和制作？
> 如何根据供求关系变化实施浮动价格来提高餐厅收益？
> 如何通过控制用餐时间来提高收益？
> 如何优化餐厅餐桌数和餐位数的数量和比例？
> 如何通过提高餐桌周转率来增加餐厅收益？

下面笔者将分别进行阐述。

（一）什么是餐厅的收益管理？

与客房收益管理类似，进行餐厅的收益管理，就是要能在适当的时候，将

适当的餐位、食品、含酒精或不含酒精的饮料以及其他产品和服务销售给适当的顾客，使餐厅的生产能力被充分利用，创造更多收入，同时也使顾客获得最佳的消费体验。

需要指出的是，餐厅实施收益管理的基础是要掌握顾客的消费特点、需求变动的规律以及市场竞争和供需情况的变化。餐厅的收益管理人员要对这些情况了如指掌：什么时候是旺季？什么时候是淡季？一天当中什么时候用餐人数最多？什么时候最少？通常多少人一同前来用餐？顾客是否喜欢提前预订餐位？提前多少天预订餐位？预订后不来用餐或者取消订餐的比例多大？平均每位消费金额是多少？其中食品、含酒精和不含酒精的饮料的消费各是多少？从到达餐厅到用完餐、结完账离开餐厅的时间是多少？餐厅的餐位使用率是多少？顾客的年龄、性别、职业、收入情况如何？哪些顾客是餐厅的熟客或回头客？哪些细分市场是餐厅最重要的细分市场？餐厅的竞争对手是谁？它们有什么强项和弱项？它们最近有哪些变化？等等。要能准确回答这些问题，餐厅经营管理人员必须深入实际，调查研究，把握第一手资料，并进行分析和整理，建立数据库。这是餐厅收益管理的基础工作，决不能马虎了事。限于篇幅，笔者不再叙述如何开展这些工作，而直接进入收益管理的核心内容。

（二）为什么要选择每餐位单位时间平均收入作为衡量餐厅经营管理水平的标准？如何计算这一标准？

美国康奈尔大学饭店管理学院的收益管理专家卡尔莫斯教授指出，实施餐厅收益管理，要使用每餐位单位时间平均收入（英文简称 RevPASH）这一指标来衡量餐厅的经营情况。概括地说，实施餐厅收益管理，要学会理解和计算每餐位单位时间平均收入这一指标的含义，并懂得利用它与同行竞争者比较和衡量经营管理水平的高低。此外，还要懂得采取浮动价格、控制用餐时间、优化餐厅餐桌和餐位数量、分析研究和提高餐厅的翻台率以及使用一些现代管理科学手段去进行分析、诊断和查找问题，提高餐厅收益。下面将逐项进行详细的介绍。

> 每餐位单位时间平均收入（RevPASH），指的是餐厅每个可出租的餐位，在单位时间内，平均能为餐厅带来的收入（英文为 Revenue per Available Seat per Hour，简称 RevPASH）。从每餐位单位时间平均收入的定义可见，如果它的数值越高，餐厅的每个餐位能为餐厅带来的收入越高；如果它的数值越低，每个餐位能为餐厅带来的收入越低。可见，这个指标显示了餐厅的创收能力。

每餐位单位时间平均收入的计算公式是：

$$每餐位单位时间平均收入 = \frac{餐厅营业总收入}{餐厅餐位总数 \times 餐厅营业时间}$$

计算某段时间内餐厅的 RevPASH 的方法是用餐厅营业总收入除以这段时间内所有餐位可供使用的总时间。例如，如果一家餐厅共有 200 个餐位，某日营业两次，午餐营业 4 小时，晚餐营业 4 小时。该日餐厅营业总收入为 \$32,000。那么，该日每餐位单位时间平均收入为 \$20。

$$该餐厅每餐位单位时间平均收入 = \$32,000/(200 \times 8) = \$20$$

又例如，假设一家餐厅有 100 个餐位，在星期五傍晚 6 点到 7 点得到的营业收入是 \$1,500，那么，它的 RevPASH 应该是 \$15，因为此时的餐位时间等于 100 个餐位小时（即 100 乘以 1），总收入 \$1,500 除以 100 个餐位小时，等于 \$15。与此相似，如果这家餐厅在同一天傍晚 6 点到晚上 10 点 4 小时内挣了 \$5,000，它的 RevPASH 应该是 \$12.50，意味着该餐厅平均每个餐位每小时能够创造 \$12.50 的收入。计算公式如下。

$$该餐厅每餐位单位时间平均收入 = \$5,000/(100 \times 4) = \$12.50$$

每餐位单位时间平均收入（RevPASH）的大小与在规定的时间内餐桌被使用的次数（或者称为翻台率），以及客人用餐的时间长短相关。具体来说，与客人从踏入餐厅，到坐下点菜，上菜，用餐，到结账，离开餐厅这一个循环的时间和效率有关。如果客人用餐时间缩短，餐桌被使用的次数增加，RevPASH 就会增加。实践表明，在餐厅业务繁忙的时期，用餐时间仅缩短 2 到 3 分钟，RevPASH 能提高 1.5% 到 2%。以上面有 100 个餐位的餐厅为例，如果它的平均用餐时间是 60 分钟，餐厅从下午 6 点到晚上 10 点这个营业时间内，最多能接受 400 个顾客用餐。如果平均每位客人的消费金额是 \$15，餐厅的最高营业额是 \$6,000，因此，最高的 RevPASH 将是 \$15。如果客人的平均用餐时间缩短到 59 分钟，餐厅将能多接待 6.8 个顾客用餐，如果这些顾客平均每人消费 \$15，餐厅的总收入将增加 \$102。此时，餐厅的总收入增加到 \$6,102，RevPASH 随之增加到 \$15.26，即增加了 1.7%。随着用餐人数的增加，即使平均每位顾客消费金额减少 \$0.20，餐厅的总收入也会增加。下面，用四个餐厅的例子来说明餐厅生产能力被使用的程度、平均每位客人消费金额以及平均每张餐桌每小时创造的价值之间的关系。请见表 9-2。

表9-2 RevPASH的计算

	餐厅生产能力被使用的程度	平均每位客人消费金额	平均每张餐桌每小时创造的价值（RecPASH）
餐厅A	40%	$18.00	$7.20
餐厅B	60%	$12.00	$7.20
餐厅C	80%	$9.00	$7.20
餐厅D	90%	$8.00	$7.20

从表中可见，四个餐厅的RevPASH一样，都是$7.20，但是，得到这个数值的渠道不同。餐厅A是通过使用其生产能力的40%和平均每位客人消费金额为$18.00得到。餐厅D使用了它的生产能力的90%以及获得平均每位客人消费金额$8.00。餐厅B和C相同的RevPASH也是通过使用不同百分比的餐厅的生产能力，以及不同的平均每位客人消费金额得到。从收入的角度来看，这些餐厅得到的收入都一样。请读者自行思考从利润的角度来看，哪个餐厅的利润率可能最高。结合自己的餐厅的情况，请读者自问是从提高餐厅生产能力被使用的程度，还是从提高平均每位客人消费金额的角度去努力更能提高自己餐厅的收入和利润率。

为什么要使用每餐位单位时间平均收入（RevPASH）作为衡量餐厅收入水平的标准？这个问题的答案是，每餐位单位时间平均收入比其他任何标准更能准确地反映餐厅创造营业收入的能力，具体表现为以下几方面。

第一，每餐位单位时间平均收入（RevPASH）考虑时间的因素，能全面反映餐厅的生产能力或创造收入的能力。众所周知，餐厅的生产能力受时间的限制。例如，在其他条件不变的情况下，餐厅的生产能力在每天营业8小时比每天只营业5小时高。另外，客人到餐厅消费要占用时间。客人停留的消费时间也影响餐厅的生产能力。例如，假设某餐厅平均每位客人的消费金额相同，该餐厅的生产能力在客人平均用餐时间为30分钟时比客人平均用餐时间为60分钟时高一倍，因为前者的餐位周转率（或称翻台率）比后者高一倍。可见，在衡量餐厅经营水平的高低的标准时，必须考虑时间的因素。RevPASH是一个更好的衡量餐厅创收能力的标准，因为它包含了餐桌的使用情况、平均每位客人的消费金额、毛利率等等所有因素。它既揭示了餐厅的创收能力，又反映了餐厅在平均每位客人消费金额以及餐桌使用率方面的取舍情况。例如，如果餐桌使用率提高而平均每位客人消费金额下降，餐厅的RevPASH仍然可以维持不变。相反，如果餐厅增加了平均每位客人的消费金额而稍微降低餐桌的使用率，餐厅的RevPASH仍然可以维持不变。那么，餐厅应该选择哪种做法呢？必须结合市场的需求情况。如果市场的需求很弱，竞争很强，餐厅要走薄利多销的路线，就应该选择第一种做法。相反，如果市场的需求很强，餐厅处于竞争的上风，就应该把重点放在提高利润率上,此时应该选择后者。

很多餐厅管理人员用平均每位客人消费的金额、翻台率,或者劳动力成本率、餐厅毛利率或利润率等指标来衡量餐厅的经营管理是否成功。这些指标能从不同侧面反映饭店的经营情况,如顾客消费能力的高低,餐桌的周转情况,劳动力成本在营业收入中的比重,以及餐厅毛利的高低等等,但是并不能直接反映餐厅的生产能力或者是创造收入的能力。而且,这些指标没有考虑到时间对餐厅生产能力的影响,以及时间的管理对餐厅经营管理的重要影响。可见,这些单一的指标并不能较全面地反映餐厅的营业情况,不如RevPASH全面。如果餐厅只重视平均每位客人的消费金额,如果餐厅的平均每位客人消费金额很高,但是翻台率很低,就像一家饭店有很高的平均房价,但平均客房出租率很低一样,收入不见得高。类似地,仅按照食品成本或者劳动力成本的比率来衡量餐厅经理的工作成绩,也是不够的,因为这些指标并没有反映餐厅的生产能力被利用的情况。例如,一家餐厅的食品成本和劳动力成本控制得很好,比率很低,但是,没有多少客源,生产能力没有得到充分利用,也是不盈利的。过分强调毛利率,会导致过分压缩成本和费用,使得产品和服务质量下降,最终伤害到顾客,不能维持长久的成功。过分强调翻台率,如同客房过分强调出租率一样,也是不足取的。

第二,**每餐位单位时间平均收入(RevPASH)能指引餐厅经营管理人员改善管理,提高收入**。餐厅经营者通常可以通过两种手段提高收入,一个是提高价格,一个是延长生产时间或顾客的实际消费时间。价格很明显是个常见的手段,餐厅经常通过提供优惠价、优惠卡以及其他与价格有关的促销手段来吸引客人,或者对客流量进行分流,以缓解客流高峰期的压力。例如,有的餐厅在下午5点到晚上7点之间推出下午特价优惠,既能吸引一部分客人提早来消费,又可降低餐厅晚7点之后的用餐高峰期接待压力。更高明的做法是推出周末和周日价,并根据用餐人数的多少、消费的多少提供不同的菜单。管理用餐时间比较困难。从生产的角度来看,经理人员必须尽量简化输送程序,并亲自到现场督导工作。要判断客人用餐时间的长短可不如判断客人使用客房时间长短那样容易,因为后者是按照协议来决定的,通常是入住当日下午3点入住,退房日中午12点退房。对餐厅来说比较难确定用餐时间的长短,因为没有协议,也不方便问客人。管理客人用餐时间,不要只考虑缩短平均每个客人用餐的时间,其实还要考虑每道菜的用餐时间。管理客人用餐时间的方法包括改变预订的政策,重新设计菜单和服务程序,使之更为高效。经理还可以培训员工如何回应和处理不同顾客的不同用餐时间需要,例如,有的顾客喜欢慢慢品尝咖啡,所以他们的停留时间会长些。但是,很多时候他们停留的时间较长,并不是他们希望如此,而是餐厅服务缓慢造成的。

第九章　饭店全面收益管理

第三，使用每餐位单位时间平均收入（RevPASH）指数有助于对不同地区的餐厅的经营情况进行比较。 由于生活指数和物价指数存在地区性差异，不同地区餐厅的收费标准和客人的消费水平不同，平均每位客人消费金额会不同。例如，一家餐厅集团在北京和石家庄各有一家餐厅。在北京的那家平均每客消费金额为90元人民币，在石家庄的平均每客消费金额为50元人民币。由于北京的物价和社会消费水平比石家庄高，所以，比较平均每位客人消费金额并不能有效说明哪家餐厅经营得更好。使用RevPASH指数能消除地区生活水平和物价差异的影响，有效地比较不同地区的餐厅的经营情况。计算一家餐厅的RevPASH指数的方法是，用该餐厅的RevPASH除以同地区竞争对手的平均RevPASH乘以100。

例如，假设前面提高到的那家北京的餐厅的RevPASH为60元人民币，它在北京同一地区的4家风格、规模和档次相似的竞争对手的平均RevPASH为75元人民币，那么，它的RevPASH指数为80[=（60/75）×100]。前面提到的那家石家庄的餐厅的RevPASH为45元人民币，它在石家庄同一地区的4家风格、规模和档次相似的竞争对手的平均RevPASH为35元人民币，那么它的RevPASH指数为129=（45/35）×100。从RevPASH指数来看，石家庄的那家餐厅经营状况比北京的那家餐厅要好，因为它的RevPASH指数大于100，也就是说它的创收能力高于本地市场的平均水平；相反，北京的那家餐厅的RevPASH指数小于100，也就是说它的创收能力低于本地市场的平均水平。

（三）如何实施通过提高每餐位单位时间平均收入（RevPASH）来提高餐厅营业收入的策略？

康奈尔大学饭店管理学院的卡尔莫斯教授认为，只要采取五个步骤就能实施通过提高每餐位单位时间平均收入（RevPASH）来提高餐厅营业收入的策略。餐厅经营者首先必须熟悉现在的经营情况和业绩表现情况，懂得现在的每餐位单位时间平均收入（RevPASH）是多少，清楚是什么因素导致了这个结果。例如，是菜单价格，餐位数，营业时间，还是别的什么因素，如目标市场消费水平，细分市场的组合，客人用餐时间，餐位周转率还是服务质量等等导致这个指标不理想？弄清楚这些情况，就可以对症下药，制定整改的措施。其次，经理人员要跟踪掌握和控制各项整改措施实施后对餐厅收入的影响。下面是这五个步骤的具体描述。

（1）**设定基线**。即要准确计算餐厅每餐位单位时间平均收入（即RevPASH），设立基本的目标。餐厅经营管理人员必须收集客人预订餐位和到达的规律、用餐时间、对食品和服务的偏好（不同类型的食品和酒水的销售情况)、客人的消费金额等的信息和数据。其实,这些信息和数据的收集并不难,可以从不同渠道得到,如餐厅的过账系统(POS System)、客人的账单以及专门组织的问卷调查等等。一旦收集到这些信息和数据,便可用统计的方法算出它们的平均数、众数和标准差等,最后算出 RevPASH 的指标,参考同行的情况,确立可以衡量本餐厅工作绩效的 RevPASH 标准。

(2) **理解潜在的驱动因素**。收集到基本的数据后,餐厅的经理应该分析影响用餐时间和 RevPASH 表现的因素是什么,如是用餐时间还是餐位数量和种类。餐厅经理可以绘制和使用一些常用的企业管理分析工具图,如生产服务流程图、因果图(又称鱼骨图)等等,分析从客人预订餐位,到坐下点菜,享用食品,到结账离店等等全过程的各环节,思考为何客人的用餐时间太长,从而找出控制用餐时间,提高餐桌周转率的对策。

(3) **提出整改意见**。在发现影响服务循环和餐位周转的问题之后,餐厅经理应该提出纠正和解决这些问题的建议和意见——也许是减短用餐的时间,或者是修正服务程序,加快点菜的时间、食品制作的时间,或者是简化传菜和上菜的程序等,还可能涉及迎送客人的程序以及结账的程序等等。经理要评估每个建议能带来的潜在的投资回报,以决定采纳哪个建议。

(4) **调整和实施**。餐厅收益管理要成功,必须确保餐厅经理、领班、服务员、厨房等各级人员理解餐厅收益管理的策略。这需要做很多培训,使他们理解各自在餐厅收益管理过程中的角色、责任和作用,以及收益管理策略对他们的影响。另外,通常也有必要把收益管理方面的责任纳入他们的奖励计划中去,激励他们去做得更好,并因此得到奖励。

(5) **跟踪监控结果**。在设立了基线和实施餐厅收益管理的策略之后,餐厅的经营管理者必须将实施的效果与基准比较,例如,将 RevPASH 以及平均用餐时间与基准相比,分析和诊断餐厅遇到的问题,提出改进的方法。

理解影响餐厅 RevPASH 的因素后,餐厅经营者就能把握自己餐厅 RevPASH 的规律,从而在淡季和旺季采取不同的措施来提高 RevPASH。例如,在淡季,餐厅经理可以多吸引客人前来消费,提高餐桌的使用率,或者通过服务员向顾客多提建议,鼓励他们多消费,提高平均每位客人的消费金额;在旺季,餐厅管理者可以考虑提高菜谱的价格,或者缩短用餐时间,提高餐桌的翻台率。

RevPASH 这一指标可以被用来做不同层次、不同目的的分析。在独个餐厅的层面上,餐厅经理可以按照小时来计算 RevPASH 的数据,从中发现提高收益的策略。请见表 9-3。

表 9-3 10 月份每小时的 RevPASH

	5:00PM	6:00PM	7:00PM	8:00PM	9:00PM
星期一	2.39	6.72	6.43	6.36	3.63
星期二	0.19	2.91	2.92	3.52	2.95
星期三	0.61	2.96	5.46	4.61	5.47
星期四	0.75	2.70	3.92	4.29	2.26
星期五	0.22	1.47	4.86	3.37	2.84
星期六	1.49	6.04	8.76	8.17	9.21
星期日	2.72	6.22	11.89	12.60	11.59

使用 RevPASH 这个标准可以帮助餐厅经理制定策略。例如，如果一个餐厅的这个指标在星期五、星期六和星期日晚上 6 点到 9 点最高，而在一周的其他时间较低，那么，餐厅经理可以制定不同的策略来提高需求高峰期和低谷期的收入。例如，在需求高的那个时段，餐厅经理应该通过提前准备好成品和半成品，控制好出品时间，缩短客人等待食品的时间，以及通过叫服务员不问是否要甜品或咖啡等问题来缩短用餐时间，加快周转率。在低谷时，可以通过服务员多向客人提建议，让他们多消费，或者推出促销价来吸引客源，提高流量。

（四）如何改善餐厅菜单（或称菜谱）的设计和制作来提高餐厅收益？

餐厅的菜单是个宣传、沟通和促销的工具。菜单能将餐厅产品和服务的信息传递给客人，供客人选择。其本身还代表餐厅的形象，例如，菜单的设计和布局、色彩、图片、印刷的材料和质量，以及制作的精美程度等能体现餐厅的档次、规模和生产能力。客人通过菜单能了解餐厅的产品和服务，从中选择适合自己的产品和服务，进行消费。菜单上食品的品种取决于厨房的生产能力以及餐厅的主题和格调。一家成功的餐厅的菜单必须与饮食潮流和公众用餐习惯相一致。

从餐厅收益管理的角度来看，菜单是餐厅收益管理的重要载体，菜单上各种食品的搭配、定价、编排和布局等能引导顾客的消费选择，影响到餐厅和厨房生产制作食品与服务传输的时间，客人用餐的时间以及餐桌的周转率，最终影响餐厅的收入和利润。

实施餐厅收益管理时，要经常分析菜单上各种食品的销售额和利润率的情况。要清楚哪种食品的利润率最高，哪种利润率最低；哪种食品销售额最高，哪种最低。要尽量保持那些销售额高、利润率也高的食品，删除或减少那些销售额不高、利润率也不高的食品。另外，饮食潮流的变化很快，对餐厅的销售情况影响也很大，餐厅的经理要经常进行市场调查和分析，准确掌握饮食潮流的变化情况,并快速作出反应,及时调整菜单的食品的品种和价格。

(五) 如何根据供求关系变化实施浮动价格来提高餐厅收益?

餐厅的定价要根据市场供求关系来决定。如果顾客愿意在餐厅生意比较清淡的时间段用餐,例如高峰期下午6点到晚上9点之外的时间,餐厅菜牌的价格可以比较优惠。相反,如果顾客一定要在高峰期用餐,通常不太在乎价格的多少,此时餐厅的菜谱的价格可以较高。不过,特别要指出的是,为了避免客人认为价格差异不公平或心生反感,餐厅与其说在高峰期提高价格,还不如说在高峰期不打折扣,在低谷期提供折扣价,或者价格不优惠,但给予用餐者一些免费的服务,如食品或饮料——换句话说,顾客在低谷期来用餐,同样的价钱能得到更多的价值或享受。这样的做法相信更容易被顾客接受。

餐厅的价格要能反映市场需求的变化,餐厅的品牌,市场定位,以及能满足餐厅收回成本和实现利润的需要。餐厅的价格可以采取浮动价格,根据不同的需求状况以及餐厅的需要推出季节价格、周日价格、周末价格、节假日价格、早餐价格、午餐价格、快乐时光价格、晚餐价格、宵夜价格等等。总的原则是在需求高的时候,餐厅要提高价格,以提高平均单位时间内每个餐位的收入和餐厅的利润率。相反,在需求低的时候,餐厅要降价,或者不降价,给予别的优惠,重点是要提高餐厅的市场份额,刺激消费,拉动需求,增加用餐人数和销售收入。

餐厅还可以因餐位的物理特性和顾客的心理感受的不同拉开价格的差异,增加餐厅收益。例如,有的餐厅将一部分餐位用屏风或墙与其他部分隔开,形成一个相对独立的区域,命名为贵宾区或小团体区,规定最低消费,或收取一些费用,提供额外细致的服务。还有的餐厅有的餐桌有很好的朝向和风景,于是规定了这些餐位的最低消费额。基于餐位特性与顾客心理感受的价格差异客人一般能接受,同时也可以增加餐厅的收入。

(六) 如何通过控制用餐的时间来提高餐厅的收益?

客人用餐的时间,这个时间可以定义为从客人在餐桌坐下开始到结账后离开餐桌的时间。控制用餐时间有两重含义,一是在餐厅需求量大,前来用餐的人很多的时候,要尽量采取措施缩短每桌客人的用餐时间,提高餐位周转率;二是在餐厅需求量不大,前来用餐的人不多,要尽量采取措施延长每桌客人的用餐时间,提高他们的消费量和消费金额。

1. 缩短客人用餐时间

如何缩短客人的用餐时间,提高餐桌使用率?可以通过改进用餐程序,增加餐厅员工人数,改进餐厅的菜谱等等来得到。缩短客人用餐时间的技巧很多,例如尽量弄清有预订的客人是否会来用餐,尽量减少客人用餐的不确定性,以及减少食品饮料生产和制作的时间,简化服务的程序,在菜单上减少制作较费时的菜式等等。缩短用餐时间初期过程的几分钟并不难,也不需要太多投入,例如,可以通过加快问候客人、分配餐位、服侍客人坐下、提供菜谱给他们点菜的过程来实现。但是,可能需要餐厅进行不少投资,如增加厨房生产设备或增加服务员人数。所以,需要进行投资回报分析,以确定改变服务流程的投资对 RevPASH 有何影响,是否值得投资。在进行计划和决策时,餐厅的经营管理者应该记住顾客对用餐时间长短和平均每位客人消费金额是有一定的喜好和限度的,这就决定了餐厅理论上能获得的最低限度的 RevPASH。

建立和使用餐位预订制度能提高餐厅对餐位使用时间的控制,提高餐位周转率,从而提高餐厅收益。通过历史数据分析,预订后不来的情况,不管餐厅是否接受预订或者在顾客到达后是否用餐,餐厅经理应该知道顾客通常在什么时候来餐厅。收集这方面的信息,整理这方面的资料,能够帮助餐厅通过历史数据预测餐厅的需求以及更好的管理预订。

在餐厅的需求极端大的情况下,如特殊节日和庆典,市场对餐位的需求远远大于餐厅的容量,餐厅对预订餐位的客人可以适当收取保证金,要求客人若取消预订则至少要较预订时间提前两小时,否则将不退回保证金。有时,餐厅甚至需要采取与客房类似的手段进行超额预订。通过统计和分析历来预订被取消的情况,超额预订一定百分比的餐位。当出现超额预订过多时,餐厅超额预订餐位比客房超额预订要好处理得多,处理起来要付出的成本和在服务质量评价方面的风险要小得多。如果餐厅超额预订过多,客人到达时还没有空余的餐位,餐厅不需要把他们安排到别的餐厅,而只需向客人解释部分客人用餐时间超过预期,请他们稍微等候,一有空位就马上安排就座。为了表示歉意,必要时餐厅可以在价格给予他们一定的折扣,或者免费提供一些食品和饮料。这些做法通常能提高被迫等候的有预订的客人的满意程度。

2. 延长客人在餐厅停留的时间

一些学者通过调查研究发现,在一定情况下,客人在餐厅的消费金额与他们在餐厅停留的时间成正比,即他们在餐厅停留的时间越长,消费的食品和饮料越多,餐厅得到的收入也越多。所以,如果能使客人在餐厅停留的时间延长,就能增加餐厅的收入。但是,也有例外,例如,有的客人在餐厅停留的时间虽然很长,但是大部分时间花在谈话上,而不是点用食品或饮料,此种停留不会增加餐厅的收入。又如,如果他们停留的时间长是因为食品和饮料制作的时间长,或者等待结账的时间长所致,也不会增加餐厅的收入。另外,如果在旺季,延长客人停留时间还不如缩短客人停留时间,以提高翻台率,增加餐厅收入。所以,延长客人停留时间要在淡季,或者餐厅业务清淡的时段。餐厅经理要善于区别对待各种情况，正确判断何时需要客人早些离开，何时需要他们停留时间长些。

延长客人在餐厅的时间的方法通常有：在菜单上增加制作过程比较复杂的菜式，使客人等菜上桌的时间加长；培训服务员乘机向他们推荐一些饮料、酒水和小吃；提供免费报纸或杂志给客人阅读；播放节奏舒缓的背景音乐；将灯光调暗；增加现场娱乐表演项目等等。具体采用哪种方法，由餐厅经营者因地制宜地决定。

（七）如何优化餐厅餐桌数量和每张餐桌的餐位数量来提高餐厅的收益？

对生产能力设计的研究表明，企业可以通过把不同产品进行组合而形成新的产品，或者优化产品的组合，控制它们的生产或供应能力，以达到充分发挥生产能力，提高整体销售量，实现整体收益最大化的目的。这种思想用到餐厅的经营管理，就是要优化含有不同餐位数的餐桌的数量和比例，以最大限度发挥餐厅的生产能力，提高餐位周转率及餐厅营业收入。下面对具体的做法进行详细的说明。

通常，人们都明白生产能力的设计要解决优化供给能力（或者是生产能力）以满足市场的需要的问题。例如，对航空运输来说，是要优化飞机的大小以及各种类型的座位的数量和比例；对于仓储业来说，是要优化储蓄单位的大小；对会展业来说，是要优化各种会议室以及会议展览场馆的大小；对饭店行业来说，就是要优化饭店客房的数量、房型以及比例等等，以最大限度满足各个细分市场的需要，充分发挥企业的生产能力，最大限度提高企业的收入。对餐饮业来说，这个问题是要建设或者并购多少个餐厅，或者一个餐厅要有多大的规模，如厨房生产能力多大、餐厅营业面积多大、餐厅的餐桌和餐位多少等等问题。

餐厅的规模通常与顾客出游的意愿成反比例。风格越独特的餐厅，不论其独特之处是表现在食品和饮料，还是餐厅的地点、设计、装潢，还是餐厅的历史和声誉等，就越能够把顾客从别的地方吸引前来消费。而越是这样，所需要的餐厅的数量就要越小，规模也越小。因为顾客不太愿意花费很多气力，到一个没有特色的、食品和服务大路化的餐厅消费。所以，对经营特色餐厅为主的饮食集团来说，需要很多个餐厅，但是每个餐厅的规模都较小，这样才比较有吸引力。

餐厅收益管理的一个重要内容是研究顾客的消费习惯，以此确定餐桌和餐位的最佳组合。餐厅座位的设计与布局，对整个餐厅的经营影响很大。尽管餐桌、椅、架等大小、形状各不相同，但还是有一定的比例和标准，一般以餐厅面积的大小，按市场的需要作适当的配置，使有限的餐厅面积能最大限度地发挥其生产能力。

第九章 饭店全面收益管理

餐厅中座位的配置一般有单人座、双人座、四人座、六人座、八人座、十人座、四人火车厢式、沙发式、长方形、椭圆形、情人座等形式，以满足各类顾客的不同需求。餐厅经营者要考虑餐厅应该采用哪种形式的座席，应该有多少张餐桌，每张餐桌要能提供多少个餐位等等。这个课题看似简单，其实不然，餐桌的总体数量以及具体每张餐桌要有几个餐位，餐桌与餐位的数量与组合，对提高餐厅收入大有影响，因为餐桌好比客房的床，客人对床的大小有不同的要求，客人对餐桌的需求也不一样。有时客人是两个人来消费，需要一张有两个餐位的餐桌；有的是四个人来，需要一张有四个餐位的餐桌；也可能是五、六、八、十等人同时来消费，需要一张有相对餐位数的餐桌。如果餐厅的餐桌的餐位数不能满足他们坐在一起的需要，要分开坐，他们可能勉强接受，但是心里不高兴，更可能选择别的餐厅。另外，大多数客人不喜欢与陌生人共用一张餐桌（或称与人搭台），如果餐厅在接待客人时不能够提供适当大小的餐桌，不得不把有很多餐位的餐桌安排给不需要那么多餐位的客人，例如，有两位客人要坐在一起用餐，餐厅缺少两个餐位的餐桌，不得不安排客人到一张四个餐位的餐桌，那么，在他们用餐的时间里，有两个餐位闲置，浪费了生产能力，使餐厅收入减少。可见餐桌样式，餐桌数量，以及每张餐桌的餐位数的选择和组合的重要性。

有些专家研究餐桌组合对餐厅收入的影响发现，如果餐厅能最大限度满足不同客人对不同餐桌和不同餐位数的需要，在其他条件不变的情况下，餐厅收入可以提高1.4%。他们的研究发现，很多航空公司的飞机可以移动头等舱和经济舱之间的间隔板或间隔窗帘，灵活机动地增加或减少头等舱座位的数量，以满足市场的需要。与此相似，如果餐厅购置一些可以移动或可以变化大小的桌子，可以临时合并或分开，增加或减少餐位，或者用可移动的屏风把餐厅的部分区域单独隔开，成为一个相对隐秘的私人包厢，供小型派对或需要相对独立性或隐私性的客人使用，也能最大限度满足市场的需要。研究还表明，可移动、拆开和合并组合的餐桌对规模较小的餐厅以及用餐人数较小的客源市场比较合适；餐位固定的餐桌对规模较大、用餐人数较多的餐厅比较适合。

在决定餐桌和餐位的数量和组合时，必须考虑餐厅的生产能力，餐桌的周转率，团体预订的规模，顾客平均用餐时间等，通过优化餐桌和餐位的数量和组合，达到既满足一起来用餐的不同群体的客人对餐位数的不同需要，又能充分发挥餐厅的生产能力，提高餐桌的周转率的目的。由于场地大小的限制，餐厅通常只能摆一定数量的餐桌，而且每张餐桌的餐位数或有不同，要通过计算才能得到最理想的餐桌数量和不同餐位的餐桌比例的组合。

例如，某餐厅经理通过研究他管理的餐厅的餐位搭配情况和客人用餐时间发现，这个餐厅的餐桌的餐位不合理，前来用餐的客人大多数是单人或两个人（夫妻或朋友），但是餐厅的餐桌大多数是四个座位的。在需求高峰期，经常出

收益管理——有效实现饭店收入的最大化

现多张有四个座位的餐桌被一人或者两人占用，使得三个或者两个座位空闲（别的客人不愿意与陌生人共用一张餐桌），影响餐厅生产能力的发挥，减少了餐厅的收入。另外，他还发现客人用完主食后，等待结账的时间太长，降低了餐位周转率。于是他决定把大部分餐桌换成只有一个餐位或两个餐位的，并增加了楼面服务员，修改了服务程序，尤其是有关餐后甜品和饮料的出品以及结账方面的程序，以缩短客人用完餐后等待结账的时间。采取了这些措施之后，虽然该餐厅的菜单以及价格并没有变化，但是由于餐位的利用率和周转率大大提高，餐厅的生产能力得到充分的发挥，餐厅营业收入得到提高。

（八）如何通过提高餐桌周转率来增加餐厅收益？

在菜单的价格固定不变的情况下，可以通过提高客人的平均消费额，缩短平均用餐时间，提高餐桌周转率等来提高 RevPASH。通常在繁忙的时段，如星期五下午5点到晚上9点，星期六中午12点到下午2点，下午5点到晚上9点，星期天上午12点到下午2点等等，缩短平均用餐时间以提高餐桌周转率最为有效。下面举例说明。

假设某餐厅有230个餐位，平均每位客人消费金额为\$12，平均用餐时间为53分钟，每周营业高峰期的营业时间共计10小时，那么，如果该餐厅的餐桌使用率为100%，一年之中，该餐厅在高峰期的营业收入是\$1,624,755（等于高峰期总共有10小时×60分钟÷53分钟用餐时间×230个餐位×平均每客消费金额\$12×100%餐桌使用率×52周/年）。

如果该餐厅在营业高峰期餐桌的使用率仅有50%，该餐厅每年高峰期的营业收入将为\$812,344（等于高峰期总共有10小时×60分钟÷53分钟用餐时间×230个餐位×平均每客消费金额\$12×50%餐桌使用率×52周/年）。

如果该餐厅在营业高峰期餐桌使用率能从50%提高到60%，每年该餐厅在高峰期的营业收入将为\$974,853（等于高峰期总共有10小时×60分钟÷53分钟用餐时间×230个餐位×平均每客消费金额\$12×60%餐桌使用率×52周/年），比餐桌使用率为50%时提高了20%或者\$162,509。可见，提高高峰期的餐桌的使用率对收入有显著的影响。这使得我们要把重点放在研究如何提高餐桌和餐位的比率搭配，使餐厅能够接纳更多的客人，提高餐桌使用率。

如何提高餐厅高峰期翻台率？回顾前文所述，读者将会发现，提高餐厅翻台率，要从很多方面努力，如优化餐桌和餐位的数量和搭配，优化菜谱各种菜式的搭配，缩短厨房制作和生产食品和饮料的时间，改进餐厅的服务程序（如预订餐位、分配餐位、等候座位、点菜、上菜、结账、收拾餐桌等全过程），以提高效率等等。

最后，笔者将介绍前文提到的美国康奈尔大学的卡尔莫斯教授是如何运用

第九章 饭店全面收益管理

本文所介绍的理论和方法来帮助一家餐厅提高营业收入的，供读者参考。

卡尔莫斯教授研究的是一家有68张餐桌和230个餐位的中档墨西哥餐厅。她通过调查研究发现，该餐厅在餐桌的数量以及不同餐位数的餐桌的组合，厨房生产和制作食品的效率，以及楼面服务输送的效率方面存在一些问题。如果这些问题得到解决，该餐厅的营业收入将得到提高。

经过一段时间的调查研究和分析之后，她向业主提出了改善该餐厅餐桌和餐位组合的建议，餐厅业主按照她的建议，请一个设计师重新设计和布置该餐厅的餐桌，把原有的31张两个餐位的餐桌增加到39张，原有的30张四个餐位的餐桌增加到35张，原有的4张六个餐位的餐桌减少到2张，原有的3张八个餐位的餐桌全部取消。这样的调整使得餐厅的餐桌总数由原来的68张增加到76张，但是餐位总数不变。餐桌的重新配置和安装，以及餐厅布局的调整等总费用为$50,000。电脑模拟的结果表明，这样的安排能使餐厅的年收入提高1.3%。

另外，餐桌增加后，高峰期用餐人数增加，导致厨房和楼面工作量的增加，对餐巾、餐桌台布、碗和碟等物品的需求也增加。卡尔莫斯教授建议餐厅经理重新给餐桌编号，然后调整服务员的服务台，增加3个员工，增加餐巾、餐桌台布、碗和碟等物品的数量。这些措施将使劳动力成本每年增加$15,000，餐巾、台布和碗碟等物品的费用增加了$1,500。

为了保证收益管理策略的实施，卡尔莫斯教授还对餐厅经理和员工进行了收益管理基本概念的培训，让他们懂得他们需要做些什么以及他们的工作对餐厅收入的影响。

以上措施实施之后两个月，该餐厅高峰期餐桌的使用率从50%提高到59%，平均用餐时间从53分钟缩短到51分钟。这些变化对餐厅的收入产生了积极的影响，餐厅收入增长了3.6%，用餐高峰期的RevPASH从$5.85增加到$6.32。

虽然结果鼓舞人心，但是，需要弄清该餐厅收入的增加产生于市场需求的变化还是收益管理策略的实施。为此，卡尔莫斯教授把该餐厅以及同一地区另外两家规格和档次相似的餐厅在该餐厅实施收益管理策略前6个星期的收入情况，以及实施收益管理策略一个月后6个星期的收入情况进行比较。结果表明，该餐厅在实施收益管理策略前6个星期的收入比一年前降低了5.7%，而另外两家饭店同期收入降低了10.6%。该餐厅实施收益管理策略6个星期后的收入比一年前增加了2%，而另外两家饭店的收入降低了8.0%。可见，该家餐厅从实施收益管理策略前到实施后收入增加了7.7%，而另外两家餐厅在同期的收入只增加了2.6%，可见该餐厅的收益管理策略的实施，使得其收入增加了5.1%。

后来的结果表明，该餐厅在实施卡尔莫斯教授的收益管理策略后，其年收入提高了5.3%，即$120,000，从而使得餐厅的EBITDA将增加45%（指交付利息、税收、抵消固定资产折旧和分期偿付款项前的收入EBITDA）。虽然这些收入的增加只占潜在收入增加的73%（=$120,000/$162,476），但是收入增加的影响是巨大的。由于这个餐厅集团拥有的餐厅数量超过100间，每间餐厅都能提供类似的策略增加收入，那么整体收入的提高是巨大的。

五、如何利用收益管理提高高尔夫球会所的收益

高尔夫起源于苏格兰，是与足球、网球齐名的世界三大体育运动之一。截至2005年，全世界共有32,000个高尔夫球场，将近一半在美国[1]。如果按照高尔夫球场与人口的比例的高低来排列，从高到低的国家或地区分别是苏格兰、新西兰、澳大利亚、爱尔兰、加拿大、威尔士、美国、瑞典以及英格兰（人口在50万以下的国家或地区不计在内）。除瑞典外，所有这些国家都是以英语为主要语言的国家。但是，在过去二十多年时间里，高尔夫运动在一些新兴国家和地区兴起，发展速度很快。例如，中国的第一个高尔夫球场建成于1984年，到2005年时，中国已经有近200个高尔夫球场[2]。

截至2002年，美国拥有12,189个高尔夫球场，直接经济总量为$174亿美元[3]。在这年，平均每个高尔夫球场的营业收入是140万美元，聘用26个雇员。如果按照美国企业规模划分的标准来衡量，单个经营的高尔夫球场仍属于小企业。

根据世界高尔夫基金会《2005年高尔夫经济报告》，到2005年，美国拥有大约16,000个高尔夫球场，来源于这些高尔夫球场以及另外的3,000个高尔夫练习场上的消费的直接经济总量为280亿美元。如果把人们用在购买高尔夫球

---

[1] 来源：美国杂志《高尔夫球文摘》。
[2] 来源：维基百科网站。
[3] 来源：《2002年美国经济普查报告》。

杆，到公共球场打球的花费，与高尔夫相关的慈善捐款，以及高尔夫球场周围房地产建造的投入都算上，高尔夫球对美国经济影响的总量达到759亿美元。如果进行细分，其中包括高尔夫设施的经营（280亿美元），高尔夫球场投资（36亿美元），高尔夫商品的销售（61亿美元），各种赛事、高尔夫协会及赞助（17亿美元），慈善事业（35亿美元），以及"附属"产业，如食宿和旅游（180亿美元）和房地产（150亿美元）等等。另外，这一年，高尔夫创造的就业岗位共计200万个，其中的90万个就业岗位属于高尔夫球场和练习场，所有这些岗位的总体工资收入为610亿美元。

为了便于理解这些数据和高尔夫球行业对美国经济的影响，让我们来做一个横向比较。大家都知道，美国好莱坞的电影和录像行销全世界，这个行业对美国经济的影响为739亿美元。观赏性体育，即各种需要付费或买门票才能观看的体育运动或比赛的影响是647亿美元。报纸的影响是501亿美元。可见，虽然电影、录像、观赏性的体育比赛和报纸对美国公众的影响比高尔夫大，但是高尔夫对经济的影响更大。

在美国，受经济周期的影响，每年至少打25次高尔夫球的人的数量从2000年的690万人减少到2005年的460万人[①]。另外，在同一时期，打高尔夫球的人的总数也从3,000万人次降低到2,600万人次。

从我国的情况来看，霍英东先生于1984年在广东中山三乡投资兴建了中国首家高尔夫球场——中山温泉高尔夫乡村俱乐部。此后，各地相继建设高尔夫球场。二十多年后，中国已拥有高尔夫球会共168所，这些球会大部分拥有一个18洞球场。如果拥有27洞球场的球会作为拥有一个球场计算，拥有36洞球场的球会作为拥有两个球场计算（以此类推）的话，目前中国拥有球场共209个，高尔夫球爱好者超过450余万，且每年以20%～30%的速度递增[②]。

随着高尔夫运动在中国的蓬勃发展，中国的高尔夫产业开始初现规模。据了解，全国目前有将近400家球会，按照18洞球会平日接待100人、周末接待200人的规模来推算，每个球会每周客流量约为900人次，每年的客流量大致为43,200人次。综合考虑到各地高尔夫运动发展不平衡及气候影响等客观因素，全国近400家球会的总客流量至少在1,000万人次。

高尔夫球运动的发展推动了很多相关产业的发展，包括高尔夫练习场、高尔夫教学、高尔夫服装、高尔夫球具、房地产以及高尔夫旅游等等。据报道，预计到2006年，中国高尔夫产业将会超过479亿元人民币，中国高尔夫市场在未来五年内将以每年25%的速度飞快增长。高尔夫产业创造出的社会财富，在

---

① 来源：美国国家高尔夫球基金会。
② 来源：2005年《中国高尔夫球场指南》。

国民生产总值中所占的比重越来越大。

统计资料表明，中国高尔夫场总面积约为377,500亩，占国土面积近百万分之三，平均每个球场占地1,800亩左右，总球洞数近4,000，球道总长约为1,453,700码，平均每个球场球道长度7,000码。

在全国168所球会中，广东省占了53所，拥有球场69个（其中深圳12所，18洞的6所，27洞的4所，36洞1所，观澜湖高尔夫球会拥有180洞，共10个球场）；北京有23所球会，28个球场；上海13个球会，15个球场；山东10个球会，16个球场；海南11个球会，12个球场；福建8个球会，9个球场；江苏7个球会，8个球场；天津5个球会，6个球场；河北4个球会，7个球场；云南4个球会，5个球场；辽宁4个球会，5个球场；其他省份球场数量较少。可见，高尔夫球场的数量是与当地经济的发展程度成正比的。中国的高尔夫球场主要集中于珠三角、长三角、京津唐三大经济圈，深圳作为改革开放的前沿阵地，拥有的球场数量占全国总量的1/10。另外，由于海南、云南拥有丰富的旅游资源，正酝酿或尝试高尔夫旅游的发展，球场数量也相对较多。西部地区目前球场数量较少。由中国高尔夫球场发展历史来看，早期的球场主要服务于一些外商投资者，作为招商引资和改善投资环境的项目，与一个地区的招商引资存在莫大的关联。据不完全统计，我国正在建设或即将建成的高尔夫球场约有500到1000个。

值得注意的是，尽管我国的高尔夫球场建设发展迅速，但是，总体经营管理水平并不算高，据报道，全国至少有50%的高尔夫球场的经营是亏损的。据业内专业调研公司的资料显示，国内标准18洞球场的投资成本平均为1.53亿元，其中包括多达19项的固定资产投资预算和一些流动资金预算。按照正常状态，一个高尔夫球场的平均投资回收期为12年，甚至更长。那么，我国的高尔夫球场经营管理者应当怎样才能增加营业收入，早日收回投资成本，扭亏为盈呢？本节就是要给出解决这个问题的思路和方法。

要提高高尔夫会所的营业收入，当然要弄清楚高尔夫球场的收入有哪些来源。一般来说，高尔夫球场的营业收入主要来自高尔夫球道的租金，其次，还有高尔夫球俱乐部成员所交的会员费，高尔夫球场的其他配套设施、产品和服务的收入，如高尔夫球会的别墅、餐厅、会议室、水疗中心等等带来的住宿、饮食、会议和康乐等等方面的营业收入，以及出售高尔夫球运动器材如球杆、球具套与高尔夫服装、高尔夫球影音制品等等获得的营业收入。另外，如果高尔夫球场承办知名度高的球赛，还可以获得观看比赛的门票收入、电视转播费、赛事纪念品收入、广告赞助费甚至停车费等等之类的收入。由于篇幅限制，笔者在本书只介绍如何利用收益管理的策略来提高尔夫球道的出租率和租金。

第九章 饭店全面收益管理

(一) 高尔夫球场具备实施收益管理策略的条件

尽管收益管理策略在高尔夫行业的运用在美国尚未有在航空运输和饭店业那么普及,但实践证明,高尔夫球具有符合收益管理策略实施的条件。例如,高尔夫球会的接待能力有限(也就是生产能力基本固定,因为每个高尔夫球会所的球道的数量相对固定),市场需求相对来说可以预测,单位产品(即每个可供出租的球道)如果在固定的时段内不被使用或消费,其价值就会丧失。另外,高尔夫球会的成本结构相对固定,价格可随需求的变动而变动等等。为此,收益管理的基本思想、原则和方法完全可以运用到高尔夫球行业,帮助经营管理者提高这个行业的收益。

虽然现在很多高尔夫球俱乐部在出租球场时采取了变动价格,如淡季折扣、很早或者很晚打球的租场费折扣、本地高尔夫巡回比赛、高尔夫球培训班等等特别的促销活动,这些做法都隐含着收益管理的思想,但是,很少有高尔夫经营管理者对收益管理有系统和清晰的认识,因此不能积极主动地采取系统的收益管理的策略来提高他们的价格和收入。其实,如果他们知道提高高尔夫收益的关键是提高每球道时段平均收入(RevPAT),并且知道要提高每球道时段平均收入,就要对市场和销售渠道进行细分和优化组合,准确掌握顾客何时来打球以及何时预订球道等行为的规律,便可准确把握市场需求变化的规律,建立灵活机动的价格体系,根据市场需求变化调整价格。与客房和餐厅的收益管理相似,高尔夫的收益管理也要求在适当的时间,以适当的价格,将适当的球道出租给适当的顾客。

(二) 使用每球道时段平均收入 (RevPAT) 来衡量高尔夫球的收入

很多高尔夫经营者根据毛利率、边际贡献、成本、利润率等来衡量高尔夫经营的效果。其实,可以采用另外一个衡量标准,即每球道时段平均收入(Revenue per Available Tee-time,简称 RevPAT),也就是平均每个高尔夫球道在每个可供出租的时段内创造的收入。这个标准之所以受推崇,是因为它概括了打一轮球所用的时间 (Elapsed Time)、单位可出租的产品 (球道) 以及创造的收入三方面的因素,能较好地反映高尔夫产出的高低,而且也容易与其他高尔夫的经营情况进行比较。

(三) 提高每时段球道平均收入 (RevPAT) 的方法

高尔夫球收益管理的基本原则是,预测市场需求在不同时间的变化情况,根据这些变化决定球道的出租价格、细分市场的组合,以及销售渠道的组合。通过价格杠杆引导市场需求和消费,通过市场细分和销售渠道的组合优化高尔夫的收益,在淡季起到提高球场出租率和提高出租收入的目的,在旺季起到尽量提高每个球道单位时间的平均租金的目的,避免高尔夫球会因为提供不必要的折扣而使收入遭受损失,或者因为没有充分发挥直销渠道的作用,过分依赖于收取佣金的渠道来销售,导致支付的佣金过多,整体收入遭受损失。

康奈尔大学的卡尔莫斯教授认为,高尔夫球收益管理的关键有两点,一是控制好客人打球的时间长短,二是要按照市场需求变化的特点来定价。此外,笔者认为还必须采取灵活机动的销售策略。下面逐一进行解释。

1. 打球时间长短的控制

高尔夫球场的出租与餐厅餐位的使用很相似,受时间限制都很大。在一定时间内(如某一天),如果球道的出租率和出租的次数减少,高尔夫的收益就会减少。相反,如果球道的出租率和出租的次数增加,高尔夫球的收益就会增加。影响球道的出租率和使用次数的因素除了市场需求变化的因素外,还有顾客打球的习惯的因素,如客人打球的时间与打球的节奏快慢。如果顾客预订了球场,没有准时到来,或者打完一轮球的时间拖得太长,都会影响到球场下一轮的出租和使用。订场后不来打球,或者迟来,必然也会造成球场收入的损失。如何解决这些问题?读者可以参考以下措施。

提前预订:即要求客人必须提前预约打球时段以及球道,约定开球时间。此举有助于高尔夫球会掌握时间。

信用卡担保:要求预订球场的客人要提供信用卡作为担保,并向客人讲明如果订场后不来,或者来迟,而且事先没有按照规定通知球会的,要收取一定的费用,要客人在预订确认书上签名确认。

提前确认:在客人预订时间到达之前,提前一日或者若干小时给他们打电话或发电子邮件,询问并与其确定到达球会以及开球的时间,防止客人订场后不来或者姗姗来迟,导致球道空置。如果客人不能按时到达,征得他们的同意可以将球道租给别的有需要的客人,防止空置。

规定打每场球最高使用时间:通常打球的时间的计算是从开球到最后一杆球打完的时间,由于没有设置时间上限,如果客人动作太慢,拖延的时间太长,会影响球道的周转率。规定每场球的最高时间,并且要求如果超出最高时间另外支付一定比率的费用,能防止客人拖延打球的时间,增加球道的周转率和租场的收入。

鼓励人们用车代步:在繁忙的季节或时段,可考虑将代步用的电平车免费或者以低价提供给客人使用,鼓励他们多用车,少走路,从而节约打完一场球的时间。

编组下场:在繁忙季节或时段提倡多人编组下场,限制三人以下小组下场。例如，向三人以上下场的人提供较三人以下下场的人更为优惠的价格。

限制杆差：在繁忙季节或时段，限制球差在36以上的男球手和杆差在42以上的女球手下场打球，以调节客流量。

准时开球：开球时间一旦确定，工作人员将保证球手准时开球。当球手因延误了确定的开球时间时，工作人员则只能在后续的空闲时段安排其下场。

加强巡场：由三位职业教练（球手）轮流巡场，控制整体流动节奏，提示超时慢打的球手，处理影响正常运行的事宜。提倡球手慢打快走，在4小时15分钟内完成四人组球局。

加强内部沟通：通过各种先进的技术手段，如闭路电视监控系统、对讲机、无线电话、计时器、电子显示器等等，使球场上的现场工作人员与球会里的前台接待人员、销售人员、调度人员等等及时沟通，保持信息的准确和及时传递，随时掌握球道的使用状况，及时调整销售策略，人力配置和销售价格策略，提高高尔夫球道管理的效率。

帮助顾客树立时间观念：例如，告诉顾客球道出租价格变动的原因和特点，鼓励他们多在淡季或者需求量不大的时段来打球，帮助他们节省费用。建议他们在预订的开球时间之前30分钟抵达会所，并在10分钟之前到达出发站等候工作人员通知开球。记录和公布客人打完一场球的时间：有的球场张贴客人打完一场球的时间（不公布客人姓名，只公布球道），通过暗示的作用在打球的客人之间造成互相比较打球时间的压力，从而鼓励他们尽快打完一场球。

所有这些措施的目的是减少客人到达和打球时间的不确定性，缩短每场球的间隔，提高球道的出租率和周转率，以增加收入。实践证明，一家拥有多个球道的大型高尔夫球会所在旺季实施上述措施之后，上批客人使用结束到交付下一批客人使用的间隔时间从15分钟缩短到10分钟，增加了球道出租的次数以及周转率，结果高尔夫球道出租收入提高了20%。

2. 根据市场需求变化的特点定价

在制定高尔夫球的价格时，应当避免收取客人一成不变的高价，因为从客人的角度来看很不公平。客人比较容易接受在旺季或者需求高峰期收取全价，在淡季或者需求低谷期收取折扣价。所以高尔夫球会要在不同的季节提供不同的价格。

在旺季或一天之中打球的高峰时段收取全价或较高价格，并增设附加条件（如要求支付预订金，至少要提前两天更改或取消，否则收取一定费用，或者至

收益管理——有效实现饭店收入的最大化

少要租用几个球道等），在淡季或一天之中打球的低谷期提供折扣，甚至一些免费或折扣的服务项目（如免费提供茶水、早餐、晚餐、球具、住宿，常来打球的客人淡季打球免费等等），可以有效将高峰期过剩的需求分流到低谷期，在低谷时可以有效将市场份额从竞争对手那里转移过来，并且刺激顾客的消费。

一些电脑软件开发商已经研制出适用于高尔夫行业的收益管理软件，在一些高尔夫球会所得到应用。这些软件能有效帮助高尔夫球经营管理者建立每位前来打球的客人的档案，如前来打球的时间、季节、次数、消费情况、喜好、提前多久预订、预订的渠道是什么等等，还能收集和整理各种经营管理的数据，生成各种图表和报告，供经营管理者进行市场细分，管理销售渠道，预测市场需求，合理制定销售价格和营销策略。实践证明，高尔夫收益管理软件的应用对提高高尔夫球会的收入产生了积极的作用，增加了高尔夫球会所的收入。

3. 灵活机动的销售策略

高尔夫球会除了高尔夫球场外，通常还有住宿、饮食、娱乐、会议、交通等等配套的设施和服务，以满足前来打球的客人的多方面需要。所以，要全面提高高尔夫球会的收益，除了要抓好提高球道的出租率和平均价格外，还要提高上述那些附属设施和服务的收入。为了全面提高高尔夫球会的收入，经营管理者要把球道的收入和附属设施的收入放在一起综合考虑，而不是分割开来，采取灵活机动的销售策略提高整体的收益。这些灵活机动的销售策略包括：

市场定位和目标市场要明确，打造特色，吸引相对稳定的客源。随着高尔夫运动的推广，懂得高尔夫运动的人越来越多，他们对高尔夫球场的要求也越来越高，希望得到个性化的服务。因此，高尔夫的市场也越来越细分化，要求高尔夫球会的设施和服务项目要有特色和针对性。这与服装行业很相似，在服装缺乏的年代，只要能生产出服装，不管款式和质地如何，都不愁没人要，但是，现在如果哪家服装厂称自己生产的服装能适合所有人穿，一定是个笑话，因为没有一家服装厂能满足所有人的需要。所以，要想成功，服装厂必须十分清楚自己的市场定位和目标市场，例如，是高档、中档还是低档市场？是男人还是女人？是中国人还是美国人？是婴儿、少年、青年、中年还是老年？是运动装、休闲装还是套装？如此等等，生产出来的服装，一定要有很强的针对性和突出的特色，才能赢得顾客。一旦顾客对服装的品牌认同，就容易忠诚于这个品牌，成为稳定的客源。例如，如果一个人喜欢耐克牌的运动服，他很可能经常去购买耐克的东西，因为耐克已经成为他的标记，他很可能不去购买锐步或者阿迪达斯的东西。所以，高尔夫球会所必须根据所在的地点，球场的面积和规模，自然外貌和建筑风格，配套设施的种类和档次等等，做好市场定位，确认目标市场，决定是做只对会员开放和提供服务的会员专享型球会，还是对所有公众开放的大众型球场，以接待高尔夫比赛为主的赛事型球场，还是带有较浓的疗养、会议、旅游特色的度假型球场。高尔夫球会的经营者必须能清晰、迅速而准确地回答这些问题：自己的球场及附属设施和服务与竞争对手有什么不同？球会为什么样的顾客服务？潜在的市场在哪里？如果回答不清楚这些问题，情况是很不妙的。

提高销售渠道的管理和控制水平。高尔夫球会的经营者必须很清楚客人是通过什么渠道预订前来打球和消费的，各种销售渠道的优点和缺点，来自不同渠道的业务在整体业务中的比重，以及在不同需求状况下，销售渠道的最佳组合是什么。如果对这些情况的认识很清楚，就能扬长避短，提高销售渠道的管理水平。例如，在淡季充分利用各种直接和间接的销售渠道，提高球场使用率和市场占有率。在旺季，尽量控制和减少间接销售渠道，减少销售的中间环节，降低对间接销售渠道的依赖性，节约销售的成本和费用。

充分利用球会的各种资源，巧设包价，增加销售量。把高尔夫球会所的饭店、餐饮、娱乐、交通和会议等设施和服务与高尔夫球道的出租有机地结合在一起，捆绑销售，在淡季时通常能起到既方便顾客，又能全面发挥球会的设施和服务的生产能力，增加销售量和营业收入的作用。

建立客户关系管理（CRM）体系，保持和开拓客源。建立客户关系管理体系的目的是明确市场结构，保持原有客户，提高其忠诚度，并开拓新的客源。目前高尔夫在中国大陆还是一种奢侈的运动，并不是人人都消费得起。消费得起得客源通常是公司老板、高级管理人员、高薪的白领、公款接待的对象等。从长远来看，这个群体的数量逐年增长，但是在一定时间内相对稳定。因此，收集整理他们的资料，建立客户关系管理体系，经常定期或不定期地以直邮、电子邮件、电话、登门拜访等手段与他们保持沟通和联系，及时了解他们的需要，及时向他们介绍球会的设施和服务的新情况，是保持这部分客源，提高他们忠诚度的重要工作。另外，利用客户关系管理体系还可以从各种渠道，如互联网、电话、报纸和杂志等，捕获潜在市场的数据资料，也利用上述手段保持与潜在市场的沟通，将能有效把潜在市场变成现实的市场。

六、如何利用收益管理提高汽车租赁业务的收益

中国实行改革开放政策以来,高速公路建设的速度很快,全国已经形成良好的高速公路网。另外,汽车工业发展也很迅速,越来越多家庭拥有汽车,越来越多人拥有驾照。人们因公出差或因私旅游时,自行驾车已经成为一种时尚和生活方式。一些专门从事汽车租赁业务的公司应运而生,专门提供各种车辆,满足需要租用汽车的人使用。此外,很多饭店都拥有自己的车队,也提供租车服务,以满足饭店客人的需要。如何提高汽车租赁业务的管理水平,提高车辆出租率和出租单价,提高租赁业务的整体收益,无疑是业者关注的一个重要问题。

在美国,六大汽车租赁公司几乎垄断了全国的汽车租赁市场。这些公司包括 Hertz、Avis、National、Budget、Alamo、Dollar。这些公司的市场份额的总和将近占美国汽车租赁市场的95%。它们的经营管理方式与饭店连锁集团的经营管理方式很相似。例如,有的公司拥有自己的资产,如汽车、停车场、预订中心和网络等等。它们的业务很大一部分来自设立在飞机场的销售和服务点,这部分业务的细分市场的状况与航空公司的细分市场的情况也大致吻合。另外一些公司通过特许加盟、输出品牌和管理,以及提供培训咨询等开展业务。也有少数市场销售能力很强的公司并没有车辆或者仅有少数车辆,它们的业务主要依赖在地理位置比较偏僻的市场设立销售网点,专门从事销售和预订,在获得预订后,把有关的业务转卖给当地别的汽车租赁公司,从中获取回扣。

汽车租赁在美国已经存在了很长时间,收益管理策略在汽车租赁行业的应用也有一段时间,实践证明,收益管理策略完全可以应用到汽车租赁业务,提高该业务的经营效益。美国汽车租赁业成功的经验可以供新兴的中国汽车租赁业借鉴,以迅速提高行业的经营管理水平。

(一)收益管理策略适用于汽车租赁业

汽车租赁行业也可以实施收益管理策略,因为这个行业具有适合实施收益管理策略的特性,如存货时效性强、需求随时间而变化、相对固定的生产能力、

固定成本高、变动成本低、价格具有相当的弹性、市场可以细分、产品或服务可以提前预订等等。从汽车租赁业务提供的产品来看,它提供的是汽车的使用权,而使用权是有时间限制的,并按照时间和里程数收费。这个使用权是不可储存的,例如,如果一部奔驰小汽车的租用价格是每天 \$600,如果今天没能租出去,空置一日,那么今天就损失了 \$600,永远不能再赚回这笔钱。另外,汽车租赁业务的市场需求也随时间变化而变化,需求的曲线随一天中不同时间、一周中不同日期、一年中不同月份和季节的不同而起伏波动,并且某种程度可以预测其变动状况。汽车租赁公司的生产能力相对固定,因为汽车的数量相对固定,如要增加车辆,需要的投资较大,在短期内(如一日内)难以马上做到。从汽车租赁公司的成本结构来看,其固定成本相对较高,而运营成本相对较低。公司成立最初的投资巨大,需要投入巨资购买车辆和经营场地,此后,单位产品的可变成本却很小。其雇员的工资和福利,车库和办公场所及设施设备,汽车的折旧和保险等等的开支是相对固定的,与销售数量的关系不显著。与航空运输业和饭店业相似,汽车租赁也可根据顾客对各类产品(不同类型汽车)喜好的不同,对价格敏感程度不同,以及预订的行为特点的不同划分为不同群体,进行市场细分。而且,还可以通过与航空运输业和饭店业相似的销售渠道进行销售,例如,与客人见面的柜台、不见面的电话预订中心、公司的网站、网络营销公司的网站、全球预订系统等等进行销售,而且其产品或服务(主要是车辆)也可以提前通过各种预订渠道来完成。

由于具备上述特点,汽车租赁公司可根据市场需求的变化建立灵活机动的价格体系,对市场需求进行分析和预测,对市场和销售渠道进行细分和优化组合,根据需求的变化情况实行动态价格管理和调控等等,并采取多种多样的促销手段,最大限度满足市场需求,提高车辆的出租率和平均出租价格,减少车辆空置,提高营业收入。

(二)汽车租赁业务收益管理策略的核心:市场细分、产品(车辆)细分、价格细分和技术手段

与饭店和航空运输行业相似,市场、产品和价格是汽车租赁收益管理的三大要素。如何对市场进行细分和优化组合,如何提供满足市场需要的产品(各类型的车辆),如何根据细分市场的消费能力和消费特点进行价格细分,并能预测市场供求关系的变化,据此采取灵活机动的价格,最大限度提高车辆出租率和平均价格,是汽车收益管理的主要内容。

1. 市场细分

汽车租赁是一个比较容易进行市场细分的行业,可参照饭店客房划分细分市场的办法,把出租的客人划分为商务散客、旅游度假散客、政府散客、公司团体客、政府团体客、旅游度假团体客等等。另外，还可以根据客源地、预订的渠道等进行细分。

2. 产品

对汽车租赁公司来说，其产品由一系列要素构成，如不同类型的汽车，不同类型的汽车保险，取车和交还车的地点的选项，租车时间的长短的选择等等。有的公司汽车类型多达二十多种，能满足不同细分市场的需要。

因公出差需要租用汽车的顾客往往会选择较大的车子，选择那些包括了租车里程、租车保险以及汽油的价格。因私旅游的顾客通常租用较小的车辆，或者是小面包车，他们租车的平均时间通常比因公出差的时间长。因此，收益管理系统通常建议设置一些租车的限制，如最少租车天数，星期六留车过夜的费用，还推出周末或节假日价格，或者周日特价优惠来刺激消费。但是，对租车市场需求很大的日子，如公众假期，通常价格较高，限制条件较多。其目的是最大限度提高租车收益。

汽车租赁收益管理最重要的问题是容量的问题，即可供出租的汽车的数量和种类的问题。可供出租的汽车的数量比可供出租的飞机座位数量和饭店的床位或房间的数量要灵活得多。例如，汽车租赁公司可以在同一个城市或者同一地区很多个地点运作，比如，可以在城市闹市区，也可以在偏僻的郊外设立出租点，不同的租车点可以共同使用或调度公司拥有的车辆，使得汽车出租公司可以调度不同车辆以满足市场的需要。即使只有一个租车点，可供出租的汽车的数目仍然可以通过共同使用和调度汽车，或者从附近的城市调动车辆而增加或减少，也可以通过控制把旧的车辆出售，或者要求汽车生产厂家来增加或减少可供出租的汽车的数量。如果必要的化，出租公司可以每周预测一次需求的情况，根据预测的情况调整每周各个租车点可供出租的汽车的数量。可供出租的汽车的数量的灵活性给收益管理工作的开展带来了便利。

可供出租的汽车的数量还受到顾客还车地点的影响，例如，有的顾客在甲地租车，还车却在乙地。顾客比计划提早或推迟还车也影响可供出租的汽车的数量。这与饭店顾客提前或者延迟退房，影响饭店可供出租的房间的数量很相似。这些情况增加了可供出租汽车的数量的不确定性。

免费升级也是汽车出租收益管理常用的策略。免费升级是把高一个档次的车给客人使用而不加收附加费。某个客人是熟客，他支付普通车的价格，但是公司为了表示感谢，把价格更高的档次更高的车给他使用，但是不要求他支付差价。

当对低档汽车的需求量超过汽车公司所能提供的低档汽车数量，而对高档汽车的需求量小于高档汽车的数量时，与其让多出来的高档车空置，不如将它们以低档汽车的价格出租。其实很多汽车公司就是这样做的，其实，这样做是给予顾客价格免费升级的高档汽车。这样的做法其实与航空公司的做法相似。当高档舱位的飞机票有剩余而低档舱位的飞机票不够卖时，航空公司会免费将持有低档舱位的乘客升级到高档舱位。但是，航空业与汽车出租不同的是，这种免费升档的情况在汽车出租行业更广泛地存在，因为这个行业，汽车的类型比飞机座位的类型更多，各类汽车的数量分布得更均匀。

3. 价格

收益管理的核心是价格细分，亦称价格歧视（Price Discrimination），就是根据客户不同的需求特征、支付能力和需求的价格弹性实行不同的价格标准，形成一个细分价格体系，进行价格和销售的管理。价格细分存在于某一销售商按照不同价格销售同一产品时。价格细分可采用客户划分标准，这些标准是一些合理的原则和限制性条件。如租期的长短（日租、月租、年租）、租金的支付方式（先付、后付、一次性支付、分期支付）等等。这些标准一方面使那些对价格弹性高（High Price Elasticity）的客户在某些限制条件下享受低价；另一方面那些价格弹性低（Low Price Elasticity）的客户愿意付全价。这种划分标准的重要作用在于：通过价格藩篱将那些"愿意并且能够消费得起的客户"和"为了使价格低一点而愿意改变自己消费方式的客户"区分开，最大限度地开发市场潜在需求，提高效益。

从理论上讲，价格细分是市场垄断的特征。如果没有垄断市场，那么必须具备防止价格细分导致折扣市场的形成，比如构成彼此孤立的不同价格群体；确保顾客难以比较价格或者严格控制价格信息，整个市场被称为价格樊篱（Rate Fence）的边界分割成彼此独立的市场。这确实是收益管理在汽车租赁领域应用的一个障碍，不过会员制、特定条件的优惠租车等，都是解决这个问题的有效措施。

对汽车租赁公司来说，其市场的构成和细分与航空公司和饭店行业的很相似，也可以进行市场细分和市场组合。产品的购买者，可以根据对产品特性的需要或价格敏感程度的不同而细分为不同的群体。产品或服务可以提前预订，通常是通过预订系统来完成的，综合其他技术预测和控制需求，从而制定价格。

顾客预订和使用汽车租赁公司的产品和服务的行为模式与航空业和住宿业有细微的差别。最后一分钟到饭店订房间或者临时决定上飞机前才买票的顾客比较愿意支付高价，因为饭店的地理位置、市场供应的情况以及航班的行程和时间等限制了顾客的选择空间，他们面临"非此不可"的局面。所以，饭店行业和航空运输行业通常对这类的客人收取近乎全价或者全价的收费。而大多数汽车租赁公司位于机场，附近集中了很多汽车租赁公司，这样临时需要租车的顾客不需要花费太多成本就可以就近对出租公司的价格和服务进行比较，作出决定。所以，向这部分临时决定租车的顾客很难收取高价。

在需求低的时候，在使用汽车的当天，汽车出租的价格可能会比提前预订的价格要低。另一方面，在需求高的时候，小心地把汽车留给当天租车用车的顾客能得到更好的出租价格和出租收入，这与航空公司将部分飞机票留到航班起飞的当天才出售，以得到一个好票价一样。最后一分钟的定价通常由经理来负责控制，他们通常要借助收益管理系统来预测需求和确定价格。

汽车租赁的价格包括有限制条件和没有限制条件的价格两大类。一些经常要使用汽车租赁业务的公司和一些旅行社与汽车租赁公司通过谈判协商，获得一些特别的协议价或折扣价。这些协议价格通常是在指定时间段内，按天计算的适用于全部或部分租车地点的固定价格。销售的渠道也可以细分，如通过汽车租赁公司委托的旅行社、网络营销商或其他受委托的公司，但是，为了减少销售的中间环节以提高收入，汽车租赁公司常常会提供特别的优惠或折扣，鼓励顾客直接到租赁公司直接管理的渠道预订，如公司的网站和预订中心。因为中间环节越多，成本越高，汽车租赁公司最后得到的收入就少了。

4. 技术手段

随着收益管理的普及，软件公司已经开发出适用汽车租赁业务的收益管理软件，使用者只要输入某些参数，软件就会提供具体的某种产品（某类型的汽车）的定价方案，经营管理者就不再为如何确定租金，如何把握优惠程度等耗费精力了。汽车租赁收益管理软件有强大的数据收集和处理的功能，能通过汇集、整理和分析客户资料、车辆信息、市场需求变化的情况，进行科学、准确的计算分析，并据此向每个特定市场的租车站点提出各种类型的车辆针对各个具体的客户、具体的租期的最佳价格建议。

例如，美国Hertz公司使用的收益管理系统的核心是通过计算出租成本、汽车出租数量和价格的关系来计算每笔业务的边际效应，并用竞标的形式来控制和决定是否接受或者拒绝一个出租预订的要求。这个系统很显著的特点是集中使用总量控制和计划的功能，即决定总体上要买多少汽车，各类型的车辆应调度到什么地方，按什么价格出租等等。图9–1展示了Hertz公司的收益管理系统的功能以及它与各种销售渠道的关系。

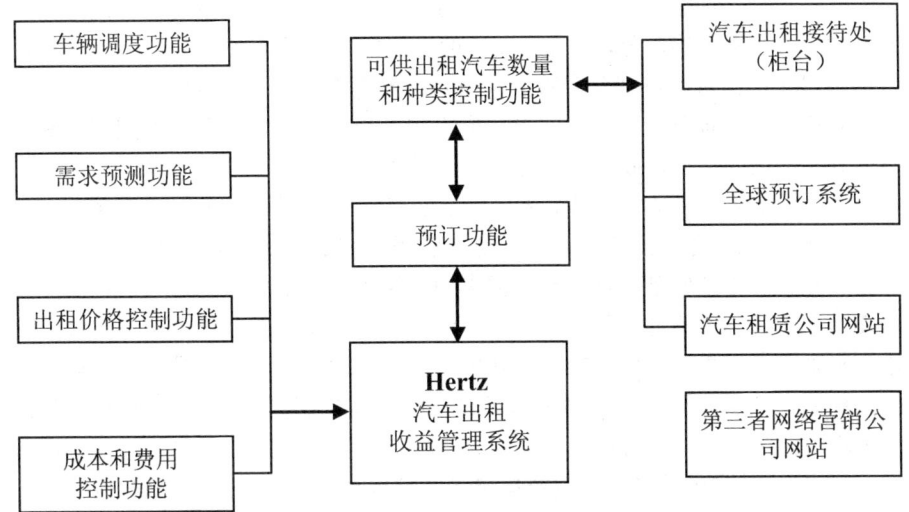

图 9-1 Hertz 汽车出租收益系统的应用图示

由于篇幅的限制，本章只介绍收益管理在餐厅或酒吧、高尔夫球会以及汽车租赁等方面的应用。其实，收益管理的原理和方法等，还可以推广到客房以外的其他部门，如宴会或会展场地的出租、美容美发室客流量的控制、文艺演出或体育竞赛的座位的预订和销售、电视或报纸等媒体广告时段和版面的销售和控制等等。读者也可以通过学习本书介绍的收益管理在客房、餐厅和酒吧、高尔夫球以及汽车租赁的应用，举一反三，把收益管理的策略应用扩展到这些领域。

要点回顾

1. 收益管理策略除了可以在出租饭店客房时使用外，还可以推广到客房以外的其他部门或行业，如餐厅或酒吧、高尔夫球会及汽车租赁等等，因为它们都具备实施收益管理的客观条件，从而都可以根据各自不同的特性，从不同角度去实施收益管理，提高产品和服务的利用率以及单位时间的单价（或销售价格）。如果收益管理在饭店的各个相关的收入部门都能得到很好运用，饭店就能全面提高其收益。

2. 即使因不同部门和行业具有不同的特点,收益管理策略在不同部门和行业的应用有不同的侧重,但是,基本的思路都大致相同,即要进行市场细分,价格差异化,销售渠道细分合组合,预测市场需求,结合顾客消费行为的规律来控制销售,合理安排生产和服务,最大限度提高设施和设备的使用率,最大限度满足市场的需要,最大限度提高产品销售量和销售单价,实现收益最大化。

3. 全面收益管理的思想主要包括:所有营业部门必须盈利或者至少做到收支平衡;必须提高服务设施和设备的使用率和出租率,减少空置;"开源"与"节流"两手都要硬;加强市场需求的预测工作,根据预测结果,合理安排和使用饭店的各种资源,防止和减少资源浪费;利用对业务量的预测,合理安排物料采购,提高资金使用效率;利用对业务量的预测,安排维修保养和进行能源控制,节省能源开支;根据市场需求和顾客购买与消费行为的规律定价,采用价格杠杆引导市场需求。

4. 饭店的很多业务都可以根据预测的结果来安排,减少资源浪费。例如,要根据市场需求的情况合理安排饭店的人力、财力和物力,组织生产和服务;根据对业务量的预测,进行人力资源调配,以节省劳动力开支;根据对业务量的预测,合理安排物料采购,提高资金使用效率;利用对业务量的预测,安排维修保养和进行能源控制,节省能源开支。

5. 由于对收益管理的不理解或者理解不全面,人们会对收益管理发生误解。这些误解通常体现在十个方面。

6. 衡量餐厅收益管理水平高低的标准是每餐位单位时间平均收入(RevPASH)。提高餐厅的 RevPASH 的策略包括:改善菜单的内容和菜谱的设计;根据供需关系的变化采用不同菜谱,实施浮动价格;控制客人的用餐时间;优化餐厅各种餐桌的数量和每张餐桌的餐位数;提高餐厅的周转率。

7. 衡量高尔夫收益管理水平高低的标准是每球道单位时段平均收入(RevPAT)。提高 RevPAT 的策略包括:控制顾客打球的时间和打球时间的长短;根据需求的变化实行浮动价格;采取灵活机动的销售策略。

8. 汽车租赁业务收益管理策略的核心是市场细分、产品(车辆)细分、价格细分和技术手段运用。

后 记

自我国实施改革开放政策以来，中国现代饭店业从无到有，经过了近三十年发展历程。国内饭店从业人员、饭店行业管理人员以及大中院校饭店管理专业的教学和科研人员的注意力从最初最基本的层面，如岗位的设置、各岗位工作人员的工作职责描述、服务技能和操作流程、服务标准的统一和饭店管理标准化等等，转移到团队的建设、企业文化的建设、产品和服务个性化、人性化的管理、优质服务体验以及品牌的建设等更具体深入的层面，体现了国内饭店业经营管理市场形势的变化和经营管理水平的提高。

在改革开放初期，由于国家政策的倾斜和各地改革开放时间先后的差别，即使饭店的经营管理比较粗放也较容易获得高利润。但是现在已经不能这样。这是因为中国加入世贸组织后，国内的饭店市场全面开放，外国饭店集团全方位进入中国市场，要在中国经济高速发展的热潮中分到一杯羹。它们不仅积极开发豪华和高档饭店市场，还积极开发中、低档，以及经济型饭店；不仅瞄准沿海经济较发达地区和北京、上海等一级城市，还积极进入中原、西北、西南等内陆地区，以及成都、合肥、苏州、中山、清远等二、三级城市。与此同时，国内的饭店和饭店管理公司也在积极地拓展市场、更新和调整战略布局，以应对来自于国际市场的竞争，中国饭店市场的竞争变得前所未有的激烈。在这种形势下，我产生了写作《收益管理——有效实现饭店收入的最大化》一书的冲动，目的是帮助国内同行学习、了解、掌握并运用国外先进的收益管理理念和方法，通过深入细致的分析和预测市场，科学地进行经营管理决策，使饭店的收益实现最大化，在竞争中求得生存和发展。

另外，从2007年下半年以来由美国次贷危机引发的全球性的金融危机越演越烈，到2009年第一季度结束还没有好转和触底的迹象，全球经济紧缩，旅游饭店业遭遇罕见的严冬。收益管理工作的重要性和紧迫性更显得突出。

收益管理是目前国外饭店管理工作中一项重要的工作和热门的话题。收益管理的理念和应用起源于美国，美国收益管理的研究和实践也领先于世界其他国家或地区。收益管理的核心问题是定价问题。因此，收益管理首先要解决的

收益管理——有效实现饭店收入的最大化

问题是饭店的市场定位，即饭店的产品和服务属于哪个档次；其次是市场细分，即饭店的顾客到底是谁，各自有什么特点，结构和比例如何；再次是价格组合，即不同的细分市场的支付能力如何，该给他们什么价格；最后是产品和服务，如客房、餐饮产品、会议服务等的分配和组合，即确定把多少产品和服务按照什么价格卖给有关细分市场。惟有实施收益管理策略，才能在适当的时候（不早也不晚），把适当的产品和服务（不多也不少），按照适当的价格（不高也不低）卖给合适的市场，达到最大限度提高饭店收益的目的（收入和利润最大化）。

收益管理是美国饭店市场发展到相当成熟的程度和市场竞争相当激烈的阶段的产物。在这种情况下，饭店的价格由市场自行调节，饭店必须对价格进行深入细致的分析，必须逐日、逐月、逐年预测市场总体需求和各细分市场需求变化的情况，并利用专门的电脑软件分析饭店的历史数据和市场变化的趋势，进行动态定价，实行动态价格管理，实现产品和服务、价格以及销售渠道的最佳组合，以达到整体收益最优化的目的。显然，按照传统的方法，把关于价格、产品和服务以及销售渠道的确定和分配决策建立在感觉、经验或者个人的喜好上以及与客户的关系上，缺乏客观的数据支持以及科学、细致的分析，容易出现偏差，不适应当今竞争形势的的需要。

笔者写作此书的目的是把收益管理的基本理论和方法全面系统地介绍给我国的饭店业。在写作过程中，尽量使用通俗易懂的语言和多举实例以便于读者理解和接受。希望此书的出版和发行，能帮助我国饭店经营管理者学会运用收益管理策略来提高饭店经营管理水平，并激发他们进一步学习和研究收益管理的热情，为收益管理在中国饭店业的应用起到抛砖引玉的作用。由于笔者学识有限，本书的不足恳请行家多多指教。

本书开始构思写作是在2006年夏，由于是利用工作之外的余暇时间整理和编写，加之其间又经历了本人工作和生活的一些变化，所以成书时间比预计长。在此，对旅游教育出版社的赖春梅编辑的耐心、鼓励和支持深表谢意！同时，也对抽出宝贵时间为本书作序评，并给予我很多鼓励的杨小鹏先生、徐锦祉先生、徐栖玲教授表示衷心的感谢！

胡质健
2009年春于美国

推荐相关阅读图书

《饭店人力资源开发与管理》第二版
王 伟
秉承"给人方便,给人自信,给人欢喜"理念,在关注心灵成长的前提下,提供完整的"管事"、"理人"实操技术。

《饭店企业文化塑造》第二版
林璧属　郭艺勋
本书可帮助我国的饭店经理人透过各种芜杂的文化现象把握事物的本质,找到适合本企业文化建设的门径。

《信息技术与饭店管理——以技术提升饭店的竞争力》　陆均良　杨铭魁
信息技术的快速发展给饭店带来了机会与挑战,把握信息技术应用的战略和战术,化挑战为机会。

《现代饭店餐饮管理创新》
饶 勇
剖析餐饮经营管理面临的困境,提出管理创新方案。

《饭店安全管理:制度建设与管理要点》　程新友
对饭店安全管理进行系统、深入、切近实际的探讨和研究,提出安全警示,并结合案例指出饭店安全工作的管理重点。本书是抓好饭店安全工作的指导书。

《饭店活动策划与管理》
游　上　郭松林
揭示饭店活动策划真谛,指导饭店活动管理实践。

《饭店质量管理》　孙晨阳
吸收世界知名饭店质量管理理念,总结国内饭店集团质量管理工作经验,提出细致可学的质量管理方法。

《餐饮全面服务管理——抓牢顾客的心》　李 韬
作者以科学、持续、标准的管理理念,通过环环相扣的系统阐述,使用生动的案例、易用的图表、实用的程序,帮助读者建立服务—管理—利润良性循环的全面服务管理体系。

《饭店工程部高效管理》
陆诤岚　王文豪
立足于参与制定浙江省与国家级节能标准的经验累积,以及丰富的饭店管理工作实践基础,阐明饭店节能、降耗、增效的有效途径。

《饭店前厅部高效管理》
姜 倩
本书从员工素质、管理艺术、业务管理、销售管理、信用管理、房价管理、宾客管理、信息管理、安全管理九大方面为饭店前厅部的高效管理提供指南。

《饭店营销高效管理》　贺学良
饭店业的竞争越来越激烈,饭店营销部如何细分市场?如何策划销售活动?如何设计促销方案?如何提高销售人员的业绩?本身从具体操作实务入手,为饭店营销的高效管理提供指南。